소중한 마음을 가득 담아서

_______________ 님께 드립니다.

대지사용권
완전정복

지은이 신창용

현재 법무사로 일하고 있다. 다년간 법원에서 민사·형사 재판, 등기, 경매 등의 업무를 경험하였다. 경매의 일반화 및 경매지식의 전반적 상승으로 수익창출의 문이 좁아지는 현실의 타개를 위해 불철주야 노력하고 있다. 경매 특수물건에 관한 연구, 강의, 소송지원에 주력하고 있다. 특수물건의 경매에 관한 기존의 지식을 극복할 대안 지식의 체계를 구축하는 데에 특히 애쓰고 있다.
저서로는 『부동산경매 실무 119』, 『유치권 법정지상권 공략 119』 등이 있다.

'부동산경매 119 마을' 카페 · http://cafe.naver.com/actlaw119

스틱도서번호 S14 | 표지 (한국제지) 아르떼(ARTE) 백색 210g/m² | 본문 (전주페이퍼) E-Light 미색 80g/m²

법정지상권, 공유물분할, 경매소송을 포함한

대지사용권 완전정복

초판 1쇄 인쇄 2016년 5월 9일
초판 1쇄 발행 2016년 5월 16일

지은이 신창용

발행인 임영묵 | **발행처** 스틱(STICKPUB) | **출판등록** 2014년 2월 17일 제2014 - 000196호
주소 (우)10353, 경기도 고양시 일산서구 일중로 17, 201 - 3호 (일산동, 포오스프라자)
전화 070 - 4200 - 5668 | **팩스** 031 - 8038 - 4587 | **이메일** stickbond@naver.com
ISBN 979 - 11 - 87197 - 03 - 4 03320

- 이 도서의 국립중앙도서관 출판예정도서목록(CIP)은 서지정보유통지원시스템 홈페이지(http://seoji.nl.go.kr)와 국가자료공동목록시스템(http://www.nl.go.kr/kolisnet)에서 이용하실 수 있습니다.
  (CIP제어번호: CIP2016007738)

법정지상권, 공유물분할,
경매소송을 포함한

대지 사용권 완전 정복

신창용 지음

STiCK

특수물건의 경매는
과학적 접근이 가능하기 때문에 희망인 세계

1 ▸▸ 알고 있는 사물에 대한 긍정은 성공의 가능성을 높입니다. 이는 과학적인 인과율이자 인간의 경험칙입니다. 그러나 부동산, 더구나 경매의 특수물건이라면 그만한 특별한 지식의 담보 없이 단지 의욕만으로는 가능하지 않습니다. 가능하지 않고 위험합니다. 물건에 대한 유력한 해법이 입찰 전에 그려져 있지 않으면 위험 가능성의 울타리에 갇힐 수 있고, 그 위험이 현실화되면 '우리의 삶 전체를 지배하는 재화로서의 부동산'에서 패배라는, 즉 삶 전체의 질곡에 떨어질 수도 있습니다.

2 ▸▸ 그러나 이미 출중한 내공을 갖췄다는 전제라면 실패할 경우의 수는 거의 없습니다. 그 이유는 경매의 특수물건은 '과학적 인과'에 들어맞기 때문입니다. 상당 부분이 투자 당시에는 알 수 없는, 즉 미래에 도래할 다수 상황에 의존하는 다른 영역의 투자와 다릅니다. 경매의 특수물건은 입찰 당시 현존하는 요소들에 대한 각 개인의 감응능력과 분석력이 과연 어느 정도냐에 따라 대부분 좌우된다는 뜻입니다. 그래서 경매의 특수물건은 과학의 세계이고, 따라서 실력을 쌓을 수만 있다면 이만한 투자영역은 거의 찾아보기 어렵다고 보는 것입니다.

3▸▸ 물론, 무엇보다 먼저 그런 실력을 갖춘다는 것부터가 결코 만만치가 않다는 사실은 냉엄한 진실입니다. 그리고 실력을 갖춘 경우에도 일정 부분의 불안감이 잘 지워지지 않는 점과, 어느 경우이든 경락받은 후 해결과정에서는 이러저러한 손실이 일어나는 점은 있습니다. 그러나 이런 것들은 예측되었고 조율의 시스템으로 설정된 범주 내의 것들이어서, 결국 전체 투자 계산상으로는 모두 해소가 가능합니다.

위험과 손실이라는 두 문제는 경매에서 '확신게임과 확률게임'을 엄하게 구별하고 특히 '확률게임'의 조건들(성공확률, 실패확률, 실패의 경우 손실의 계량)을 설정할 능력에 의해 해소됩니다. '확률게임의 조건들'은 '① 70~80%의 성공확률, ② 20~30%의 실패확률, ③ 실패의 경우 시세보다 10~30% 한계 내에서의 높은 가격' 정도로 설정될 물건들로, 저런 조건을 모두 가진 물건은 과감한 입찰의 대상입니다. '손실의 계량'이란 나의 조율능력에 의해 용인해도 좋은 투자비용의 하나로 계산되는 것을 일컫습니다.

그리하여, 내가 경매의 과학을 성취하고 난 후에는, 모든 것은 다만 나의 결단과 조율의 종속변수가 됨이 가능한 세계입니다. 이 세계의 모습이 안전을 확보하고도 매혹적이기 때문에, 결국 힘이 들어도 경매공부를 하는 것입니다. 확신게임, 확률게임, 확률게임의 조건, 손실의 계량 등에 관한 구체적인 감각 등은 이 책 곳곳에 산재한 신호들을 감지하고 발상을 함으로써 향상될 것입니다.

책의 탄생경위

1 ▸▸ 갈수록 경매로 수익을 내기가 어려워지는 현실을 답답한 심정으로 바라보면서도, 그나마 '대지사용권'이 경매의 마지막 남은 블루오션이라는 생각을 해왔습니다. 한편으로 필자의 직간접 경험에 의하면, '대지사용권' 관련 물건에 도전하는 경매인들이 많이들 단순하거나 기계적인 지식으로 물건을 읽고는 입찰을 하는 것으로 파악되었습니다. 지식의 단순성이나 공식성은 말할 것도 없이 위험천만입니다. 실제로도 물건을 낙찰받은 후에 몰랐던 장애를 만나 고생하는 일이 많습니다. 상업적 의지에 따른 현실과의 관계에서 과장이거나 창작된 바로써 경매로 돈을 벌었다는 말은 많아도, 생각하기도 싫은 고통과 체면이 서지 않는다는 사정으로 인해 경매로 돈을 잃었다는 말은 좀체 나오지 않는 법입니다. 이런 현상은 정말 경매초급자들이나 스스로 중급자라고 착오하는 사람들에게 드리워지는 위험의 근원입니다.

2 ▸▸ 특수물건의 경매는 다른 그 어떤 투자보다 지식의 정도와의 인과율이 크게 적용되는 영역입니다. 무릇 투자는 '고수익 고위험'이라는 고전적인 명제조차 극복될 수 있을 정도로, 그 지식과의 인과율이 직접적입니다. 현존하는 위험

이라는 것은 결국 경매들이 제대로 된 지식을 갖고 있지 않음에 그 원인이 있지만, 그 이전에 더 중요한 본질은 우리가 제대로 된 지식을 배울 기회 내지 환경을 갖고 있지 않다는 현실에 대하여, 그 현실을 명징하게 인식하는 것입니다.

3▸▸ 그래서 수년 전부터 '대지사용권'에 대한 제대로 된 지식체계를 가진 책을 집필하고 싶었습니다. 막상 집필하고자 덤빌 때마다 다수의 이유 때문에 주저앉거나 미루어 왔습니다. '다수의 이유'란 '대지사용권' 분야가 너무 난해한 점, 예민성 때문에 기본적으로 위험성이 큰 점, 본질이 난해하고 예민한 것을 충분한 고심 없이 섣불리 표현하면 그 위험성이 더 커지는 점, 그 예민성을 치유하고 위험을 해결하는 표현 방법을 찾기가 무척이나 어렵거나 난감한 점 등이었습니다.

4▸▸ 그런데 이번에 이를 악물고 간단없이 부닺히는 어려움과 씨름한 끝에 이 책으로 세상에 나오게 되었습니다. 앞에서 본 '다수의 이유'를 최대한 극복하면서 동시에 가독성을 확보한다는 각오로 집필하다 보니, 특정 경매의 분야로서는 분량이 많아졌습니다. 아마도 경매의 한 분야의 책으로는 가장 깊으면서도 다양한 각도에서 '대지사용권'의 실체를 잡은 책으로 평가되는 것이 적절할 것으로 짐작해봅니다.

5▸▸ 이 책에 이어 '임차대보호법과 유치권을 하나로 묶은 해설서'도 집필하고 있습니다. 오래전에 집필해 두었지만, 뭔가 미진하다는 판단에서 출간하지 않고 있다가 이번 이 책의 집필이 계기가 되어 이 책과 같은 구성으로 전면적인 수정과 대폭 보완해 집필하고 있습니다. 현재의 집필 정도로 보아 이 책이 출간된 후 그리 오래지 않아 세상에 나오게 될 것으로 봅니다.

책의 구성

1 ▸▸ 대지사용권에 관련된 물건을 도전한다고 하더라도 실제는 흔히 다른 법리들도 같이 물려 있는 물건이 많습니다. 그것들은 물건 자체에 풀어야 할 숙제로 내장되어 있기 때문에 입찰하는 우리가 인위적으로 배제할 수 없습니다. 즉 실제로는 많은 물건이 '대지사용권'뿐만이 아니라 '공유지분', '공유물분할', '법정지상권', '관련 실체법리 및 소송법리' 등이 복합적으로 엉켜 상호작용을 하는 것입니다. 따라서 복합적인 법리를 알지 못하고 단지 '대지사용권'만 알아서는 해결이 어렵고 위험합니다.

2 ▸▸ '총론편'에서는 대지사용권에 관련한 기본지식을 기술하였고, 법정지상권, 공유지분, 공유물분할에 대해서는 각 기본지식과 함께 기왕 공부하는 기회에 각 분야의 고유한 주요판례에 대해서도 해설을 붙였습니다. 복합성을 공부하기에 좋도록 가능한 판례전문 중에서도 다수의 법리가 물려 있고 내용이 풍부한 것들을 선별해서 해설을 붙였습니다. 따라서 이 책을 읽은 것만으로도 앞의 세 분야에 대한 중요한 논점을 대부분 공부하게 되는 셈입니다.
'각론편'은 판례원본을 통한 본격적인 공부로서 토지별 · 건물별 · 수익물별 · 위험물건별로 크게 분류하고, 그 안에서 다시 논점별 분류로 구성했습니다. 보태어 아직은 중급자에 못 미치는 독자들을 위해 각 사례에서 판례원본을 통한 본격적인 해설에 들어가기 전에 [사안의 개요]를 통해 '사건의 진행 및 요약해설'을 붙였습니다.

3 ▸▸ 판례전문이다 보니 동일한 논점이 판결문마다 계속 중복해서 설시되지만, 인위적으로 줄여버리면 그것이 오히려 서사의 흐름이 빈곤하게 되는 결과를 가져올 수 있고 또 체화를 위해서는 반복이 오히려 도움이 때문에(반복학습을 이기는 지식은 없습니다.) 반복의 점을 필요한 한계 내에서는 가능한 한 살려두었

습니다. 거의 모든 경우의 수를 잡아낼 장치가 내장되어 있어 '대지사용권'에 관해 완성도를 이뤘다고 보지만, 그 실현에 대해서는 독자 각자의 노력과 발상에 달렸습니다.

4▸▸ 우리가 공부하면서 눈여겨 두어야 하는 것에는 하급심(1, 2심)과 최종결론인 상고심 대법원(3심)의 차이에 대해서 읽어야 합니다. 각자에서 또는 양자 사이에서 장단점, 특성, 입장의 차이, 흐름 등도 읽어야 합니다. 하급심은 대법원보다 사실관계가 풍부하여 실감을 얻는 등의 장점은 있지만, 각종의 이유로 해서 오판이 많습니다. 따라서 하급심의 독자적인 견해나 지나치게 장황한 설시를 만나면, 그것에 대해 일단은 유보하는 태도를 보여야 합니다. 내공이 아주 깊어지면 그때는 대법원의 판결이 가진 집약적으로 정리된 사실관계와 함께 정치한 법리의 설시가 실력형성의 경제에 들어맞는다고 생각하게 됩니다.
결론은, 상당한 수준에 이르기까지는 하급심과 대법원의 각 판결을 함께 공부하는 방법이 효과적입니다. 그래서 이 책에서는 사례마다 가능한 한 또는 필요성의 정도에 따라 하급심과 대법원의 각 판결을 함께 실어 위 사항들에 대한 지적과 해설을 붙임으로써 우월한 실력의 형성에 도움이 되도록 했습니다. 서술의 방식과 풍부함에다 심급들의 판결을 함께함으로써, 이 책은 필자의 기존의 저서보다 훨씬 우월함에는 틀림이 없다고 보아야 할 터입니다.

1부 총 론

2부 각 론

특별부록 민사소송법 특강

필요한 지식의 체계

1 ▸▸ 특수물건에 도전하기 위한 지식체계는 숨은 배경과 디테일을 읽을 수 있도록 구성돼야 합니다. 조건부 공부(긍정과 부정) 내지 공식화된 지식을 넘어서는 깊은 해석을 할 수 있는 지식체계가 필요합니다. 대표적으로는, 찾아보면 누구나 인용할 수 있는 지식이 그대로 적용되는 물건은 차별성이 없기 때문에 무궁한 변수를 가진, 즉 수익이 큰 특수물건은 풀어낼 수가 없습니다. 그래서 정말 수익이 큰 특수물건은 기존의 판례 등 공인된 결론으로 적용하기가 적절치 않거나 공인된 결론이 없는 상황이 문제가 됩니다. 그런 문제를 냉정히 인식한 다음, 그 의미를 해석하고 수익의 가능성을 설정할 수 있는 지식이 있어야 합니다. 결국, 나만의 독자적이고 풍부하면서도 탄력성이 있는 지식이 필요합니다.

2 ▸▸ 재판에서는 제대로 된 주장의 서면을 제출할 수 있어야 합니다. 그 이유는 우선 법관의 오판을 막아야 하고, 다음으로는 주장을 제대로 못 하면 소송이 복잡해지고 지연되기 때문입니다. 그런데 실제 재판에서 흔히 보면, 딱 부러지는 판례가 없으면 무엇을 어떻게 주장해야 할지부터 몰라 당황하다가, 급기야 그 사례에는 적용할 수 없는 판례들을 긁어모아 작성한 준비서면을 제출하는

예가 많습니다. 결국, 기존의 판례 등에 의존하지 않고도 설득력이 있게 주장할 수 있는 지식을 갖추어야 합니다.

3 ▸▸ 위와 같은 지식의 습득이라는 과제를 수행하기 위해, 이 책은 판결원문의 공부를 통해 '사실'과 '법리' 그리고 '가치'라는 경매의 모든 것인 삼각 요소들을 유기적으로 체험할 수 있게 구성되었습니다. 다양한 사례와 각 사례 안에 내장된 각각의 사실을 만나게 될 것입니다. 만나는 각 사실이 가지는 법적인 효과를 배우고, 각 사실 사이에서 생산되는 함수를 읽을 수 있습니다. 특히 이 책은, '판결원문'의 독법을 통해 얽힌 사실들이 생산하는 가치들의 긍정 값과 부정의 값을 비교하여 헤아린 후에 구체적 타당성을 찾는, 즉 '길항하는 서사들'과 '충돌하는 가치들'을 유기적 · 발전적으로 해석할 수 있게 도와줍니다. 이를 바탕으로 '사안의 구체성 타당성'을 발견하는 힘과 정신을 배양할 수 있고, 나아가서는 자신의 독자적 지식 체계를 수립할 수 있을 뿐 아니라 동시에 차별성 있는 일반화된 지식으로 발전할 수 있는 길을 찾습니다.

이유는 모른 채
결론만 아는 지식의 위험성

1 ▸▸ 이유를 모른 채 공부하는 쟁점의 예를 보면, 대지지분의 가액이 포함되지 않은 전유부분 경매더라도 부당이득이 되지 않는 대지지분까지 취득하고, 분양대금이 덜 납부된 물건을 경매 받으면 동시이행항변권에 의해 그 미납금을 부담해야 합니다. 그러나 우리는 이와 같은 결론은 알되, 그 이유는 모릅니다. 필자도 처음에는 그 이유를 몰라 답답한 가운데 그런가 하고 지냈습니다. 그 답답함이란, 전자는 '아니, 값도 치르지도 않는 땅값이 부당이득이 아니라니?' 라는 의문이었고, 후자는 '경락인은 분양자와는 계약관계가 없는데도 불구하

고, 분양자의 동시이행항변권의 부담을 경락인이 안게 된다니?'라는 의문이었습니다. 그런데 문제는 경매인이라면 가져야 하는 저런 중요한 의문에 대해 판례는 물론 전혀 설시를 하지 않고, 그 어떤 경매 책도 그 어느 경매전문가도 설명하지 않고 있었다는 데에 있었습니다. 이는 우리의 경매지식 구조가 가진 위험성을 징표합니다. '결론보다는 발전시키고 활성화할 수 있는 지식인가가 훨씬 중요한데도, 그 이유를 모른 채 앵무새처럼 결론만 외우기를 강요하는 경매지식의 체계라니!'라는, 이런 갇힌 구조로서 경매지식의 환경에 대한 답답함과 위험성의 인식이었습니다.

2 ▸▸ 이유는 모르면서 공식이나 결론만 아는 지식은 죽은 지식입니다. 더구나 큰돈이 투입되는 경매의 영역에서 이유를 모르는 지식은 '끔찍하다!'라고 보아도 그리 틀리지 않을 것이며 아주 위험한 상황을 초래합니다. 이유를 모르면 지식의 단순성과 빈곤과 경직화로 지식 발전이 정체되고, 이어 '경매사고'라는 위험을 예비하는 것이 됩니다. 그럼에도 우리가 접하는 경매지식의 도구들은 거의 모두 경매에 대해 공식이나 조건식의 양상을 보여줍니다. 물론 규정과 판례 그 자체만으로도 엄청난 분량이고, 더구나 이유까지 안다는 것은 결코 쉽지 않은 점도 사실입니다.

그러나 어떤 분야든 지식이라는 것은 발전과 활성의 가능성을 가질 때 비로소 지식으로서의 실체를 가지는 것이고, 적어도 특수물건을 하겠다는 우리의 입장으로는 엄연한 저 실제를 외면해도 좋은 수는 없습니다. 힘이 들어도 하나하나 이유를 밝혀야 하고, 그러다 보면 차츰 실질적인 실력이 늘게 되고, 특히 이유를 알게 됨으로써 공부의 추동력을 더욱 받게 되는 이점이 있습니다. 필자는 설령 사견이더라도 가능한 이유를 탐색하거나 밝히는 강의를 해왔고, 이번 책의 집필도 그러했습니다. 앞에서 예로 든 두 가지 의문에 관해서는 이 책의 각론 판례에서 해설을 통해 그 이유를 공부합니다.

경매물건명세서의 양과 음

1▸▸ 특수물건에 대해 경매강의를 하다 보면 물건명세서를 제시하면서 판단을 구하거나, 차라리 물건명세서로 강의를 듣고 싶다는 메시지를 보내는 수강생들도 없지 않습니다. 어느 특수물건 강의 때는 강의교재에 나오는 사건들의 물건명세서를 모조리 뽑아 와서는, 남은 강의는 그 물건명세서들로 하는 것은 어떠냐는 희망을 보이는 수강생도 있더군요. 당황스러워 뭐라고 대답해야 할지 몰라 하다가 그럴 수 없는 이유를 길게 설명한 바 있습니다. 물건명세서의 순기능과 함께 역기능이나 위험을 길게도 설명해야 했습니다. 쉽게 공부하려 하거나, 실력자가 되기까지 많고도 어려운 공부의 과정을 거치기 전에 성과에 목말라 급해지거나, '물건명세서를 통한 경매공부'라는 관념에 빠진 사람은 그 편의와 착오, 관념으로부터 빨리 빠져나와야 합니다.

2▸▸ 물론, 경매정보업체에서 제공하는 물건명세서는 분명 경매인들에게 획기적인 편의를 가져다주었습니다. 각종의 특수물건별, 유찰회수별 등으로 전국에 산재하는 다양한 특수물건들을 일견할 수 있는 도구임에는 틀림이 없습니다. 그러나 편의는 '제한경쟁시장'을 현실적으로 실익이 없음의 결과를 초래하는 '완전경쟁시장'을 가져옵니다. 만약 물건명세서로써 안정과 큰 수익이 담보되는 입찰여부에 관한 판단이 가능하다면, 다수가 경쟁적으로 입찰하게 되는 상황이 되어 결국 비싸게 팔리게 되는 이치, 즉 통상의 수익을 훨씬 넘어서는 '특수한 수익'을 불가능하게 합니다. 어느 영역이든 도구의 발전은 먹거리를 없애는 부정적 기능을 생산하는 본질이 있고, 경매물건명세서는 거기에 더하여 경매공부를 깊이 하지 않게 하거나 착오를 유발해서 위험에 빠질 수도 있게 하는 치명적인 단점이 있습니다.

3 ▸▸ 물건명세서는 입찰여부를 결정하기 전에 수행되는 임장과 자료수집 및 수집된 자료를 분석하기 위한 대상을 선정하는 단계로서의 도구나 기능이며, 동시에 그런 기능에 제한될 뿐입니다. 물건명세서의 검토 후 임장, 자료수집, 분석 등을 거친 수 개에서 수십 개의 물건 중에 겨우 어느 하나가 입찰의 대상이 되는 것입니다. 더 나아가서는 이런 과정을 거친 후에도 판단이 충분치 않아, 재판을 통해 확인한다는 전제하에서 결단해야 하는 물건도 있습니다. 결국, 간단한 '물건명세서'에 있는 것이 아니라, 오랜 시간 노력을 투자해서 얻는 '실력'에 있는 것입니다. 수많은 물건명세서 중에서 경제적이고 효과적으로 선별해낼 수 있는 실력, 물건을 읽고 분석할 실력, 재판까지 감행할 실력, 이러한 실력을 먼저 키워놓아야 합니다. 수천만 원에서 수억 원의 수익세계에 참여할 수 있는 자격을 얻는 데는 그만한 노력이라는 대가를 요는 하는 것이니, 결국 경매는 그 어떤 영역보다 공평한 것입니다.

4 ▸▸ 정말 돈 되는 특수물건을 염두에 두면서 공부하는 중이라면, 가능한 물건명세서는 보지 말고 하나하나 단계를 밟으며 실력을 두텁게 함에 매진해야 합니다. 물건명세서를 보느라고 빈번한 서핑을 하는 행위는 공부의 매진에 장애가 되고 결국 시간낭비가 됩니다. 충분한 실력이 되고 나면 물건명세서의 선별이 정확하고 빨라지며, 임장과 자료수집 및 수집된 자료의 분석이 훨씬 뛰어나게 되고, 나아가 재판을 통해 확인해야 하는 상황에서도 결단의 힘을 보유하게 합니다. 실력이 부족하면 착오, 불안, 불의타의 위험 등으로부터 벗어날 수 없습니다. 경매한다고 마음조차 피폐해져서야 되겠습니까. 기본적으로 긴장이나 갈등이 큰 성격을 가진 경매물건을 해결하는 과정은 자기 정리와 타자와의 조율에 능해야 하고, 그 능력은 결국 실력이 정도에 비례하며, 나아가 마음의 안정되는 정도도 실력에 의해 결정됩니다.

지식의 '활성'을 위한 생각의 훈련

우리가 힘들게 경매공부를 하는 이유는 집적된 지식이 경매실전에서 작품을 만들어 낼 수 있는 훌륭한 무기가 될 것으로 기대하기 때문입니다. 그런 무기가 되려면 어렵사리 익힌 그 지식이 생명을 얻고, 가능성의 공간으로 나아가고, 입찰의 결정과 입찰 후 가질 나의 자세를 지시해줄 수 있어야 합니다. 지식은 활성(活性)이 중요합니다. '활성'이 부족하거나 없으면 그 단순성 탓에 큰돈이 되는 물건 앞에서 애간장만 태우거나 함부로 내지르게 되어 경매사고를 예약한 것이 됩니다, '활성'의 힘이 형성되는 방법 중 하나를 제시하면, 특히 복잡한 판례를 공부한 후에는 유사한 경매물건을 만났을 때 어떤 기준에서 판단할 것인지를 곰곰이 생각하는 훈련을 하는 것입니다.

과연 이 물건이 가진 유리한 값과 불리한 값이 무엇인지, 그 값들이 생산하는 덧셈과 뺄셈의 진행 끝에 도출될 수 있는 결론은 무엇이 될 것인지, 유리한 값은 어떻게 활용하고 불리한 값은 어떻게 극복할 것인지 등에 대해 심층적으로 생각한다면 진짜 선수로 무럭무럭 익어갈 것입니다. '판결원문'을 통한 공부는 다른 수단보다 힘이 들지만, 위와 같은 훈련을 체계적으로 할 수 있는 좋은 무기이므로, 그 무기가 주는 차별화된 기회를 최대한 활용해야 합니다.

심급의 특성과 흐름

1 ▸▸ 머리말에서 심급의 차이에 대한 언급이 있었으나, 여기서는 다른 측면에서 봅니다. 판결을 보면 하급심의 판시는 규정이나 법리에 충실한 반면(그 충실이 너무 경직되어 오판을 초래하는 경우도 있습니다.), 대법원의 판시는 마치 법을 창설하듯 도저히 너무 나간다는 느낌이 드는 경우도 있습니다. 그런 경우 대법원의 입장은 현실을 구제하려는 정책적 결단이 그 근저에 깔고 있는 경우가 많

습니다. 그러다 보니 법률의 해석자로서의 법원의 한계를 넘어 마치 입법자와 같이 스스로 법을 창설해버린 듯이 무리다 싶은 판결도 보입니다.

2 ▸▸ 그렇지만 '현실을 구제하려는 정책적 결단'이나 '헌법적 정신과 결부되는 당위적 요청'의 경우에는 달리 어쩔 수 없는 현실을 고려해야 하는, 즉 너무나 오랜 세월을 기다려야 하는 입법의 문제 때문에 마냥 현실을 내버려둘 수는 없다는 상황을 껴안아야 하거나 '과연 무엇이 정의인가?'라는, 그래서 단순히 비난만 할 수는 없는 경우가 많습니다. 어쨌든 싫든 좋든 경매를 하는 우리는 최종심인 대법원의 견해를 기억하고 따라야 하고, 극히 예외적인 경우 외에 대부분은 하급심보다는 확실히 대법원의 판단이 우월하다는 느낌을 가집니다. 그 이유는 하급심보다 인적, 물적 조건에서 유리한 환경을 가진 것에서 비롯된다고 봅니다. 물론, 층위로서 권력적 작용인 경우임을 부인하기 어려워 보이는 예도 전혀 없지는 않을 것입니다. 파기된 판례를 만나면 각 심급 사이의 견해의 같은 점과 다른 점을 엄하게 구별하는 것이 중요합니다. 지식은 구분하고 정리하는 것입니다.

수익의 실현과 시간의 문제

1 ▸▸ 대지사용권 관련 물건뿐만이 아니라 모든 특수물건 사건의 판례를 읽으면서 '일을 마무리할 때까지 저렇게 많은 시간을 잡아먹어 버렸다면, 과연 저 승소가 무슨 의미가 있는가!'라는 안타까움을 자아내는 사례들을 만납니다. 1년에 끝나야 하는 물건이 3년이나, 2년에 끝나야 하는 물건이 5년이나, 3년 끝나야 하는 물건이 7년이나 걸려버린 사건들 말입니다. 심지어는 사안의 맥을 모르면서 긁어 부스럼을 만들어버린 결과, 2년이면 끝날 물건을 10년이 지나도 실질적으로는 해결되지 않는 사례도 있습니다. 나의 소중한 돈을 물건에 집어넣어 놓았

으니, 그 돈에 대한 회수의 시간이 길어질수록 수익률이 감소하는 것입니다. 더구나 우리가 대상으로 삼는 특수물건은, 훨씬 싸게 사기는 하지만, 어쨌든 기본적으로는 경락잔금대출이 없이 나의 생돈이 들어가는 경우가 많습니다.

2 ▸▸ 특수물건의 경매는 크게는 1, 2, 3차로 이어지는 전쟁의 기간으로 구분됩니다. 제1차전은 '입찰당첨 후부터 재판에 들어가기 전까지의 기간'이며, 제2차전은 '재판하는 동안의 기간'이며, 제3차전은 '재판이 끝난 후부터 수익이 실제로 실현되기까지의 기간'입니다. 제1차전과 제3차전은 낙찰자의 역량과 상대방의 방어력이 상호작용하는 함수에 의해 시간의 분량이 결정되고, 제2차전은 낙찰자와 상대방의 각 소송상 역량과 전략에다가 담당판사의 재판진행방식(성향을 포함해)이 가세한 결과의 함수에 의해 시간의 분량이 결정됩니다. 내가 가진 역량(지식, 경험, 판단력, 결단력, 조율의 역량 등의 총화)이 부족하면 1, 2, 3차 각 단계의 시간이 늘어지게 되어 있습니다. 다만, 상대방이 관련 법리에 대한 이해부족이나 오해로 스스로 자신이 이긴다고 믿는 때도 있는데, 이 경우에는 당시 그 사람의 신념 자체가 그러하기에 '미친놈, 꽉 막힌 놈!'이라며 흥분하고 조급해할 것이 아니라, 그에 따르는 여유를 가져야 합니다. 그리고 오늘날에는 경매를 당한 측에도 흔히 법률전문가가 붙고, 나아가서는 장삿속에 의한 유인 때문에 상대방의 버팀이 가중되는 측면도 고려해야 합니다.

3 ▸▸ 제1차전 단계에서는 '근거도 없이 어떻게 되겠지 하는 기대'나 '상대방의 다양한 태도(전략적 측은지심의 유발, 혼란을 자아내려는 모호한 표현, 배반을 예비한 호의 등)'의 영향을 받아 시간을 지체하게 되는 점을 경계해야 합니다. 중심적 관건이자 기본적으로 가장 시간을 많이 잡아먹는 제2차전 단계에서는 그야말로 법리적인 실력이 중요합니다. 그리고 내가 청구하는 권리가 가집행선고의 대상인지, 아니면 확정되어야 하는(그래서 상소할 가능성이 더 높은) 대상인지에 따라 제2차전의 시간은 크게 달라지는 점도 사전에 유의해야 합니다. 제3차

전 단계에서는 협상을 전적으로 거부할 필요는 없지만, 일단은 판결에 의한 실행에 돌입해야 합니다.

4 ▸▸ 한편으로는, 어느 단계이든 나의 수익률이 크게 감손되지 않은 선에서 내가 양보함으로써 가능한 조기에 종결할 수 있는 역량도 중요합니다. 그러나 특수물건의 경우는 마냥 법으로만 가버리고 피차 꽉 찬 불신 때문에 대화 자체가 없는 현상이 바로 현실입니다. 필자는 이 현상의 원인에 관해 많이 생각하는 편인데, 양보는 우선 협상의 자리가 마련됨을 전제로 가능합니다. 이 경우 관건은 뭔가 작품을 생산할 '협상의 자리'를 과연 어느 쪽이 만드느냐에 있습니다. 경험으로는 결코 상대방이 먼저 손을 내밀지는 않습니다. 결국, 경매 받은 내가 '협상의 자리'를 만들어 내야 합니다. 그런데 문제는, 이것이 가능해지려면 사안의 모든 점을 꿰뚫는 나의 실력이 전제되어야 하고, 나의 인격도 함께 기능적으로 가세할 배경으로 작용해야 합니다. 결국, 모든 측면에서 출중해야 합니다. 물론 특수물건이라는 특성, 즉 기본적으로 이해상반의 점(양보하거나 인정할 돈의 크기의 점)이 크기 때문에, 말같이 결코 쉬운 일이 아니라는 점은 인정합니다.

5 ▸▸ 그리고 한편으로의 문제는, 물론 당연히 지식과 경험의 부족 때문이지만, 인위적으로 너무 과도하게 시간을 단축하려는 경우입니다. 이 경우에는 오히려 일을 더욱 복잡하게 만들거나, 원래 걸릴 시간보다 훨씬 많이 잡아먹게 하거나, 원래 가진 나의 법률적인 지위를 새로이 불리하게 하고는 상대방의 그것을 유리하게 하거니, 심한 경우에는 결정적인 패착의 수를 놓게도 합니다. 각 물건은 그 고유의 본질과 상태에 따른 최소한의 기본적이고 물리적인 시간이 소요되는데, 그 소요량을 제대로 파지하는 것도 결국에는 각자의 실력에 의존합니다. 법리든, 상대방의 태도가 보인 함의이든, 판사의 재판진행 방식이 가진 영향 요소이든 그 모든 것의 실제는 결국 나의 실력이 읽어내야 하는 과제인 것입니다.

1부에서는 '대지사용권', '법정지상권', '공유지분', '공유물분할'에 관한 지식의 기본을 공부하게 됩니다. '대지사용권'의 분야는 이 책의 본체에 해당하므로, 그 총론적 지식에 대하여 기본은 익히고 들어가야 합니다. 그래서 '대지사용권' 분야 전체에 공통된다고 판단되는 부분들을 가능한 집약적 · 체계적으로 모아 기술했습니다. 다만, 총론의 특성상 그 추상성으로 인해 재미가 떨어지거나 이해가 어려운 독자는 그리 집착할 필요는 없습니다. 대강의 눈요기를 하고는 '2부 각론'의 판례공부에서, 귀납적으로 공부할 수 있습니다. 사람이나 사정에 따라서는, 역류하는 공부의 방식이 오히려 효과적일 수 있는 것입니다.

이미 언급했듯이 특수물건은 복합적 법리의 쟁점을 본질적으로 가지고 있습니다. 그래서 '법정지상권', '공유지분', '공유물분할'에 관한 지식도 '대지사용권'과 함께 공부해 둬야 합니다. 다만, 공부에 질려버릴 정도의 지면이 될 우려가 있으므로, 이 세 분야의 모든 것을 다룰 수는 없었습니다. 그러나 그 중요쟁점을 거의 모두 집결시켰고, 경매인들이 혼란을 겪거나 오해하는 법리를 비교적 정치하게 기술했습니다. 이 세 분야는 각론에서는 간헐적으로 만나는 만큼, 이 총론에서 가능한 정독을 하고 넘어가기를 권유합니다. 그럼으로써 동시에 '대지사용권'을 공부하는 기회에 이 세 분야의 지식까지도 덤으로 키우는 것입니다.

1부

총론

대지사용권, 법정지상권, 공유지분,

공유물분할에 관한 기본지식

1장
대지사용권

'대지사용권'은 그 기본법인 '집합건물의 소유 및 관리에 관한 법률(이 책에서는 편의상 '집합건물법' 또는 '법'이라고만 부릅니다.)'에 규정되어 있습니다. 그런데 이 '대지사용권'은 건물의 구분소유, 상가건물의 구분소유, 구분소유권, 구분소유자, 전유부분, 공용부분, 건물의 대지, 공용부분, 규약에 따른 건물의 대지, 구분소유권 매도청구권, 대지공유자의 분할청구 금지, 공용부분의 귀속, 공유자의 지분권, 전유부분과 대지사용권의 일체성, 분리처분을 금지하는 취지의 등기(대지권등기), 선의의 제3자, 전유부분의 처분에 따르는 대지사용권의 비율 등 수많은 개념과 결부되기 때문에, 저 개념들도 모두 알아야지 비로소 '대지사용권'이라는 것의 실체를 알게 됩니다. 한마디로 '대지사용권'이라는 개념은 그 난해함이 마치 '괴물'인 듯합니다. 여기서는 기본적으로 먼저 알고 있어야 할 관련 개념을 중심으로 다루고, 지식의 구체화는 각론에서 판례원문과 그 해설을 통해 이루도록 합니다.

01
Lesson

안전한 취득과 위험한 취득

경매하는 입장에서 당연히 관심의 초점인 돈이 되거나(기회) 그렇지 않는(위험) 각 경우의 수를 살펴봅니다. 큰 범주에서 보면, 전유부분의 취득이 대지사용권에 그 효력이 미칠 것인지, 취득한 대지지분이 유효하고 나아가 분할청구가 인정될 것인지, 집합건물 단지 내 일부 필지의 취득이 유효할 것인지 등입니다. 각각의 분류가 실질적으로 내 안에서 안착하기까지는 많고도 난해한 지식의 보유가 전제됩니다.

그리고 한편으로는, 분류라는 것은 어디까지나 기본적인 정리는 해두어야 한다는 측면에서의 의미에 제한되어야 합니다. 즉, 실제로는 각 물건의 사연과 성격에 따른 구체적 타당성을 찾아 개별적인 분석과 판단을 해야 하는 것입니다. 특수물건에 대한 깊은 이해는 '원칙'보다도 '예외'에 그 무게중심이 있고, 특히 분류나 공식 따위에 의존하게 되면 실력도 늘지 않고 위험해집니다. '예외에 무게가 있다.'라는 점에 대해 각성을 하고 있어야 합니다. 구체적이고 실제적인 감각은 판례사례인 본론에 들어가서 공부하기로 하고, 아래에서 어쨌든 건물과 토지로 나눠 그 분류를 봅니다.

건물

(대지권등기가 되지 않은 일부의 전유부분과 때론 구분소유건물의 1동 전체가 경매목적물인 경우)

|

소위 '대지권미등기'인 전유부분을 일컫습니다. 이 부분은 통상 안전한 취득이 되지만, 그만큼 월등히 크게 싸게 산다는 보장은 없습니다. 완전한 권리가 실현되기까지의 절차적 부담도 만만치가 않고, 때에 따라서 실패의 위험도 완전히

는 배제하지 못하는 점도 있습니다. 각론의 판례공부를 통해 그 상세를 익히도록 합니다.

토지

(대지지분이나, 대지 전부나, 일부 필지인 경매목적물)

|

토지는 유형에 따라 크게 다르지만 기본적으로는 위험성의 정도가 높은 반면, 크게 싸게 매입하게 되는 장점이 있습니다. 이 역시 각론의 판례공부를 통해 그 상세를 익히도록 하며, 다만 이곳에서 아래와 같이 큰 분류로서의 정리는 하고 넘어갑니다.

- 집합건물법 시행 전에 이전되었거나 부착된 권리(소유권, 담보권, 가압류, 가압류, 가처분 등)를 기초로 하여 실시된 경매절차에서 취득한 경우 : 원칙적으로는 유효한 취득이 됩니다.
- 집합건물법 시행 후 이전되었거나 부착된 권리를 기초로 하여 실시된 경매절차에서 취득한 경우 : 원칙적으로는 무효의 취득이 됩니다.
- 일반건물에서 집합건물로 전환된 후 이전되었거나 부착된 권리를 기초로 하여 실시된 경매절차에서 취득한 경우 : 원칙적으로는 무효의 취득이 됩니다.
- 통상적이지 않은 현황(구체적인 용도가 없어 보이거나, 버려진 듯이 보이는 현황 등)을 가진 집합건물의 부지 내의 일부 특정의 땅을 경매절차에서 취득한 경우 : 이 경우에는 그 집합건물의 형상 등 구체적 사정에 따라 결론이 달라집니다.

02
Lesson

'구분소유'의 성립

1 ▸▸ 법 제1조는 "1동의 건물 중 구조상 구분된 여러 개의 부분이 독립한 건물로써 사용될 수 있을 때에는 그 각 부분은 이 법에서 정하는 바에 따라 각각 소유권의 목적으로 할 수 있다."라고 규정하고 있고, 판례는 1동의 건물에 대하여 구분소유가 성립하기 위해서는 "객관적 · 물리적인 측면에서 1동의 건물이 존재하고 구분된 건물 부분이 구조상 · 이용상 독립성을 갖추어야 할 뿐 아니라 1동의 건물 중 물리적으로 구획된 건물 부분을 각각 구분소유권의 객체로 하려는 구분행위가 있어야 한다."라고 합니다. 그냥은 다세대나 아파트 등이 외관상 호수별 구조를 가진 형상의 단계라고 보면 되겠지만, 경매하는 입장에서는 법률적인 깊이로 들어가야 합니다.
여기서는 일단 '① 1동의 건물의 존재할 것, ② 구분건물이 구조상 · 이용상 독립성을 가질 것, ③ 구분소유권의 객체로 하려는 구분행위가 있었을 것'이라는 세 가지 요건을 모두 구비하고 있어야 한다는 점을 알고 넘어갑니다.

2 ▸▸ '구분건물'이라는 용어 외에 굳이 '구분소유'라고 하는 이유는, 1동의 건물이 내부적으로 호수별 구분이 되어 있더라도 그것을 구분소유로 할 것인지(각각 구분소유권의 객체로 하려는 구분행위에 의해) 아니면 1동 전부를 단독소유로 할 것이지는 건축주의 자유이기 때문입니다. 이 책에서 '구분소유'라고 하지 않고 그냥 '구분건물'로만 표현된 경우에는 '구분소유로서의 구분건물'로 이해하면 됩니다.

03
Lesson

'대지사용권'의 성립

1 ▸▸ 판례는 "집합건물의 대지사용권은 구분소유자가 전유부분을 소유하기 위하여 건물의 대지에 대하여 가지는 권리로서 그 성립을 위해서는 집합건물의 존재와 구분소유자가 전유부분 소유를 위하여 당해 대지를 사용할 수 있는 권리를 보유하는 것 이외에는 다른 특별한 요건이 필요하지 않고, 대지사용권이 없는 구분소유자가 사후적으로 사용권을 취득한 경우에는 그때에 대지사용권이 성립한다."라고 합니다.
위에서 '다른 특별한 요건이 필요하지 않다.'라고 강조하듯이, 그냥 쉽게 구분건물이 존재하면 그 땅은 99%가 그 건물의 대지사용권에 해당한다고 보아도 그리 틀리지 않습니다. 그리고 '대지사용권의 성립'은 '구분소유의 성립'과의 밀접한 관련을 가집니다.

2 ▸▸ '집합건물의 대지사용권'에서 말하는 '사용권'은 그것이 무슨 권원(權原 : 좁게는, 특정한 물건을 점유하거나 사용 · 수익하는 정당한 원인으로서의 권리)을 가진 사용권이든(소유권은 물론, 임차권, 사용대차, 지상권, 각종 무명의 사용권 등 어떤 것이든) 관계가 없습니다. 같은 이치로 흔히 거론되는 피분양자가 건물만의 등기를 받고 토지는 구획정리 등을 이유로 여전히 분양자 등의 명의로 남아 있는 상태도 포함하는 것입니다.

대지사용권의 분리처분의 금지와 분리처분의 무효

핵심규정인 집합건물법 제20조(전유부분과 대지사용권의 일체성)

1 ▸▸ 민법과의 차이

민법의 법리로는 토지와 건물은 별개의 부동산으로써 각각 따로 처분할 수 있습니다. 그것과는 달리 집합건물의 특유한 목적달성을 위해 이 '대지사용권(즉, 대지지분)'은 건물과 따로 처분하는 행위는 '분리처분의 금지'에 걸리도록 했고, 그 금지에 대한 위반은 판례에 의해 무효의 결과가 되는 것으로의 해석이 확립되어 있습니다.

2 ▸▸ 분리처분의 금지

이때의 '분리처분의 금지'는 '토지만'이 그 대상인 것으로 이해해야 하고(법 제20조 제2항 : 구분소유자는 그가 가지는 전유부분과 분리하여 대지사용권을 처분할 수 없다. 다만, 규약으로써 달리 정한 경우에는 그러하지 아니하다.). 이 금지에 위반된 행위의 법적효과가 문제가 되는데, 이에 대하여 판례는 원칙적으로 무효가 되는 것으로 해석합니다. 분리처분이 가능한 경우는 그런 취지의 규약(분리처분가능규약)이 있는 경우인데, 굳이 그럴 이유가 없기 때문에 현실에서는 없다고 보아도 그리 틀리지 않습니다

3 ▸▸ 종물효과

한편으로 '건물만'의 분리처분은 무효가 아니라 토지까지 포함한 것으로써의 유효한 처분이 되는데(법 제20조 제1항 : 구분소유자의 대지사용권은 그가 가지는 전유부분의 처분에 따른다.), 판례는 이것에 대하여 오랫동안 유보적이거나 모호한

태도이다가는 근년에 이르러 종물효과('주물인 건물'의 처분에 의해 '종물인 토지'도 바늘에 실 가듯이 따르는 것)를 직접적으로 인정하기에 이릅니다. 건물만 경매로 받은 후 토지에 걸린 각종 권리에 대하여 분리처분의 무효를 주장하는 재판의 실례들도 이 책에서 공부하게 됩니다.

4 ▸▸ 선의의 제3자

대지사용권의 분리처분금지는 그 취지를 등기하지 아니하면 선의(善意)로 물권을 취득한 제3자에게는 대항하지 못합니다(법 제20조 제3항). 그러나 대지지분의 권리 이동 시에 지상에 집합건물이 존재했던 사정이었던 한, 일반의 상식이나 거래의 상황으로 보았을 때는 '선의'라고 봐줄 만한 생각이 드는 경우에도 대법원은 제3자의 대지지분의 취득에 대해서 좀체 '선의'를 인정하지 않습니다. '일반적인 악의'를 인정하는 정도에 이릅니다. 대법원 입장의 저런 경향의 근간에는 '당위로서의 전유부분과 해당 대지지분에 관한 단일소유권의 실현'에 대한 의지가 강하게 도사리고 있음으로 이해하는 것이 적절합니다.

'대지사용권'과 '대지지분의 소유권'

1 ▸▸ 쟁점에 따라서는 '대지사용권'이라는 용어보다는 소유권의 취득이나 상실이라는 의미에서 그냥 '대지지분'이라는 용어로 표현되는 것이 이해에 편리하거나 적절하거나 옳은 때도 있는데, 이런 문제와 관련된 법원의 법리해석 역사를 봅니다. 예를 들어, 대지권미등기 아파트 501호를 취득해서(분양받았던, 개인 사이 매매였던, 증여였던) 건물만 등기를 받고는 '등기를 받지 못하고 있던 해당 대지지분('지분 A'라고 칭함)'이 타에 처분되거나 타의 권리가 부착된 경우(매

도, 신탁, 담보권설정, 가등기, 가압류, 가처분 등)에 분쟁이 치열했고, 그 분쟁에 관련한 법리의 정착에는 복잡한 과정을 거쳤습니다. 이 경우 대법원조차 자신이 없었는지 오랜 세월 망설임이나 모호한 표현이 많아 혼란을 준 점이 없지를 않고, 하급심에서는 지금도 때론 착오의 판단을 하는 것으로 보입니다. 저 문제들(망설인, 모호함, 착오, 혼란스러움 등의 현상)은 집합건물을 바라보는 입장의 변화가 오기까지의 불가피한 시행착오의 과정으로 보입니다. ('지분 A'가 처분되기 전의, 또는 '지분 A'에 권리가 부착되기 전의 '지분 A'의 소유자는 분양자의 전소유자, 분양자 등 다양합니다.) 그 근원에서는 '부동산에 대한 채권행위'와 '부동산 물권의 성립' 사이에 도사리고 있는 민법상 법리의 차이에 대한 관념이 '대지사용권'의 이해에 영향을 미친 탓으로 보입니다.

2 ▸▸ 무슨 말이냐 하면, '지분 A'가 501호 소유자의 명의로 등기되기 전에는, 501호 소유자는 ('지분 A'에 대한 '대지사용권'은 있되 '소유권'은 없다는 관념에서) '지분 A'를 취득하거나 권리를 부착한 자에게 이길 수 없다는 판시를 오랫동안 해왔고, 하급심에서는 지금도 그런 뉘앙스의 판시가 나오기도 합니다. 오래전부터 "종물은 주물의 처분에 따른다."(민법 제100조 제2항)라는 종물개념을 유추한 '종된 권리'라는 관념으로 '대지사용권'의 문제를 해결해오면서도, '지분 A'에 대한 '소유권 귀속'의 문제만은 여전히 모호했던 것입니다.

3 ▸▸ 그러다가 그리 오래지 않은 시점부터 대법원은 그 사안에 따른 설시의 필요성에 따라, 대뜸 501호의 전유부분을 취득함으로써(등기를 지칭하겠지만 이런 표현은 없음) '지분 A'의 소유권도 취득한다는 식으로 판시를 해버렸습니다. 이로써 관련 문제들의 혼란에 대해 종지부를 찍은 것으로 봐야겠지만, 그 법리적 근거는 자세히 밝히지 않아 분명하지는 않습니다. 다만 필자가 보기에는, 대법원이 종물개념으로써 '대지사용권'의 문제에다 '소유권 귀속'의 문제까지 껴안은(해결한) 시점에 이른 것으로 보아야 할 터입니다. 이 문제를 종물개념만으로

해결하는 것은 어색한 점이 없지는 않지만, 하여튼 그렇습니다. 즉, '토지와 건물을 가진 아파트가 처분되었으니, 당연히 그 토지소유권(종물)도 등기와는 관계없이 건물소유권(주물)에 따라가서 결국 하나의 물권이 된다.'라는 정도의 이해입니다. 너무 복잡하고 난해하니 판결문을 공부하면서 구체화하도록 합니다.

06 Lesson

'대지사용권'과 '대지권'의 차이

1▸▸ 경매공부를 한 지 오래도록 '대지사용권'과 '대지권'의 차이에 잘못 이해하거나 명쾌한 구별을 못 하는 현상을 봅니다. 여기저기를 봐도 얘기들이 서로 달라 그냥 헷갈리기만 해서, 그 개념의 차이에 대해 이해는 그냥 방치하는 사람들이 많습니다. 그 차이의 정체를 밝힙니다. 그런데 우선은, '대지권'도 그 개념 자체는 괴물이지만 '대지사용권'과의 구분을 따질 실익은 거의 없는 이유로 해서, 결국 다행히는 그리 심각하게 고민할 것까지는 없는 것도 사실입니다.

2▸▸ 그럼, 개념적으로 봅니다. 한마디로 보면, '대지권'은 '대지사용권 중에 분리처분이 금지되는 경우'를 뽑아 일컫는 개념입니다. 다시 쉽게 결론적으로 보면, '대지권'이란 '대지권미등기로써 분리처분가능규약이 없는 경우'와 '대지권등기(법 제20조 제3항)가 된 경우' 두 가지를 일컫습니다. 우리가 '대지권등기'이라고 부르는 제도는 그 본질은 어디까지는 '대지사용권'이지만, 다만 '전유부분과 분리처분 되지 않음'을 공시하기 위해 인위적으로 설정된 개념으로 이해하면 적절합니다.

그러니까, '대지권이 있다.'라고 할 수 있는 경우는, '대지권등기가 된 경우'뿐만이 아니라 '대지권등기가 안 된 것 중에 분리처분이 가능하다는 취지의 규약이 없는 경우'도 포함하는 개념이라는 말입니다. 그렇다면, 흔히 시중에서 '대지권'은 '대지권등기'가 된 경우로 한정하는 이해를 하는 예는 틀린 것이 됩니다. 그런데 집합건물은 '대지사용권'이 포괄적이고도 본질적인 개념이고 또한 현실에서는 분리처분가능의 예가 없다시피 하므로, '대지권등기'와 '대지권'은 꼭 필요한 경우 외에는 굳이 구분하지 않고 그냥 '대지사용권'이라는 표현으로 사용하면 그만입니다.

07
Lesson

구분소유권에 대한 매도청구권

집합건물은 제7조에서 "대지사용권을 가지지 아니한 구분소유자가 있을 때에는, 그 전유부분의 철거를 청구할 권리를 가진 자는 그 구분소유자에 대하여 구분소유권을 시가로 매도할 것을 청구할 수 있다."라고 규정합니다. 이는 '아니 총 12세대로 된 4층 다세대건물 중 다른 호의 안전에 문제없이 3층 301호만을 어떻게 철거하겠어!'라는 현실에 착안해서 규정된 것입니다.

그러니까 대지사용권이 없는 301호에 해당하는 그 대지지분을 경매로 받으면, 301호에 대한 철거청구권도 인정되고 또한 301호 건물을 그 대지지분을 경매로 받은 내게 시세로 팔라고 요구할 수도 있는 것입니다. 이 '구분소유권 매도청구권'의 행사는 여러 가지 이유로 해서 무척 주의해야 하는데, 도지사용료에 대한 부당이득의 반환청구와 함께 그 실질적인 이유는 각론의 판례공부에서 하게 됩니다.

대지공유자의 분할청구

민법 제268조는 "공유자는 공유물의 분할을 청구할 수 있다."라고 하지만 집합건물법 제8조는 "대지 위에 구분소유권의 목적인 건물이 속하는 1동의 건물이 있을 때에는 그 대지의 공유자는 그 건물 사용에 필요한 범위의 대지에 대하여는 분할을 청구하지 못한다."라고 규정하고 있습니다. 전유부분과 대지사용권의 일체성 확보를 위한 또 하나의 기술적 장치인 것으로 이해합니다. 경매투자를 하는 입장에서는 '그 건물 사용에 필요한 범위의 대지'라는 부분이 특히 중요하고 난해합니다.

이 부분과 관련해서는 기회이자 동시에 굉장히 주의해야 하는데, 역시 '2부 각론'270쪽, 357쪽에서 판결원본의 공부에서 자세히 봅니다. 분할이 가능한 경우에는 마찬가지로 민법 제269조의 규정(분할의 방법에 관하여 협의가 성립되지 아니한 때에는 공유자는 법원에 그 분할을 청구할 수 있다. 현물로 분할할 수 없거나 분할로 인하여 현저히 그 가액이 감손될 염려가 있는 때에는 법원은 물건의 경매를 명할 수 있다.)을 그대로 따릅니다.

'공용부분'에 대한 주의

1▸▸ 우선, 집합건물법에서의 '공용부분'은 그 특성 때문에 별도로 등장한 개념이라고 볼 수 있습니다. 민법 제215조 제1항은 '건물의 구분소유'라는 제목으로 "수인이 한 채의 건물을 구분하여 각각 그 일부분을 소유한 때에는 건물과

그 부속물 중 공용하는 부분은 그의 공유로 추정한다."라고 하는데, 집합건물법은 수조에서 위 민법의 규정과는 많이 다른 규정을 두고 있습니다. 역시 집합건물의 특성에 부합하는 안정과 원활한 사용을 확보하려는 취지입니다.

2 ▸▸ 공용부분의 개념 : 법 제2조 제4호에서 '공용부분'을 '전유부분 외의 건물부분'과 함께 대지사용권과 마찬가지로 규약에 의한 공용부분도 규정하고 있지만, 이 역시 실제로는 그런 것은 없다고 보아도 무관할 정도입니다. 그냥 내가 전속적으로 지배하는 전유부분의 내부공간을 제외한 모든 곳을 '공용부분'으로 알면 됩니다. 아파트 내 도로, 계단, 어린이놀이터, 노인정, 화단, 주차장, 이런저런 용도의 지하층, 기타 용도나 공터 등 무수히 많습니다.

3 ▸▸ 구분소유권으로의 변경금지 : 법 제3조 제1항에서 "여러 개의 전유부분으로 통하는 복도, 계단, 그 밖에 구조상 구분소유자 전원 또는 일부의 공용에 제공되는 건물부분은 구분소유권의 목적으로 할 수 없다."라고 규정하고 있는데, 이는 당연한 것을 주의적으로 규정한 것에 지나지 않는 것으로 여겨지지만, 경매투자의 입장에서는 별생각 없이 여기고 지나갈 문제만은 아닙니다. 이는 특히 원래는 공용이었던 부분이 전유부분이 되어 경매시장에 나오는 경우와 관련하여 현장의 성격을 냉정히 판단해야 하는 점과 관련된 말로써, 전유부분에 대한 낙찰은 무효의 경매가 될 수도 있는 것입니다. 이 역시 판결원본의 공부에서 봅니다.

그리고 법 제10조 제1항에서는 "공용부분은 구분소유자 전원의 공유에 속한다. 다만, 일부의 구분소유자만이 공용하도록 제공되는 것임이 명백한 공용부분(일부공용부분)은 그들 구분소유자의 공유에 속한다."라고 규정하고 있는데, 후자(일부공용부분)에 대해서는 없다고 보아도 좋을 것입니다.

토지공유지분자의 부당이득청구권

1 ▸▸ 대지사용권이 없는 토지공유지분을 경매로 받는 경우는 이문을 붙여 그 토지지문을 되팔려는 전략도 있지만, 전략상으로는 일단은 해당 건물 호수에 대한 부당이득의 판결을 받은 후 그 건물을 경매에 넣음으로써 경매로 전유부분이 날아간다는 그 압박의 힘으로 소유자에게 되팔든지, 아니면 내가 그 전유부분을 경락을 받든지 하게 됩니다.
내가 경락을 받으려는 뜻이 강한 경우, 즉 토지와 함께 완전한 소유권을 가지려는 이 경우에는 통상보다 한 단계 높은 가격에 입찰하는 것이 안전합니다. 무슨 말이냐 하면, 더 내려간 값으로 잡으려고 너무 기다리다가 다른 사람에게 넘어가 버리면, 그자와 또다시 고단한 전쟁을 치러야 하는 상황으로 접어드는 문제를 일컫는 것입니다. 이 관계의 구조에 대한 이해는 굉장히 중요합니다.

2 ▸▸ 법 제12조 제1항이 "각 공유자의 지분은 그가 가지는 전유부분의 면적 비율에 따른다."라고 규정하고 있는데, (이 규정은 공용부분의 사용에 관한 것이 아니라 귀속에 관한 것이지만) 대지지분을 경매로 받은 경우 저 규정은 착오를 일으키게 합니다. 대지지분을 경매로 받은 경우에는 '전유부분'은 소유하고 있지 않으므로, 오로지 판례의 입장에서 이해하고 수익의 가능성을 분석해야 합니다. 이어 집합건물법 중에 경매 관련되는 중요 조문을 게재합니다.

집합건물법 중 경매 관련 중요 법조문

'대지사용권'과 관련되는 제20조(전유부분과 대지사용권의 일체성)와 제21조(전유부분의 처분에 따르는 대지사용권의 비율)가 가장 중요합니다. 나머지는 기본적으로는 경매와의 관련성의 밀도가 떨어지는 가운데, 우리가 만나는 경매물건의 구체성과 사안의 성격에 따라 그 의미를 해석하고 확인해야 할 일이 생깁니다. 여기에 실린 어느 조문이든 제대로 알고 보면 대체로가 난해한 법리를 보유하고 있습니다. 해서 처음부터 조문들의 깊은 뜻을 알겠다고 덤비는 것은 비경제적이므로, 공부하면서 꾸준히 각 조문의 깊은 뜻을 조금씩 내 것으로 쌓아가야 합니다.

집합건물의 소유 및 관리에 관한 법률

총칙

제1조(건물의 구분소유) 1동의 건물 중 구조상 구분된 여러 개의 부분이 독립한 건물로써 사용될 수 있을 때에는 그 각 부분은 이 법에서 정하는 바에 따라 각각 소유권의 목적으로 할 수 있다.

제1조의2(상가건물의 구분소유) ① 1동의 건물이 다음 각 호에 해당하는 방식으로 여러 개의 건물부분으로 이용상 구분된 경우에 그 건물부분(이하 '구분점포'라 한다.)은 이 법에서 정하는 바에 따라 각각 소유권의 목적으로 할 수 있다.

1. 구분점포의 용도가 「건축법」 제2조 제2항 제7호의 판매시설 및 같은 항 제8호의 운수시설(집배송시설은 제외한다.)일 것
2. 1동의 건물 중 구분점포를 포함하여 제1호의 판매시설 및 운수시설(이하

"판매시설등"이라 한다.)의 용도에 해당하는 바닥면적의 합계가 1천 제곱미터 이상일 것

3. 경계를 명확하게 알아볼 수 있는 표지를 바닥에 견고하게 설치할 것
4. 구분점포별로 부여된 건물번호표지를 견고하게 붙일 것

② 제1항에 따른 경계표지 및 건물번호표지에 관하여 필요한 사항은 대통령령으로 정한다.

제2조(정의) 이 법에서 사용하는 용어의 뜻은 다음과 같다.

1. "구분소유권"이란 제1조 또는 제1조의2에 규정된 건물부분[제3조 제2항 및 제3항에 따라 공용부분(共用部分)으로 된 것은 제외한다.]을 목적으로 하는 소유권을 말한다.
2. "구분소유자"란 구분소유권을 가지는 자를 말한다.
3. "전유부분"(專有部分)이란 구분소유권의 목적인 건물부분을 말한다.
4. "공용부분"이란 전유부분 외의 건물부분, 전유부분에 속하지 아니하는 건물의 부속물 및 제3조 제2항 및 제3항에 따라 공용부분으로 된 부속의 건물을 말한다.
5. "건물의 대지"란 전유부분이 속하는 1동의 건물이 있는 토지 및 제4조에 따라 건물의 대지로 된 토지를 말한다.
6. "대지사용권"이란 구분소유자가 전유부분을 소유하기 위하여 건물의 대지에 대하여 가지는 권리를 말한다.

제3조(공용부분) ① 여러 개의 전유부분으로 통하는 복도, 계단, 그 밖에 구조상 구분소유자 전원 또는 일부의 공용(共用)에 제공되는 건물부분은 구분소유권의 목적으로 할 수 없다. ② 제1조 또는 제1조의2에 규정된 건물부분과 부속의 건물은 규약으로써 공용부분으로 정할 수 있다. ③ 제1조 또는 제1조의2에 규정된 건물부분의 전부 또는 부속건물을 소유하는 자는 공정증서(公正證書)로써 제2항의 규약에 상응하는 것을 정할 수 있다. ④ 제2항과 제3항의 경우에

는 공용부분이라는 취지를 등기하여야 한다.

제4조(규약에 따른 건물의 대지) ① 통로, 주차장, 정원, 부속건물의 대지, 그 밖에 전유부분이 속하는 1동의 건물 및 그 건물이 있는 토지와 하나로 관리되거나 사용되는 토지는 규약으로써 건물의 대지로 할 수 있다. ② 제1항의 경우에는 제3조 제3항을 준용한다. ③ 건물이 있는 토지가 건물이 일부 멸실함에 따라 건물이 있는 토지가 아닌 토지로 된 경우에는 그 토지는 제1항에 따라 규약으로써 건물의 대지로 정한 것으로 본다. 건물이 있는 토지의 일부가 분할로 인하여 건물이 있는 토지가 아닌 토지로 된 경우에도 같다.

제5조(구분소유자의 권리·의무 등) ① 구분소유자는 건물의 보존에 해로운 행위나 그 밖에 건물의 관리 및 사용에 관하여 구분소유자 공동의 이익에 어긋나는 행위를 하여서는 아니 된다. ② 전유부분이 주거의 용도로 분양된 것인 경우에는 구분소유자는 정당한 사유 없이 그 부분을 주거 외의 용도로 사용하거나 그 내부 벽을 철거하거나 파손하여 증축·개축하는 행위를 하여서는 아니 된다.

제7조(구분소유권 매도청구권) 대지사용권을 가지지 아니한 구분소유자가 있을 때에는 그 전유부분의 철거를 청구할 권리를 가진 자는 그 구분소유자에 대하여 구분소유권을 시가(時價)로 매도할 것을 청구할 수 있다.

제8조(대지공유자의 분할청구 금지) 대지 위에 구분소유권의 목적인 건물이 속하는 1동의 건물이 있을 때에는 그 대지의 공유자는 그 건물 사용에 필요한 범위의 대지에 대하여는 분할을 청구하지 못한다.

공용부분

제10조(공용부분의 귀속 등) ① 공용부분은 구분소유자 전원의 공유에 속한다. 다만, 일부의 구분소유자만이 공용하도록 제공되는 것임이 명백한 공용부분(이하 "일부공용부분"이라 한다.)은 그들 구분소유자의 공유에 속한다. ② 제1항의 공유에 관하여는 제11조부터 제18조까지의 규정에 따른다. 다만, 제12조, 제17조에 규정한 사항에 관하여는 규약으로써 달리 정할 수 있다.

제11조(공유자의 사용권) 각 공유자는 공용부분을 그 용도에 따라 사용할 수 있다.

제12조(공유자의 지분권) ① 각 공유자의 지분은 그가 가지는 전유부분의 면적 비율에 따른다. ② 제1항의 경우 일부공용부분으로서 면적이 있는 것은 그 공용부분을 공용하는 구분소유자의 전유부분의 면적 비율에 따라 배분하여 그 면적을 각 구분소유자의 전유부분 면적에 포함한다.

제13조(전유부분과 공용부분에 대한 지분의 일체성) ① 공용부분에 대한 공유자의 지분은 그가 가지는 전유부분의 처분에 따른다. ② 공유자는 그가 가지는 전유부분과 분리하여 공용부분에 대한 지분을 처분할 수 없다. ③ 공용부분에 관한 물권의 득실변경(得失變更)은 등기가 필요하지 아니하다.

제15조(공용부분의 변경) ① 공용부분의 변경에 관한 사항은 관리단집회에서 구분소유자의 4분의 3 이상 및 의결권의 4분의 3 이상의 결의로써 결정한다. 다만, 다음 각 호의 어느 하나에 해당하는 경우에는 제38조 제1항에 따른 통상의 집회결의로써 결정할 수 있다.

1. 공용부분의 개량을 위한 것으로서 지나치게 많은 비용이 드는 것이 아닐 경우
2. 「관광진흥법」 제3조 제1항 제2호 나목에 따른 휴양 콘도미니엄업의 운영

을 위한 휴양 콘도미니엄의 공용부분 변경에 관한 사항인 경우
② 제1항의 경우에 공용부분의 변경이 다른 구분소유자의 권리에 특별한 영향을 미칠 때에는 그 구분소유자의 승낙을 받아야 한다.

제18조(공용부분에 관하여 발생한 채권의 효력) 공유자가 공용부분에 관하여 다른 공유자에 대하여 가지는 채권은 그 특별승계인에 대하여도 행사할 수 있다.

제19조(공용부분에 관한 규정의 준용) 건물의 대지 또는 공용부분 외의 부속시설(이들에 대한 권리를 포함한다.)을 구분소유자가 공유하는 경우에는 그 대지 및 부속시설에 관하여 제15조부터 제17조까지의 규정을 준용한다.

대지사용권

제20조(전유부분과 대지사용권의 일체성) ① 구분소유자의 대지사용권은 그가 가지는 전유부분의 처분에 따른다. ② 구분소유자는 그가 가지는 전유부분과 분리하여 대지사용권을 처분할 수 없다. 다만, 규약으로써 달리 정한 경우에는 그러하지 아니하다. ③ 제2항 본문의 분리처분금지는 그 취지를 등기하지 아니하면 선의(善意)로 물권을 취득한 제3자에게 대항하지 못한다. ④ 제2항 단서의 경우에는 제3조 제3항을 준용한다.

제21조(전유부분의 처분에 따르는 대지사용권의 비율) ① 구분소유자가 둘 이상의 전유부분을 소유한 경우에는 각 전유부분의 처분에 따르는 대지사용권은 제12조에 규정된 비율에 따른다. 다만, 규약으로써 달리 정할 수 있다. ② 제1항 단서의 경우에는 제3조 제3항을 준용한다.

2장
법정지상권

01 Lesson

법정지상권 이해의 기본

경우의 수, 조건별, 공식별 지식의 위험성

'대지사용권'이 쟁점인 물건 중에는 '법정지상권'의 쟁점도 같이 묶여 있는 사례가 더러 있습니다. 따라서 법정지상권에 관해서도 공부를 해두어야 합니다. 법정지상권은 사회경제적 이익의 차원에서 가능한 건물을 유지해야 한다는 제도 본래 존재 이유의 점 외에도, 이해관계를 가진 다른 권리들과의 공평성이 어떠냐의 관점, 토지와 건물의 소유자가 달라지는 시점보다 먼저 들어선 권리를 어느 수준까지 보호해야 하는지에 대한 점, 시대적 상황의 변화에 따른 법리 해석 변화의 점 등이 결합하여 무척 난해하고 또한 관념성이 강합니다.
다른 법리도 마찬가지이지만, 특히 '법정지상권'은 암기를 하는 것이 아니라 이해(본질을 사유하는 차원과 함께)를 해야 합니다. 흔히 경매세계에서 널리 자리를 잡고 있는 경우의 수로, 조건별로, 공식별로 암기할 것으로 안내하는 지식은 위험천만입니다. 그런 단순공식의 그릇에 담았다가는 필경 김밥 옆구리 터집니다.

제도의 취지 및 성격

법정지상권은 당사자 사이에 의사결정이 없이 단지 토지와 건물의 소유권이 달라졌다는 이유로 인해, 건물이 철거되어야 하는 문제를 해결하기 위한 발생한 제도입니다. 의사결정이 없다는 말은 대체로 의사결정을 하지 않은 것이 아니라, 당사자의 의사가 개입할 수 없는 상황을 말하는 것입니다. 그런 상황을 전제로 논의되는 제도인데, 토지와 건물의 소유자가 달라지더라도 가능한 건물이 철거되지 않는 것이 사회경제적 이익이 된다는 취지입니다.
즉, 토지와 건물의 소유자가 달라지는 사실이 있게 되면 누구의 의욕과 관계없이도 당연히 성립하는 물권입니다. 법의 힘에 의해 새로운 용익물권이 탄생하는 것입니다. 그렇다고 무조건 건물을 살리는 것은 우리 법의 기본(토지와 건물이 별개의 부동산인 점)에는 맞지 않으므로, 일정한 요건(사회경제적 이익, 예측가능성, 공평성 등)에 부합할 것을 전제로 하는 것입니다.

권리 · 의무의 내용

법정지상권은, 그 성립만이 계약이 아닌 법률이나 판례에 의할 뿐이지, 일단 성립한 법정지상권이 가진 권리는 약정지상권에 관한 민법의 규정이 그대로 적용됩니다. 그 주요 내용을 보면, 법정지상권자는 지상권을 양도하거나 토지를 임대할 수 있고(민법 제282조), 지상권에 저당권을 설정할 수 있고(제288조), 지상물매수청구권을 행사할 수 있습니다(민법 제285조).

반면, 토지소유자는 지료를 받을 권리가 있고, 지상권자가 2년 이상 지료를 지급하지 않을 때에는 지상권의 소멸을 청구할 수 있습니다(제287조). 건물을 위한 법정지상권의 존속기간은 30년과 15년이 있지만, 건물이라고 생긴 것이라면 웬만하면 대부분이 30년으로 인정된다고 보면 되고 15년이 적용되는 경우는 거의 없다고 보면 대충 맞습니다. 성립한 법정지상권의 토지사용권의 범위는, 딱 건물이 서 있는 저지(低地)만이 아니라, 그 건물의 유지 및 사용에 필요한 범위 내에서는 모두 미칩니다.

'법정지상권'과 '관습법상 법정지상권'

1 ▸▸ 크게는 '임의경매의 대부분인 민법 제366조의 저당권 실행으로 인한 법정지상권'과 '판례에 의해 인정된 관습법상 법정지상권'이 있습니다. 후자는 전자에 해당하지 않는 거의 모든 경우(매매, 증여, 강제경매, 공매 등)를 담당하고 있습니다. 통상 전자는 '법정지상권'으로 불리고, 후자는 '관습상 법정지상권 또는 관습법상 법정지상권'으로 불리니, 이 책에도 그렇게 부르도록 합니다.

2 ▸▸ 법정지상권 : 이것에 대하여 민법 제366조는 "저당물의 경매로 인하여 토지와 그 지상건물이 다른 소유자에 속한 경우에는 토지소유자는 건물소유자에 대하여 지상권을 설정한 것으로 본다. 그러나 지료는 당사자의 청구에 의하여 법원이 이를 정한다."라고 규정하는데, 이것을 풀어 기술하면 '동일인 소유의 토지와 건물 모두 또는 어느 한 쪽에만 저당권의 목적이 되었다가 저당물의 경매로 토지와 그 지상건물의 소유자가 달라지면 토지소유자는 건물소유자에 대하여 지상권을 설정한 것으로 본다. 지료액수는 합의가 안 되면 재판으로 결정을 받아야 한다.'가 됩니다.

3 ▸▸ 관습법상 법정지상권 : 이것에 대하여 판례(대판 87다카2404)는 “동일인의 소유에 속하였던 토지와 건물이 매매, 증여, 강제경매, 국세징수법에 의한 공매 등으로 그 소유권자를 달리하게 된 경우에 그 건물을 철거한다는 특약이 없는 한 건물소유자는 그 건물의 소유를 위하여 그 부지에 관하여 관습상의 법정지상권을 취득한다.”라고 설시하는데, 이것을 풀어 기술하면 ‘동일인 소유이던 토지와 건물 중 어느 한 쪽이 매매 등의 원인으로 처분되어 그 소유자가 각각 다르게 돼야 했으며, 당사자 사이에 건물을 철거한다는 특약이 없어야 한다.’가 됩니다.

법정지상권 투자 묘

법정지상권 관련 물건은 입찰대상이 토지이든 건물이든, 상식과는 달리 오히려 법정지상권이 성립하지 않는 물건에 투자의 묘가 있습니다. 그 이유는, 법정지상권이 성립하는 경우에는 피차 법률관계가 분명하기 때문에 실력을 특별히 발휘할 일이 없는 반면, 법정지상권이 성립하지 않아야지 복잡하고 난해한 문제가 걸려 수익발생의 가능성이 높아지기 때문입니다.
법정지상권이 성립하지 않는 이 경우 토지에 대한 입찰은 통상 건물철거를 목표로 하는 것은 아니라 이문을 붙여 되팔려는 것에 있으며, 건물에 대한 입찰은 법정지상권이 성립하지 않더라도 수익을 낼 수 있는 물건인지를 판단하는 능력이 중요합니다. 그러니까 법정지상권이 ‘성립하느냐? 아니냐?’라는 법적인 판단사항일 뿐이지, 투자의 이유는 각 법률적 지위에도 불구하고 다시 별도로 경제적 실익의 관점으로 이동하는 것입니다.

02
Lesson

법정지상권 관련 판례의 해설

이 책에서 '법정지상권'에 관한 모든 법리를 깊이 다룰 수는 없는 사정이므로, '법정지상권'에 관한 중요 판지에 대해 해설을 붙입니다. 다만, 이는 '경우의 수나 조건식'의 측면을 가진다는 점에서 일정한 경계를 해야 하며, '법정지상권'은 당연히 이해의 영역이므로 굳이 암기할 것은 아닙니다.
들어가기 전에 '관습상 법정지상권의 성립시점의 기준'에 관한 전반적인 설시가 되어 있는 다음의 판례를 먼저 읽고 넘어가도록 합니다.

관습상 법정지상권의 성립시점의 기준

대법원 2013.04.11. 선고 2009다62059 판결 동일인의 소유에 속하였던 토지와 그 지상 건물이 매매, 증여, 강제경매, 국세징수법에 의한 공매 등으로 인하여 양자의 소유자가 다르게 된 때에 그 건물을 철거한다는 특약이 없는 한 건물소유자는 토지소유자에 대하여 그 건물의 소유를 위한 관습상 법정지상권을 취득한다. 그리고 관습상 법정지상권이 성립하려면 토지 또는 그 지상 건물의 소유권이 유효하게 변동될 당시에 동일인이 토지와 그 지상 건물을 소유하였던 것으로 족하다.

한편 토지 또는 그 지상 건물의 소유권이 강제경매로 인하여 그 절차상의 매수인에게 이전되는 경우에는 그 매수인이 소유권을 취득하는 매각대금의 완납 시가 아니라 강제경매개시결정으로 압류의 효력이 발생하는 때를 기준으로 토지와 지상 건물이 동일인에게 속하였는지 여부에 따라 관습상 법정지상권의 성립 여부를 가려야 한다.

그리고 강제경매의 목적이 된 토지 또는 그 지상 건물에 대하여 강제경매개시결정 이전에 가압류가 되어 있다가 그 가압류가 강제경매개시결정으로 인하여 본압류로 이행되어 경매 절차가 진행된 경우에는 애초 가압류의 효력이 발생한 때를 기준으로 토지와 그 지상 건물이 동일인에 속하였는지 여부에 따라 관습상 법정지상권의 성립 여부를 판단하여야 한다. (대법원 2012.10.18. 선고 2010다52140 전원합의체 판결)

나아가 강제경매의 목적이 된 토지 또는 그 지상 건물에 관하여 강제경매를 위한 압류나 그 압류에 선행한 가압류가 있기 이전에 저당권이 설정되어 있다가 그 후 강제경매로 인해 그 저당권이 소멸하는 경우에는, 그 저당권 설정 이후의 특정 시점을 기준으로 토지와 그 지상 건물이 동일인의 소유에 속하였는지 여부에 따라 관습상 법정지상권의 성립 여부를 판단하게 되면, 저당권자로서는 저당권 설정 당시를 기준으로 그 토지나 지상 건물의 담보가치를 평가하였음에도 저당권 설정 이후에 토지나 그 지상 건물의 소유자가 변경되었다는 외부의 우연한 사정으로 인하여 자신이 당초에 파악하고 있던 것보다 부당하게 높아지거나 떨어진 가치를 가진 담보를 취득하게 되는 예상하지 못한 이익을 얻거나 손해를 입게 되므로, 그 저당권 설정 당시를 기준으로 토지와 그 지상 건물이 동일인에게 속하였는지 여부에 따라 관습상 법정지상권의 성립 여부를 판단하여야 한다.

해설 관습상 법정지상권에 대해서는 기존 판례가 단지 '강제경매 등에 의해'라고, 법정지상권에 대해서는 민법 제366조가 단지 "저당물의 경매로 인하여"라고만 각 판시하거나 규정합니다. 그런데 현실적으로는 저 판지와 규정은 너무 추상적이고 간단해서, 다양한 사안에 따른 법리해석에는 문제가 많았습니다. 입장이나 견해에 따라 얼마든지 다르게 주장할 여지가 있었고 불합리한 판단이 나올 수도 있습니다. 모순의 가능성과 혼란을 가진 채 흘러 왔던 것입니다. 그래서 인용된 전원합의체나 이 판결 등에 의해 정리가 된 것입니다. 즉, 토지와 건물이 동일인 소유인가의 기준 시점을 '경매개시결정 압류의 때'와 '가압류의 효력이 발생한 때'와 '저당권 설정 당시'로 각 정리가 된 것으로, 이는 공평성과 합리성에 부합하는 결론입니다.

법정지상권이 성립하거나 존속하는 경우

쟁점 **토지 저당권설정 당시에 미등기건물이 존재했던 경우**

판례 저당권설정 당시에 건물이 존재하는 이상 비록 미등기건물이라도 저당권자에게 예상외의 피해를 주지 않으므로 법정지상권이 성립한다. (63다62)

해설 법정지상권은 건물의 존재로 인한 토지소유권의 제한에 관한 인식 가능성을 전제로 하는 것이고, 그 인식 가능성은 당연히 실체의 존재에 대한 것이므로 건축 허가나 등기 여부와는 관련이 없습니다.

쟁점 **저당권 설정 후에 건물을 개축하거나 건물을 헐고 새로 건물을 지은 경우**

판례 저당권설정 당시에 건물이 있었으므로 저당권자에게 예상외의 피해를 주지 않기 때문에 법정지상권이 생긴다. 다만, 그 법정지상권의 내용은 재축하기 전의 건물을 표준으로 한다. (90다카6399, 92다20330)

쟁점 **토지가 낙찰되기 전에 건물이 양도된 경우에 제3자의 법정지상권 취득의 여부**

판례 법정지상권은 건물이 철거되는 것 같은 사회경제적 손실을 방지하려는 공익상 이유에 근거하고, 또 저당권자나 저당설정자에게 불측의 손해가 생기지 않으므로 법정지상권의 취득을 인정한다. (92다20330, 995마1262)

해설 토지가 낙찰되기 전에 제3자가 건물을 양수함으로써 소유권이 바뀌는 시점인 낙찰 당시에 '토지와 건물의 동일인 소유라는 요건'에서 벗어났더라도, 저당권 설정 당시에 저당권자가 판단한 담보가치의 결과는 그대로 유지되기 때문입니다. 여기서도 단순 공식적인 지식을 넘어 실질적인 공평을 판단하는 능력이 중요함을 보게 됩니다. '예측가능성'이나 '공평'에 관련된 의식이나 감각은 경매의 모든 분야에서 중요하지만, 법정지상권은 한 층 더 그 밀도가 높습니다.

쟁점 **동일인 소유의 대지와 건물이 상태에서 대지에 대한 저당권설정한 후 건물 철거와 제3자 소유의 건물이 신축되고, 위 대지저당권에 의한 경매로 인하여 대지와 건물 소유권이 달라진 경우**

판례 저당설정 당시에 건물이 있었고 또 대지와 건물이 동일 소유자에 속하는 한 저당권자에게 불측의 손해를 끼치지 않으므로, 저당권 실행시에 제3자 소유의 건물이 신축되어 있더라도 법정지상권이 성립한다. 다만, 이 경위 법정지상권의 내용은 구건물을 기준으로 그 이용에 일반적으로 필요한 범위 내로 제한한다. (91다42982)

해설 저당권설정 당시 이미 '건물이 존재한다는 그 자체로부터의 토지소유권의 사용·수익이 제한되었던 점'이라는 중요요소에는 변경이 없기 때문에, 제3자가 신축한 건물이더라도 법정지상권을 인정하는 것이 공평합니다.

쟁점 **토지에 대한 저당권설정 당시 토지소유자에 의해 건물이 건축 중이었던 경우**

판례 토지에 관하여 저당권이 설정될 당시 토지 소유자에 의하여 그 지상에 건물을 건축 중이었던 경우 그것이 사회관념상 독립된 건물로 볼 수 있는 정도에 이르지 않았다 하더라도 ① 건물의 규모, 종류가 외형상 예상할 수 있는 정도까지 건축이 진전되어 있었고, 그 후 경매절차에서 매수인이 ② 매각대금을 다 낸 때까지 최소한의 기둥과 지붕 그리고 주벽이 이루어지는 등 독립된 부동산으로써 건물의 요건을 갖추어야 법정지상권의 성립이 인정된다. (2003다29043)

해설 ①과 ②의 요건 모두 구비해야 인정되며, 동시에 그것으로 족합니다. 이 역시 저당권설정 당시 '저당권자의 인식 가능성'과 관련하여 확장되어 해석되는 법리입니다.

쟁점 **대지에 대한 저당권과 함께 설정된 지상권이 경매로 소멸한 경우, 저당설정 전부터 있던 건물을 위한 법정지상권**

판례 대지에 대하여 저당권을 설정할 당시에 저당권자를 위하여 동시에 지상권을 설정하여 주었더라도, 저당권설정 당시 이미 건물이 존재하고 있었고 건물을 철거하기로 하는 등 특별한 사유가 없으면, 저당권의 실행으로 그 지상권도 소멸한 경우에는 건물을 위한 법정지상권이 성립한다. (91다23462)

해설 지상권이 보호하려는 저당권이 경매로 그 목적이 달성되어 그 지상권은 더 이상 존재 이유가 없어졌으므로 소멸하여야 하고, 그와 동시에 기존 건물을 위한 새로운 법정지상권이 성립하는 것으로 이해하는 것이 공평합니다.

쟁점 **저당권설정 당시 법정지상권의 성립을 배제키로 한 특약의 효력**

판례 민법 제366조는 가치권과 이용권의 조절을 위한 공익상의 이유로 지상권의 설정을 강제하는 것이므로, 저당권설정 당사자 간의 특약으로 저당목적물인 토지에 대하여 법정지상권을 배제하는 약정을 하더라도 그 특약은 효력이 없다. (87다카1564)

해설 이것이 '관습상 법정지상권'과 다른 점입니다.

쟁점 **법정지상권이 부착된 건물의 소유권을 취득한 경우**

판례 이 경우 건물의 경락인은 법률규정에 의하여 지상권설정등기 없이 법정지상권을 취득하기 때문에 토지소유자에게 법정지상권을 주장할 수 있고, 전 소유자와 현 소유자에게 지상권에 관한 등기도 청구할 수 있다. (66다967, 70다2576)

해설 민법 제187조의 등기를 요구하지 아니하는 부동산 물권의 취득에는 소유권뿐만이 아니라 지상권도 해당합니다. 따라서 지상권설정등기 없이도 그 권리를 주장할 수 있고, 그에 따른 지상권자로서의 등기를 요구할 수도 있는 것입니다.

쟁점 **법정지상권이 부착된 건물을 지상권등기는 없이 건물소유권만 양도된 경우**

판례 법정지상권이 붙은 건물소유권이 양도된 경우, 그 건물을 철거하기로 하는 합의가 있었다는 등 특별한 사정이 없는 한 건물과 함께 지상권도 양도하기로 하는 채권계약이 있는 것으로 보아, 그 지상권자인 양도인은 지상권설정등기를 한 후 건물의 양수인에게 지상권이전등기절차를 이행하여 줄 의무를 부담한다. 그러므로 이 경우 지상권등기는 없이 건물소유권만 양도되었더라도 법정지상권이 소멸한다고 볼 수 없다. (78다52, 80다2873)

해설 법정지상권이 붙은 건물소유권이 양도했다면 지상권도 가져가기로 했다고 해석을 하는 것입니다. 법정지상권을 가지고 있다는 것은 건물의 소유에 관한 중요한 이익사항이기 때문에, 이익사항을 내 것으로 한 것으로 보는 것은 인간의 경제행위에 대한 합리적이고도 당연한 해석입니다. 다만 법정지상권 그 자체는 소유권과 분리되어 여전히 전 소유자에게 남아 있다는, 즉 상식적으로는 좀 이상한 생각이 들 수는 있지만, 법리상은 의문이 없습니다.

쟁점 **법정지상권을 취득한 경락인으로부터 건물의 소유권이 이전된 경우, 토지소유자의 건물철거 청구의 허용 여부**

판례 법정지상권을 가진 긴물소유자로부터 건물을 양수하면서 법정지상권까지 양도받기로 한 자는 채권자대위의 법리에 따라 전건물소유자 및 대지소유자에 대하여 차례로 지상권의 설정등기 및 이전등기절차이행을 구할 수 있다 할 것이므로 이러한 법정지상권을 취득할 지위에 있는 자에 대하여 대지소유자가 소유권에 기하여 건물철거를 구함은 지상권의 부담을 용인하고 그 설정등기절차를 이행할 의무 있는 자가 그 권리자를 상대로 한 청구라 할 것이어서 신의성실의 원칙상 허용될 수 없다. (84다카1131 전원합의체)

해설 이 판결이 나옴으로써 비로소 지상권의 등기 없이도 법정지상권을 취득할 지위에 있는 자의 권리가 적극 인정되었습니다. 권리의 취득에 등기를 요구하는 부동산 물권에는 들어맞지 않지만, 법정지상권을 취득하고도 그 등기는 방치하고 있는 너무 심각하고도 엄연한 현실적인 문제를 해결하기 위해 '신의성실의 원칙'의 법리를 등장시킨 다수의견의 고심에 대해 납득이 갑니다.

쟁점 **1동의 집합건물 중 일부의 구분소유물에 대한 법정지상권의 성립 여부**

판례 저당권설정 당시 토지 상에 건물이 존재한 이상 그 후 건물을 개축, 증축하는 경우는 물론이고 건물이 멸실되거나 철거된 후 재축, 신축하는 경우에도 구건물을 기준으로 하여 그 이용에 일반적으로 필요한 범위 내에서는 민법 제366조 소정의 법정지상권이 성립한다 할 것이고, 신축 중인 건물이 비록 지하 1층, 지상 7층의 주상복합건물공사 중 지하층의 공사만 완공되었고 준공검사 및 보존등기를 마치지 아니한 상태이기는 하나 한편, 지하층 자체만으로 볼 때에는 지붕, 주벽, 바닥 및 기둥의 골격이 견고하게 갖추어져 있고, 그 밖에 건물의 규모와 구조에 비추어 추측되는 건축비용과 철거비용, 거래관념 등 제반사정을 고려할 때 이를 사회통념상 토지와 독립한 건물로 볼 수 있다면 신건물을 위한 법정지상권을 인정할 수 있다. (서울북부지원 2000가합4382 판결)

해설 분류하니 눈여겨보기 바랍니다.

▶ 저당권설정 당시 토지 상에 건물이 존재한 이상 그 후 건물을 개축, 증축하는 경우는 물론이고 건물이 멸실되거나 철거된 후 재축, 신축하는 경우에도 구건물을 기준으로 하여 그 이용에 일반적으로 필요한 범위 내에서는 민법 제366조 소정의 법정지상권이 성립한다.

▶ 준공검사 및 보존등기를 마치지 아니한 상태이기는 하나 한편, 지하층 자체만으로 볼 때에는 지붕, 주벽, 바닥 및 기둥의 골격이 견고하게 갖추어져 있고, 그 밖에 건물의 규모와 구조에 비추어 (중략) 사회통념상 토지와 독립한 건물로 볼 수 있다면 신건물을 위한 법정지상권을 인정할 수 있다.

법정지상권이 성립하지 않는 경우

쟁점 **나대지에 저당권을 설정하고 그 후 건물을 신축한 경우**

판례 ① 건물이 없는 토지는 건물이 있는 토지보다 담보가치가 높게 평가되므로, 저당권자에게 예상외의 피해를 주기 때문에 건물경락인은 법정지상권을 취득하지 못한다(92다7221, 92다20330). ② 저당설정 후에 건물을 신축한 경우에는, 경락인은 저당권의 법률적 지위에서 권리를 취득하므로, 법정지상권뿐만 아니라 관습법상의 법정지상권도 인정되지 않는다. (87다카869, 92다120330)

해설 ①에 대해 : 저당권 설정 당시 첫째 '지상에 건물이 존재할 것', 둘째 '그 건물과 토지가 동일인의 소유일 것'은 민법 제366조의 저당물의 실행으로 인한 법정지상권의 기본적인 요건입니다. 그런데 복잡한 사안을 만나면 저 기본이 결하는 사안인데도 불구하고 볼 필요도 없는 다른 쟁점들을 잡고서는 고민하는 분들이 있습니다. ②에 대해 : ①과 같지만, 저당물의 실행으로 인한 법정지상권이 성립하지 않는데도 불구하고 단지 동일인의 소유였다고 해서 관습법상의 법정지상권이 인정된다면, 그 결과는 제366조의 규정 자체가 무의미해지고 모순을 초래하는 것입니다.

쟁점 **저당권설정 당시에 토지와 건물의 소유자가 달랐던 경우**

판례 민법 제366조 법정지상권은 저당권 설정 당시 동일인 소유의 토지와 건물이 경매로 인하여 각기 그 소유자가 다르게 된 때에 건물의 소유자를 위하여 발생하는 것이므로, 법정지상권이 발생할 여지가 없다. (93다47318)

해설 소유자의 동일성은 법정지상권의 성립요건이며, 소유자가 달랐던 경우에는 토지와 지상 건물의 소유자 사이에 어쨌든 이미 어떤 종류이든 용익권이 설정되어 있었다고 이해합니다. '이해한다.'라고 했지만, 그 실제는, 소유자가 같은 경우에는 이치로 보아 건물을 위한 다른 설정행위를 할 수단이 없었다는 점 때문에 법정지상권으로 구제하는 것이지만, 소유자가 달랐던 그런 경우에는 당신들이 얼마든지 알아서 할 수 있었고 또 그렇게 해석하는 것이 공평한 일이니 결국 법이 관여할 것이 아니라는 뜻으로 이해함이 적절합니다.

쟁점 **동일인 소유의 토지와 그 지상 건물에 관하여 공동저당권이 설정된 후, 그 건물이 철거되고 다른 건물이 신축된 경우**

판례 동일인의 소유에 속하는 토지 및 그 지상 건물에 관하여 공동저당권이 설정된 후 그 지상 건물이 철거되고 새로 건물이 신축된 경우에는 그 신축건물의 소유자가 토지의 소유자와 동일하고 토지의 저당권자에게 신축건물에 관하여 토지의 저당권과 동일한 순위의 공동저당권을 설정해 주는 등 특별한 사정이 없는 한 저당물의 경매로 인하여 토지와 그 신축건물이 다른 소유자에 속하게 되더라도 그 신축건물을 위한 법정지상권은 성립하지 않는다. (98다43601 전원합의체)

해설 이 판례에 대해서는 이후 '2부 각론'에서 만날 '법리해석의 변화에 관한 이해'의 공부를 통해 거시적으로 알아야 하며 구체적으로는 각론 '2006가단64789'[310쪽] 판례의 해설에서 공부하게 되지만, 여기서는 '저당권설정 당시 저당권자가 정당하게 믿었던 건물의 담보가치가 저당권자가 제어할 수 없는 사후의 재축이라는 사정으로 인해 저당권자가 손해를 보는 것은 부당하기 때문이다.'라는 정도로 이해하도록 합니다.

쟁점 **경매법원이 토지에 대한 경매절차에서 지상의 건물을 토지의 부합물이나 종물로 공시하고 경매를 진행한 경우**

판례 저당권은 법률에 특별한 규정이 있거나 설정행위에 다른 약정이 있는 경우를 제외하고 그 저당 부동산에 부합된 물건과 종물 이외에까지 그 효력이 미치는 것이 아니므로, 토지에 대한 경매절차에서 그 지상 건물을 토지의 부합물 내지 종물로 보아 경매법원에서 저당 토지와 함께 경매를 진행하고 경락허가를 하였다고 하여 그 건물의 소유권에 변동이 초래될 수 없다. (97다10314)

해설 우리 법에서는 건물은 토지와는 별개의 부동산이기 때문에, 건물이 건물로써의 독립성을 상실하지 않는 한 건물이 토지에 부합될 수는 없는 것입니다. 이는 절차법이 변경할 수 없는 실체법상 이치이기 때문에, 경매법원이 건물을 토지의 부합물이나 종물로 공시한 상태에서 경락이 되었다고 하더라도 달라질 수가 없는 것입니다. 결국, 저런 건물을 경락받은 사람은 소유권을 취득할 수 없어(무효의 경락임) 문제가 발생합니다. 여기서, '그러면 왜 저런 일이 일어나는가?'라는 의문이 들 수 있습니다. 이후 각론에서 수차 보겠지만, 경매법원도 사람이 하는 일인지라 언뜻 생각하면 납득하기 어려운 절차상의 오류가 발생합니다. 냉정히 말하면, 경매인이라는 입장은 법원의 오류까지 미리 감지하려는 의식과 그런 능력을 갖추고 있음으로써 방어입찰도 해야 한다는 것입니다.

관습법상의 법정지상권이 성립하거나 존속하는 경우

쟁점 **토지와 건물이 동일인 소유 중 토지나 건물이 매매 등으로 양자의 소유자가 달라진 경우**

판례 당사자 간에 그 건물을 철거한다는 조건이나 특약이 없는 이상 건물소유자는 토지소유자에 대하여 그 건물을 위한 관습법상의 법정지상권을 취득한다. (79다2000, 83다카2245)

해설 관습상의 법정지상권이 인정되지 않는 경우로 흔히 '건물을 철거한다는 특약의 존재'가 거론되는데, 구체적으로는 건물을 철거의 특약 외에도 임대차든 사용대차든 기타 어떤 방식이든 사용관계가 드러날 때도 마찬가지입니다. 그러니까, 사용관계에 관해 아무런 의사의 합치가 없을 때만 관습상의 법정지상권이 인정한다는 것인데, 그 정신의 저간을 훔쳐보면 법에 명문이 없는 것을 현실적 문제 때문에 할 수 없이 판례가 구제하면서 당사자 간 합의된 사용관계의 경우까지 관습상 법정지상권의 성립을 강제할 필요는 없다는 점이 깔린 것으로 이해가 됩니다.

외우지 말고 이렇게 근본정신이나 취지 등을 살피는 것이 살아 있는 진짜 지식이 형성되는 길입니다. 물론 많은 공부와 깊은 생각 끝에 이르는 영역이기에 절대 쉽지는 않고, 따라서 극히 일부의 사람들만 진입하게 되는 세계일 터입니다.

쟁점 **무허가 미등기인 건물이 처분된 경우**

판례 동일인의 소유에 속하였던 토지와 건물이 매매, 증여, 강제경매, 공매 등으로 그 소유자를 달리하게 된 경우에 그 건물을 철거한다는 특약이 없는 한 관습법상의 법정지상권이 생기는 것이고, 건물은 건물로써의 요건을 갖추고 있는 이상 허가나 등기 여부를 가리지 않는다. (87다카2404, 91다16631)

쟁점 **귀속재산처리법상의 불하처분에 의한 경우**

판례 귀속재산처리법상의 불하처분이 행정행위라 하더라도 그 실질은 매매이며 매매에 의하여 동일소유자에 속한 토지와 건물이 각 소유자가 다르게 된 경우에, 관습법상의 법정지상권이 성립한다. (85다카2275)

쟁점 **어느 대지공유자 소유의 건물이 있는 상태에서, 대지가 공유물분할이 된 경우**

판례 공유물분할로 인하여 대지와 건물의 소유자가 다르게 된 경우, 다른 특별한 사정이 없다면 그 건물소유자는 그 건물부지 상에 그 건물을 위하여 관습법상 법정지상권을 취득한다. (67다1105, 73다353)

해설 이어지는 '법정지상권의 심화학습'76쪽에서 자세히 봅니다.

쟁점 **관습법상 법정지상권을 가진 자로부터 경매에 의해 건물의 소유권을 경락받은 경우**

판례 건물소유를 위하여 관습법상 법정지상권을 취득한 자로부터 경매에 의하여 그 건물의 소유권을 이전받은 경락인은, 경락 후 건물을 철거한다는 등의 매각조건하에서 경매되는 경우 등 특별한 사정이 없는 한 건물의 경락취득과 함께 위 지상권도 당연히 취득한다. (95다52864)

해설 이 판결도 전원합의체 판결(84다카1131 전원합의체)과 같은 취지로, 이 취지는 계속 이어져 와서 이제는 굳어진 상태입니다.

쟁점 **갑과 을의 구분소유적 공유지분토지에 을이 건물을 소유하던 중 을의 토지지분의 경매된 경우**

판례 등기부상으로는 갑·을의 공유로 되어 있더라도 내부관계에 있어서는 각 단독소유이므로, 을은 을의 토지지분만을 경락 취득한 자에 대하여 그 소유의 건물을 위한 관습법상의 법정지상권 취득한다. (89다카24094, 96다34665)

해설 역시 이어지는 '법정지상권의 심화학습'76쪽에서 자세히 봅니다.

쟁점 **토지와 건물의 소유자가 동일이었다가 매수인의 의사에 따라 건물만이 매도된 경우**

판례 매수인의 의사에 의해 건물만의 소유권을 취득하였다고 하여 관습법상의 법정지상권을 취득할 수 없는 것은 아니다. (95다9075, 96다40080)

해설 이 경우에는 건물만의 소유권을 취득한 일과 관련하여, 어떤 방식이든 토지에 대한 사용관계의 입증이 있으면 관습상의 법정지상권이 인정되지 않습니다. 건물만의 소유권이 바뀌고 토지사용에 대하여는 의사의 합치에 관한 아무런 증거가 없으니까, 그렇다면 원칙대로 관습상의 법정지상권이 인정되는 것입니다. 그러니까, 아무런 것도 없으면 건물철거를 하지 않기로 한 서로 묵시적 약속한 것으로 해석을 하고(당사자의 의사를 확인한 것이 아니라, 법의 해석이 그렇게 취급해버리는 것입니다.), 그 해석의 결과 관습상의 법정지상권이 인정되는 구조입니다.

쟁점 **구민법 하에 기부체납 받은 토지상에 건물을 축조하고는 토지소유권을 상실한 경우**

판례 토지는 기부체납 받고 건물은 신축하여 토지 및 건물을 모두 소유하고 있었으나, 민법시행 후 6년 내에 토지에 관해 등기하지 아니함으로써 민법 부칙 제10조 제1항에 의하여 그 소유권을 상실하였다면, 이로써 위 토지에 대하여 건물의 소유권을 위한 관습법상의 법정지상권을 취득한다. (98다28629)

쟁점 **건물을 철거하되 건물을 다시 신축하기로 한 경우**

판례 건물철거의 합의는 건물을 철거함으로써 토지의 계속사용을 그만두고자 하는 당사자의 의사가 그 합의에 의해 인정될 수 있어야 하므로, 관습법상의 법정지상권의 발생을 배제할 수 없다. (98다58467)

해설 관습상의 법정지상권 성립이 인정되는 본질적인 요인은 '타인의 토지를 사용하는 것'이고, '건물의 소유'는 토지를 사용하려는 목적에 지나지 않는다는 점을 이해하고 있어야 합니다. 그래서 토지를 사용하려는 목적이 유지되는 한 현실적으로 건물이 없는 기간에도 관습상의 법정지상권이 유지되는 결론이 도출되는 것입니다.

쟁점 **건물을 철거하기로 하는 합의가 있었다는 등 특별한 사정에 대한 입증책임**

판례 관습법상의 법정지상권의 성립을 저지하는 요건인 건물을 철거하기로 하는 합의가 있었다는 등의 특별한 사정에 관한 입증책임은 그러한 사정의 존재를 주장하는 쪽에 있다. (87다카279)

해설 관습상의 법정지상권에서 철거의 의사는 소극적 요건(거론되고 입증되어야 문제가 되는 예외적 요건)이어서 건물철거에 관한 별도의 언급이 없는 경우에는 건물의 소유자가 건물을 철거하지 않고 토지를 계속 사용한다는 묵시적 합의가 있었다고 해석합니다. 추정되는 사실에 대하여 부인하는 자가 반증을 해야 하는 책임에 해당하는 것으로 보면 되겠습니다.

관습법상 법정지상권이 성립하지 않거나 소멸하는 경우

쟁점 **건물의 소유자가 대지를 매수해 명의신탁한 경우**

판례 명의신탁자는 명의수탁자 이외의 제3자에게 자기의 소유임을 주장할 수 없으므로, 대지 및 건물이 동일인의 소유임을 전제로 한 관습법상 법정지상권은 성립하지 아니한다. (74다

1935, 93다47318)

해설 부동산실명법이 제정되기 전부터 대외적으로는 명의수탁자의 소유로 인정되어 명의신탁자가 그 물건에 대해 이해관계를 맺게 된 제3자에게 대항할 수 없었으며, 위 법리의 기본은 현재도 유지되고 있습니다.

쟁점 **① 대지와 건물 모두 매도한 후 대지에 관해서만 소유권이전등기를 해준 경우**
② 미등기건물과 대지를 양수한 자로부터 대지의 소유권만 전전 양도된 경우
③ 미등기 건물과 대지를 양수한 후 대지만이 강제경매가 된 경우

판례 ① 형식적으로 대지와 건물의 소유명의인이 달라졌더라도 이는 대지와 건물 중 어느 하나만이 매도된 것이 아니어서 관습법에 의한 법정지상권을 인정할 수 없고, 이 경우 대지와 건물의 점유사용문제는 매매계약 당사자 사이의 계약에 따라 해결할 것이다.

② 무허가 미등기 건물과 대지를 양수한 자가 건물에 대해서는 등기를 받지 아니하였다면 건물에 대히여는 소유권을 취득하였다고 할 수 없으므로, 토지에 대하여 전전하여 소유권을 양수한 자에게 관습법상의 법정지상권을 주장할 수 없다.

③ 미등기 건물의 양수인은 처분권은 있으나 소유권은 없으므로, 대지와 건물이 동일인의 소유에 속한 것으로 볼 수 없어 관습법상의 법정지상권은 생기지 않는다. (83다카419, 88다카2592, 98다4798)

해설 주로 대지와 건물 모두 거래되었으나 무허가 등 여타의 사정으로 인하여 건물은 미등기인 채로 남아 있는 사례에서의 사건입니다.

▶ ①과 ②에 대하여 : 양도인과 양수인 사이의 내부적 관계에서의 법리를 말하는 것으로, 경매당한 양수인이 양도인의 입장을 무기로 내세운 주장에 대한 답변입니다. 이 경우에도 결국 대지와 건물 모두 매도되었다는 그 자체가 '건물철거를 하지 않기로 한 서로 묵시적 약속한 것'으로 해석이 되는 바이고, 나아가서는 대지와 건물 모두 팔아먹어 놓고는 단지 대지와 건물의 소유가 달라졌다는 형식적인 이유로 해서 관습법에 따른 법정지상권을 인정해버리면 제도 취지에도 반합니다. 신의칙에도 반하는

문제도 있지만, 그 이전에 한마디로 현저히 불공평한 결과를 초래하는 것으로 이해가 되는 것입니다.

▶ ③에 대하여 : 경매당한 양수인이 ①, ②와는 별도 또는 추가하여 건물도 실질적으로 자신의 소유라는 주장(그래서 대지와 건물이 동일인 소유인 상태로 경매되었다는 주장)에 대한 답변입니다. 이 경우는 양수인과 거래관계가 없는 제3자(경락인 등) 사이의 외부적 관계에서의 법리를 말하는 것인데, 제3자는 물권의 소유관계에 의해 동일성을 판단할 수밖에 없으므로 관습법상의 법정지상권이 인정되지 않는 것입니다. 즉, 등기된 대지의 소유자는 경매당한 양수인이지만, 미등기인 건물은 건물을 신축한 자(원시취득자)에게 그대로 남아 있는 것입니다. 토지를 매수해 사실상 처분권한을 가진 자가 신축한 건물이 강제경매 된 경우에도 같은 법리에 의해 동일성이 없어 관습법상의 법정지상권이 인정되지 않습니다.

쟁점 **대지공유지에 건물을 소유하고 있는 공유자 중 1인이 토지지분을 처분한 경우**

판례 토지공유자 중 1인에게 다른 공유자의 지상권설정의 처분행위까지 허용할 수는 없으므로, 당해 토지에 관하여 건물의 소유를 위한 관습법상 법정지상권이 성립될 수 없다. (86다카2188, 87다카140)

해설 이것 역시 이어지는 '법정지상권의 심화학습'76쪽에서 자세히 봅니다.

쟁점 **구분소유적공유관계인 자가 특정된 자신의 위치부분이 아닌 부분에 건물을 신축하였다가 공유물분할로 대지와 건물의 소유자가 다르게 된 경우**

판례 대지를 각자 특정하여 매수해 배타적으로 점유하여 왔으나 분필이 되어 있지 아니한 탓으로 지분이전등기를 하였다면 이는 구분소유적 공유관계로서 당사자 내부에 있어서는 특정 매수한 부분이 각자의 단독소유로 되었다 할 것이므로, 자신의 특정소유가 아닌 부분에 건물을 신축했다가 공유물분할로 대지와 건물의 소유자가 달라진 경우에는 관습법상의 법정지상권이 성립하지 않는다. (93다49871)

해설 이것도 이어지는 '법정지상권의 심화학습'76쪽에서 자세히 봅니다.

쟁점 **'나대지 담보가등기 → 건물신축 → 건물의 강제경매가 진행 중에 대지에 대한 본등기'로 대지·건물 소유자가 달라진 경우**

판례 건물에 대한 강제경매절차가 진행 중에, 그 이전에 대지에 관하여 설정된 담보가등기에 기한 본등기가 되었다면, 가등기담보권자를 보호하기 위하여 건물의 경락인은 관습법상의 법정지상권을 취득할 수 없다. (94다5458)

해설 가등기담보법 제10조에 의한 법정지상권도 지상 건물이 존재함을 전제로 하는데, 이 경우에는 가등기의 이익을 보호해야 할 정당한 이유가 있으므로 비록 소유권이 변경될 당시에 동일인의 소유라고 하더라도 가등기담보법상 법정지상권을 인정할 수 없고, 이 경우 법정지상권을 인정할 수 없으면서도 관습법상의 법정지상권을 인정하게 되면 모순이자 불합리한 결과를 초래한다고 봅니다.

쟁점 **토지소유자가 건물신축 전에 매도한 토지소유권의 이전의무를 부담하고 있던 경우**

판례 토지의 매수인이 그 건축행위를 승낙하지 않은 이상 건물이 장차 철거될 것임을 예상하면서 건축한 것이므로, 그 건물을 위한 관습법상의 법정지상권은 생기지 않는다. (94다41072)

해설 이미 토지를 타에 매도하여 언젠가 소유권이 이전되면 건물이 철거되어야 하는 사정을 예상하면서도 건물을 건축하였으므로 관습상의 법정지상권이 발생하지 않는다는 말입니다. 즉, 토지와 건물이 동일인의 소유이었다가 그 소유자가 달라진 것은 맞으나 단지 달라졌다는 형식만을 따질 것이 아니라, 이런 경우는 공평의 관념이나 예측가능성에 측면에서 관습법상의 법정지상권을 인정할 것인가를 판단할 것을 일깨워 주는 것입니다.

쟁점 **관습법상 법정지상권자가 대지소유자와 대지임대차 계약을 체결한 경우**

판례 관습법상의 법정지상권자와 대지소유자가 임대차계약을 체결하였다면, 특별한 사정이 없는 한 관습법상의 법정지상권은 포기하였다고 볼 것이다. (80다2243)

해설 관습상의 법정지상권이 인정되지 않는 것으로는 건물철거의 특약 외에도 임대차, 사용대차, 기타 어떤 방식이든 사용관계가 존재하는 경우도 해당한다고 설명했습니다. 여기에서 임대차계약의 체결은 존재하던 관습상의 법정지상권이 사후에 없어지는, 즉 권리의 상실인 '포기'에 해당합니다.

지료

쟁점 **법정지상권에 관한 지료의 결정이 없는 경우 지상권소멸청구권의 인정 여부**

판례 법정지상권에 대한 지료가 결정된 바 없다면, 지상권자가 지료를 지급하지 아니하였다고 하더라도 지료지급을 지체한 것으로 볼 수 없으므로, 2년 이상 지료를 지급하지 아니하였음을 이유로 하는 토지소유의 지상권소멸청구는 그 이유가 없다. (93다52297, 95다52864)

해설 경매가 끝났더라도 지료의 금액이 정해지기 전에는 도대체 얼마를 줘야지 알 수 없으니, 지료가 연체되었다고 할 수 없습니다. 그래서 지료의 미결정이라는 사유는 결국 법정지상권자의 지료지급의 이행지체를 차단하는 기능을 하고, 이행지체가 없으니 법정지상권자의 2년 이상의 지료연체를 이유로 하는 토지소유자의 지상권소멸청구를 불가능하게 만듭니다. 경매로 반목하는 이해관계를 맺게 되었으니 지료의 금액에 대한 합의도 쉽지가 않으니 결국 재판으로 가게 됩니다.

따라서 지료의 금액이 결정되었는지의 여부는 법정지상권자의 지료청구의 전제적 요소가 됩니다. 그렇다고 해서 '지료의 결정'이 있기 전의 기간 동안에는 지료가 발생하지 않는 것은 아니고, 지료가 결정되면 이 기간에 발생한 지료를 포함해서 '구체적 지료지급청구권'의 행사가 가능하게 됩니다.

쟁점 **지상권자가 지료의 결정을 받을 수 있는 실무적 방식**

판례 관습법상의 법정지상권의 지료에 관하여는 당사자의 청구에 의하여 법원이 이를 정한다고 규정한 민법 제366조를 준용하여, 토지소유자는 법원에서 상당한 지료를 결정할 것을 전제로 하여 바로 그 급부를 청구할 수 있다. (64다528, 95누11023)

해설 '지료의 결정'과 '지료의 지급청구권'은 별개의 개념이기는 하지만, 현실적으로는 '지료의 결정'에 관한 재판을 따로 받는 것은 비경제이므로, 지료의 지급을 청구한 재판에서 지료의 결정도 함께 받으면 되는 것입니다. 법리적으로는 '지료의 결정'은 형성판결(또는 결정)의 재판이고, '지료의 지급판결'은 이행판결입니다.

쟁점 **법정지상권 지료를 정함에 있어 건물에 의해 토지소유권이 제한받는 사정의 참작 여부**

판례 법원은 법정지상권자가 지급할 지료를 정함에 있어서 법정지싱권설정 당시의 세반사성을 참작하나, 법정지상권이 설정된 건물이 건립되어 있음으로 인하여 토지의 소유권이 제한을 받는 사정은 이를 참작하지 않는다. (75다2066, 94다61144)

해설 지상의 건물은 그 존재 자체가 땅의 소유자가 가질 땅의 사용이익을 전면적으로 배제하는 결과일 수밖에 없습니다. 따라서 건물에 의해 토지소유권이 제한받는 값을 뺀 나머지 토지이용가치로 지료를 정한다는 것은 부당합니다.

쟁점 **지상권등기가 없거나 지상권등기에 지료의 기재가 없는 경우, 토지소유자의 지상권 양수인에 대한 지위**

판례 지료액 또는 그 지급시기 등 지료에 관한 약정은 이를 등기하여야만 제3자에게 대항할 수 있으므로, 지료의 등기를 하지 않은 이상 토지소유자는 구지상권자의 지료연체사실을 들어 지상권을 이전받은 자에 대항하지 못한다. (95다52864)

해설 지료채권은 특정인의 특정인에 대한 채권적 청구권입니다. 즉, 토지소유자이든 건물소유자이든 소유자가 바뀌면, 바뀐 사람 사이에는 전 소유자의 연체지료를 주장할 수가 없고 새로이 추상적 지료채권이 다시 발생하는 것입니다. 여기서 '추상적 지료채권'인 이유는, 지료의 결정으로 인해 법적 효력이 주어진 '구체적 지료채권'과는 달리, 바뀐 소유자와 사이에는 아직 지료의 결정이 없기 때문입니다.

▶ 지료채권이 물권적인 사항이 아니라 채권적 권리이듯이 부동산등기법도 지상권의 등기사항으로 지상권설정의 목적과 범위만 반드시 기록하도록 하고, 지료에 관해서는 그것에 대한 약정이 있는 경우에만 기록하도록 하고 있는데(제69조), 지료가 등기로 공시되면 그때는 바뀐 소유자 등 제3자에게 주장할 수 있는 것입니다.

▶ 그런데 문제는, 당사자 간에 약정에 의한 지상권의 취득이 아니라, 경매를 원인으로 서로 으르렁거리는 사이이니 지료등기 이전에 지상권등기 그 자체가 거의 불가능하다는 것에 있습니다. 물론 지상권등기를 명하는 판결을 받아 강제로는 할 수 있지만, 그것이 어느 천년에 성사가 되는가요? 그 사이에 소유권변동이나 다른 권리(저당권, 가압류, 가등기 등)가 부착되어버릴 수도 있고요.

더구나 '지상권설정등기 절차이행청구권'은 가집행의 사항도 아니어서 상소를 해버리면 마냥 늘어져 버리는 것인데요. 그래서 무언가의 조치가 필요한데, 그 무언가는 일단 가압류를 해두는 것입니다. 즉, 법정지상권이 있는 토지를 경매로 받은 경우에는 적당한 시점에 지료청구권을 피보전권리로 하여 건물에 가압류조치를 할 것을 적극 검토해야 합니다. 이 가압류는 지료채권을 보전하는 힘 외에도, 훗날 지료지급의 판결로 경매에 넣을 때 가압류의 처분금지적 효력에 의해 건물소유권 변동으로 인한 집행의 장애를 극복하게 할 수도 있고, 또 '무잉여로 인한 건물경매의 취소'를 방지할 기능을 발휘할 수도 있습니다.

쟁점 **지료의 연체로 인한 지상권소멸청구와 그 효과**

판례 관습법상 법정지상권도 다른 특별한 사정이 없는 한 민법의 지상권에 관한 규정을 준용하므로, 지상권자가 2년분 이상의 지료를 지급하지 아니하면 민법 제287조에 따른 지상권소멸청구의 의사표시 의하여 소멸한다. 이 경우에는 지상권자의 지상물매수청구권도 인정되지 않는다. (93다10781)

해설 지상권소멸청구는 형성권의 행사이기 때문에, 그 요건만 구비했다면 상대방의 의사와 관계없이(거절이 허용되지 않음) 법정지상권이 소멸되는 효과가 발생합니다. 그 행사의 방법은 물론 내용증명우편으로 통할 수도 있으나, 건물철거 · 토지인도 소송에서 소장이나 준비서면에다가 지료연체로 인한 지상권소멸청구의 의사표시도 같이 싣는 방법으로 해도 됩니다. 그렇게들 많이 합니다.

▶ 지상권자(건물소유자)의 지상물매수청구권은 지료가 제대로 지급되는 등 지상권자로서의 의무위반이 없는 가운데 지상권이 존속기간의 만료 등으로 소멸하는 경우, 지상권자가 먼저 행하는 갱신청구를 토지소유자가 거부할 때 비로소 행사할 수 있는 권리입니다(제283조).

따라서 지상권자의 의무위반인 지료연체 때문에 토지소유자의 지상권소멸청구로 인해 지상권이 소멸된 경우에는 지상권자의 지상물매수청구권 매수청구권이 인정되지 않는 것입니다.

03
Lesson

법정지상권의 심화학습

이어 '법정지상권'에 관한 특히 중요하고 난해한 측면이 있다고 보는 판시사항에 대해서 여기서 따로 해설을 통해 공부합니다. 토지공유지분의 이전과 단독건물의 법정지상권, 토지구분소유적 공유관계와 건물의 법정지상권의 성립, 단독토지의 이전과 공유지분인 건물의 법정지상권, 단독토지의 담보권 실행으로 인한 토지의 이전과 공유지분인 건물의 법정지상권, 토지분할과 지상건물의 법정지상권 등입니다.

토지 공유지분의 이전과 건물의 법정지상권

대법원 1987.6.23. 선고, 86다카2188 판결 토지의 공유자 중의 1인이 공유토지 위에 건물을 소유하고 있다가 토지지분만을 전매함으로써 단순히 토지공유자의 1인에 대하여 관습상의 법정지상권이 성립된 것으로 볼 사유가 발생하였다고 하더라도 당해 토지 자체에 관하여 건물의 소유를 위한 관습상의 법정지상권이 성립된 것으로 보게 된다면 이는 마치 토지공유자의 1인으로 하여금 다른 공유자의 지분에 대하여서까지 지상권설정의 처분행위를 허용하는 셈이 되어 부당하다 할 것이므로 위와 같은 경우에 는 당해 토지에 관하여 건물의 소유를 위한 관습상의 법정지상권이 성립될 수 없다.

해설 "마치 토지공유자의 1인으로 하여금 다른 공유자의 지분에 대하여서까지 지상권설정의 처분행위를 허용하는 셈이 되어 부당하다."라는 부분의 판시가 법리적 요체입니다. 지상권은 용익권이고 용익권은 원칙적으로 배타적 권리이므로 지분 위에 행사될 수 없기 때문에, 어떤 특정의 범위에서의 지상권이더라도 필연적으로 다른 공유자의 권리를 침해할 수밖에 없습니다.

즉, 다른 공유자의 참여 없이 타인의 행위의 의해 다른 공유자의 지상권 설정을 강제하는 것이 되어 결국 부당하게 되는 것입니다.

토지구분소유적 공유관계와 건물의 법정지상권의 성립 ㉮

대법원 2004.06.11. 선고 2004다13533 판결 공유로 등기된 토지의 소유관계가 구분소유적 공유관계에 있는 경우에는 공유자 중 1인이 소유하고 있는 건물과 그 대지는 다른 공유자와의 내부관계에 있어서는 그 공유자의 단독소유로 되었다 할 것이므로 건물을 소유하고 있는 공유자가 그 건물 또는 토지지분에 대하여 저당권을 설정하였다가 그 후 저당권의 실행으로 소유자가 달라지게 되면 건물 소유자는 그 건물의 소유를 위한 법정지상권을 취득하게 되며, 이는 구분소유적 공유관계에 있는 토지의 공유자들이 그 토지 위에 각자 독자적으로 별개의 건물을 소유하면서 그 토지 전체에 대하여 저당권을 설정하였다가 그 저당권의 실행으로 토지와 건물의 소유자가 달라지게 된 경우에도 마찬가지라 할 것이다.

토지구분소유적 공유관계와 건물의 법정지상권의 성립의 범위 ㉯

대법원 1994.01.28. 선고 93다49871 판결 갑과 을이 대지를 각자 특정하여 매수하여 배타적으로 점유하여 왔으나 분필이 되어 있지 아니한 탓으로 그 특정부분에 상응하는 지분소유권이전등기만을 경료하였다면 그 대지의 소유관계는 처음부터 구분소유적 공유관계에 있다 할 것이고, 또한 구분소유적 공유관계에 있어서는 통상적인 공유관계와는 달리 당사자 내부에 있어서는 각자가 특정매수한 부분은 각자의 단독 소유로 되었다 할 것이므로, 을은 위 대지 중 그가 매수하지 아니한 부분에 관하여는 갑에게 그 소유권을 주장할 수 없어 위 대지 중 을이 매수하지 아니한 부분지상에 있는 을 소유의 건물부분은 당초부터 건물과 토지의 소유자가 서로 다른 경우에 해당되어 그에 관하여는 관습상의 법정지상권이 성립될 여지가 없다.

해설 토지의 등기부상으로는 단지 공유지분으로 표시되어 있더라도 그 지상의 건물과 관련한 그 현황의 실질은 구분소유적 공유관계라고 인정되는 경우에는, 그 지상의 건물이 지배하는 범위를 기준(대표적 예로는, 담장 등 경계를 비롯한 기준)으로 토지도 각기 '단독소유'로 보면 되고, 그에 따라 그 지상건물과 관련 해당 토지지분을 소유관계의 변동도 '단독소유'의 토지와 건물의 분리로 이해하면 되므로 이 부분에 관한 법정지상권의 성립에 대해서는 그 이해가 그리 난해하지 않습니다.

▶ 구체적으로 보면, '㉮'는 구분소유적 공유지분의 특정지에만 건물이 존재하여 토지와 건물이 동일한 소유가 문제가 없습니다. 그런데 '㉯'는 건물이 어느 구분소유적 공유지 외에 타 공유자의 특정지에도 걸쳐있는 경우로서 그 부분에 한해서는 법정지상권이 성립하지 않는 유형이지만, 이 경우에는 타 공유자의 특정지에도 걸쳐있는 건물의 일부는 법리상 그리고 사실상 어떻게 되느냐는 난제가 남습니다.

즉, 철거의 인정에 어떤 한계가 설정될 것인가? 철거가 인정되더라도 물리적으로는 어떻게 될 것인가? 등입니다. 그리고 '㉯'의 경우는 사안의 구체적 내용에 따라서는 '시효취득'의 문제도 쟁점으로 등장할 수 있습니다.

토지의 이전과 공유지분인 건물의 법정지상권 ㉰

대법원 1977.7.26. 선고 76다388 건물 공유자인 갑이 그의 단독소유인 건물의 대지를 을에게 매각하여 피고 앞으로 이전된 순간에 대지의 지상건물인 건물의 공유자인 갑과 병은 각 건물을 위하여 대지들 전부에 대하여 관습에 의한 법정지상권을 취득한 것으로 보아야 할 것이다. 건물을 철거한다는 조건이 없는 한 건물의 지분권자의 한 사람인 갑이 그 부지에 대하여서 한 소유권변동행위는, 자기의 이익, 즉 건물에 대한 자기의 지분권을 위하여 법정지상권을 취득한 것일 뿐만 아니라, 건물의 다른 공유권자인 병의 이익 즉 병의 건물지분권을 위하여서도 법정지상권을 취득한 것으로 보아야 할 것이며, 또 대지를 매수하여 그 소유권을 취득한 을도 건물의 공유자인 갑을 위하여 법정지상권을 수인하지 않으면 안 되는 것과 마찬가지로 건물의 다른 공유자인 병을 위하여서도 법정지상권을 수인하지 않으면 안 되는 것으로 보아야 한다.

토지의 담보권 실행으로 인한 토지의 이전과 공유지분인 건물의 법정지상권 ㉣

대법원 2011.1.13. 선고 2010다67159 판결 건물공유자의 1인이 그 건물의 부지인 토지를 단독으로 소유하면서 그 토지에 관하여만 저당권을 설정하였다가 위 저당권에 의한 경매로 인하여 토지의 소유자가 달라진 경우에도, 토지 소유자는 자기뿐만 아니라 다른 건물 공유자들을 위하여도 토지의 이용을 인정하고 있었다고 할 것인 점, 저당권자로서도 저당권 설정 당시 법정지상권의 부담을 예상할 수 있었으므로 불측의 손해를 입는 것이 아닌 점, 건물의 철거로 인한 사회경제적 손실을 방지할 공익상의 필요성도 인정되는 점 등에 비추어 건물공유자들은 민법 제366조에 의하여 토지 전부에 관하여 건물의 존속을 위한 법정지상권을 취득한다고 봄이 상당하다.

해설 '㉢ 토지의 이전과 공유지분인 건물의 법정지상권' 및 '㉣ 토지의 담보권 실행으로 인한 토지의 이전과 공유지분인 건물의 법정지상권'의 문제도 결국 본질에서는 '다른 공유자의 지분에 대하여서까지 지상권설정의 처분행위를 허용하는 셈이 되느냐.'의 법리인데, 크게는 같은 본질이지만 판례는 신뢰의 관념과 공평성의 관점에서 접근하고 있습니다.

구체적으로는 이해관계인들의 표명되지 않은 가정적인 의사를 설정한

다음 공평의 관념에서 해석한다고 봅니다. 판례는 그것을 '대지를 매수하여 그 소유권을 취득한 자도 다른 공유자를 위하여서도 법정지상권을 수인하지 않으면 안 된다. 저당권자로서도 저당권 설정 당시 법정지상권의 부담을 예상할 수 있었으므로 불측의 손해를 입는 것이 아니다.'라는 방식으로 설시하고 있습니다.

▶ '토지공유지분의 이전과 단독건물의 법정지상권의 성립여부'의 경우와 같이 하나의 명쾌한 논리(타인의 권리에까지 지상권설정의 처분행위를 한 것이다.)에 의탁하는 것이 아니라, 이 경우는 전후의 토지소유자들의 예측가능성과 기타의 사정을 종합해서 법정지상권의 성립을 인정해도 부당한 권리침해로는 해석할 수 없다고 보는 것입니다.

즉, '이 정도라면, 특별히 불측의 손해를 보는 자는 없다고 보아도 좋잖아!'하는 정도를 복잡하게 설시하고 있는 셈입니다.

토지분할과 지상건물의 법정지상권

대법원 1974.2.12. 선고 73다353 판결 공유지상에 공유자의 1인 또는 수인 소유의 건물이 있을 경우 위 공유지의 분할로 그 대지와 지상건물이 소유자를 달리하게 될 때에는 건물부분을 철거한다는 등 다른 특별사정이 없는 한 건물소유자는 그 건물부지 상에 그 건물을 위하여 관습상의 지상권을 취득한다.

해설 '토지공유지분의 이전으로 인한 법정지상권'은 인정하지 않는 데 반하여, '토지분할로 인한 법정지상권'은 인정함에는 그만한 이유가 있습니다. 그 이유는 두 행위는 그 법률적 성격이 판이하게 다름에 있습니다.

즉, '공유지분의 이전'은 해당 지분의 공유자 각자가 자신의 권리를 행사할 뿐인 반면, '공유물의 분할'은 공유자가 한 사람도 빠짐없이 모두 참여해서 100% 분할을 할 것을 동의해야 하기 때문입니다. 전부가 합의했고 건물부분을 철거한다는 등 다른 특별사정도 없지를 않느냐는 것입니다. 내재적으로는 '토지분할을 할 때 건물을 철거하기로 했으면 합의내용에 그 점을 넣었을 것이고, 한편으로는 존재하는 건물을 당연히 살려두고 각 건물을 중심으로 이참에 토지관계만 정리하려고 토지분할을 하는 것이 통상의 모습이 아니냐!'라고 이해되는 것입니다.

공인된 결론이 없는 상황에서의 준비서면의 예시

게재한 취지

머리말에서 특수물건은 기존의 판례 등 공인된 결론의 적용이 적절치 않거나 없는 상황이 문제라고 했습니다. 유난히 난해하고 수익이 큰 물건은 흔히 이렇고, 차라리 전형적인 모습입니다. 이런 물건에서 바로 진짜 선수인지의 여부가 갈립니다. 이것이 진짜 선수인지의 여부에 대한 가장 냉정하고, 정직하고, 설득력이 있는 기준이 됩니다. 이런 물건은 특히나 재판에서 제대로 된 주장의 서면을 제출할 수 있어야 합니다.

해서, 가상의 사례로 대지사용권과 법정지상권이 모두 쟁점이 된 사건을 만든 후, 재판 중인 법원에 제출할 '준비서면'을 작성해 보았습니다. 나의 실력으로는 과연 어떤 내용으로 채울 수 있는지 스스로 생각하는 기회를 가져보기 바랍니다. 다만, 난이도가 있으므로 완전한 이해가 되지 않는 독자는 반복 읽기를 통해 생각의 키가 성장하기 바랍니다.

사안의 개요

'갑'이 토지와 구건물을 담보로 은행에서 대출받은 후 구건물을 헐고 8세대의 다세대를 신축해서 보존등기와 대지권등기를 마쳤습니다. 그 후 신축건물에 대한 은행의 추가담보가 되기 전에 다세대 전부와 토지가 '을(피고)'에게 소유권이 넘어갔고, 이어 신축 전에 토지에 집행되어 있었던 가압류채권자의 강제경매가 들어왔습니다. 여러 번 유찰된 끝에 '병(원고)'이 엄청 싸게 낙찰을 받았고, 은행과 가압류채권자의 순서로 배당되었습니다. 토지를 경매받은 '원고'는 '피고'에게 건물을 철거하고 그때까지 토지사용료를 구하는 소송을 제기했고, 피고변호사는 준비서면으로 다음 취지의 주장을 했습니다.

피고변호사 주장의 취지 : ① 우선, 대지권이 있는 토지만을 경매로 취득한 것은 집합건물법상 분리처분금지에 반한다. 따라서 그 경매절차도 원고의 토지취득도 모두 무효에 해당하므로 원고청구는 기각되어야 한다. ② 다음으로, 원고의 토지취득이 유효하더라도 토지 · 건물이 동일인(피고)의 소유로 있다가 경매로 인해 소유자가 달라졌으므로 피고는 '관습상의 법정지상권'을 취득하였다. 결국, 적어도 원고의 건물철거청구는 기각되어야 하고 토지사용료도 임료감정에 의해 결정되어야 한다.

논점 : ①번은 단지 기존 판례의 제시로만 반박하는 것은 뭔가 기계적이거나 미진한 느낌이 남고, ②는 정말 판례고 뭐고 반박할 공인된 법리는 없습니다. 이런 상황을 만나면 대부분 뭘 어떻게 해야 할지 당황합니다. 딱 부러지는 판례가 없으면 무엇을 어떻게 주장해야 할지를 모릅니다. 지식이 형식적으로 쌓였기에 알고 있는 기존의 판례들만으로는 그리 도움이 되지 않습니다.
자, 피고변호사의 저 주장들이 어떤가요? 맞나요? 모두 틀렸습니다. 그런데 문제는 그 틀렸다는 것을 어떤 문장으로 표출해낼 것인가에 있습니다. 그런 준비

서면을 작성할 수 있어야 하는데, 단지 판례를 많이 아는 것만으로는 가능하지 않습니다. 설득력이 있는 논리적 구성이 없이 무턱대고 또는 읍소하듯 장황한 내용으로 피고변호사의 주장이 틀렸다고 하면 아니 됩니다.

이미 공부했듯이, 제대로 된 준비서면을 제출해야 하는 이유는 (민사재판은 변론주의이기 때문이기도 하지만), 첫째는 판사의 오판을 막아야 하고(때로는 판사도 깜박합니다.), 다음으로는 내가 대응을 제대로 못 하면 소송이 복잡해지고 지연되기 때문입니다. 결론은 각 제도의 취지까지 사유하면서 공부를 넓고 깊게 하는 것입니다. 그런 후에야 판례나 책에서 직접적인 도움을 받을 수 없어도 훌륭한 반박의 문장이 만들어집니다.

다만 이 사례의 모양새로는 선순위 은행의 채권으로 인해 잉여가 없음을 이유로 가압류채권자의 경매신청이 취소될 수도 있으나, 그 점은 무시했습니다. 물론 이런 상황에서는 대체로 저런 무잉여의 사태를 예측해서 은행의 담보권실행의 중복경매가 신청되는 것으로 봅니다. 그리고 또 토지와 건물의 공동저당 후 건물이 재축된 경우의 판지가 공동저당권자였던 선순위 은행이 토지만의 매각으로도 채권 전부를 만족했을 때도 적용될 것인지에 대해서는 의문은 있을 수 있으나, 채권의 만족여부는 '설정 당시가 아닌 미래의 우연의 사정에 의존하므로' 이 경우에도 법정지상권을 부인한 판지가 그대로 적용되는 것이 바른 해석이고 법적 안정성에도 부합한다고 봅니다.

준 비 서 면

사건 2015 가단 12345 건물철거 등

원고 홍길동

피고 말장난 외 1

위 사건에 관하여 원고는 변론을 준비합니다.

1. 집합건물법상 분리처분금지의 주장에 대하여

피고는 원고가 집합건물법상 분리처분금지에 반하여 대지권이 있는 토지만을 경매로 취득하였고, 따라서 원고의 이 사건 토지의 취득은 무효라고 주장합니다. 그러나 집합건물법상 분리처분금지는 당연히 구분건물이 성립한 시점인 대지사용권이 성립한 이후에 대지만의 처분에만 적용되듯이, 마찬가지로 판례(대법원 2013.10.24. 선고 2011다12149 판결)도 "집합건물법 제20조에 의하여 분리처분이 금지되는 같은 법상 대지사용권은 구분소유자가 전유부분을 소유하기 위하여 건물의 대지에 대하여 가지는 권리이므로(집합건물법 제2조 제6호), 구분소유자 아닌 자가 전유부분의 소유와 무관하게 집합건물의 대지로 된 토지에 대하여 가지고 있는 권리는 같은 법 제20조에 규정된 분리처분금지의 제한을 받지 아니한다."라고 판시하고 있습니다. 이 사건 ○○은행의 담보권은 이 사건 다세대건물이 신축되기 전에 취득한 것이므로, 이 사건 담보권도 "전유부분의 소유와 무관하게 집합건물의 대지로 된 토지에 대하여 가지고 있는 권리"에 해당합니다. 따라서 이 사건 담보권의 설정행위와 그 담보권의 소멸과 결부된 원고의 이 사건 토지의 경매취득은 집합건물법 제20조의 분리처분금지 규정에 반하는 것이 아니어서 모두 유효합니다. 그리고 이 사건 경매가 강제경매라고 하더라도 선순위 담보권이 실행된 결과임에는 마찬가지이므로 달리 볼 것은 아닙니다.

2. 관습상의 법정지상권의 취득의 주장에 대하여

(가) 피고는 원고의 토지취득이 유효하더라도 토지 · 건물이 동일인인 피고의 소유로 있다가 이 사건 경매로 인해 소유자가 달라졌으므로 피고는 '관습상의 법정지상권'을 취득하였다고 주장합니다. 그러나 원고의 주장은 틀렸습니다. '대법원 2003.12.18. 선고 98다43601 전원합의체 판결'은 "동일인의 소유에 속하는 토지 및 그 지상 건물에 관하여 공동저당권이 설정된 후 그 지상 건물이 철거되고 새로 건물이 신축된 경우에는 그 신축건물의 소유자가 토지의 소유자와 동일하고 토지의 저당권자에게 신축건물에 관하여 토지의 저당권과 동일한 순위의 공동저당권을 설정해 주는 등 특별한 사정이 없는 한 저당물의 경매로 인하여 토지와 그 신축건물이 다른 소유자에 속하게 되더라도 그 신축건물을 위한 법정지상권은 성립하지 않는다."라고 판시했습니다. 그렇다면 만약, 토지와 그 지상 건물이 공동저당권이 설정되었는데, 그 건물이 철거되고 다른 건물이 신축된 후 토지가 강제경매가 되면 피고와 같이 '관습상 법정지상권'을 주장할 수 있다면, 위 대법원의 판지는 무의미해져 버립니다.

즉, '민법 제366조의 법정지상권'으로 보호되지 않으면 임의적으로 '관습상 법정지상권'의 주장할 수 있게 되어버리고, 이는 위 판지에 정면으로 반하여 이는 말할 것도 없이 부당합니다. 위 판지의 효과는 이 사건 경매와 같이 ○○은행의 이 사건 담보권에 의한 것이 아니라 제

3자의 강제경매에 의한 경우라고 해서 달라질 수 없는데, 그 이유는 나중에 들어선 강제경매라는 우연한 사정에 의해 먼저 취득한 담보권이 불의타를 입어서는 아니 되기 때문입니다. 구체적으로는, ○○은행의 담보권실행이든 제3자의 강제경매이든 경매의 결과 ○○은행의 담보권은 소멸하게 되어 있는데도 불구하고 법정지상권이 성립한다고 하면, 경매목적물은 그 법정지상권의 부담만큼 싸게 팔리게 되어 결국 ○○은행의 담보가치의 평가는 부당하게도 훼손되기 때문입니다. 이 경우 원고의 주장과 같이 된다면 극단적으로는 소유자의 인위적인 채권부담으로 인한 강제경매의 작출에 의해서도 먼저 들어선 담보권이 무력해지는 결과를 초래할 것입니다.

(나) 이 사건 토지와 건물의 소유관계가 분리된 것은 소외 갑이 담보제공의무를 위반했기 때문입니다. 즉, 갑이 이 사건 집합건물을 신축한 후 ○○은행에게 당연히 해주어야 할 신축건물에 대한 추가담보제공의무를 이행하기 전에, 갑이 이 사건 집합건물을 자신의 매부인 피고에게 소유권을 이전함으로써 ○○은행이 이 사건 신축된 건물에 대한 추가담보를 취득할 기회를 잃어버린 결과 ○○은행이 토지담보권을 실행해야만 하는 입장에 있던 중 제3자가 이 사건 강제경매를 신청함으로써 이 사건이 토지지분이 분리처분된 것입니다.

선순위 담보권이 실행된 것과 같은 결과를 가진 이 사건의 경우에는 '민법 제366조의 법정지상권'이 아닌 '관습상 법정지상권'은 주장할 여지도 없지만, 담보권자의 채권회수의 기회를 일방적으로 빼앗은 이 사건 사안을 두고 '관습상 법정지상권'을 주장하는 것은 공평의 이념에서도 정면으로 반합니다. 법정지상권의 인정 여부는 토지와 건물의 소유관계의 형식적인 분리에 머물 것이 아니라 타당한 법규범적 가치가 무엇인지를 따지는 과정을 거쳐야 할 것이며, 만약 피고와 같은 주장이 인정된다면 담보법의 질서가 무너지게 되어 담보를 통한 금융이 불가능하게 되는 사태를 초래할 것입니다.

3. 따라서 피고의 집합건물법상 분리처분금지의 주장이든 관습상의 법정지상권 취득의 주장이든, 모두 그 이유가 없습니다.

2015.10.25.

원고 홍길동

서울중앙지방법원 민사8단독 귀중

05
Lesson

건물 철거청구에 대한 권리남용이나 신의칙위반 항변에 대하여

1 ▸▸ 토지를 경매로 받아 지상건물의 철거를 청구할 때 그 건물이 토지에 대한 점유권원이 없으면서도 건물소유자 측의 '이러저러한 이유로 해서 건물의 철거청구는 권리남용이므로 받아주면 아니 된다!'라는 주장을 받는 경우가 있습니다. 통상 다른 법리를 주장한 후 마지막 순서에서 내세우는 무기입니다. 그러나 권리남용의 항변은 아주 특별한 사정이 없는 한 인정되지 않습니다.

다만 하급심은 이런저런 피눈물 나는 가슴 아픈 사연에 어찌 못하는 등 법리적인 측면에서의 냉정에 충분치 못해 권리남용을 인정하여 철거청구를 기각하는 예가 가끔은 있는데, 그런 경우에는 상소를 통해 바로 잡아야 합니다.

2 ▸▸ 그러면 권리남용의 주장이 거의 받아들여지지 않은 이유를 봅니다. 그 이유는 대법원이 "권리행사가 권리의 남용에 해당한다고 하려면, 주관적으로 그 권리행사의 목적이 오직 상대방에게 고통을 주고 손해를 입히려는 데 있을 뿐 행사하는 사람에게 아무런 이익이 없는 경우이어야 하고, 객관적으로는 그 권리행사가 사회질서에 위반된다고 볼 수 있어야 한다. 이와 같은 경우에 해당하지 않는 한, 비록 그 권리의 행사에 의하여 권리행사자가 얻는 이익보다 상대방이 입을 손해가 현저히 크다고 하여도 그러한 사정만으로는 권리남용이라고 할 수 없다."라고 하는 데에 있습니다.

이렇게 '객관적으로는 권리행사가 사회질서에 위반'되어야 하고, 더구나 '주관적으로 그 권리행사의 목적이 오직 상대방에게 고통을 주고 손해를 입히려는 데 있을 뿐 행사하는 사람에게 아무런 이익이 없는 경우'라야 하는 사례는 좀체 보기 어렵습니다. 사정이 저러하다 보니 권리남용의 인정이 너무 엄격하다는 비판도 있지만 아직은 대법원은 꿈적도 하지 않습니다. 그렇다고 해서 권리남용의 주장에 대해 기존 판례만 믿고 적당히 대응해서는 아니 되고, 소송의 결과는 함부로 장담하면 아니 되므로 준비서면을 통해 적극 그 주장의 부당함을 피력해야 합니다.

3▸▸ 한편으로, 권리남용의 항변으로 건물철거의 청구가 저지되는 경우는 좀체 드물지만, 경락인이 건물 쪽에다 건물의 유지에 대한 신의를 공여함으로써 건물철거의 청구가 부인되는 예도 있는데, 즉, 경락인의 '신의칙의 위반'이 문제가 되어 건물철거가 부인되는 것으로써 '각론편'에서 관련 사례246쪽를 통해 공부합니다.

3장

공유지분, 공유물의 분할, 공유자의 우선매수권

난해한 만큼이나 경매에서 중요한 개념인 '공유지분'

1 ▸▸ 공동소유의 형태는 공유 · 합유 · 총유 등 세 가지가 있습니다. 그중 공유는 물건의 지분에 의하여 수인의 소유로 귀속되고 있는 공동소유의 형태인데(민법 제262조), 법적 성질은 다수인이 하나의 소유권을 분량적으로 분할하여 소유하는 상태라고 합니다. 합유나 총유와는 달리 공유관계에서 각 공유지분 그 자체의 처분에는 공동성이나 단체성이 없습니다. 즉, 내가 가진 지분은 누구의 승낙도 필요 없이 마음대로 팔아먹을 수 있다는 것입니다.

2 ▸▸ 그런데 내 마음대로 처분할 수 있는 '공유'가 사실은 복잡하고, 난해하고, 한마디로 골칫덩어리입니다. 그 이유는 '공유'가 현실적으로는 제 혼자보다는, '공유물의 상태'와 관련한 비중(하나의 물건에 대한 다수의 행사에 따르는 제약과 갈등의 비중)이 너무 크기 때문입니다. '공유'는 난해한 개념인 '점유'와 마찬가

지로 특히나 경매지식의 체계에서 굉장히 중요합니다. 어쨌든 '공유물의 상태'와 관련한 비중으로부터 여러 규정이 연결되고 법리가 생산됩니다. 저 규정과 법리에 관한 것으로 공유관계를 폐지해서 단독소유권으로 전환하는 공유물분할(제268조 제1항), 공유물의 처분 · 변경(제264조), 공유물의 관리행위인 이용 · 개량에 관한 사항(제265조). 공유물의 보존행위(제265조 단서), 공유물의 비용부담(제226조 제1항) 등이 있고, 그 외에도 토지와 건물의 소유권이 분리되어 있거나 분리되는 상황과 관련해서 많은 법리를 생산합니다.

3▸▸ '공유지분'이란 것이 저다지도 복잡하고 난해함에도 경매세계에서는 마치 거저먹는 황금알인 듯이 '공유지분 투자!'라며 대단한 말들이 난무하기도 합니다. 말할 것도 없이, 실상은 과장이거나 착각인 측면이 많습니다. '공유지분 투자로 인한 수익실현의 현실과 과정'에 대한 무지 때문에, 결국 과장이거나 헛소리가 되는 경우가 더 많습니다.
공유지분을 경매로 받아 다른 공유자들과 협상에 나서보면 실제로는 만만치가 않은 경우가 더 많고, 또 공유물분할소송으로 들어가게 되면 소송의 과정 역시 만만하게 돌아가지는 않습니다.
그러나 그렇다고 해서, 수익을 내지 못하는 것도 결코 아닙니다. 즉, 이 역시 내 지식이 어떠냐의 여부, 나의 협상력, 해결되기까지의 나의 견인력, 수익률에 관한 자기조절능력 등이 어떠냐에 따라 수익의 폭이 출렁이는 것입니다.

공유지분 관련 판례의 해설

쟁점 **공유물에 대한 관리권과 그 의미**

판례 공유물을 사용 · 수익할 구체적인 방법을 정하는 것은 공유물의 관리에 관한 사항으로서 공유자의 지분의 과반수로써 결정하여야 하고(민법 제265조), 과반수의 지분을 가진 공유자는 공유물의 관리에 관한 사항을 단독으로 결정할 수 있으므로, 그가 공유물의 특정 부분을 배타적으로 사용·수익하기로 정하는 것은 공유물의 관리방법으로서 적법하다. 다만 그 사용·수익의 내용이 공유물의 기존의 모습에 본질적 변화를 일으켜 '관리' 아닌 '처분'이나 '변경'의 정도에 이르는 것은 안 되는데(민법 제264조), 예컨대 다수지분권자라 하여 나대지에 새로이 건물을 건축한다든지 하는 것은 '관리'의 범위를 넘는 것이 된다. (2000다33638)

해설 그렇지만 예를 들어, 공유물에 대한 사용수익을 전혀 하지 못하는 있는 공유지분의 경매인은 과반수지분권자이든 누구든 사용수익을 하고 있는 공유자에게 그 경락인의 지분에 상응하는 부당이득의 반환을 요구할 수 있습니다.

쟁점 **다른 공유자와의 협의 없는 공유자의 공유물에 대한 배타적 점유·사용**

판례 공유물의 지분권자는 타지분권자와의 협의 없이는 배타적으로 사용할 수 없으며 나머지 지분권자는 공유물보존행위로서 그 배타적 사용의 배제를 구할 수 있다(88다카19002). 공유자가 다른 공유자와의 협의 없이는 공유물을 배타적으로 점유하여 사용 수익할 수 없는 것이므로, 다른 공유권자는 자신의 지분이 과반수에 미달되더라도 배타적 점유자에 대하여 공유물보존행위로서 공유물의 인도를 청구할 수 있다. (93다9392 전원합의체)

해설 그런데 '배타적 사용배제'나 '공유물의 인도청구'라는 것은 그것에 숨어 있는 개념 자체가 복잡하고 난해한 측면이 있어, 저 판시와 같이 간단한 공식을 그대로 믿고 입찰에 응하는 것은, 글쎄요, 뭐라고 할까? 물건에 따라서는 이러저러한 사정을 가질 것을 이유로 해서 그리 간명할 수 없는 경우가 많습니다. 엄청나게 험난한 길이 되거나 위험할 수 있습니다. 그렇게 일률적으로 가버리면 곤경에 처할 가능성도 존재한다는 취지입니다. 토지에 대한 점유권원이 없는 건물과 관련되는 물건(토지든 건물이든)을 입찰하는 경우에는 넓으면서도 깊고 정치한 판단이 가능해야 하고, 그러려면 그에 관한 남다른 지식을 내가 가지고 있을 것이 전제되어야 합니다.

02
Lesson

공유물분할 서론

1 ▸▸ 재판에 의한 분할은 '현물분할'과 '경매에 의한 대금분할'로 크게 분류됩니다. '전액 가액보상 현물분할'은 '경매에 의한 대금분할'이 아니라 '현물분할'의 한 종류인데, 예를 들어 지분이 극히 작은 어느 공유자가 소위 '알박기' 식의 전략으로 버틸 때 "넌, 너의 지분가치만큼 상대방으로부터 돈이나 받고 떨어져 나가!"라는 식의 분할을 말합니다. '일부 가액보상을 포함하는 현물분할'도 있는데, 이것은 분할을 받는 현물만으로는 그 공유자가 원래 가진 지분의 경제적 값에 부족할 경우 그 부족한 만큼 돈으로 보상을 받는 것입니다.

2 ▸▸ 그 외에도 공유자들의 '군집별로 현물분할'(공유자 '갑 · 을 · 병 · 정'은 100번지를, 공유자 '무 · 기'는 101-1번지를 각 갖는 식의)을 하거나, 어느 한 공유자와 나머지 공유자들로 분리하는 '결별의 현물분할'(공유자 '갑 · 을 · 병 · 정 · 무'는 100번지를, 공유자 '기'는 101-1번지를 각 갖는 식의)도 있는 등 '현물분할'은 다양한 방법으로 공평성과 구체적 타당성을 찾습니다.
경매를 받아 공유물분할 청구를 할 때에도 (예를 들어 다른 공유자들 사이는 한 가족 등 특별한 유대가 존재하는 반면, 경락자는 생판 타인인 점이 고려되어) 후자와 같이 분할되는 일도 있습니다.

3 ▸▸ 경매를 받아 재판하면서 자신만 유리한(도로변이라든지 이용도가 높은) 위치 부분을 현물분할로 받겠다는 주장을 하는 경우가 있는데(필자도 그런 생각으로 가지고 온 사례를 맡아 소송을 진행한 일이 있었지만), 그것은 경매를 잘못 배운 탓으로 보아야 합니다. 손해를 보아서도 아니 되지만, 다른 공유자의 손해 위에서 이익을 보는 결과가 되는 착오에서 벗어나야 합니다. 유리한 위치 부분을 분

할지로 받겠다는 입장은 다른 공유자도 마찬가지이고, 무엇보다 공유물분할은 어떤 모양새로 결론이 나든 대전제는 모든 공유자에게 공평한 결과가 되어야 한다는 점을 기억해야 합니다. 물론, 법원으로서도 불공평한 욕심을 내는 어느 일방 당사자의 주장을 들어 줄 리가 없지만요. 공유지분을 시세보다 훨씬 싸게 매입한다는 그 자체로부터 수익의 실현이 잉태되는 것임도 고려해야 합니다.

4 ▸▸ 그런데 '현물분할'보다는 '경매에 의한 대금분할'이 불리한 것으로 보는 경향이 있습니다. 경매에 대한 이해의 부족 탓이지, 반드시 그렇지만은 않습니다. 토지나 건물이 가진 각 형상, 공유지분에 투자한 나의 입장이나 계획, 상대방인 다른 공유자들의 입장과 그들 사이 내부적 상황 등이 종합되어 나온 함수와 관련해서 나오는 값을 기준으로 나의 선택지가 결정되는 것이 경제적입니다. 그러니 모든 요소를 종합한 결과의 사정에 따라 '현물분할'이 유리할 수도 있고, '경매에 의한 대금분할'이 유리할 수도 있습니다.

공유물분할 관련 판례의 해설

현물분할

쟁점 **분할의 자유로서의 공유관계**

판례 특별한 사정이 없는 한 각 공유자는 공유물의 분할을 청구하여 기존의 공유관계를 폐지하고 각 공유자 간에 공유물을 분배하는 법률관계를 실현하는 일방적인 권리를 가진다. (91다27228)

해설 '특별한 사정'에는 제268조 후단(5년 내의 기간으로 분할하지 아니할 것을 약정할 수 있다.)이 있으며, 이미 보았듯이 공유는 하나의 물건에 대하여 결합관계가 없이 소유권이 분량적으로 분할된 것이므로, 공유자라면 누구든지 공유관계를 폐지하는 공유물분할을 요구할 수 있습니다(공유물분할의 자유).

쟁점 **현물분할의 원칙**

판례 ▶ 분할청구자가 바라는 방법에 따른 현물분할을 하는 것이 부적당하거나 이 방법에 따르면 그 가액이 현저히 감손될 염려가 있다고 하여 이를 이유로 막바로 대금분할을 명할 것은 아니고, 다른 방법에 의한 합리적인 현물분할이 가능하면 법원은 그 방법에 따른 현물분할을 명하는 것도 가능하다. (91다27228)

▶ 재판에 의한 공유물분할은 현물분할이 원칙이므로, 불가피하게 대금분할을 할 수밖에 없는 요건에 관한 객관적·구체적인 심리 없이 단순히 공유자들 사이에 분할의 방법에 관하여 의사가 합치하고 있지 않다는 등의 주관적·추상적인 사정에 터 잡아 함부로 대금분할을 명하는 것은 허용될 수 없다(2009다40219). 원심은 이 사건 토지의 형상 또는 위치와 면적, 원고 및 피고의 지분 비율 등에 비추어 이를 현물로 분할하는 것이 가능하다고 하면서도 원·피고 사이에 토지의 처분 등에 관한 약정을 들어 현물로 분할하는 것이 적당하지 않다고 하여 경매를 명하였는바, 위 약정은 토지를 함께 취득하여 처분해서 비용공제하고 나누자는 정도의 약정에 불과하고 분할 방법을 약정하였던 것으로 보이지 않는데도 단순히 이를 이유로 경매분할을 명한 원심판결에는 공유물의 분할 방법에 관한 법리(현물로 분할할 수 없거나 현물로 분할하게 되면 그 가액이 현저히 감손될 염려가 있는 때에 비로소 물건의 경매를 명하여 대금분할을 할 수 있는 것)를 오해하여 판결에 영향을 미친 위법이 있다. (95다32662)

해설 재판에 의한 공유물분할은 현물분할이 원칙인데, 그런데 하급심에서는 '다양한 방식에 의한 현물분할'이 가능하다고 보아야 할 사안인데도 불구하고 '경매에 의한 대금분할'이 나오는 경우가 있습니다. 위 판시들에서 보는 '현물분할을 하는 것이 부적당하거나 이 방법에 따르면 그 가액이 현저히 감손될 염려가 있다고 하여 이를 이유로 막바로 대금분할을 판결한 것'이라든지, '분할 방법을 약정하였던 것으로 보이지 않는데도 단순히 이를 이유로 경매분할을 판결한 것(이것은 약정의 해석을 그르친 것이기도 하지만)'도 그 예에 해당합니다. 내가 현물분할을 원하는 경우에는 이런 판결에 대해 상소를 통해 바로 잡아야 합니다.

쟁점 **가액의 일부에 대한 보상을 포함하는 현물분할, 결별의 현물분할**

판례 일정한 요건이 갖추어진 경우에는, 공유자 상호 간에 금전으로 경제적 가치의 과부족을 조정하게 하여 분할을 하는 것도 현물분할의 한 방법으로 허용되는 것이며, 분할청구자의 지분한도 안에서 현물분할을 하고 분할을 원하지 않는 나머지는 공유자로 남는 방법도 허용될 수 있다. (91다27228)

해설 전자는 '일부 가액보상을 포함하는 현물분할'이며, 후자는 어느 한 공유자와 나머지 공유자들로 분리하는 '결별의 현물분할'입니다.

쟁점 **가액의 전부를 보상하는 현물분할**

판례 공유관계의 발생원인과 공유지분의 비율 및 분할된 경우의 경제적 가치, 분할 방법에 관한 공유자의 희망 등의 사정을 종합적으로 고려하여 당해 공유물을 특정한 자에게 취득시키는 것이 상당하다고 인정되고, 다른 공유자에게는 그 지분의 가격을 취득시키는 것이 공유자 간의 실질적인 공평을 해치지 않는다고 인정되는 특별한 사정이 있는 때에는 공유물을 공유자 중의 1인의 단독소유 또는 수인의 공유로 하되 현물을 소유하게 되는 공유자로 하여금 다른 공유자에 대하여 그 지분의 적정하고도 합리적인 가격을 배상시키는 방법에 의한 분할도 현물분할의 하나로 허용된다고 할 것이다. 만일 그런 방법이 허용되지 않는다고 한다면 특히 구분건물의 대상이 되지 않는 건물의 공유자가 분할을 원하는 경우에는 그 지분이 적정하고 합리적으로 평가되고, 상대방 공유자가 그 대금을 지불할 능력이 있어 대금분할보다는 가격배상에 의한 분할방법이 더 공평한 방법이 될 수 있는 때에도 항상 경매에 의한 대금분할을 명하여야 하는 불합리한 점을 극복할 수 없게 된다. (2004다30583)

해설 1인의 단독소유 또는 수인의 공유로 하고 다른 공유자에게 그의 지분가격을 보상하는 방식으로, '전액 가액보상 현물분할'의 일종을 말하고 있습니다. '전액 가액보상 현물분할'이 허용되어야 하는 이유로 '구분건물의 대상이 되지 않는 건물'을 예를 들고 있습니다. 즉, 기존의 건물을 구분하는 것(즉, 건물분할)이 극히 어렵거나 불가능한 현황의 건물을 일컫는데, 경매로 크게 싸게 사서는 시세를 기준으로 돈을 받게 될 터이고, 그렇다면 '전액 가액보상 현물분할'에 의해 돈을 받을 이 경우가 반드시 불리한 것만은 아닙니다.

▶ 건물은 그 물리적 성격상 토지보다는 순수하게 건물 자체의 현물분할은 어려운 경우가 훨씬 많습니다. 그래서 '경매에 의한 대금분할'의 가능성도 토지보다 높다고 보아야 하고, 특히 경매 받은 건물지분이 아주 작은 경우에 '전액 가액보상 현물분할'로 갈 가능성이 더 높다고 봅니다. 그런데 토지와는 달리 건물은 환금성이 좋은 데다 동상 현실석인 사용·수익이 실현되는 물건인 것이 보통인 점과 관련하여, 공유물분할의 방향 외에도 여러 가지 길이 있기 마련입니다.

해서, 물건을 팔아 기존 공유자들과 돈을 나누는 길, 월세가 좋은 물건이면 공유자들과 그 돈을 나누는 길 등 다양한 장점을 가지고 있습니다. 다만, 그 다양한 가능성이 반목의 상황에서 섬세한 손길을 타야만 열리는 만큼, 건물공유지분에 대한 경매투자는 상당히 높은 실력이 아니면 크고 작은 장애로 고생할 수도 있음을 알고는 있어야 합니다.

쟁점 **가액의 일부에 대한 보상을 포함하거나 군집별에 의한 현물분할**

판례 원고들과 피고들은 토지소유자로서 그 지상에 연립주택, 여관건물, 상가건물을 별개로 건축하여 분양한 갑으로부터 위 각 건물을 각각 분양받았고, 나아가 1981. 말경 각 건물들을 경계로 담장이 설치된 이래 20년가량 담장을 경계로 이 사건 토지를 사실상 구분하여 점유·사용하여 왔는바, 이와 같은 사정은 오히려 현물분할을 필요로 하는 하나의 사정이 될 수 있는 것으로서, 이러한 이용 상황에 터 잡아 현재의 담장을 기준으로 분할하되 원고들과 피고들 사이에 금전으로 경제적 가치의 과부족을 조정하게 하거나 또는 경제적 가치가 지분 비율에 상응하도록 새로운 경계를 세워 이를 기준으로 분할하는 등의 적절한 현물분할 방법을 찾기가 그렇게 어려운지는 의문이다. 따라서 이 사건 토지의 형상이나 위치, 그 이용 상황, 경제적 가치 등 제반 사정을 고려하여 합리적인 현물분할이 가능한지를 더 심리해 보지 아니한 채 대금분할을 명한 원심판결에는 재판에 의한 공유물분할에 관한 법리를 오해하여 심리를 다하지 아니한 위법이 있다. (2004다10183)

해설 하급심에서는 법리적으로 '다양한 방식에 의한 현물분할'이 가능하다고 보아야 할 사안인데도 불구하고 '경매에 의한 대금분할'이 나오는 경우가 있다고 했는데, 이 판시에서도 그런 지적을 봅니다. '일부 가액보상을 포함하는 현물분할'이나 '순수한 현물분할'이 가능하다고 보이는데도 불구하고 '경매에 의한 대금분할'의 판결을 한 하급심의 결론을 지적하고 있는 것입니다.

▶ '연립주택, 여관건물, 상가건물이 별개로 건축되어 있는 점, 각 건물들을 경계로 담장이 설치된 이래 20년가량 담장을 경계로 토지를 사실상 구분하여 점유·사용하여 온 점'을 언급하는데, 이것은 소위 '구분소유적 공유지분으로서의 토지'의 의미도 담고 있는바, 이 경우에는 더욱이 현물분할을 이유 있게 하는 사정이라고 보아야 합니다. 사안의 복잡성에 따라서는 그 복잡성을 조율해서 공평한 현물분할의 판결을 내기에는 너무 힘이 들 수밖에 없는 경우가 있는데, 하급심에서 '다양한 방식에 의한 현물분할'이 가능한 경우에도 '경매에 의한 대금분할'로 가버리는 경향에는 법리의 오해와 함께 저런 힘들다는 이유도 깃들어버린 것이 아닌가 하는 경우가 보이기도 합니다.

쟁점 **군집별에 의한 현물 분할에서 분할청구자들의 의사**

판례 분할청구자의 지분 한도 안에서 현물분할을 하고 분할을 원하지 않는 나머지 공유자는 공유로 남게 하는 방법도 허용되나, 그렇다고 하더라도 공유물분할을 청구한 공유자의 지분 한도 안에서는 공유물을 현물 또는 경매·분할함으로써 공유관계를 해소하고 단독소유권을 인정하여야지, 분할청구자들이 그들 사이의 공유관계의 유지를 원하고 있지 아니한데도 분할청구자들과 상대방 사이의 공유관계만 해소한 채 분할청구자들을 여전히 공유로 남기는 방식으로 현물분할을 하는 것은 허용될 수 없다. (2014다88888)

해설 공유물분할청구권은 모든 공유자 각자가 가진 개별적인 권리입니다. 따라서 분할을 청구한 복수의 자들 사이에 있어서도 (그들이 합치하여 공유관계의 유지를 원하지 않는 한) 분할을 청구한 자들을 묶어 공유로 남기는 방식의 현물분할은 공유물분할의 법리에 위반되는 것입니다.

쟁점 **일부 공유지분에 존재하던 부담의 각 분할시상 존속**

판례 갑, 을의 공유인 부동산 중 갑의 지분 위에 설정된 근저당권 등 담보물권은 특단의 합의가 없는 한 공유물분할이 된 뒤에도 종전의 지분비율대로 공유물 전부의 위에 그대로 존속하고 근저당권설정자인 갑 앞으로 분할된 부분에 당연히 집중되는 것은 아니다. (88다카24868)

해설 이것 때문에, 즉 어느 공유자 지분에만 부착된 타 권리(근저당권, 가압류 등)의 금액이 너무 크거나 복잡한 경우에는, 현물분할의 장애요인이 되어 '경매에 의한 대금분할'의 판결로 갈 가능성이 상대적으로 높아집니다. 어느 공유자 지분에만 부착된 타 권리가 공유물분할이 된 뒤의 모든 단독소유물들 위에 그대로 존속하는 이치는, 모든 공유지분의 효력은 공유물 전체에 대하여 그 효력이 미치고, 그에 따라 모든 공유지분에 부착된 타 권리도 공유물 전체에 대하여 그 효력이 미치기 때문입니다. 해서, '공유자가 너무 많은 경우(이것은 여러 가지로 이유로 애를 먹일 수 있습니다.).' 및 '어느 공유자 지분에 부착된 타 권리의 금액이 너무 크거나 복잡한 경우'에는 입찰에 신중해야 합니다.

경매에 의한 대금분할

참고 '현물분할'에서 '경매에 의한 대금분할'에 대한 해설도 같이 한 셈이므로, 이곳에서는 사실관계나 이유를 붙이는 것으로 합니다.

쟁점 **경매에 의한 대금분할 요건의 의미**

판례 대금분할에 있어서 "① 현물로 분할할 수 없다"는 요건은 이를 물리적으로 엄격하게 해석할 것은 아니고 공유물의 성질, 위치나 면적, 이용상황, 분할 후의 사용가치 등에 비추어 보아 현물분할을 하는 것이 곤란하거나 부적당한 경우를 포함한다 할 것이고, "② 현물로 분할을 하게 되면 현저히 그 가액이 감손될 염려가 있는 경우"라는 것도 공유자의 한 사람이라도 현물분할에 의하여 단독으로 소유하게 될 부분의 가액이 분할 전의 소유지분 가액보다 현저하게 감손될 염려가 있는 경우도 포함한다. (91다27228)

해설 '경매에 의한 대금분할'은 ①이나 ②의 요건이 필요한데, 대법원은 문언의 의미를 확장하거나 가능한 경우의 수를 넓히고 있습니다. 그러나 그렇더라도 대법원은 집요하다시피 다양하게 '현물분할의 가능성'을 검토하여, 하급심의 '경매에 의한 대금분할'의 판결을 파기하는 예가 많습니다.
이 사례의 판시도 "이 사건 임야에 대한 공유지분은 원고와 피고 갑은 각 4분의 1이고, 피고 을은 4분의 2라는 것인바, 이 사건 임야의 면적은 46,909㎡나 되는 넓은 것이고, 이 사건 임야의 모양에 비추어 보면 원심이 들고 있는 사정만 가지고서는 이를 현물로 분할하기 어렵다거나 이를 현물로 분할할 경우 그 가액이 현저히 감손될 염려가 있다는 원심의 판단은 수긍하기 어렵다. 이 사건 임야 위의 입목의 상황, 그 경제적 가치, 원·피고들의 이 사건 임야에 관한 이용관계 등 제반 사정을 고려하여 합리적인 현물분할이 가능한 것인지 다시 심리하여 보아야 할 것이다."라며 원심을 파기하고 있습니다.

쟁점 가액감손에 대한 보상에 의한 현물분할도 어려운 경우 (1)

판례 비록 형식적으로는 현물분할이 가능하다고 하더라도 공유물의 위치, 면적과 주변도로상황, 사용가치, 가격, 공유자의 소유지분비율 및 사용수익의 현황 등을 종합하여 볼 때 각 공유자의 소유지분비율에 따른 공평한 분할이 이루어질 수 없는 경우에는 현물분할방법에 의할 것이 아니라 대금분할의 방법으로 공유물을 분할하여야 한다. (92다30603)

사실관계와 이유

원고와 피고가 8 : 1의 지분비율로 이 사건 대지 559.3㎡를 공유하고 있고, 도시계획법상 상업지역이고 주위에는 상가가 밀집하여 있으며, 한편 건축법령에 의하면 상업지역에서의 건축물의 대지면적의 최소한도는 150㎡ 이상으로 되어 있다.

위와 같은 사실관계와 법령의 제한 아래에서 현물분할가능성을 살펴보건대, 원고의 주장과 같이 공유지분비율에 따라 9분의 1지분에 상당한 62.1㎡를 피고의 단독소유로 현물분할을 할 경우에 그 부분은 건축물 대지면적의 최소한도 이하로 되어 건축이 불가능한 대지가 되므로, 이러한 건축이 불가능한 대지부분의 가액은 분할 전의 건축이 가능한 대지의 지분가액보다 현저하게 감손될 것이 명백하여 공정한 분할이라고 보기 어렵다.

한편으로, 피고의 단독소유가 될 부분의 면적이 최소한 건축가능한 150㎡가 되도록 분할하려고 한다면 이번에는 원고의 단독소유가 될 부분의 면적이 409.3㎡에 불과하게 되어 분할 전의 소유지분가액보다 지나치게 감소된다.

다만 이와 같은 경우에 원고 소유토지가액의 감손부분에 대하여 피고에게 가액보상을 명하는 방법을 생각할 수 있으나, 현재 원고 소유지분에 대하여 ㅇㅇ은행 명의로 근저당권이 설정되어 있고 이 근저당권은 분할 후 피고 단독소유가 될 토지에도 그 지분비율대로 존속하게 될 것이어서 원고는 피고에게 이로 인한 가액감손을 보상하여야 할 것이므로 상호보상관계가 매우 복잡해진다(원고는 위 은행으로부터 피고 단독소유가 될 토지부분에 대한 근저당권을 포기 받았다고 주장하고 있으나, 증거에 의하면 그 포기는 원고의 단독소유가 될 토지면적이 분할 전의 소유지분에 상응한 것임을 전제로 한 것이 명백하다.).

결국 위와 같은 여러 가지 사정에 비추어 보면 이 사건 토지를 경매에 부쳐 그 대금 중 경매비용을 공제한 나머지 금액을 원·피고의 각 지분비율에 따라 분배함이 상당하다.

쟁점 **가액감손에 대한 보상에 의한 현물분할도 어려운 경우 (2)**

판례 분할대상 목적물의 특정 부분만 도로에 접하여 다른 부분에 비하여 그 경제적 효용가치가 많음에도 분할 부분의 어느 한 쪽을 도로변으로 치우치도록 하는 방법으로 현물분할하는 경우에는 분할 부분의 면적을 조정하거나 금전으로 경제적 가치의 과부족을 조정하는 방법으로 경제적 가치가 지분비율에 상응하도록 분할하여야 하며, 그 목적물이 상업지역으로 지정되어 현물분할할 경우 그 분할 부분의 어느 한 쪽이 건축법상 상업지역의 건축물 대지면적의 최소한도 이하의 면적이 된다면 대금분할의 방법으로 분할하여야 한다. (99다6746)

사실관계와 이유

원심은, 원고와 피고들이 이 사건 대지 218.3㎡를 86.5 : 131.8의 지분비율로 공유하고 있는 사실, 이 사건 토지의 위치, 면적, 주변상황, 사용가치 및 사용·수익상황, 원·피고들의 관계와 그들의 공유지분 비율 등을 종합해 볼 때, 이 사건 토지 중 도면 표시 '나' 부분 86.5㎡를 원고의 소유로, '가' 부분 131.8㎡를 피고들의 소유로 각 공유물분할을 명하였다.

그런데 이 사건 토지는 오산역 앞 왕복 4차선 도로변의 상가지대에 위치하고 있는 토지로서 그 북쪽 면만이 도로에 접하고 있고 나머지 3면은 인접한 다른 토지에 둘러싸여 있는 사실이 인정되므로, 이 사건 토지 중 도로에 접한 북쪽 부분은 다른 부분에 비하여 그 경제적인 효용가치가 더 큰 것이 명백하여, 원심과 같이 이 사건 토지 중 원고 소유로 분할되는 부분을 북쪽 도로변으로 치우치도록 하는 방법으로 분할하게 되면, 원고의 소유로 분할되는 부분은 상대적으로 도로 후면의 남쪽 토지를 더 많이 포함하게 되는 피고들 소유의 분할 부분보다 그 단위면적 당 가격이 더 높게 될 것임이 분명하다. 따라서 위와 같은 방법으로 분할하는 것 외에 다른 합리적인 분할방법이 없다면, 피고들의 분할 부분의 면적을 조정하거나, 금전으로 경제적 가치의 과부족을 조정하게 하는 방법으로 경제적 가치가 지분비율에 상응하도록 분할을 명하여야 할 것이다.

한편, 이 사건 토지는 도시계획법상의 용도지역이 상업지역으로 지정되어 있을 가능성이 많음을 알 수 있는데, 관련 건축법령은 상업지역에서의 건축물 대지면적은 최소한 150㎡ 이상은 되어야 하는 것으로 규정하고 있으므로, 그 면적이 218.3㎡밖에 되지 않는 이 사건 토지를 현물로 분할할 경우 그 분할 부분의 어느 한 쪽은 건축이 불가능하게 되고, 건축이 불가능하게 되는 분할 부분의 가액은 분할 전의 대지의 지분가액보다 현저하게 감손될 것이 명백하므로 토지의 경매를 명하여 대금분할의 방법에 의하여야 할 것이다.

그럼에도 원심이 이 사건 토지의 현물분할을 명하고 만 것은 공유물분할의 법리를 오해하여 심리를 다하지 아니한 위법을 저지른 것이라 할 것이다. 그러므로 원심판결을 파기하고, 사건을 다시 심리·판단하게 하기 위하여 원심법원에 환송하기로 판결한다.

공유물분할과 관련되는 기타의 문제

쟁점 **이미 분할의 협의가 성립된 경우의 소송상 청구권**

판례 공유물분할은 협의분할을 원칙으로 하고 협의가 성립되지 아니한 때에는 재판상 분할을 청구할 수 있으므로 공유자 사이에 이미 분할에 관한 협의가 성립된 경우에는 일부 공유자가 분할에 따른 이전등기에 협조하지 않거나 분할에 관하여 다툼이 있더라도 그 분할된 부분에 대한 소유권이전등기를 청구하든가 소유권확인을 구함은 별문제이나 또다시 소로써 그 분할을 청구하거나 이미 제기한 공유물분할의 소를 유지함은 허용되지 않는다. (94다30348)

해설 소송 밖에서 분할협의가 된 경우에는 협의된 내용대로 소유권이전등기를 청구하는 것이고(이행판결), 분할협의가 되지 않은 경우에는 분할을 강제하는 효력을 얻기 위해 공유물분할청구를 하는 것입니다. 후자의 경우에는 그 재판에서 분할을 강제와 그에 따른 소유권이전등기의 명까지 얻는 것입니다(형성판결 및 이행판결).

어쨌든 소송 밖에서 어떻게 분할한다는 도장까지 찍었으면서도, 사람의 생각이라는 것이 시간의 경과에 따라 춤을 추듯이 약속이 이행되지 않거나 또다시 누가 손해며 이익이냐는 것으로 다투는 일이 벌어집니다. 그럴 때는 협의서류에 기재된 분할의 내용대로 소유권이전등기를 요구하는 소를 제기하면 되는 것입니다.

쟁점 **공유물 중 특정부분을 소유하는 경우의 소송상 청구권**

판례 공유물분할청구는 공유자의 일방이 그 공유지분권에 터 잡아서 하는 것이므로, 공유지분권을 주장하지 아니하고 목적물의 특정 부분을 소유한다고 주장하는 자는 그 부분에 대하여 신탁적으로 지분등기를 가지고 있는 자를 상대로 하여 그 특정 부분에 대한 명의신탁 해지를 원인으로 한 지분이전등기절차의 이행을 구하면 되고, 이에 갈음하여 공유물분할 청구를 할 수는 없다. (95다8430)

해설 '구분소유적 공유관계'는 그 실질은 각 특정의 부분에 대한 단독적 소유인 관계인데, 그것의 등기상 표시는 그냥 공유지분으로 기록되고, 그 등기의 실체법상 법률적 의미는 '상호명의신탁'으로 해석을 합니다.

'상호명의신탁'은 부동산등기실명법도 유효한 것으로 인정할 정도로, 우리의 등기제도의 특성상으로는 어쩔 수 없이 발생할 수밖에 없는 현상입니다.

▶ 그래서 그런 공유상태의 해소는, 일반의 공유와 같이 공유물분할의 방법이 아닌, '상호명의신탁해지의 방법'으로 합니다. 여기서 '상호'는 모든 공유자들이 각자가 명의신탁자이자 명의수탁자의 지위를 동시에 가진다는 의미입니다.

즉, 나의 특정부분에 대해서는 다른 공유자들이, 다른 공유자들의 특정부분에 대해서는 내가 각각 명의수탁자의 지위를 가지는 것으로 이해하는 구조입니다.

▶ 그러면 여기서 정리를 합니다. 일반의 공유는 소송 밖에서 분할협의가

된 경우에는 협의된 내용대로 지분이전등기를, 분할협의가 되지 않은 경우에는 공유물분할청구를, '구분소유적 공유관계'는 상호명의신탁해지를 원인으로 한 지분이전등기를 각 구하는 것입니다.

쟁점 **건축허가나 신고 없이 건축된 미등기건물에 대한 경매에 의한 공유물분할의 인정 여부**

판례 민사집행법 제81조 제1항 제2호 단서에 의하면 건축허가나 건축신고를 마친 건물이 사용승인을 받지 못한 경우에 한하여 부동산집행을 위한 보존등기를 할 수 있고, 법 제274조 제1항은 공유물분할을 위한 경매와 같은 형식적 경매는 담보권실행 경매의 예에 따라 실시한다고 규정하며, 법 제268조는 담보권실행 경매절차는 법 제79조 내지 제162조의 규정을 준용한다고 규정하고 있으므로, 건축허가나 신고 없이 건축된 미등기 건물에 대하여는 경매에 의한 공유물분할이 허용되지 않는다. (2011다69190)

해설 이 판시는 난해하기도 하지만, 얼른 보아서는 알듯 모를 듯 할 수 있습니다. 실질적인 이해를 봅니다. '경매에 의한 공유물분할 판결'도, 당연히 판결 그 자체로서 집행할 수 있어야지 그 판결이 의미가 있습니다.
그런데 건축허가나 신고 없이 건축된 미등기 건물에 대한 '경매에 의한 공유물분할의 판결' 그 자체만으로는, 경매신청에 따른 직권보존등기가 불가능하게 되어 결국 경매의 진행이 불가능하게 되어버리는 것입니다.

쟁점 **공유물인 부동산과 공유물이 아닌 부동산을 함께 공유물분할을 할 수 있는지 여부**

판례 민법 제268조가 규정하는 공유물의 분할은 공유자 상호 간의 지분의 교환 또는 매매를 통하여 공유의 객체를 단독 소유권의 대상으로 하여 그 객체에 대한 공유관계를 해소하는 것을 말하므로 분할의 대상이 되는 것은 어디까지나 공유물에 한한다. 이 사건 대지의 소유자이자 이 사건 건물의 3분의 2 지분권자인 원고가 대지·건물에 대하여 일괄경매를 구하는 것이 피고에게 특별히 불이익하다는 사정이 엿보이지 않으며, 원고나 피고가 위 경매에 참여하여 이 사건 건물 및 대지를 경락받을 가능성도 배제할 수 없다는 점 등을 고려하여 볼 때, 공유물인 이 사건 건물만을 경매하는 것보다는 이 사건 건물·대지를 일괄 경매하여 나온 돈으로 대지에 대한 금액 전액을 원고에게 지급하고, 건물에 대한 금액을 원고와 피고의 각 지분비율에 따라 분배함이 상당하다는 이유로 더군다나 피고의 반대까지 무릅쓰고 공유물이 아닌 이 사건 대지에 대하여 까지 경매를 명한 원심판결에는 민법 제269조 공유물 분할의 대상에 관한 법리를 오해한 위법이 있다. (2002다4580)

해설 법이 인정하는 공유물분할의 대상은 어디까지나 공유물에 한함에도, 어떤 물건이 공유물과 단독소유물이 하나의 경제적 단위로 이루고 있을 때는 이 판시의 하급심과 같이 착오할 수가 있습니다. 이 사건 물건은 영업용 건물로써, 원고는 대지 전부 및 건물 3분의 2를, 피고는 건물만 3분의 2를 각 소유하고 있습니다. 층별로 효용가치가 각 상이하고 효용가치가 특히 높은 부분인 1, 2층의 귀속에 관하여 쌍방 간에 이해관계가 첨예하게 대립하여 다투어 왔습니다.

▶ 이럴 때는, 법원에서 법적인 쟁점이 아닌 단독소유물까지 포함한 조정을 통해 해결되면 좋겠지만, 결국에는 피차 현실을 인정하여 서로 합의점을 도출해 내는 지혜가 절실합니다. 그렇지 못하면 이런 물건은 흔히 긴 세월 반목이나 싸우기만 하다가 건물의 기능과 활력이 떨어져 월세수입이 불리하게 떨어지는 등, 거시적으로는 결국 모두가 손해를 보게 됩니다.

인간의 일에는, 누가 옳고 그르고의 문제가 아니라, 오로지 상호나 일방의 양보만이 갈등을 해결할 수 있는 구조는 가진 경우도 많습니다. 법으로 어떻게 할 수 없는 일도 너무나 많은 것입니다.

쟁점 **공유물분할소송에서 공유자 전원이 소송의 당사자가 되어야 하는지**

판례 ▶ 공유물분할청구의 소는 분할을 청구하는 공유자가 원고가 되어 다른 공유자 전부를 공동피고로 하여야 하는 고유필수적 공동소송이다. 공유물분할에 관한 소송계속 중 변론종결일 전에 공유자 중 1인인 갑의 공유지분의 일부가 을 및 병 주식회사 등에 이전된 사안에서, 변론종결 시까지 민사소송법 제81조에서 정한 승계참가나 민사소송법 제82조에서 정한 소송인수 등의 방식으로 일부 지분권을 이전받은 자가 소송의 당사자가 되었어야 함에도 그렇지 못하였으므로 위 소송 전부가 부적법하다. (2013다78556)

▶ 공유물분할청구의 소는 모든 공유자에게 합일확정을 필요로 하는 고유필수적 공동소송이므로, 공동소송인 중 일부가 제기한 상소는 공동소송인 전원에 대한 관계에서 판결의 확정이 차단되고 그 소송은 전체로서 상소심에 이심되며, 상소심으로서는 공동소송인 전원에 대하여 심리·판단하여야 한다. (2003다44615)

해설 고유필수적 공동소송은 법률관계가 전원에 대하여 합일적으로 확정되어야 하므로 당사자적격자 가운데 한 사람만 빠져도 부적법한 소가 됩니다. 이 경우 사안의 실제를 따질 것도 없다며, 즉 소송의 기본적인 요건조차 갖추지 않았다는 이유로 '기각 판결'이 아니라 '각하 판결'을 해버립니다. 그리고 전원에 대하여 합일적으로 확정되어야 하는 이유 때문에, 공유자 중에 어느 한 사람이라도 상소를 해버리면 공유자 전부가 상소심에서 다시 재판을 받아야만 합니다. 부동산 관련해서는 '공유물분할청구의 소'와 '경계확정의 소'가 고유필수적 공동소송에 해당합니다.

▶ 여기서 '공유지분 투자'에서의 주의나 고려할 점 중 중요한 하나를 보게 됩니다. 공유자가 너무 많은 물건의 입찰에서는, 공유자들 각자의 입장과 성향이 다르거나 공유자들 사이에 반복이 심해 합의가 어려울 수 있는 점, 공유물분할청구의 소송에 들어갔을 때 소장의 송달부터 너무 많은 시간을 잡아먹어 버릴 수 있는 점, 그 소송에서 주장이 제각기 달라 법원의 조정이 어려울 수 있는 점, 재판이 복잡하고 늘어져 진행될 수 있는 점, 판결의 내용에 따라서는 판결의 집행도 부담이 클 수 있는 점 등에 대하여 주의하거나 고려해야 한다는 것입니다.

특히 너무 작은 물건에 공유자가 너무 많은 경우에는 배보다 배꼽이 더 클 수도 있으니, 가능한 입찰을 피하는 것이 좋습니다.

쟁점 **분할의 목적물로 표시된 사항에 관한 판결경정**

판례 토지에 대한 공유물분할청구소송에 의한 확정판결에 기하여 관할관청에 토지의 분할신청을 하였으나 확정판결에 첨부된 도면이 대한지적공사에서 측량한 측량성과도가 아니라는 이유로 수리가 거부되자, 대한지적공사지사에 확정판결에 첨부된 도면과 동일한 내용으로 지적현황측량을 의뢰하며 그 측량성과도로 새로운 도면을 작성한 후 확정판결에 첨부된 도면을 교체하여 달라는 취지의 판결경정신청은 민사소송법 제211조의 판결에 위산, 오기 기타 이에 유사한 오류가 있음에 명백한 경우에 해당하므로 허가함이 상당하다. (2004마918)

해설 판결을 받아놓고도 판결상의 목적물 표시가 물건의 동일성 등에 문제가 있어 헛고생의 재판이 되는 예도 있습니다. 집행관이나 등기관은 판결문에 표시된 바의 의미를 넓게 인정하는 것에는 지극히 망설입니다.

이는 다른 말로 하면 소장이나 청구변경서류에서 '청구취지의 기재'가 그만큼 중요함을 일컫는 것입니다. 다만, 현황이나 등기의 기재와 단지 표현방식이나 사소한 외형상의 차이에 지나지 않는데도 불구하고 판결의 집행이 거부되면, 바로 잡기 위해 적극 판결경정신청을 해야 합니다.

공유자의 우선매수권리

공유자우선매수권의 문제성

1 ▸▸ 문제가 많은 공유자우선매수권을 1번만 행사할 수 있는 것으로 제한하고, 매각종결고지 때까지 보증금을 내지 않거나 우선매수신고를 철회하는 경우 이후의 매각절차에서는 우선매수를 금지하는 것으로 하는 개정안이 나와 있습니다. 그렇지만 개정안의 국회처리는 언제 될 것인지 알 수가 없고, 많은 예민한 법들이 국회에서 대폭 수정 또는 완화되거나 그냥 폐기되는 예에 비춰 그리 크게 달라질 것으로 기대할 바는 아닌 것 같습니다.
그리고 한편으로는, 공유자우선매수권은 편법이나 악용의 방법이 너무나 다양하게 나올 본질을 가지고 있음에 비춰서는, 설령 개정안이 그대로 실시되어도 문제는 여전히 많이 남을 수밖에 없을 것으로 보입니다.

2 ▸▸ 따라서 공유지분의 입찰에서 최고가입찰을 했으나 공유자우선매수권의 행사로 인해 결국 실패한 때, 그 사례의 경우는 공유자우선매수권이 인정되면 도저히 부당하다고 판단한다면, 공유자우선매수권이라는 제도의 취지를 살펴 그 부당함에 대한 논리적이고도 풍부한 주장을 통해 헤쳐 나가야 합니다. 기존 판례를 참고는 하겠지만, 결국에는 그 사례의 구체적 타당성에 부합하는 나만의 실력으로 그야말로 각개 전투로 해결할 수밖에 없습니다.

3 ▸▸ 판례(2005마1078)는 제도의 취지와 관련하여, "민사집행법 제140조가 규정하고 있는 공유자의 우선매수권은, 공유자는 공유물 전체를 이용·관리하는 데 있어서 다른 공유자와 협의를 하여야 하고, 그 밖에 다른 공유자와 인적인

유대관계를 유지할 필요가 있다는 점 등을 고려하여 공유지분의 매각에 있어 새로운 사람이 공유자로 되는 것보다는 기존의 공유자에게 우선권을 부여하여 그 공유지분을 매수할 수 있는 기회를 준다는 데에 그 입법 취지가 있는 것이긴 하나, 그것은 어디까지나 공유자가 최고가매수신고인과 같은 가격으로 매수를 원할 경우에 공유자에게 우선권을 주어 그에게 매각을 허가한다는 의미이지 그 이상의 특전을 인정하는 것은 아니고, 공유자의 우선매수권 제도는 다른 매수신고인들의 희생을 전제로 하는 것이므로 그 입법 취지를 감안하더라도 가급적 제한적으로 운용할 필요가 있다." 등으로 설시하고 있습니다.

공유자우선매수권이 제한 내지 배제되는 판결의 예

참고 위 일반론적 지식의 바탕에서 정독을 하면 굳이 따로 해설이 필요하지는 않을 것으로 봅니다.

쟁점 **공유물 전부에 대한 경매나 당해 공유자의 우선매수권의 인정 여부**

판례 공유자의 우선매수권은 공유물 지분을 경매하는 경우에 다른 공유자의 우선매수권을 보장하는 규정으로서 공유물 전부에 대한 경매에서는 그 적용의 여지가 없고, 공유물 지분의 경매라도 경매신청을 받은 당해 공유자는 우선매수권을 행사할 수 없다. (2008마693)

쟁점 **공유물에 대한 경매에 의한 대금분할 경매의 경우 우선매수권의 인정 여부**

판례 공유물분할판결에 기하여 공유물 전부를 경매에 부쳐 그 매득금을 분배하기 위한 환가의 경우에는 공유물의 지분경매에 있어 다른 공유자에 대한 경매신청통지와 다른 공유자의 우선매수권을 규정의 적용이 없다. (91마239)

쟁점 **일괄 매각대상 부동산 중 일부에 대한 공유자의 전체 부동산에 대한 우선매수권의**

인정 여부

판례 일괄매각대상인 여러 개의 부동산에 관하여 채무자 이외에 여러 공유자가 각각 따로 있는 경우에는 공유자의 우선매수권 제도로는 동일인에게 매각부동산을 일괄 귀속시킨다는 목적을 달성하기 곤란한 점, 여러 사정을 종합적으로 고려하여 합리적이라고 볼 수 있는 경우에만 일부 부동산의 공유자에게 전체부동산에 대한 우선매수권을 인정하여야 한다는 견해에 의할 경우 집행법원이 전체 부동산을 공유자에게 일괄 귀속시킬 합리적 필요성이 있는지 여부를 일일이 심사하여 매수인을 결정하여야 하는 결과가 되어 매각절차의 신속과 획일적 처리를 저해할 우려가 있는 점 등을 종합하여 보면, 집행법원이 일괄매각결정을 유지하는 이상 매각대상 부동산 중 일부에 대한 공유자는 특별한 사정이 없는 한 매각대상 부동산 전체에 대하여 공유자의 우선매수권을 행사할 수 없다. (2005마1078)

쟁점 **일부 지분에 대한 일반의 경매절차가 진행되던 중에 필지 전체에 대한 공유물분할 경매가 개시된 경우**

판례 강제경매 또는 담보권의 실행을 위한 경매('강제경매 등')절차가 진행 중인 목적물에 대하여 나중에 공유물분할 경매가 개시되더라도 강제경매 등 절차를 계속 진행하여야 하고 공유물분할 경매에 의하여 절차를 진행할 것은 아니라고 할 것이다. 그런데 목적물의 지분 일부에 대하여 강제경매 등 절차가 진행되던 중 목적물 전체에 대하여 공유물분할경매가 개시된 경우에는 강제경매 등 절차와 공유물분할경매절차를 병합하여 목적물 전체를 한꺼번에 매각하되, 이중경매의 대상인 지분 매각은 강제경매 등 절차에 따라 진행하고 나머지 지분 매각은 공유물분할경매절차에 따라 진행함이 상당하고, 이 경우에는 결과적으로 공유물 전체를 매각하는 것이므로 법 제140조의 공유자의 우선매수권은 그 적용이 배제된다. (2013그305)

쟁점 **공유자 우선매수신고권의 행사가 경매절차의 적정한 실시를 방해한 것으로 평가되는 경우**

판례 관계 법령 및 민사집행법상의 공유자우선매수권 제도의 취지 내지 한계, 경매제도의 입법 취지 등에 비추어 보면, 공유자가 법 140조의 우선매수권제도를 이용하여 채무자의 지분을 저가에 매수하기 위하여 여러 차례에 걸쳐 우선매수신고만 하여 일반인들이 매수신고를 꺼릴 만한 상황을 만들어 놓은 뒤, 다른 매수신고인이 없는 때에는 매수신청보증금을 납부하지 아니하는 방법으로 유찰이 되게 하였다가 최저매각가격이 그와 같이하여 저감된 매각기일에 다른 매수신고인이 나타나면 그때 비로소 매수신청보증금을 납부하여 법원으로 하여금 공유자에게 매각을 허가하도록 하는 것에는 법 제121조, 제108조 제2호의 "최고가매수신고인이 매각의 적정한 실시를 방해한 사람"에 해당되는 매각불허가사유에 해당한다. (2008마637)

Tip. '물권(物權)이 무엇인지, 그 기본을 다시 확인하자

물권이 무엇인지는 다들 아는 기본이기는 하지만, 현실에서는 역설적으로 기본을 잊어버리는 경향이 있습니다. 해서, 머리를 식힐 겸해서 그 기본을 다시 확인해 봅니다.

1. 물권의 채권과의 차이

채권은 '특정인에게 어떠한 행위를 요구할 수 있는 권리'입니다. 즉, 채권 그 자체는 '나에게 빌려 간 돈을 빨리 주라!'라는 방식으로 요구할 수 있는 것에 지나지 않습니다. 채무자의 채무이행이 있어야지 누릴 수 있는 권리입니다. 물론 채권의 행사로써 가압류를 할 수 있고 또 재판을 걸어 판결을 받을 수 있습니다. 그러나 저런 가압류나 판결은 그것을 얻기 위한 비용의 부담이 있을 뿐만이 아니라, 채무자의 책임회피나 재산이 없음의 상황에서는 무력합니다. 현실적으로 그렇습니다.

그러나 물권은 타인의 협력에 의해 실현되는 권리가 아니며, 타인의 책임회피나 무자력 상황을 논할 필요가 없습니다. 그런 힘없는 권리가 아닙니다. 물권은, 채권과 같이 '급부'라고 불리는 타인의 행위에 의존하지 않고, 권리자가 객체를 배타적으로 직접 지배하여 그 이익을 누립니다. 법이 타인의 간섭을 허용치 않는 힘을 준 것입니다. 그리고 1개의 물건 위에 동일한 내용의 물권이 1개밖에 성립할 수 없다는 원칙인 '1물1권주의'의 이익도 가지고 있습니다. 물권인 아파트의 소유권에 대해 보면, 타인의 협조 같은 것은 필요 없이 그 아파트를 내 마음대로 사용하고, 세도 놓고, 처분(매도, 증여, 설정 등)할 수 있습니다.

또, 타인이 나의 허락 없이 내 집에 들어오거나 내 집을 사용하면 법에 위반되는데, 그것은 소유권은 내 집에 대한 나의 소유권이 배타적 · 독점적인 권리인 물권이기 때문입니다. 단순하게 말하면 채권은 '특정한 사람'에 대한 권리이고(대인권), 물권은 모든 사람에 적용되는 '물건'에 대한 권리입니다(대세권).

2. 물권의 종류

물권에는 배타적 직접지배성이 인정되므로 물권의 종류와 내용은 미리 법으로 정하고 있습니다. 이를 '물권법정주의'라고 하는데, 물권은 법률이나 관습법에 의하는 외에는 함부로 만들지 못합니다(민법 제185조). 거래하는 자들이 마음대로 새로운 물권을 만들어도 좋다고 해버리면 복수의 배타적 직접지배성이 충돌해 혼란과 분쟁을 야기합니다. 그래서 미리 법으로 정해 놓은 것입니다. 민법은 기본적 물권으로서 점유권과 소유권을 규정하고 있고, 제한물권으로서 용익물권(지상권, 지역권, 전세권)과 담보물권(유치권, 질권, 저당권)을 규정하고 있습니다. 특별법에 따라서 가등기담보권 등이 있고, 관습법상 물권으로는 양도담보 · 관습상법정지상권 · 분묘기지권 등이 판례를 통해 인정되고 있습니다.

[물권의 종류와 내용]

물권의 종류		내용	등기 여부
소유권		물건을 배타적인 전면적 지배를 하여 사용, 수익, 처분할 수 있는 권리(제211조).	○
점유권		점유의 권원과 관계없이 물건에 대한 사실상의 지배상태 그 자체를 유지하는 권리(제192조).	×
용익물권	지상권	타인의 토지에 건물 기타 공작물이나 수목을 소유하기 위하여 그 토지를 사용할 수 있는 용익물권(제279조).	○
	지역권	일정한 목적을 위하여 타인의 토지를 자기토지의 편익에 이용할 수 있는 용익물권(제291조).	○
	전세권	전세금을 지급하고 타인의 부동산을 점유하여 그 부동산의 용도에 좇아 사용 · 수익하며, 그 부동산 전부에 대하여 후순위권리자보다 전세금의 우선변제를 받을 수 있는 용익물권(제303조 제1항).	○
담보물권	저당권	채무자 또는 제3자가 점유를 이전하지 아니하고 채무의 담보로 제공한 부동산에 대하여 다른 채권자보다 자기채권의 우선변제를 받을 수 있는 담보물권(제356조).	○
	유치권	물건 또는 유가증권에 관하여 생긴 채권이 변제기에 있는 경우에 변제를 받을 때까지 점유하고 있는 그 물건 또는 유가증권을 유치할 수 있는 담보물권(제320조).	×
	질권	채권의 담보로 채무자 또는 제3자가 제공한 동산 또는 재산권을 점유하고 그 동산 또는 재산권에 대하여 다른 채권자보다 자기채권의 우선변제를 받을 수 있는 담보물권(제329조 및 제345조).	○
관습법상 물권	관습법상 법정지상권	토지와 건물이 동일인에게 속했다가 그중 어느 하나가 매매 기타의 일정 원인으로 각각 소유자를 달리하게 된 때에 그 건물을 철거한다는 특약이 없으면 건물 소유자가 관습상 당연히 취득하게 되는 권리.	×
	분묘기지권	타인의 토지에 분묘를 설치한 자가 있는 경우, 그자가 그 분묘를 소유하기 위해 기지 부분의 타인 소유 토지를 사용할 수 있는 권리로서 지상권에 비슷한 성질을 갖는 권리.	×

이제 실제를 두고 치열하게 다툰 판결의 사례로 공부하게 되는데, 당연히 총론에서의 지식이 다시 거론될 수밖에 없습니다. 그러나 지금까지 총론의 공부가 충분치 않았거나 그 이해가 부족했더라도 그리 문제는 없습니다. 그렇지만, 이미 지식의 정도가 상당한 일부 독자 외에는, 내용의 난해함과 복잡함으로 인해 곱씹으면서 천천히 읽어야 합니다. 어휘의 개념, 문장의 의미, 사안 전체의 구조 등 모두 잡아야 합니다. 그러려면 반복 독서가 필요한데, 세 번 이상의 읽기를 권합니다. 물론 많은 시간이 걸릴 것입니다. 그러나 시간과 땀의 투입이 지극하면, 필경 이 책에서 '아, 이런 접근과 이해라니!'라는 새로운 힘의 발견과 함께 뿌듯함을 건져 올릴 것입니다.

2부

각론

판례원본을 통한 본격적인 공부

(토지, 건물, 수익물, 위험물건별 분류)

[대판 98다45652,45669 전원합의체] 전유부분과 대지사용권의 일체성, 집합건물법의 입법취지, 본권으로서의 대지사용권, 대지사용권의 이전, 종된 권리인 대지지분만의 처분행위의 효력

[쟁점의 법리]

각론의 출발이므로 우선 '대지사용권'에 관한 기본적인 정신을 거의 통째 보유하고 있는 판례부터 봅니다. 이혼하면서 아내에게 위자료로 아파트를 넘겨준 남편이 나중에 뭔가 크게 틀어져 넘겨준 아파트 소유권을 두고서 남편과 시아버지가 재판까지 불사했지만, 대지사용권에 관한 법리에 의해 결국 아내가 이긴 사건입니다. 이 대법원 전원합의체 판결로써 과거의 판지(전유부분과 함께 그 대지지분을 매수하고 그 대금을 모두 지급하는 등 대지지분 취득의 실질적 요건을 다 갖추었더라도, 등기절차상의 사유로 인해 대지지분에 대한 소유권이전등기를 경료하지 못한 매수인의 지위에서 가지는 권리는 집합건물법상의 대지사용권에 해당하지 않는다.)가 폐기되고, 건물취득자의 대지사용권에 대한 적극적 권리가 인정되었습니다. 이 판례는 '대지사용권'에 관한 기본적 중요쟁점들을 모조리 보유하고 있으므로, 관련 문장 하나하나에 담긴 정신과 법리를 익히도록 합니다.

[사안의 개요]

시점, 소송	사실관계, 판단의 기준점, 법적효과
1990.1.23.	피고 1이 아파트 501호를 '갑'으로부터 분양받아, 대지지분의 등기는 지적정리 완료 후 받기로 하고 아들인 피고 2 명의로 전유부분만의 이전등기를 받음. **해설** 대지지분은 전유부분의 종물이므로 피고 1은 이때부터 '대지사용권'을 취득하는데, 근래에 들어서는 대법원은 '대지지분의 소유권'도 취득한다는 입장도 취합니다. 이때가 판단의 기준점이 되니, 결국 대지지분에 대한 이후의 타인들의 권리는 모두 무효가 될 운명입니다.
1992.4.27.	피고 2가 처인 원고와 이혼하면서 위자료로 원고에게 501호를 증여하면서 그 건물등기와 점유도 넘겨줌. **해설** 이혼하면서 건물등기만을 넘겨주고 설령 대지지분에 대해서는 별다른 언급이 없었던 사실관계였더라도, 이런 경우는 경험칙이든 상식이든 대지지분에 대한 등기도 지적정리 완료 후 넘겨준다는 묵시적 합의가 있었던 것으로 해석을 해야 합니다.
1994.2.	지적정리가 완료된 후 피고 1(부친)이 피고 2(아들)를 상대로 501호 대지지분에 대하여 명의신탁해지를 원인으로 한 소유권이전등기청구의 소를 제기해 의제자백에 의한 승소판결을 받은 다음, 피고 2를 대위하여 대지지분을 피고 2 앞으로 이전등기를 하고, 이어 피고 1 자신 앞으로 이전등기를 함. **해설** 아들이 '갑'으로부터 대지지분의 등기를 받아 두게 되면 며느리에게 빼앗길 수 있다는 우려에서, 부자(父子)의 소통 아래 재판절차를 이용해서 목적을 달성한 것입니다('의제자백'이라는 점에서도 보듯이). 그러나 '처'가 후에 이 재판을 걸음으로써 '부자'의 욕망은 무너집니다.
원고의 본소 청구	이혼한 처인 원고가 〈'대지지분에 대하여' 피고 1의 등기는 무효이므로 말소를 하고, 피고 2는 증여하였으므로 나에게 등기를 이전하라!'〉라며 피고 1과 2에게 소를 제기함.

	해설 피고 2로부터 증여로 인한 등기를 받기 위해서는, 그전에 피고 1의 등기를 말소해야 합니다. 이때 원고는 피고 1과는 직접적인 계약상의 권리·의무의 관계는 없기 때문에, 피고 1에 대하여는 피고 2를 대위해서 청구하는 것입니다. 원고의 청구에 '건물명도'도 포함된 것으로 봐서, 501호에 대한 점유가 피고들 측의 실력행사로 도로 빼앗겼던 것 같습니다.
피고 1의 반소청구	원고가 501호 전유부분의 소유를 통해 불법적으로(법률상 점유권원이 없이) 피고 1의 대지지분을 점유·사용한다며 부당이득을 반환하라는 반소를 제기함. **해설** '반소'는 (본소를 저지하는 '항변'에 그치는 것을 넘어) 피고가 적극적으로 강제집행권이 주어지는 판결(집행권원)을 취득하려는 경우에 제기하는 것입니다.
재판의 결과	〈본소 - 승, 반소 - 패〉 **해설** '대지를 사용할 권리'와 '구분소유 집합건물의 신축'이라는 2가지 요건만 갖추어지면 '대지사용권'이 성립하므로, '갑'이 아파트의 신축을 마쳤을 당시 501호를 포함한 모든 호수들의 '대지사용권'이 성립한 것입니다. 이미 대지사용권에 걸려버린(전유부분의 종물인) 대지지분을 피고 1이 취득한 것은 집합건물법 20조의 해석상 '대지지분만의 분리처분의 무효'에 해당합니다. 따라서 피고 1의 등기는 무효로 말소되어야 하고, 피고 2의 등기는 증여를 원인으로 원고에게 이전해 주어야 합니다.

대법원 2000.11.16. 선고 98다45652,45669 전원합의체 판결 〔건물명도등 · 부당이득금〕

[원고(반소피고), 피상고인]

[피고 1(반소원고), 피고 2 : 각 상고인]

[주문] 상고를 모두 기각한다.

[판결요지]

[1] 집합건물법은, 제20조에서, ① 구분소유자의 대지사용권은 그가 가지는 전유부분의 처분에 따르고(제1항), ② 구분소유자는 규약으로써 달리 정하지 않는 한 그가 가지는 전유부분과 분리하여 대지사용권을 처분할 수 없으며(제2항), ③ 위 분리처분금지는 그 취지를 등기하지 아니하면 선의로 물권을 취득한 제3자에 대하여 대항하지 못한다(제3항)고 규정하고 있는바, ④ 위 규정의 취지는 집합건물의 전유부분과 대지사용권이 분리되는 것을 최대한 억제하여 대지사용권 없는 구분소유권의 발생을 방지함으로써 집합건물에 관한 법률관계의 안정과 합리적 규율을 도모하려는 데 있다.

해설 ①에 대하여 : 대지권등기가 되어 있으면 〈'대지권등기'가 되어 있다는 것은 그 자체가 분리처분을 금지하는 것을 의미〉하므로 분리처분금지를 거론조차 필요가 없는 것이지만, 대지권등기가 되지 않은 물건도 전유부분의 처분에 대지사용권도 따라간다는 것입니다. 대지지분의 등기가 아직 넘어오지 않은 경우에는 '점유할 권리로서의 대지사용권'이고, 대지지분의 등기가 된 경우에는 '토지소유권으로서의 대지사용권 = 토지소유권 + 대지사용권'입니다.
좀 엉뚱한 측면이 없지를 않지만 어쨌든 예를 들어보면, 대지권미등기 부동산의 매매계약서에 구분건물의 표시만을 하고는 토지에 관해서는 그 기재가 없더라도 대지사용권의 보유에는 문제가 없습니다(물론 이것은 의사해석의 문제에 지나지 않기도 합니다.).

②에 대하여 : '집합건물의 분리처분금지'라는 것은 건물의 특성상 그렇게 한 것이지, 그 소유자들이 '규약, 결의서' 등으로 분리처분의 결단을 하는 것을 반드시 금지하지는 않습니다. 사례의 구체적 사정이나 뜻에 따라서는 반드시 금지할 필요는 없는 것입니다. 그러나 현실적으로는 그런 분리처분을 결단한 규약 따위는 없다고 보면 대충 맞습니다. 굳이 그럴 이유가 없기 때문이지만, 그 이전에 우리와 같이 경매인이 아닌 다음에야 '분리처분이 금지되느냐, 그 금지로부터 벗어날 수 있느냐'에 관한 관념 자체를 가지고 있지 않기에 더욱이 그렇습니다.

③에 대하여 :

▶ 집합건물법은 소유자들이 스스로 결의로 '전유부분과 대지사용권의 일체성'으로부터 벗어날 기회를 주는 규정(=분리처분가능규약)이나, 그 일체성을 그대로 적용하면 너무 가혹하다고 볼 수 있는 거래의 경우에는 구제하는 규정(=선의의 제3자)을 마련해 두었습니다. 그러나 현실적으로는 '분리처분규약'은 없다시피 하고, '선의의 제3자'는 대법원이 웬만해서는 인정하지 않습니다. 그렇기 때문에 '분리처분규약의 존재'와 '선의의 제3자의 인정'을 두고 경매인의 이익으로 설정하면 되지 않습니다. 그랬다가는 큰일이 납니다.

▶ '선의로 물권을 취득한 제3자'는 주로 분리처분금지의 관념이 없이 토지지분을 취득하는 경우인데, '선의'의 범위를 좁게 해석하는 쪽으로 변화되어 왔습니다. 대법원의 판지는 '당신이 어느 토지지분을 사거나 어느 토지지분에 담보를 받을 때, 그 지상에 존재하는 건물이 구분소유의 집합건물인 것을 몰랐다는 것이 도대체 말이 되느냐!'라는 식으로 몰아붙이는 경향입니다. '몰아붙인다!'라는 식의 표현을 하는 이유는 관련 법리를 모르는 통상의 사람으로서 그냥 상식적으로 또는 누구나 가질 수 있는 이기적 경제행위(경제학적 관념)로서, '분리처분금지' 따위의 법리에 대한 인식조차 없이 거래한 결과를 구제하지 않기 때문입니다. 무슨 말이냐 하면, '분리처분금지'에 대한 인식이 없어도 법은 규범

의 실현이라는 차원에서 "몰랐다니 어쩌니 하는 쓸데없는 소리 말아! 넌, 알았어!"라는 해석을 해버리는 것인데, 경매의 모든 분야에서 이런 '규범의 실현이라는(공평을 실현해야 하는 요청이 큰 사안에서 특히 그렇지만) 차원에서 법이 해석되는 경향'에 관해 경매인들은 안테나가 열려 있어야 해요. 경매사안의 중요한 지점에서 '법원의 저런 의지나 힘'이 가동되는 경우가 많아요. 경매실력의 실질적 상승을 위해서는, 저런 비밀스러운 작용에 대한 이해가 굉장히 중요해요!

④에 대하여 : 이것이 결국 입법의 본질적 취지인데 구분소유의 집합건물은 특히 토지와 건물이 따로 놀면 너무나 복잡해지고 분쟁의 가능성이 높고, 결국 사회적 비용이 크게 될 개연성이 있기 때문이죠.

[2] 한편 아파트와 같은 대규모 집합건물의 경우, 대지의 분·합필 및 환지절차의 지연, 각 세대당 지분비율 결정의 지연 등으로 인하여 전유부분에 대한 소유권이전등기만 수분양자를 거쳐 양수인 앞으로 경료되고, 대지지분에 대한 소유권이전등기는 상당기간 지체되는 경우가 종종 생기고 있는데, 이러한 경우 집합건물의 건축자로부터 전유부분과 대지지분을 함께 분양의 형식으로 매수하여 그 대금을 모두 지급함으로써 소유권 취득의 실질적 요건은 갖추었지만 전유부분에 대한 소유권이전등기만 경료받고 대지지분에 대하여는 앞서 본 바와 같은 사정으로 아직 소유권이전등기를 경료받지 못한 자는 ⑤ 매매계약의 효력으로써 전유부분의 소유를 위하여 건물의 대지를 점유·사용할 권리가 있다고 하여야 할 것인바, 매수인의 지위에서 가지는 이러한 점유·사용권은 단순한 점유권과는 차원을 달리하는 본권으로서 집합건물법 제2조 제6호 소정의 구분소유자가 전유부분을 소유하기 위하여 건물의 대지에 대하여 가지는 권리인 대지사용권에 해당한다고 할 것이고, ⑥ 수분양자로부터 전유부분과 대지지분을 다시 매수하거나 증여 등의 방법으로 양수받거나 전전 양수받은 자 역시 당초 수분양자가 가졌던 이러한 대지사용권을 취득한다고 할 것이다. (대판 93다60144, 97다42823)

해설 대법원은 여기서는 "매매계약의 효력으로써 전유부분의 소유를 위하여 건물의 대지를 점유·사용할 권리는 대지사용권에 해당한다."라고만 하지만, 나중에는 사안에 따른 필요에 따라서는 이렇다 할 이유의 설명도 없이 "대지지분의 소유권을 취득한다."라고 판시합니다. 그렇지만 민법 제100조(① 물건의 소유자가 그 물건의 상용에 공하기 위하여 자기소유인 다른 물건을 이에 부속하게 한 때에는 그 부속물은 종물이다. ② 종물은 주물의 처분에 따른다.)와 관련되는 '종물이론'을 근거로 하면 큰 줄기에서는 부합하고, 무엇보다 판례의 해석은 구체적 현실에 적응하는 방식으로 변화하는 것이므로 대체로는 수긍이 갑니다.
"수분양자로부터 전유부분과 대지지분을 다시 매수하거나 증여 등의 방법으로 양수받거나 전전 양수받은 자 역시 당초 수분양자가 가졌던 이러한 대지사용권을 취득한다."라는 말은, 이젠 '대지지분의 소유권'이 등기 없이도 따라간다는 뜻으로도 이해해도 좋을 것으로 봅니다.

⑤에 대하여 :

▶ 땅을 산 자가 그 땅을 점유·사용하는 것은 당연한 권리이기는 하지만, 그 매수인의 점유·사용권은 등기하기 전에는 제3자와 관계에서는 대항력이 없습니다. 그런데 이 경우 '집합건물법상 대지사용권'이라면 얘기가 달라집니다.
즉, 원래 부동산 매수인이 등기 전에 점유하는 권리는 본권으로서의 물권은 아닌데도 불구하고, 이 대지사용권에 대하여는 어쨌든 판례는 그 실질을 '본권으로서의 물권'의 수준으로 높이고 있습니다. 그만큼 구분소유 집합건물에 있어서는 건물과 토지의 분리처분의 가능성을 막으려는 차원에서 해석하는 대법원의 의지라고 보면 대충 맞습니다.

▶ 총론에서 이미 공부한 바 있지만, 집합건물법상 대지사용권으로서의 토지를 사용할 권리는 그 종류에 있어서는 점유의 권원을 가진 한 제한이 없을 정도로 넓은 개념입니다. 따라서 성문화된 사용권(임차권, 지상권 등)이 아니더라도, 토지를 매수해서 그 효력에 의해 그 토지를 점유·사용하는 것도 집합건물법상

대지사용권이 해당되는 것입니다. 만약 저렇게 해석하지 않으면 큰 사회적 문제가 발생할 수도 있습니다.

⑥에 대하여 : 아파트를 분양받은 사람에서부터 그 후 여러 차례로 아파트를 양수하면서 건물등기만을 받은 사람들 그들 각자도 그때마다 대지사용권도 동시에 넘겨받는다는 말입니다. 저렇게 해석을 해야지 토지와 건물의 분리되는 것을 막으려는 이념을 실현할 수 있기 때문이죠. 그런데 여기서, 매매나 증여 등으로 인한 권리의 손 바뀜이라는 이해와는 별도로, 이 대지사용권의 특이성을 본질적인 측면에서 이해를 해봅니다.
즉, 대지사용권의 이전에 대하여 민법의 '종물'을 유추하여 '종된권리'라고는 하지만, 민법의 '종물개념'과도 다르게 구분건물에 일단 한 번 붙어버린 '종된권리'는 그냥 고정되어 버리는 점에서는 대지사용권의 성격은 오로지 집합건물법 고유의 특성이라고도 보고 싶습니다. 물론 '분리처분 가능규약'에 의해 달라질 수는 있지만, 그건 현실적으로는 아무런 실익이 없고 하여튼 그렇습니다.

[3] 그리고 앞서 본 집합건물법의 규정내용과 입법취지를 종합하여 볼 때, 대지의 분·합필 및 환지절차의 지연, 각 세대당 지분비율 결정의 지연 등의 사정이 없었다면 당연히 전유부분의 등기와 동시에 대지지분의 등기가 이루어졌을 것으로 예상되는 경우, 전유부분에 대하여만 소유권이전등기를 경료받았으나 매수인의 지위에서 대지에 대하여 가지는 점유·사용권에 터 잡아 대지를 점유하고 있는 ⑦-1. 수분양자는 대지지분에 대한 소유권이전등기를 받기 전에 대지에 대하여 가지는 점유·사용권인 대지사용권을 전유부분과 분리 처분하지 못할 뿐만 아니라, ⑦-2. 전유부분 및 장래 취득할 대지지분을 다른 사람에게 양도한 후 그 중 전유부분에 대한 소유권이전등기를 경료해 준 다음 사후에 취득한 대지지분도 전유부분의 소유권을 취득한 양수인이 아닌 제3자에게 분리처분하지 못한다 할 것이고, 이를 위반한 대지지분의 처분행위는 그 효력이 없다고 봄이 상당하다 할 것이다.

이와 달리, 전유부분과 함께 그 대지지분을 매수하고 그 대금을 모두 지급하는 등 하여 대지지분 취득의 실질적 요건을 다 갖추었으나 등기절차상의 사유로 대지지분에 대한 소유권 이전등기를 경료하지 못한 매수인의 지위에서 가지는 권리가 집합건물법 제2조 제6호 소정의 대지사용권에 해당하지 아니한다는 ⑧ 대법원 1996.12.20. 선고 96다14661 판결은 위 견해와 저촉되는 한도에서 이를 폐기하기로 한다.

해설 '양수인이 아닌 제3자에 대한 사후에 취득한 대지지분의 처분행위는 무효'라는 취지의 판시는 '주된 권리(건물)'에 대한 배반행위이므로 당연합니다. "등기절차상의 사유로 대지지분에 대한 소유권 이전등기를 경료하지 못한 매수인의 지위에서 가지는 권리는 집합건물법상 대지사용권에 해당하지 아니한다."라는 취지의 과거의 판시는, 민법상 소유권 분리소유 의식(토지와 건물은 별개의 부동산이라는 의식)을 극복하지 못한 탓으로, 하급심에서는 일부이나마 아직도 저 의식이 남아 있는 것으로 보입니다. 하여, 하급심에도 혹시라도 법리오해로 인해 오판을 하면 반드시 상소를 해서 바로 잡아야 합니다.

▶ ⑦-1.은 대지지분의 이전등기를 받기 전 대지지분('대지사용권'이라고 표현했지만, 그냥 편하게)만을 따로 팔면 무효라는 뜻이며, ⑦-2.는 전유부분의 이전등기를 해 준 이후에 취득한 대지지분을 원래 매수인 아닌 제3자에게 넘기는 것도 무효라는 뜻인데 당연한 법리입니다. 분리처분의 금지에 관한 인식이나 관념이 없는 탓으로 해서(싼 맛이라거나, 잔머리라는 사정이 보태어진 경우도 있을 것이고) 제3자에게 넘어가는 일도 있지요. 그런 다음 세월이 흐른 후 피 터지는 싸움과 재판이 벌어지기도 하고요.

▶ 굳이 간단한 예를 들어 본다면, 단독소유인 '다가구주택'과 개별구분소유인 '다세대주택'을 구분하지 못하는 사람들이 의외로 많아요. 법무사 하면서 그런 경험을 해요. 등기부를 가지고 설명을 해도 알았는지 몰랐는지 하는 정도의 사람도 있어요. 그리고 실제 현황조차도 차이가 거의 없어 등기부를 확인하기 전에는 '다가구'인지 '다세대'인지 알 수 없는 경우가 허다하고요. 임대의 유리함

을 얻으려고 요즈음은 유행처럼 '다가구'를 '다세대'와 거의 같은 형태로(내부의 구조는 말할 것도 없고, 외부도 독자적 출입문이 있는 등 다른 세대와 완전히 구분되어) 짓고 있잖아요! 사정이 저러하니 대지권등기가 안 된 '다세대'의 토지와 이해관계를 맺고는 훗날 분쟁이 꼬리를 물게 되고, 덕분에(?) 그것이 경매인들의 먹거리로 되고 있고요. 어쩔 수 없어요. 저런 물건이 경매 나오면 어차피 누군가든 수익을 향해 뛰어드는 것이니, 내가 실력을 키워 내 것으로 만들어야지요.

⑧에 대하여 :

▶ 아래 폐기된 판례에서 "단순히 구분건물과 함께 그 대지지분을 매수한 자로서 매도인에게 매매를 원인으로 하여 그 대지지분에 관하여 가지는 소유권이전등기청구권과 같은 것은 같은 법 소정의 대지사용권에 해당하지 아니한다.
전유부분에 대한 소유권을 상실한 후에 비로소 대지지분에 관한 소유권이전등기를 마친 을은 그 대지지분의 소유자로서 전유부분의 철거를 구할 권리를 가진 자에 해당하여"라는 부분을 주목해서 보면, 확실히 과거에는 민법상의 법리인 즉 단지 채권에 지나지 않는 '소유권이전등기청구권'의 관념에 머물러 있었음을 알 수 있습니다.
그래서 '전유부분이 경매로 팔린 후에 대지지분을 취득한 갑이 경락인에게 전유부분의 매도청구권을 행사할 권리를 가진다.'라는 취지의 폐기된 판례는 집합건물의 분쟁의 여지를 방치할 수 있거나 실제를 놓친 의식에 나온 논리로 보아야 할 터입니다.

▶ 이 판례도 현실의 변화와 맞물리기도 하면서 법의 해석이 시간의 흐름 안에서 변화되는 현상의 하나로써, 미래의 과제로 남아 있었던 법리해석이 실현된 역사의 하나라고 봅니다. 즉, 법의 해석자인 법관(크게는 사법권력)도 마찬가지로 현실의 변화가 무르익기 전에는 마치 운명인 듯이 어둠에 갇혀있게 된다는 사실을 확인하게 합니다.
사법작용은 선제적이지도 즉각적이지도 않기 때문에, 정확히는 현실의 변화가

도래한 후에도 상당기간 모순의 진행이 노정되고 난 후에야 실현됩니다.

▶ 다만 한 가지 짚고 넘어가야 할 것이 있어요. 뭐냐면, '어, 폐기된 판례잖아!'라며 무시하고 읽어보지도 않고 넘어가 버리는 경향에 관한 것인데, 이런 자세로는 절대 고수가 되기 어렵고 그 이전에 공부하는 자세로서는 오만(?)이라고 하지 않을 수 없네요. 판례의 변경이 변화한 시대와 관련한 대세적 가치관이 바뀐 탓인지, 대법관들 사이에 팽팽한 견해의 차이 끝에 한두 표의 차이의 결과인지, 기존 판결의 어느 어느 부분이 폐기된 것인지("새로운 견해와 저촉되는 한도에서 이를 폐기하기로 한다."라고 표현되듯이) 등을 사유하거나 확인하는 과정을 거쳐야지 실체가 잡히는 거지요.

다음의 '폐기된' 판지 [1]을 보면 "대지사용권은 구분소유자가 전유부분을 소유하기 위하여 건물의 대지에 대하여 가지는 권리이므로 반드시 소유권일 필요는 없으나 적어도 전유부분을 소유하기 위하여 건물의 대지에 대하여 가지는 권리여야 하고"는 폐기되지 않았고, "단순히 구분건물과 함께 그 대지지분을 매수한 자로서 매도인에게 매매를 원인으로 하여 그 대지지분에 관하여 가지는 소유권이전등기청구권과 같은 것은 같은 법 소정의 대지사용권에 해당하지 아니한다."라는 부분이 폐기된 것입니다. 그리고 무엇보다 변경에 반대하는 견해(소수의견)가 전개하는 내용에 들어 있는 부분도 법률지식을 풍부하게 하는 데에 큰 도움이 된다는 점을 알아야 합니다. '폐기된 판례'를 일독하기 바랍니다.

대판 98다45652에 의해 폐기된 판례 [대법원 1996.12.20. 선고 96다14661 판결]

[1] 집합건물법 제2조 제6호에 의하면 대지사용권은 구분소유자가 전유부분을 소유하기 위하여 건물의 대지에 대하여 가지는 권리이므로 반드시 소유권일 필요는 없으나 적어도 전유부분을 소유하기 위하여 건물의 대지에 대하여 가지는 권리여야 하고, 단순히 구분건물과 함께 그 대지지분을 매수한 자로서 매도인에게 매매를 원인으로 하여 그 대지지분에 관하여 가지는 소유권이전등기청구권과 같은 것은 같은 법 소정의 대지사용권에 해당하지 아니한다.

[2] 구분건물을 분양받은 최초의 구분소유자 갑이 전유부분에 대한 소유권이전등기만 경료된 상태에서 전유부분 및 대지지분을 을에게 매도하여 전유부분에 관하여만 소유권이전등기를 경료하여 주었다가 후에 대지지분에 대하여 갑 명의로 소유권이전등기가 경료되었음에도 을이 전유부분에 대하여 설정한 근저당권에 기하여 전유부분에 대한 경락이 있을 때까지 을에게 그 대지지분에 대한 소유권이전등기를 경료하여 주지 않아 을로서도 대지지분에 대하여 소유권을 취득하지 못하고 있었다면, 달리 을이 구분건물의 대지에 대하여 전유부분을 소유하기 위한 권리로서의 대지사용권을 취득하여 이를 가지고 있지 않은 한, 경락인 역시 경락에 의하여 전유부분을 소유하기 위한 대지소유권 기타의 대지사용권을 취득하지 못하는 것이므로 경락인은 대지사용권을 가지지 아니한 구분소유자에 해당하고, 전유부분에 대한 소유권을 상실한 후에 비로소 대지지분에 관한 소유권이전등기를 마친 을은 그 대지지분의 소유자로서 전유부분의 철거를 구할 권리를 가진 자에 해당하여 집합건물법 제7조에 의하여 경락인에게 구분소유권을 시가로 매도할 것을 청구할 수 있다.

[2009가합14765〈1심〉 패소, 2010나1915〈2심〉 승소, 2010다 71578〈3심〉] 구분소유의 성립요건과 성립시기, 구분행위, 대지 처분행위의 효력, 선의의 제3자

[쟁점의 법리]

1▸▸ 이 사례는 원고가 부동산임의경매절차에서 아파트의 전유부분을 낙찰을 받은 후(토지지분의 가격도 포함되었음) 토지지분에 관하여 한국토지신탁에게는 '신탁을 원인으로 한 소유권이전등기의 말소'를, 피고 1에게는 '지분이전등기'를 각 청구한 것입니다. 무슨 말이냐 하면, 한국토지신탁은 이미 전유부분을 위한 대지사용권이 성립한 후에 분리처분의 금지 반하게도 토지의 소유권을 취득했기 때문에 그 등기를 말소하고, 그런 다음 피고 1은 경매를 통해 구분건물의 '종된 권리인 해당 토지지분'을 취득한 원고에게 그 토지지분의 등기를 이전하라고 소를 제기한 것입니다. 그 결과 원고는 1심에서는 패소하고, 2심과 3심에서는 승소한 것입니다.

2▸▸ 이 사건 대법원이 폐기한 판례는 사실상은 이미 폐기된 것으로 취급되어 왔던 것을 다만 공식적인 폐기가 없었던 탓에 혼란을 야기했던 사정으로 인해(이 사건의 1심 판결에서도 보듯이), 이 판례를 통해 공식적인 폐기에 이른 것으로 보입니다. 그러니까 전혀 새로운 법리를 창설한 것은 아니었다고 보는 취지입니다.

3▸▸ 그런데 이 사례에서의 배워야 할 중요한 점은 '사실관계로부터의 법리적인 판단의 어려움이나 모호함과 함께, 그렇기 때문에 신중할 것의 측면'입니다. 분리처분이 금지되는 시점인 대지사용권의 성립시점(즉, 구분건물의 성립시점)이 언제냐 하는 것에 관한 판단의 점이지만, 이 사례는 건물의 신축 진행이 겨우 22.193%의 공정의 상태에 이른 시점에 토지에 타 권리가 들어선 경우로서 (타 권리는 소유권, 담보권, 가등기, 가압류, 압류, 가처분 등 무엇이든 해당하지만, 이 사례에서는 신탁에 의한 소유권이전), 그 시점에 과연 '독립한 건물의 요건(주벽, 기둥, 지붕의 존재 : 이것도 수직적 중층으로 구성되는 구분소유의 건물이라는 전제와 관련하여 이해를 해야 할 것임)'와 '집합건물로써의 구분성(구조상 · 이용상 독립성)'을 갖추었느냐는 것인데, 실제에 있어서는 판단이 쉽지 않습니다.
우리는 판결의 결과를 보게 되니 그러니 하는 것이지만, 입찰단계에서는 (타인의 지배영역에 있는 정보라는 점에서 더욱이 그렇지만) 정말 판단이 쉽지 않아 '이 물건은 재판을 해봐야 알 것 같다!'라는 정도인 경우가 많은 것입니다. 정말 대박이다 싶은 물건은 솔직히 '재판을 해봐야 알겠다!'라는 정도의 물건입니다. 그래서 돈 벌기 어렵고, 돈 벌려면 실력이 필요한 것이고요.

4▸▸ 최저가가 많이 떨어져 물건이 탐이나 미치겠는데, 그럼 대체 어떤 기준으로 이런 난해한 물건에 대해 적절한 판단을 해서 대박을 잡는다는 말인가? 대단히 미안하지만, 그것을 쉽게 말할 수 있으면 필자가 이런 책을 힘들게 쓰고 있기나 하겠나요! 다만, 이 책을 거듭 반복해서 읽고, 정제된 생각을 많이 하고, 그리고도 계속 내공을 쌓아 묵직한 실력이 형성되고 나면 언젠가는 나민의 시계를 확보하게 되어 있습니다. 그래서 공부하는 것이고요.
이 판례에는 '대지사용권'에 관한 중요한 쟁점들이 가득 담겼으므로 '금이야 옥이야.' 하며 읽기 바랍니다.

[사안의 개요]

시점, 소송	사실관계, 판단의 기준점, 법적효과
2002.3.12	'피고 갑'이 (주)세모로부터 토지를 매수해 소유권이전등기를 함.
2002.4~5.	'피고 갑'이 아파트 분양을 하고, 공사수급자 A 건설이 12층 19세대 아파트 신축을 착공함. **해설** 이 시점에 아파트 공사의 공정률(진행의 정도)로는 비록 22%에 지나지 않지만, 이미 구분건물로서의 독립성의 요건을 갖추었다고 판단된 것입니다. 결국 이때가 판단의 기준점이 되며, 대지지분에 대한 이후의 타인들의 권리는 모두 무효가 될 운명입니다.
2003.9.4.	'피고 갑'은 담보신탁계약에 의해 '피고 한국토지신탁'에 토지신탁등기를 해줌.
2003.9.5.	'피고 갑'은 위 신탁의 우선수익자인 '은행'으로부터 25억 원을 대출받음.
2004.7.26.	은행의 가압류에 의해 '피고 갑' 명의의 아파트소유권보존등기가 되고, 은행은 채권최고액 3,250,000,000원의 근저당권설정등기를 받음. **해설** 여기서 소유권보존등기는 가압류나 경매신청을 통한 소위 '직권보존등기'이며, 같은 날 가압류와 근저당권이 들어선 것으로 봐서 '피고 갑'과 은행 사이에 밀고 당기는 과정이 있었을 것으로 보입니다.
2004.11.30.	은행이 위 근저당권에 의한 부동산임의경매를 신청. **해설** 이 경우 은행은 우선 채권최고액 범위에 배당을 받고, 그래도 채권금액에 미달하면 가압류에 의해 추가로 배당을 받은 수 있습니다. 그러나 이 근저당권과 가압류는 대지사용권 성립 후의 것이어서 무효이기 때문에, 이 은행의 배당받은 돈은 부당이득이 되므로 결국 토해내어야 합니다.
2006.5.8.	'원고'가 위 경매절차에서 501호를 매수해서 소유권을 취득함(토지지분의 가액도 포함됨.).
원고의 소제기	501호에 대응하는 토지지분에 관련하여, '피고 한국토지신탁'에게는 '피고 갑'에게 신탁소유권이전등기의 말소를, '피고 갑'에게는 '원고'에게 그 토지지분의 이전등기를 각 요구하는 소송을 제기함.

	해설▶ 한국토지신탁이 '피고 갑'에게 소유권이전등기의 말소를 해 줄 것을 요구하는 이유는, 일단 '피고 갑'의 등기가 다시 살아나야지 그다음에 원고가 피고 갑으로부터 이전등기를 받을 수 있기 때문입니다. 소위 '대위권'를 행사한 것입니다.
재판의 결과	2009가합14765〈1심〉 패소, 2010나1915〈2심〉 승소, 2010다71578〈3심〉 승소.

〈1심〉 서울중앙지방법원 2009.12.10. 선고 2009가합14765 판결 〔대지권지분이전등기등〕

[원고] 원고

[피고] 피고 1(대법원판결의 피고) 외 1인

해설▶ '(대법원판결의 피고)'라는 부분은 두 피고 중 한 사람만 대법원에 상고한 것을 말하는 것입니다. 이 사례에서는 (한국토지신탁은 상고를 하지 않고) 건축주만 상고를 했습니다.

[주문] 원고의 청구를 모두 기각한다.

[청구취지] 별지 제1 목록 기재 각 부동산에 관하여, 피고 주식회사 한국토지신탁은 피고 1에게 서울중앙지방법원 강남등기소 2003.9.4. 접수 제87888호로 마친 소유권이전등기의 각 말소등기절차를 이행하고, 피고 1은 원고에게 2006.5.8. 별지 제2 목록 기재 부동산의 전유부분 취득을 원인으로 하는 지분소유권 이전등기절차를 이행하라.

해설▶ 원고가 피고 1로부터 토지지분을 이전받기 위해서는 그전에 한국토지신탁의 등기가 먼저 말소되어야 하기 때문에 청구취지가 저렇게 구성됩니다. 청구원인은 말소청구는 '무효'가 되고, 이전청구는 '전유부분 취득'이 됩니다. 후자는 '전유부분 301호 취득을 원인으로 한'이라는 식으로 기재합니다.

[이유]

1. 기초사실

가. 피고 1은 2001.12.14. 주식회사 세모로부터 서울 강남구 삼성동 100, 101 토지(이 사건 토지)를 매수하여, 2002.3.12. 소유권이전등기를 경료하였다.

나. 피고 1은 2002.4.26. 준건설 주식회사와 이 사건 토지 상에 지하 2층, 지상 12층 19세대 이 사건 아파트 신축의 공사도급계약을 체결하고, 준건설은 2002.5.경 아파트의 공사를 착공하였으며, 피고 1은 2002.4.경부터 아파트를 분양하였다.

다. 피고 1은 이 사건 토지에 2003.9.4. 피고 주식회사 한국토지신탁과 우선수익자 주식회사 푸른이상호저축은행(이하 '저축은행'), 수익자 피고 1, 소외 1로 한 부동산담보신탁계약을 체결하고, 같은 날 피고 한국토지신탁에게 신탁을 원인으로 한 소유권이전등기(이 사건 신탁등기)를 하여 주었고, 2003.9.5. 저축은행으로부터 25억 원을 여신기간 만료일 2004.9.5.로 정하여 대출(이 사건 대출금)받았다.

라. 저축은행은 이 사건 대출금을 피보전채권으로 하여 피고 1을 상대로 이 사건 아파트에 대한 가압류에 따라 2004.7.26. 피고 1 명의의 소유권보존등기를 마친 다음 가압류등기와 함께 채권최고액 3,250,000,000원의 근저당권설정등기를 마쳤으며, 2004.11.30. 위 근저당권에 기하여 부동산임의경매를 신청하였다.

해설 건축주가 스스로 보존등기를 하지 않는 경우(스스로 등기해버리면 오히려 채권자의 강제집행을 도와주는 꼴이지요!) 채권자가 가압류나 경매의 신청을 통해 강제로 신축건물의 보존등기를 할 수 있습니다. 그런데 이 사례는 가압류가 된 날 근저당권이 되었다는 것으로 봐서, 건축주와 채권자 사이에 밀고 당기는 과정을 비롯해 뭔가 있었던 것 같네요. '적과의 동침!'이 필요했던가!

> **마.** 원고는 2006.6.28. 위 경매절차에서 이 사건 아파트 중 501호(편의상 필자의 임의기재임)를 낙찰받아 소유권을 취득하였다.
>
> [인정근거] ① 다툼 없는 사실, ② 갑제1호증 내지 갑제4호증, 갑제9호증, 갑제10호증, ③ 을제4호증, 을제9호증(각 가지번호 포함)의 각 기재, ④ 변론 전체의 취지

해설 여기에서 민사소송법을 공부하는 취지에서, 판결문에 나오는 증거의 종류에 관해 그 뜻 내지 개념을 설명하고 넘어가도록 합니다.

① 당사자 사이에 다툼이 없는 사실 : 민사재판은 당사자 사이에 다투는 사항을 가리는 재판입니다. 따라서 다툼이 없는 부분은 법원도 다른 소리를 못하고 일치된 그대로 인정하는 것이 원칙입니다('변론주의'의 일환으로 이해해도 좋을 듯합니다.). 따라서 재판에서는 상대방의 주장하는 사항에 대해 인정을 함에는 항상 신중해야 합니다. 이것도 물론 지식이 부족하면 판단이 어렵고 실수할 확률이 높습니다! 이에 비해 형사는 당사자가 뭐라 하던 경찰과 검찰이 알아서 찾고 법원이 판단합니다(이를 '직권주의', '직권탐지주의' 등으로 불림. 실제로는 미국같이 검찰과 피고인 양쪽의 공방의 영향을 상당히 받지만). 따라서 민사판결에서 흔히 보는 '당사자 사이에 다툼이 없다.'라는 표현은 형사에는 없는 거죠.

② 갑 : 원고가 제출하는 증거에 붙이는 부호임.

③ 을 : 피고가 제출하는 증거에 붙이는 부호임.

④ 변론 전체의 취지 : 흔히 '변론의 전취지(辯論의 全趣旨)'로 불리는 것으로 '들어보니 대충 이런 것 같구나!' 하는 것으로 증거로서는 가장 후순위지만, 직관에 따르는 심증 같은 것이고 사실은 함부로 무시하지 못할 만치 영향을 미치는 요소입니다. 판사도 사람인지라, 법 논리 이전에 누구나 가지는 공평, 불공평, 이익, 불이익, 선, 악 등의 느낌 그 자체로부터 완전히 자유로울 수는 없고, 특히 미묘한 사안에서 생각보다 상당한 역할을 하는 것으로 보입니다.

※ 증거는 결국 '당사자 사이에 다툼이 없는 사항 → 서류, 증언 등의 가시적 증거

(이것이 재판의 관건이다!) → 변론 전체의 취지'의 순으로의 지위를 가지게 됩니다.

2. 주장 및 판단

원고는 청구원인으로, 이 사건 신탁등기는 피고 1이 이 사건 아파트의 구분소유권자가 아닌 피고 한국토지신탁에게 분리하여 대지사용권을 처분하였으므로 집합건물법 제20조에 위배되어 무효이므로 한국토지신탁은 신탁등기를 말소할 의무가 있고, 피고 1은 이 사건 아파트의 501호 구분소유자인 원고에게 전유부분 취득을 원인으로 한 이 사건 토지에 대한 지분소유권 이전등기절차를 이행할 의무가 있다고 주장한다.

구분소유자의 대지사용권은 그가 가지는 전유부분의 처분에 따르고, 구분소유자는 규약으로써 달리 정하지 않는 한 그가 가지는 전유부분과 분리하여 대지사용권을 처분할 수 없다(집합건물법 제20조 제1항, 제2항). 한편, 집합건물의 구분소유자가 전유부분에 대한 대지사용권을 취득하는 시기는 집합건물의 성립시기와 일치한다고 할 것이고, ① 구분소유가 성립하는 시점은 원칙적으로 건물 전체가 완성되어 당해 건물에 관한 건축물대장에 구분건물로 등록된 시점이라고 할 것인바(대판 2004다67691), 결국 집합건물에서의 구분소유가 성립하기 위해서는 1동의 건물 전체가 기둥, 벽체, 지붕 등이 독립한 부동산으로서의 건물의 요건을 갖추어야 할 뿐만 아니라, 구분 소유권의 목적인 각 세대별 구분건물 부분도 독립한 건물로 볼 수 있을 정도의 구조상·이용상 독립성이나 개별성을 갖춘 후에야, 비로소 집합건물로써 '독립한 건물'이라 할 것이다.

그러므로 신탁등기 당시 이 사건 아파트가 집합건물법의 적용대상이었는지 여부, 즉, 집합건물로써 구분소유권이 성립하였는지 여부에 관하여 보건대, 갑제5호증 내지 갑제8호증, 을가제8호증(각 가지번호 포함)의 각 기재, 이 법원의 주식회사 건축사사무소 한울건축에 대한 사실조회결과에 변론전체의 취지를 종합하여 인정되는 다음과 같은 사정, 즉, 이 사건 아파트는 ② 2003.8.25.까지 지하 2층부터 지상 12층까지 각층의 콘크리트 골조, 천장슬라브 공사가 되었을 뿐이고, 위 골조공사를 포함한 공정률이

2003.8.18. 기준 22.193%에 불과하였고, 신탁등기가 경료 이후인 2003.9.8.에 이르러 서야 에어컨 배관, 창틀, 창유리, 문틀, 천장, 창호를 설치하는 공사가 진행되고 있었던 점, 피고 1은 2004.5.경 이 사건 아파트의 사용승인신청을 한 점 등에 비추어 보면, 적어도 신탁등기 경료 당시에는 이 사건 아파트에 대한 구분 소유권의 목적인 각 세대별 구분건물 부분도 독립한 건물로 볼 수 있을 정도의 구조상·이용상 독립성이나 개별성을 갖추었다고 볼 수 없을 뿐만 아니라 건축물관리대장이 작성되지도 않았다고 할 것이므로 이 사건 아파트에 대한 구분소유권은 성립하지 않았다고 할 것이다. 그렇다면, 구분소유권의 성립을 전제로 한 원고의 이 사건 청구는 더 나아가 살필 필요 없이 이유 없다.

3. 결론

따라서 원고의 피고들에 대한 이 사건 청구는 모두 이유 없어 이를 모두 기각하기로 하여 주문과 같이 판결한다.

해설 이 1심 재판부는 사실의 점에서는 ②의 '공정률이 22.193%에 불과하였던 사정'에 매몰된 것이었던지 더 중요한 '12층까지 콘크리트 골조, 천장슬라브 공사가 되었던 사정'에는 비중을 두지 않았고, 또 법리의 점에서는 결정적으로 ①의 판지 '구분소유가 성립하는 시점은 원칙적으로 건물 전체가 완성되어 당해 건물에 관한 건축물대장에 구분건물로 등록된 시점'이라는 오판을 한 것입니다.

자, 여기서, 판사라고 해서 법리의 모든 것에 정통할 수는 없다는 점에서, 소송이 지접 이해당지인 내가 미처 판사가 놓칠 시노 보틀 법리적인 측면을 준비서면을 통해 방점을 찍어줘야 할 필요성이 요청됨을 알게 됩니다.

재판은 판사를 설득하는 과정이고, 그 과정은 법리의 존재, 논리성, 구체적 타당성의 제시를 통해 이뤄져야 합니다. 그러면 이어, 이 1심의 판단을 배척하고 새로 판단한 2심의 판결을 봅니다.

〈2심〉 서울고등법원 2010.7.16. 선고 2010나1915 〔대지권지분이전등기등〕

[원고, 항소인] 원고 **[피고, 피항소인]** 피고 1(대법원판결의 피고) 외 1인

[제1심판결] 서울중앙지방법원 2009.12.10. 선고 2009가합14765 판결

[주문]

1. 제1심 판결을 취소한다.
2. 별지 1 목록 기재 각 지분에 관하여, 피고 주식회사 한국토지신탁은 피고 1에게 서울중앙지방법원 강남등기소 2003.9.4. 접수 제87888호로 마친 소유권이전등기의 각 말소등기절차를 이행하고, 피고 1은 원고에게 2006.5.8. 별지 2 목록 기재 부동산의 전유부분 취득을 원인으로 한 지분소유권 이전등기절차를 이행하라.

해설 제1심 판결이 취소되고, 원고가 청구한 대로 판결이 났습니다. 주문 2를 보면 1심 판결에서 보았듯이 청구취지와 같습니다. 뭔가 석연치 않거나, 불만인 경우, 그리고 법리적으로 난해한 경우에는 쉽게 포기하지를 말고 가능한 항소를 해야 합니다. 필요에 따라서는 대법원에 상고도 해야 하고요.

[이유]

1. 인정사실

(중략) 저축은행은 2004.11.30. 위 근저당권에 기하여 이 사건 아파트에 관하여 부동산임의경매를 신청하였고, 원고는 위 경매절차에서 이 사건 아파트 중 501호를 낙찰받아 2006.6.28. 전유부분에 관하여 소유권이전등기를 마쳤다. 위 경매 당시 감정평가액은 건물부분과 토지의 대지권이 일체로 평가되었다. (중략) 이 사건 아파트 공사의 감리인 소외 2가 2003.8.25. 작성한 주간 감리진행사항에는, "옥탑층 콘크리트 타설, 5층 문틀(목공사), 2층 천장설치(금속공사)"라고 기재되어 있고, 2003.9.8. 작성된 감리진행사항에

는, "담장 콘크리트 타설, 에어컨 배관, 창틀 반입, 2층 창유리 설치"의 공사를 실시하였다고 기재되어 있고, 한편 2003.8.18.경 이 사건 아파트의 공정률은 22.193%이었다.

2. 분리처분의 무효와 지분소유권 이전등기의무의 발생

(1) 집합건물법은 제20조에서, 구분소유자의 대지사용권은 그가 가지는 전유부분의 처분에 따르고(제1항), 구분소유자는 규약 또는 공정증서로써 달리 정하지 않는 한 그가 가지는 전유부분과 분리하여 대지사용권을 처분할 수 없으며(제2항, 제4항), 위 분리처분금지는 그 취지를 등기하지 아니하면 선의로 물권을 취득한 제3자에 대하여 대항하지 못한다(제3항)고 규정하고 있는바, 위 규정의 취지는 집합건물의 전유부분과 대지사용권이 분리되는 것을 최대한 억제하여 대지사용권 없는 구분소유권의 발생을 방지함으로써 집합건물에 관한 법률관계의 안정과 합리적 규율을 도모하려는 데 있다(대판 2004다742). 한편, 구분건물이 성립하기 위해서는, 객관적, 물리적인 측면에서 구분건물이 구조상·이용상의 독립성을 갖추어야 하고, 그 건물을 구분소유권의 객체로 하려는 의사표시 즉 구분행위가 있어야 한다. (대판 98다35020)

(2) 구조상·이용상의 독립성을 갖추었는지 여부

이 사건 신탁등기 당시 이 사건 아파트가 집합건물법의 적용대상이었는지 여부, 즉 집합건물로써 구분소유권이 성립하였는지 여부에 관하여 보건대, 독립된 부동산으로서의 건물이라고 하기 위해서는 최소한의 기둥과 지붕 그리고 주벽이 이루어지면 된다고 할 것이고(대판 2002다21592, 21608), ① 2003.8.25.경에는 이 사건 아파트의 옥탑층 콘크리트 타설 작업이 완료되었으므로 이 사건 아파트는 2003.8.25.까지 지하 2층부터 지상 12층까지 각층의 기둥, 주벽 및 천장 슬라브 공사가 이루어졌다고 봄이 상당하고, 따라서 ② 2003.8.25.경에는 이 사건 아파트가 미완성상태이기는 하나, 원고가 낙찰받은 구분건물인 501호를 포함하여 그 아래 각층의 콘크리트 골조 및 기둥, 주벽, 천장이 완공되어 이 사건 아파트 내부의 각 구분건물은 구조상·이용상 독립성의 요건을 갖추었다고 봄이 상당하다. 이와 달리 2003.8.18.경 골조공사를 포함한 공정율이 22.193%에 불

[과하다는 사정만으로는 이 사건 신탁등기가 마쳐진 2003.9.4.경 구조상·이용상 독립성 의 요건을 갖추지 못한 것으로 볼 것은 아니다. (대판 2000다51872 참조)]

해설 ①은 '독립된 부동산'의 요건을 인정한 판단이고, ②는 '구분건물'의 요건을 인정한 판단입니다. 그러니까, 집합건물은 일반 건물의 '독립된 부동산으로서 요건'에 '구분건물로서의 요건'이 추가로 필요하다는 것입니다. 이 2심은 '아파트의 옥탑층 콘크리트 타설 작업이 완료된 사실'에 방점을 두었습니다. 즉, 공사의 공정상 이치로 '옥탑층 콘크리트 타설 작업이 완료되었으면' 그 이하 각층이야 건축공정상 그 이전에 이미 완성된 것이 아니냐는 당연함의 논리를 말하는 것입니다. '건물을 꼭대기 층부터 짓는다는 것이 말이 되느냐!'라는 것입니다.

'아파트의 옥탑층 콘크리트 타설 작업이 완료된 사실'은 '그 아래 각층의 콘크리트 골조 및 기둥, 주벽, 천장이 완공되어 이 사건 아파트 내부의 각 구분건물은 구조상·이용상 독립성의 요건을 갖추었을 것'이 아니냐는 신축건물 공사 진행의 이치적 사실의 판단입니다.

▶ 그리고 건축 공정의 이치만 설시하는 것에 그치지 않고, '옥탑층 콘크리트 타설, 5층 문틀, 2층 천장설치, 담장 콘크리트 타설, 에어컨 배관, 창틀 반입, 2층 창유리 설치' 등이 기재된 사실조회결과 내지 증거('감리진행사항')를 제시하며 판단의 설득력을 확보하고 있습니다. 그 결과 공정률이 22.193%에 불과하다는 사정만으로는 구조상·이용상 독립성의 요건을 갖추지 못한 것으로 볼 것은 아니라면서, 참조판례를 제시하며 1심의 오판에 확인사살을 하고 자신의 판단에 대못을 박았습니다.

자, 독자 여러분은 다음의 참조판례를 고려하면서 1심과 2심의 판단에 대해 어느 쪽이 구체적 타당성을 가진지를 따져 보기 바랍니다. 그냥 그러려니 하지 말고, 꼭 차분히 천천히 생각하며 법이 요구하는 규범성을 모아보기 바랍니다.

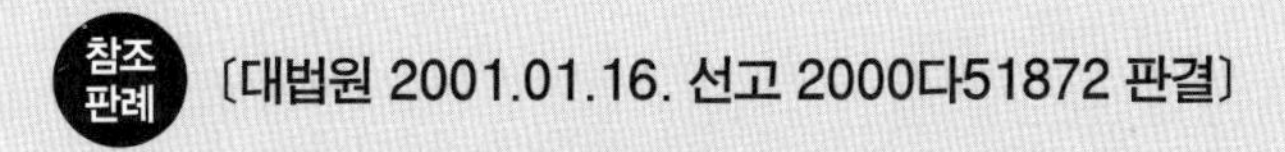

참조 판례 〔대법원 2001.01.16. 선고 2000다51872 판결〕

원심은, 그 채용증거에 의하여, 이 사건 공작물은 원고가 그 부지인 토지를 경락할 당시 지하 1, 2층, 지상 1층의 콘크리트 골조 및 천장공사, 지하 1, 2층에 흙이 무너져 내리는 것을 방지하는 옹벽공사만이 되어 있었고, 주벽은 설치되지 아니하였으며, 공사 진척도는 약 20 내지 30%에 불과하였던 사실을 인정한 다음, 이 사건 공작물을 독립된 건물로 보기는 어렵고 토지에 부합되어 토지와 함께 경락인을 거쳐 원고의 소유가 되었다고 판단하였다. 그러나 독립된 부동산으로서의 건물이라고 하기 위하여는 최소한의 기둥과 지붕 그리고 주벽이 이루어지면 된다고 할 것인바, (중략) 증거들을 종합하면 이 사건 공작물은 위 경락 당시 지하 1, 2층 및 지상 1층까지의 콘크리트 골조 및 기둥, 천장(슬라브)공사가 완료되어 있고, 지상 1층의 전면(남쪽)에서 보아 좌측(서쪽) 벽과 뒷면(북쪽) 벽 그리고 내부 엘리베이터 벽체가 완성된 사실을 인정할 수 있으므로, 이 사건 공작물은 최소한의 지붕과 기둥 그리고 주벽이 이루어졌다고 할 것이어서 미완성 상태의 독립된 건물(원래 지상 7층 건물로 설계되어 있으나, 지상 1층만으로도 구분소유권의 대상이 될 수 있는 구조임이 분명하다.)로서의 요건을 갖추었다고 할 것이다. 그럼에도 불구하고 이 사건 공작물에는 주벽이 완성되어 있지 아니하였고 공사진척도가 20~30%에 불과하여 독립된 건물로 보기 어렵다는 이유를 들어 위와 같이 판단한 원심은, 채증법칙을 위배하여 사실을 오인하는 한편, 독립된 건물에 관한 법리를 오해한 위법을 범하였다고 할 것이므로 이 점을 지적하는 상고이유의 주장은 이유 있다.

(3) 구분행위가 있었는지 여부

1동의 건물을 신축한 건축주가 그 건물을 구분하여 분양할 경우에는 광고 등으로 그 구분분양의 의사를 외부에 표시하였을 때에 구분행위가 있다고 볼 수 있고(대판 2004다742), 피고 1이 이 사건 아파트를 신축하면서 각각의 구분건물에 관하여 2002.5.13.경부터 분양계약을 체결하였으므로 그 무렵부터는 구분행위가 있었다고 할 것이다.

이에 대하여 피고들은, 구분소유가 성립하는 시점은 원칙적으로 건물 전체가 완성되어 당해 건물에 관한 건축물대장에 구분건물로 등록된 시점이라고 할 것이므로(대판 98다35020, 2004다67691), 이 사건 신탁등기 당시 이 사건 아파트에 관하여 건축물관리대장이 작성되지 않은 이상 구분소유가 성립하지 않았다고 주장한다.

살피건대, ③ 위 98다35020 판결은 가옥대장 등록시점을 기준으로 전유부분과 공유부분을 판단하여야 한다는 취지로 이해하여야 하고, 위 ④ 2004다67691 판결은 집합건물의 공사업자가 변경된 경우 집합건물의 원시취득자를 결정하는 기준을 설시한 것으로 보아야 하며, 일반 원칙으로 구조상·이용상 독립과 구분행위가 있는 다음에 가옥대장에 등록함으로써 비로소 구분건물이 성립한다는 취지로 해석할 수는 없으므로, 피고들의 위 주장은 받아들이지 않는다.

해설 ③과 ④에 대하여 :

▶ 98다35020 판결과 2004다67691 판결을 세심히 따져 보지 않으면, 저것이 구분소유가 성립하는 시점에 대한 판단인 것으로 오해하기가 십상입니다. 그래서인지 저 판결들과 관련하여 판사들의 오해도 전혀 없지를 않습니다. 물론 피고들의 변호사는 궁색한 것을 알면서도 변호사의 입장에서 주장을 할 수밖에 없는 경우가 있지만, 한편으로는 결과를 간단히 단정할 수 없는 것이 재판이기도 하니 일단 주장은 해 둘 필요성도 있습니다. 여기서 다른 잔소리를 보태면, 겉보기 비슷한 판례들도 그 실제는 모두 각 사례의 구체성과 관련되므로,

특정의 판례를 다른 사례에 일반화할 수 있는 단순성 내지 습관은 항상 경계되어야 합니다. '케이스 바이 케이스'는 늘 염두에 두어야 합니다.

▶ 일반건물과는 달리, 구분소유로 인정되려면 '구조상 · 이용상 독립'이라는 물리적 요건 외에 '구분행위('각 구분건물을 독립적 소유의 대상으로 하려는 의사표시가 담긴 행위'라는 정도의 의미)'도 존재해야 합니다. 그런데 왜 굳이 '구분행위'를 따지느냐? 그게 필요한, 그만한 이유가 있다는 건가? 있습니다. 그 이유는 물리적으로 구분된 1동의 건물이더라도, 그것을 각기 구분적인 소유로 할 것인지, 전체를 하나의 소유로 할 것인지는 건축주나 소유자의 자유이기 때문입니다. 그러니까, 물리적으로 내부가 구분된 건물이라고 해서 법이 반드시 구분소유로 할 것을 강제하지는 않는다는 것입니다.

▶ 그러면 어떤 경우에 '구분행위'가 인정되는가? 법은 이것에 대해 특별히 규정하지 않습니다. 결국 각 행위의 해석에 의해 인부(認否)를 결정할 수밖에 없습니다. 판례는 '구분행위'의 방식을 널리 인정하고, 그 시기도 건축을 위한 삽질을 하기 전의 행위라도 인정합니다. 그 대표적인 것이 우리가 흔히 보는 것으로 이 사례에서도 보듯이 '구분건물의 분양광고'를 들고 있습니다. "팔아먹으려고 분양광고를 했다는 것은 각 호수를 구분소유로 하겠다는 것을 당연 전제로 한 것이 아니고 달리 뭐냐 말이야!"라는 식의 의사해석인 셈입니다. 결국 '구분행위'가 문제가 되는 예는 극히 드물다는 결론입니다.

▶ 그러나 소규모 일반건물의 수직 증축(때론 옆으로 확장도)이나 기존의 단독건물을 구분하는 경우에는 특히 '구분행위'가 중요한 쟁점으로 등장하는 경우가 있습니다. 무슨 말이냐 하면, 통상은 구분소유로 하지 않는 경우인데도 불구하고, 나중에 법을 아는 누군가 옆구리 꾹꾹 찌르고 한 푼이라도 건지려는 욕망이 개입되는 경우에는 그럴 수 있다는 것입니다. 그래서 경매 받고 1년이나 2년이 지난 시점에야 '경매당한 전 소유자'가 나타나서는 "구분행위가 있었기 때문에 나중에 증축된 2층은 경매목적물이 될 수 없었는데 불구하고 법원이 제멋대로 팔아먹은 것이고, 그래서 여전히 2층은 내 것이야, 그러니 돌려줘!" 하면서 시

비가 벌어지는 것입니다. '듣보잡(듣지도 보지도 못한 잡놈)의 제3자'가 나타나는 경우도 있는데, 이 경우에는 ('구분행위'도 끼워 시기거리로 삼는 일도 있을 수는 있겠지만) 자신이 '증축부분에 대해 원시취득'을 했다며 덤벼드는 것입니다.

> **(4) 분리처분의 무효와 대지지분권 이전의무의 발생**
>
> 그렇다면, 신탁등기가 마쳐진 2003.9.4.경 이 사건 아파트의 각각의 구분건물에 관하여 ⑤ 이미 구분소유권이 성립한 이상, 이 사건 토지에 체결한 부동산담보신탁계약은 집합건물법 제20조에 위배되어 무효이므로 이 사건 신탁등기는 말소되어야 한다. 위와 같이 이 사건 토지에 대한 피고 한국토지신탁 명의의 소유권이전등기가 말소되지 않아 이 사건 토지에 대한 소유명의가 피고 1 명의로 회복되지 않은 상태에서 이 사건 아파트의 구분건물의 전유부분에 대한 소유권보존등기만 피고 1 명의로 마쳐졌고, 대지지분에 대한 등기가 이루어지기 전에 원고가 501호의 전유부분을 낙찰받아 소유권을 취득함으로써 집합건물법 제2조 제6호에 규정된 대지사용권을 취득하였으므로, 이 사건 ⑥ 토지 중 501호의 지분에 관하여, 피고 1은 원고에게 부동산등기법 제60조에 의하여 501호 전유부분 취득을 원인으로 한 소유권이전등기절차를 이행할 의무가 있다. 한편, 원고는 피고 1에 대한 위 지분이전등기청구권을 피보전채권으로 하여 ⑦ 피고 1을 대위하여 피고 한국토지신탁에 대한 이 사건 신탁등기 중 위 지분의 말소등기를 구하고 있으므로 피고 한국토지신탁은 피고 1에게 위 지분에 관하여 말소등기절차를 이행할 의무가 있다.

해설 ⑤에 대하여 : 대법원은 집합건물법 제20조의 분리처분금지 규정(구분소유자는 그가 가지는 전유부분과 분리하여 대지사용권을 처분할 수 없다.)을 위반한 행위에 대해 사법상 효력까지 인정하지 않겠다는 정신이 깃든 강력한 입법으로 해석을 하는데, 이런 것을 강행규정 중 '효력규정'이라고 합니다. 숱한 법령의 금지규정에 대해 (행정벌 등의 제제를 가하는 것은 별개로 하고) 사법상 효력까지 부인하는 해석은 오히려 예외적인데, 부동산에 관련해서 무효로 규정하거나 그렇게 해석하는 것으로 대표적인 것에는 이 '집합건물법의 분리처분금지', '부동산실명법 위반', '토지거래허가를 받지 않은 거래' 등이 있습니다. 그만큼 국가적 차원에서의 의지를 실현하겠다고 규정하였거나 그런 정도로 해석되는 제도라고 보면 되겠습니다. 따라서 이 사례에서 토지에 대한 신탁등기는 구분소유권이 성립한 이후에 들어선 것이어서 분리처분금지의 무효로서 말소될 운명입니다.

⑥에 대하여 : 경매목적물은 전유부분이었지만 대지사용권이 인정되는 전유부분의 취득이므로 토지 중 501호에 대응하는 지분의 등기를 가진 피고 1은 원고에게 501호 전유부분 취득을 원인으로 한 그 지분을 넘길 의무가 있습니다.

⑦에 대하여 : 원고는 한국토지신탁과는 직접적인 법률관계는 없으므로, 그런 관계를 가진 피고 1에 대한 원고의 대위권(채권자가 자기의 채권을 보전하기 위하여 자기 채무자에게 속하는 권리를 대신 행사할 수 있는 권리)을 행사하여 한국토지신탁의 신탁등기(이 경우는 전체 신탁등기 중 501호에 해당하는 지분)의 말소를 구한 것입니다.

(5) 구체적인 지분에 관하여 (이 부분은 단지 산술적 계산이므로 생략)

3. 피고들의 주장에 관한 판단

가. 선의의 제3자 주장에 관하여

1) 피고들은, 집합건물법 제20조 제3항에서는, 위 분리처분금지는 그 취지를 등기하지 아니하면 선의로 물권을 취득한 제3자에 대하여 대항하지 못한다고 규정하고 있는데, 피고 한국토지신탁이 집합건물법 제20조 제3항 소정의 '선의'의 제3자에 해당한다고 주장한다.

2) 집합건물법 제20조 제3항의 '선의'의 제3자는, 원칙적으로 집합건물의 대지로 되어 있는 사정을 모른 채 대지사용권의 목적이 되는 토지를 취득한 제3자를 의미하는데(대판 2009다26145), 2003.9.4. 부동산담보신탁계약을 체결할 당시 이 사건 아파트가 12층 전부에 걸쳐 기둥과 지붕 및 천장 슬라브 등 독립한 건축물로서의 요건을 갖춘 점, 부동

산담보신탁계약서(갑 제4호증의2) 특약사항 제4조에서 '별도의 신탁절차 없이 신탁부동산에 건축되는 건물(시설물, 완성 또는 미완성건물 포함)은 본 신탁계약상 신탁재산으로 본다.'고 규정한 점 등의 사정에 비추어 보면, 피고 한국토지신탁은 이 사건 토지가 집합건물의 대지로 되어 있는 사정을 알고 있었다고 봄이 상당하고, 달리 피고 한국토지신탁이 '선의'의 제3자에 해당한다고 인정할 증거가 없다.

해설 이 부분은 '제3자의 선의의 범위를 좁게 해석하는 경향'이라는 취지를 앞서(98다45652 전원합의체 판결) 이미 보았습니다. 웬만해서는 '선의'를 인정하지 않습니다. 다만, 하급심에서는 법리의 오해로 인해 '선의'를 인정하는 경향도 있지만, 보태어 '토지 쪽이 아무래도 안 됐다, 토지 쪽을 보호하는 것이 아무래도 공평하다!'라는 정서가 함께하는 경우도 있어 보입니다(실제 재판에서는 정서적 판단이 법적인 판단의 기능을 쪼그라들게 하는 경우도 있습니다!).

즉, 저런 '공평'은 '법규범적 차원의 공평'이 아니라 마치 '비법률가의 생활정서상의 공평'인 듯이 하기 때문에, 결국 대법원에서 깨어집니다. 따라서 '선의'를 인정하는 판결에 대해서는 아주 특별히 설득력을 가진 경우 외에는 반드시 상소를 해야 합니다. '분리처분금지 규정의 존재 몰랐다.'라고 주장하더라도(저런 규정의 존재를 아는 일반인이 얼마나 있겠는가?) 마찬가지입니다. '법의 존재를 모르는 자는 그 모름에 대한 책임이 있다. 그렇지만 너무하잖아! 수많은 법이 양산되는 현대 자본주의 사회에서 그렇게 넘치는 법을 어찌 안다는 말인가?'

그래서 필연적으로 이 시대는 분쟁의 가능성 앞에 문이 활짝 열려 있습니다. 운명적입니다. 이는 만인의 만인에 대한 불신의 상태가 되는 하나의 배경이기도 합니다. 비관을 전망하는 것이 아니라, 현실 거래에서는 그만큼 '늘 합리적 의문을 가져야 한다는 점을 요구하는 지표'라는 취지입니다.

나. 피고 한국토지신탁이 이 사건 아파트에 관한 전체소유권을 취득하였다는 주장에 관하여

(전략) 부동산담보신탁계약서 특약사항 제4조의 내용은 집합건물이 완성된 경우에는 집합건물도 신탁재산으로 보아 신탁등기를 마친다는 취지에 불과하고, 집합건물에 관한 신탁등기가 이루어지기 전에 위 특약사항만으로 피고 한국토지신탁이 이 사건 아파트에 관한 전유부분에 대해서까지 소유권을 취득한 것으로 볼 수는 없으므로 피고들의 위 주장은 이유 없다.

4. 결론

그렇다면, 원고의 피고들에 대한 청구는 모두 이유 있어 이를 인용하여야 할 것인바, 이와 결론을 달리 한 제1심 판결은 부당하므로 이를 취소하고, 토지 각 지분에 관하여, 피고 한국토지신탁에 대하여 피고 1에 대한 소유권이전등기의 말소등기절차의 이행을 명하고, 피고 1에 대하여 원고에 대한 소유권이전등기절차의 이행을 명하기로 하여 주문과 같이 판결한다.

〈3심〉 대법원 2013.1.17. 선고 2010다71578 전원합의체 판결 〔대지권지분이전등기등〕

[원고, 피상고인] 원고

[피고, 상고인] 피고

[원심판결] 서울고법 2010.7.16. 선고 2010나1915 판결

[주문] 상고를 기각한다.

[이유]

1. 구분소유의 성립을 인정하기 위하여 반드시 집합건축물대장의 등록이나 구분건물의

표시에 관한 등기가 필요한지 여부

(전략) 1동의 건물에 대하여 구분소유가 성립하기 위해서는 객관적·물리적인 측면에서 1동의 건물이 존재하고 구분된 건물부분이 구조상·이용상 독립성을 갖추어야 할 뿐 아니라 1동의 건물 중 물리적으로 구획된 건물부분을 각각 구분소유권의 객체로 하려는 구분행위가 있어야 한다(대판 98다35020). 여기서 구분행위는 건물의 물리적 형질에 변경을 가함이 없이 법률관념상 그 건물의 특정 부분을 구분하여 별개의 소유권의 객체로 하려는 일종의 법률행위로서, 그 시기나 방식에 특별한 제한이 있는 것은 아니고 처분권자의 구분의사가 객관적으로 외부에 표시되면 인정된다. 따라서 구분건물이 물리적으로 완성되기 전에도 건축허가신청이나 분양계약 등을 통하여 장래 신축되는 건물을 구분건물로 하겠다는 구분의사가 객관적으로 표시되면 구분행위의 존재를 인정할 수 있고, 이후 1동의 건물 및 그 구분행위에 상응하는 구분건물이 객관적·물리적으로 완성되면 아직 그 건물이 집합건축물대장에 등록되거나 구분건물로써 등기부에 등기되지 않았더라도 그 시점에서 구분소유가 성립한다(대판 2004다742). 이와 달리 구분소유는 건물 전체가 완성되고 원칙적으로 집합건축물대장에 구분건물로 등록된 시점, 예외적으로 등기부에 구분건물의 표시에 관한 등기가 마쳐진 시점에 비로소 성립한다는 취지로 판시한 대법원 1999.9.17. 선고 99다1345 판결, 대법원 2006.11.9. 선고 2004다67691 판결 등의 견해는 이 판결의 견해와 저촉되는 한도에서 이를 변경하기로 한다. 원심은 (중략) 이 사건 신탁등기가 마쳐진 2003.9.4.경에는 이 사건 아파트의 전유부분에 관하여 이미 구분소유권이 성립한 상태였다는 취지로 판단하면서, 당시 이 사건 아파트에 관하여 아직 건축물대장에 구분건물로 등록이 이루어지지 않았으므로 구분소유가 성립하지 않았다는 피고의 주장을 배척하였다. 원심의 위와 같은 사실인정과 판단은 정당하고, 거기에 구분소유의 성립요건과 성립시기 등에 관한 법리를 오해하거나 석명권을 행사하지 아니한 위법이 없다.

해설 '구분소유의 성립요건 = ① 구분된 건물부분이 구조상 · 이용상 독립성을 갖출 것 + ② 구분행위가 존재할 것'입니다, 그런데 '구분행위'는 '건축허가신청이나 분양광고 내지 분양계약 등'이 인정되는 정도이니, 집합건물에 있어 '구분행위'가 문제가 되는 경우는 생각하기 어렵습니다.

2. 집합건물 전유부분과 대지사용권의 일체성에 반하는 대지 처분행위의 효력(무효)

(전략) 원심이 신탁등기가 마쳐진 2003.9.4.경 이 사건 아파트의 각각의 전유부분에 관하여 이미 구분소유권이 성립한 이상 피고가 한국토지신탁과 이 사건 토지에 관하여 체결한 부동산담보신탁계약은 집합건물법 제20조에 위배되어 무효이므로 이 사건 신탁등기는 말소되어야 한다고 판단한 것은 법리에 따른 것으로 정당하다.

3. 집합건물법 제20조 제3항의 분리처분금지로 대항할 수 없는 '선의'의 제3자의 의미

대지사용권은 구분소유자가 전유부분을 소유하기 위하여 건물의 대지에 대하여 가지는 권리로서 그 성립을 위해서는 집합건물의 존재와 구분소유자가 전유부분 소유를 위하여 당해 대지를 사용할 수 있는 권리를 보유하는 것 이외에 다른 특별한 요건이 필요하지 않다. 이러한 사정을 고려하면, 집합건물법 제20조 제3항의 분리처분금지로 대항할 수 없는 '선의'의 제3자라 함은 원칙적으로 집합건물의 대지로 되어 있는 사정을 모른 채 대지사용권의 목적이 되는 토지를 취득한 제3자를 의미한다(대판 2009다26145). (중략) 한국토지신탁은 이 사건 토지가 집합건물의 대지로 되어 있는 사정을 알고 있었다고 봄이 상당하므로 선의의 제3자에 해당하지 않는다는 원심의 판단은 정당하다.

해설 사정상 다수의견 외에 따로 싣지는 않으나 이 사건은 '구분행위, 구분소유권 등의 각 인정시기'에 관하여 다수의견, 반대의견, 반대의견에 대한 반박으로서의 다수의견의 보충의견, 다수의견의 보충의견에 대한 재반박으로서의 반대의견의 보충의견으로 진행된 판결이다. 실로 엄청난 난 판결입니다. 양립할 수 없는 긴장과 치열의 과정은 무시하고 단지 결과만 따지는 자세, 즉 대부분

그렇듯이 반대의견은 읽어보기조차 하지 않는 자세는 지식의 풍요로움을 가질 기회를 버리는 것이 됩니다. 탄력적이고 논리적 해석능력이 몸에 베이게 하기 위해서는 반대의견에 대한 이해도 중요합니다.

특히 반대의견에는 관련 법리의 일반에 대한 풍부한 지식이 설시되기도 합니다. 그리고 보충의견은 자기의견의 설득력을 입체화하는 기능을 갖습니다. 널리 공부의 차원에서 보면, 이 판결은 다수의견 그 자체보다는 오히려 반대의견과 보충의견이 더 많은 이해의 지평을 열어준다고 봅니다. 정말 엄청난 지식을 보고를 열어주는 판결입니다. 이것은 얼마나 고마운 선물인가!

• 변경된 판례 •

대법원 1999.09.17. 선고 99다1345 집합건물법 제53조, 제54조, 제56조, 제57조의 규정에 비추어 보면, 집합건물의 어느 부분이 전유부분인지 공용부분인지 여부는 ※ 구분소유가 성립한 시점, 즉 원칙적으로 건물 전체가 완성되어 당해 건물에 관한 건축물대장에 구분건물로 등록된 시점을 기준으로 판단하여야 하고, 그 후의 건물 개조나 이용상황의 변화 등은 전유부분인지 공용부분인지 여부에 영향을 미칠 수 없다.

대법원 2006.11.09. 선고 2004다67691 건물이 설계도상 처음부터 여러 층으로 건축할 것으로 예정되어 있고 그 내용으로 건축허가를 받아 건축공사를 진행하던 중에 건축주의 사정으로 공사가 중단되었고 그와 같이 중단될 당시까지 이미 일부 층의 기둥과 지붕 그리고 둘레 벽이 완성되어 그 구조물을 토지의 부합물로 볼 수 없는 상태에 이르렀다고 하더라도, 제3자가 이러한 상태의 미완성 건물을 종전 건축주로부터 양수하여 나머지 공사를 계속 진행한 결과 건물의 구조와 형태 등이 건축허가의 내용과 사회통념상 동일하다고 인정되는 정도로 건물을 축조한 경우에는, 그 구조와 형태가 원래의 설계 및 건축허가의 내용과 동일하다고 인정되는 건물 전체를 하나의 소유권의 객체로 보아 그 제3자가 그 건물 전체의 소유권을 원시취득한다고 보는 것이 옳고, 건축허가를 받은 구조와 형태대로 축조된 전체 건물 중에서 건축공사가 중단될 당시까지 기둥과 지붕 그리고 둘레 벽이 완성되어 있던 층만을 분리해 내어 이 부분만의 소유권을 종전 건축주가 원시취득한다고 볼 것이 아니다. ※ 또한, 구분소유가 성립하는 시점은 원칙적으로 건물 전체가 완성되어 당해 건물에 관한 건축물대장에 구분건물로 등록된 시점이라고 할 것이므로, 건축공사가 중단될 당시까지 종전 건축주에 의하여 축조된 미완성 건물의 구조와 형태가 구분소유권의 객체가 될 수 있을 정도가 되었다고 하더라도 마찬가지이다.

해설 변경된 판례 99다1345는 '전유부분과 공용부분의 구별'에 관한 판단을 하면서 쓸데없이(부주의하게) '구분소유가 성립한 시점'이라는 문구를 집어넣은 것입니다. 법률문장은 개념과 논리에 의해 규정되므로, 단어 하나의 차이에도 그 문서 전체가 완전히 다른 의미가 될 수도 있습니다. 변경된 판례 2004다67691은 건축승계의 경우 집합건물의 원시취득자를 결정하는 기준을 역시 쓸데없이 '※' 표시 부분을 넣어버린 것입니다. 그리고 폐기된 부분은 두 판결 모두 '※' 표시 부분에 한정된 것으로 보아야 할 터입니다.

대판 2012다103325 대지사용권의 전유부분과의 종속적 일체불가분성, 전유부분의 저당권 실행의 경우 대지지분의 취득, '토지담보권'의 존속의 조건, 대지사용권 성립 후 토지지분낙찰의 효과, 대지지분에 대한 평가액의 미반영의 효과

[쟁점의 법리]

이 사례는 대지권 취지의 등기가 되지 않은 대지등기부의 은행근저당에 대해서는 아무런 조치가 없이, 대지지분은 매각가격에 포함되지 않은 건물만이 경락되고, 그 후 대지상 은행근저당에 의해 대지지분이 경락된 사건입니다. 이렇게 되면 '건물 경락인'과 '대지지분 경락인' 사이의 분쟁발생은 필연입니다. 건물의 경매절차에서 은행의 대지근저당권을 인수한다는 매각조건이 없었기 때문에 결국 '건물경락인'이 이긴 사건인데, 대지권등기가 되지 않아 '토지별도등기'의 표시가 없었더라도 '저당권은 경매로 소멸한다.'라는 법리가 그대로 적용되는 결과입니다.

그리고 건물경락인은 '대지지분의 가액'이 포함되지 않은 가격으로 건물을 경락받았는데도 불구하고 대지지분까지 취득하게 되는, 그것을 계산했든 아니든 어쨌든 과외의 이익을 본 유형이었습니다.

[사안의 개요]

시점, 소송	사실관계, 판단의 기준점, 법적효과
이하는 405호 전유부분	
2003.8. 이후	'갑'의 대지에 'A 은행'의 근저당권이 설정되고(2003.8.13), '갑'이 그 지상에 15층 주상복합건물을 신축함.
2006.2.23.	'갑'의 채권자의 가압류에 의해 '갑' 명의로 대지권등기는 없는 소유권보존등기가 됨.
2007.9.11.	'을'이 405호를 매수해 소유권이전등기와 'B 은행'의 근저당권이 설정됨.
2009.5.20.	'B 은행'이 신청한 임의경매절차에서 〈'A 은행'의 대지근저당권에 대해 아무런 언급이 없고, 405호의 대지지분은 매각가격에 포함되지 않은 채〉 '병'이 입찰하여 매수함. **해설** 'A 은행'의 대지근저당권등기(대지권등기가 된 경우에는 '토지별도등기'라고 불리는 것)에 대하여 경락인이 인수한다는 조건(소위 '특별매각조건')이 없었었기 때문에, 'A 은행'의 대지근저당권은 등기부상은 살아 있어도 법률상 소멸됩니다. 따라서 이후에 있는 'A 은행'의 대지근저당권을 기초로 한 405호의 대지지분의 경매도, 경락도, 그 경락인으로부터 매수한 권리도 모두 무효가 됩니다.
2010.2.1.	'피고'가 '병'으로부터 매수해서 소유권이전등기를 함.
이하는 405호의 대지지분	
2009.	'갑'의 채권자에 의한 강제경매(2009.3.5.)와 은행에 의한 임의경매(2009.6.1.)가 각 개시됨. 이 뒤의 경매(중복경매)는 주로 앞 경매의 채권금액이 소액이라든지 사정으로 인해 앞 경매가 취하나 취소될 것이 우려되는 경우에 신청이 되고 있습니다.
2010.3.31.	위 경매에서 '무'가 405호의 지분을 포함한 115.025/1,210.2를 매수함.
2010.4.7.	'원고'가 '무'로부터 위 115.025/1,210.2를 매수해 소유권이전등기를 함.
원고의 소제기	지료 및 부당이득금 반환의 청구소송을 제기함.
재판의 결과	1심 패소, 2심 승소, 3심(2012다103325) 패소.

대법원 2013.11.28. 선고 2012다103325 판결 〔지료청구 및 부당이득금 반환〕

[원고, 피상고인] 원고

[피고, 상고인] 주식회사 제이전시스템

[주문] 원심판결을 파기하고, 사건을 부산지방법원 본원 합의부에 환송한다.

1. 집합건물에서 구분소유자의 ① 대지사용권은 규약이나 공정증서로써 달리 정하는 등의 특별한 사정이 없는 한 전유부분과 종속적 일체불가분성이 인정되므로(법 제20조 제1항, 제2항), 대지소유권을 가진 집합건물의 건축자로부터 전유부분을 매수하여 그에 관한 소유권이전등기를 마친 매수인은 전유부분의 대지사용권에 해당하는 토지공유지분(대지지분)에 관한 이전등기를 마치지 아니한 때에도 대지지분에 대한 소유권을 취득한다. (대판 2010다11668, 2011다79210)

그리고 동일인의 소유에 속하는 전유부분과 대지지분 중 ② 전유부분만에 관하여 설정된 저당권의 효력은 규약이나 공정증서로써 달리 정하는 등의 특별한 사정이 없는 한 종물 내지 종된 권리인 대지지분에까지 미치므로, 전유부분에 관하여 설정된 저당권에 기한 경매절차에서 전유부분을 매수한 매수인은 대지지분에 대한 소유권을 함께 취득하고, 그 경매절차에서 ③ 대지에 관한 저당권을 존속시켜 매수인이 인수하게 한다는 특별매각조건이 정하여져 있지 않았던 이상 설사 대지사용권의 성립 이전에 대지에 관하여 설정된 저당권이라고 하더라도 대지지분의 범위에서는 민사집행법 제91조 제2항이 정한 '매각부동산 위의 저당권'에 해당하여 매각으로 소멸하는 것이며, ④ 이러한 대지지분에 대한 소유권의 취득이나 대지에 설정된 저당권의 소멸은 전유부분에 관한 경매절차에서 대지지분에 대한 평가액이 반영되지 않았다거나 대지의 저당권자가 배당받지 못하였다고 하더라도 달리 볼 것은 아니다. (대판 2001다22604, 2005다15048)

해설 ①에 대하여 : 바늘 따라 실이 가듯이 원칙적으로 구분건물은 독립변수이고 토지지분은 종속변수입니다. 토지지분은 전유부분과의 종속적 일체불가분성입니다. 따라서 대지사용권이 붙은 구분건물의 소유권취득자는 해당 대지지분의 등기가 되기 전에도 그 대지지분에 대한 소유권을 취득합니다. 판결들은 왠지 마치 망설이듯이 단순히 '대지사용권을 취득한다.'라는 정도의 표현으로 그치는데, 이 판결은 이례적으로 "전유부분의 대지사용권에 해당하는 대지지분에 관한 이전등기를 마치지 아니한 때에도 '대지지분에 대한 소유권을 취득한다.'"라는 식으로 직설적입니다. '소유권으로서의 대지사용권'으로, 이론적으로는 '소유권과 대지사용권의 동시 존재'로 이해가 됩니다. 어쨌든, 사용권의 구체적 권원(權原 : 소유권, 지상권, 전세권, 임차권, 사용대차 등 어떠한 행위를 법률적으로 정당화하는 근거)을 바로 인정해버리니 판시에 대한 가독성이 더 좋습니다.

②에 대하여 : 판례는 대지사용권을 전유부분의 종된 권리(민법상 '종물' 개념을 확장하여)로 해석합니다. 따라서 전유부분에만 설정된 저당권의 효력도 대지지분에까지 미치는 것이고, 같은 논리의 연장으로서 전유부분에만 설정된 저당권은 대지지분의 매각대금에도 배당을 받고, 마찬가지로 그 경매의 취득자는 등기가 없이도 대지지분에 대한 소유권도 취득합니다.

③에 대하여 : 그리고 판례는 대지사용권이 성립하기 전에 설정된 저당토지에 대응하는 구분건물이 경매가 되면, 특별매각조건을 정해 예외적으로 저당권을 인수하는 것으로 하지 않는 한, 그 토지저당권은 원칙적으로 소멸하는 것으로 해석합니다. 이로써도 판례의 입장이 가능한 소멸주의로 가려는 것임을 알 수 있습니다. '기왕 경매된 것인데 뭘 남겨? 가능하면 기존의 권리들은 모조리 없애자!'라는 입장인 것입니다.
다만 토지의 권리가 저당권이나 가압류 등의 돈을 받을 채권이 아니면서 선순위인 권리인, 즉, 선순위의 소유권이전청구권가등기나 사용권인 지상권 등은

그 성격 때문에 원칙적으로 경매로 소멸되지 않습니다.

④에 대하여 :

▶ 설령 대지지분이 매각가액에 포함되지 않았거나 대지의 저당권자가 배당받지 못하였더라도 대지지분에 대한 소유권의 취득이나 그 저당권의 소멸에는 영향이 없다고 합니다. 그런데 그냥 상식적 차원에서 보면, 대지지분의 가액은 포함되지 않은 채 경매가 되었다는 것은 토지와 건물을 파는데 토지의 가격은 빠졌다는 것이 됩니다. 땅과 건물을 팔았는데 땅값은 주지 않아도 된다는 말인데, 대체 이게 말이나 되나? 그래서 경매로 물건을 날린 소유자가 경락인에게 땅값만큼의 부당이득을 반환하라고 재판을 걸기도 하지만, 법원은 부당이득이 아니라고 합니다.

▶ 왜 부당이득이 아닌지 그 이유에 대해서는 판례도 그 누구도 말해 주지 않고 있습니다. 필자 같은 먹물은 이유를 모르면 답답합니다. 이유를 알아야지 지식의 실체가 형성되고 발전으로 나아갑니다. 생각건대, '당연히 취득하는 종된 권리이고 매도인의 법정대리인 격인 법원이 다른 유보 없이 제시한 가격으로 매수하였으니, 경매의 매수인은 추가의 부담을 갖지 않아야 하는 것이 법리에 부합한다. 따라서 법률상 원인이 없을 것을 전제로 하는 법리인 부당이득은 아니다.'라고 보는 정도로 적절할 듯합니다. 어쨌든 덕분에 그만큼 싸게 살 수 있는 기회이니, 이것도 경매를 하는 이유가 되고 경매의 매력에 하나임에는 틀림이 없습니다.

2. 원심판결 이유와 기록에 의하면 다음과 같은 사실을 알 수 있다.
⑤ 주식회사 엔학개발은 2003.8.13. 그 소유의 부산 부산진구 양정동 (지번 생략) 대 415.2㎡ 외 7필지(이 사건 대지)에 관하여 국민은행에 근저당권설정등기를 마쳤다. ⑥ 엔학개발은 이 사건 대지 위에 15층 근린생활시설 및 공동주택 1동(이 사건 아파트)을 신축하였고, 2006.2.23. 가압류 기입등기 촉탁에 따라 이 사건 아파트의 각 구분

건물에 관하여 엔학개발 명의의 소유권보존등기가 마쳐졌으나 대지권등기는 마쳐지지 않았다. 소외 1은 엔학개발로부터 이 사건 아파트 중 405호(이 사건 전유부분)를 매수하여 2007.9.11. 그에 관한 소유권이전등기 및 국민은행의 근저당권설정등기를 마쳤다. 위 국민은행의 신청에 따라 진행된 임의경매절차에서 주식회사 제이투시스템이 2009.5.20. 이 사건 전유부분을 매수하였는데, 위 경매에서는 대지지분을 제외한 채 이 사건 전유부분에 관하여만 감정평가가 실시되었고 최저매각가격에도 대지지분의 평가액은 반영되지 아니하였으며 매각허가결정의 부동산 표시에도 전유부분만 표시되었다. 피고는 제이투시스템으로부터 이 사건 전유부분을 매수하여 2010.2.12. 그에 관한 소유권이전등기를 마쳤다.

한편 이 사건 대지에 관하여, 엔학개발 채권자에 의해 2009.3.5. 강제경매가 개시되고, 근저당권자인 국민은행에 의해 2009.6.1. 임의경매절차가 개시되었으며, 위 강제경매에 따라 경매가 진행되었다. 위 경매에서 소외 2는 2010.3.31. 이 사건 내시 중 115.025/1,210.2지분{그중 이 사건 전유부분에 해당하는 지분은 10.955/1,210.2지분(이 사건 대지지분)}을 매수하였고, 원고는 소외 2로부터 115.025/1,210.2지분을 매수하여 2010.4.7. 그에 관한 소유권이전등기를 마쳤다.

해설 ⑤⑥에 대하여 : 엔학개발은 거대한 욕망으로 자신의 토지를 담로 대출을 받아 15층 주상복합을 신축했으나, 욕망이 초과되었든 다른 사정이 있었든 어쨌든 채무에 시달리다가는 결국 어느 채권자의 가압류에 의해 강제로 직권보존등기가 되었습니다. 이때 각 구분건물에 관한 대지권등기는 되지 않았는데, 직권보존등기의 경우 대지권 등기까지 실행되기는 어렵습니다.
문제는 대지권등기는 되지 않았다는 그 사실로부터 이 사건이 유발되었다는 건데, 이는 대지사용권이라는 난해한 법리에 대한 개념이 없는 현실에 비춰서는 이 또한 언제든지 일어날 수 있는 사태입니다. 경매인들의 먹거리가 탄생하는 역사적 진실이기도 합니다.

3. 이러한 사실관계를 앞에서 본 법리에 비추어 보면, 대지사용권의 분리처분이 가능하도록 규약이나 공정증서로써 정하였다는 등의 특별한 사정을 찾아볼 수 없는 이 사건에서, 소외 1은 이 사건 대지지분에 관하여 이전등기를 마치지는 아니하였으나 대지의 소유자로서 대지사용권을 가지고 있던 엔학개발로부터 이 사건 전유부분을 매수하여 소유권이전등기를 마침으로써 이 사건 대지지분에 대한 소유권도 취득하였고, 제이투시스템은 이 사건 전유부분에 관하여 설정된 근저당권에 기한 경매절차에서 전유부분을 매수함으로써, 피고는 제이투시스템으로부터 이 사건 전유부분을 매수하여 그에 관한 소유권이전등기를 마침으로써 각 이 사건 대지지분에 대한 소유권을 순차로 취득하였다고 할 것이다.

해설 이 사건 아파트 405호 전유부분은 '엔학개발 → 소외 1(매매로 인한 매수인) → 제이투시스템(경매의 매수인) → 피고(매매로 인한 매수인)'의 순서로 이전되었습니다. 그러나 405호 전유부분에 해당하는 토지지분은 여전히 엔학개발의 명의로 남아 있습니다. 이 물건이 일반건물이거나 대지사용권이 없는 구분건물이면 큰 사고가 날 수 있겠지요. 다행히 출발자인 엔학개발이 대지의 소유자로서 대지사용권을 가지고 있었던 관계로, 엔학개발 이하의 자들도 문제없이 소유권으로서 대지사용권을 취득하게 된 것입니다.

▶ 흔히 '토지와 건물의 소유자가 한 번이라도 일치한 적이 있으면 그때부터 대지사용권이 성립한다.'라는 식의 말이 있는데, 이 말은 이론적으로는 엄밀히 보면 틀리나, 현실적으로는 문제가 없습니다. (현실적으로는 문제가 없는 경우이더라도 이론적인 구별능력은 중요합니다. 저런 구별능력의 보유 여부가 진정한 실력자를 가르는 중요기준의 하나입니다.) 더구나 엔학개발이 자신 소유의 토지 상에 당연히 대지사용권의 의사가 내포된 자기 소유의 집합건물을 지었으니, 매수인이든 경락이든 그 이후의 자들은 모두 소유권으로서의 대지사용권을 취득하게 된 것입니다. 즉, 대지지분에 대한 등기가 없이도 법적 근거('집합건물법'이든 '종물개념'이든)에 의해 소유권과 대지사용권을 동시에 보유하는 것입니다.

한편 이 사건 ⑦ 대지에 관하여 진행된 강제경매는 이 사건 대지지분의 소유권이 소외 1에게 이전된 후 집행채무자를 엔학개발로 하여 개시된 것으로서 타인 소유의 물건에 대한 강제집행에 해당하므로, 그 강제경매절차에서의 매수인인 소외 2는 이 사건 대지지분에 대한 소유권을 취득할 수 없다. ⑧ 나아가 이 사건 대지에 관하여는 후행경매로서 근저당권자 국민은행에 의한 임의경매개시결정도 있었으나, 그에 앞서 진행되었던 이 사건 전유부분에 관한 경매절차에서 이 사건 대지에 대한 국민은행의 근저당권을 존속시켜 매수인이 인수하게 한다는 특별매각조건이 없었던 이상 제이투시스템이 매각대금을 완납함으로써 국민은행의 위 근저당권은 이 사건 대지지분의 범위에서는 소멸하였다고 할 것이고, 소멸한 근저당권에 기한 경매절차에서는 매수인이 소유권을 취득할 수 없으므로, 소외 2는 임의경매절차에서의 매수인으로서도 이 사건 대지지분에 대한 소유권을 취득할 수 없다.

⑨ 그럼에도 불구하고 원심은 그 판시와 같은 이유로, 소외 2로부터 이 사건 대지지분을 매수한 원고가 이 사건 대지지분에 대한 소유자이고 피고는 이 사건 대지지분에 대한 소유권을 취득하지 못하였음을 전제로 원고의 청구를 일부 인용하였는바, 이는 집합건물 전유부분의 취득, 처분 및 경매에 관한 법리를 오해하여 판단을 그르친 것이다.

해설 ⑦에 대하여 : 소외 1이 엔학개발로부터 (비록 대지권등기는 되지 않았지만) 대지사용권을 가진 아파트 405호를 매매로 취득했음에도 불구하고, 마치 그 대지지분만은 엔학개발에 여전히 남아 있다는 듯이 그 대지지분을 매각한 것이므로(판결은 '타인 소유의 물건에 대한 강제집행에 해당하므로'라고 표현했네요.), 결국 소외 2의 대지지분에 대한 경락도 그 소유권의 취득도 모두 무효라는 뜻입니다.

⑧에 대하여 : 405호 전유부분의 경매에서 제이투시스템이 대지지분까지 취득하고 또한 동시에 국민은행의 근저당권은 405호에 대응하는 대지지분에 한해

서는 소멸하였음에도 불구하고(판결은 '국민은행의 근저당권을 존속시켜 매수인이 인수하게 한다는 특별매각조건이 없었던 이상'이라고 표현했네요.), 전의 경매로 이미 소멸해버린 토지근저당권에 기한 경매(즉, 무효인 경매절차)에서 낙찰받은 소외 2의 405호에 관한 대지지분의 소유권도 무효라는 뜻입니다.

⑨에 대하여 : 파기된 2심(부산지방법원 2011나24644)은 '405호를 매수한 제이투시스템이 토지에 관한 사용권을 취득하였다고 할 수 있을지는 몰라도 소유권으로서의 토지에 관한 대지권을 취득하였다고는 할 수 없으며, 그로부터 이 사건 집합건물 405호를 매수한 원고도 마찬가지이다.'라는 취지의 판결을 했는데, 판결내용으로 보아 2심에서의 피고변호사의 주장에 '전유부분의 경매절차에서 대지의 근저당권의 존속여부에 관한 특별매각조건이 없었던 사정'에 대한 치열함이 없었던 것 같고, 결국 그것이 2심의 판결에도 영향을 미쳤을 것으로 보입니다.
결국 '피고가 405호의 대지지분의 소유권을 취득하지 못하였다고 본 2심'은 집합건물 전유부분의 취득의 효과에 관한 법리를 오해함으로써 무효인 대지지분을 가진 원고의 지료나 부당이득의 청구에 대해 판단을 그르친 것입니다.

[2011나4081,4098] 전유부분만을 양수받은 자의 대지사용권 취득, 대지지분에 관한 감정평가액을 반영하지 않은 상태에서의 대지지분의 취득이 부당이득인지, 분양대금을 완납하지 못한 경우의 대지지분의 취득 여부 및 분양자의 분양대금 미지급을 이유로 한 동시이행항변권

[쟁점의 법리]

이 사안은 전유부분 중에서도 그 일부의 지분에 관한 건물 쪽과 토지 쪽의 분쟁이지만, (1) 구분소유물 전유부분에 대한 경매에서 경매목적물의 가격에 대지지분에 대한 평가액이 포함되지 않았다고 하더라도, 그 경락인이 해당 대지지분을 취득하는 것은 대지지분의 명의자에 대한 부당이득이 되지 않는다는 점과, (2) 그러나 부당이득은 되지 않는다고 하더라도 분양대금 중 미납액이 남은 경우에는, 그 미납액은 분양자의 동시이행항변권에 의해 결국 건물경락인이 그 미납액은 부담하게 된다는 점에 대한 각 법리를 보유하고 있습니다. 부당이득이 되지 않는 이유에 대해서는 보았으므로, 미납액을 부담하게 되는 이유에 대해서 공부합니다.

[사안의 개요]

시점, 소송	사실관계, 판단의 기준점, 법적효과
1998.5.16.	'갑'이 '병'으로부터 전유부분 501호 중에서도 일부(73.16분의 44.36)를 매수해서(해당 토지지분등기는 환지미완료로 받지 못함) '을'에게 근저당권 설정을 해줌.
2001.9.25.	'피고'가 '갑'으로부터 위 건물·토지 지분을 매수해 건물만 이전등기를 함.
2007.10.3.	'피고'가 서울시로부터 환지된 해당 대지지분인 250.7분의 28.3의 등기를 받음.
2009.11.6.	'을'이 신청한 위 건물지분에 대한 임의경매에서 '원고'가 경락받아 대금을 납부함. **해설** 이 경매절차에서 대지지분의 가액은 최저가액에 포함되지 않았으나 전유부분의 경락으로 종된 권리인 대지지분도 취득하게 됩니다.
원고의 본소청구	위 건물지분의 취득을 원인으로 위 대지지분의 등기를 넘기라는 소를 제기.
피고의 반소청구	원고의 건물지분에 의해 피고의 대지지분이 점유되고 있다는 이유로 지료를 지급하라는 반소를 제기.
2심 재판의 결과	원고의 본소청구 : 인용, 피고의 반소청구 : 기각 **해설** 전유부분의 경락으로 원고가 종된 권리인 대지지분도 취득하기 때문에 원고의 본소청구는 인정되고, 그 취득이 또한 부당이득도 아니기 때문에 피고의 반소청구는 인정되지 않습니다.

서울서부지방법원 2011.9.8. 선고 2011나4081(본소) 소유권이전등기 2011나4098(반소) 지료

[원고(반소피고), 항소인 겸 피항소인] ○○주식회사

[피고(반소원고), 피항소인 겸 항소인] 김호○

[주문]

1. 제1심판결의 본소에 대한 부분 중 원고 패소부분을 취소한다. 피고는 원고에게 서울 ○○구 ○○동 716 대 250.7㎡ 중 250.7분의 28.3지분에 관하여 2009.11.6.자 매각을 원인으로 한 소유권이전등기절차를 이행하라.
2. 피고(반소원고)의 본소 및 반소에 대한 항소를 모두 기각한다.

1. 이 사건 전유부분 중 73.16분의 44.36지분에 관하여 2009.4.28. 근저당권자인 송○○의 신청에 따라 서울서부지방법원 2009타경7454호로 임의경매절차가 개시되었고, 집행법원은 해당 대지지분이 제외된 상태에서의 감정평가액을 기초로 매각물건명세서를 작성하고 매각기일을 공고하였다. 원고는 위 임의경매절차에 참가하여 이 사건 전유부분 중 73.16분의 44.36지분에 관한 매각허가결정을 받아 2009.11.6. 매각대금을 지급한 후 2009.11.10. 소유권이전등기를 마쳤다.

2. 본소청구에 관한 판단

(중략) 집행법원이 구분건물에 대한 입찰명령을 함에 있어 대지지분에 관한 감정평가액을 반영하지 않은 상태에서 경매절차를 진행하였다고 하더라도, 전유부분에 대한 대지사용권을 분리처분할 수 있도록 정한 규약이 존재한다는 등의 특별한 사정이 없는 한 낙찰인은 경매목적물인 전유부분을 낙찰받음에 따라 종물 내지 종된 권리인 대지지분도 함께 취득하였다 할 것이므로, 구분건물의 대지지분 등기가 경료된 후 집행법원의 촉탁에 의하여 낙찰인이 대지지분에 관하여 소유권이전등기를 경료받은 것을 두고 법률상 원인 없이 이득을 얻은 것이라고 할 수 없다. (대판 2001다22604)

> 집합건물의 분양자가 수분양자에게 대지지분에 관한 소유권이전등기나 대지권변경등기는 지적정리 후 해 주기로 하고 우선 전유부분에 관하여만 소유권이전등기를 마쳐 주었는데, 그 후 대지지분에 관한 소유권이전등기나 대지권변경등기가 되지 아니한 상태에서 전유부분에 대한 경매절차가 진행되어 제3자가 전유부분을 경락받은 경우, 그 경락인은 집합건물법 제2조 제6호의 대지사용권을 취득하고, 이는 수분양자가 분양자에게 그 분양대금을 완납한 경우는 물론 그 분양대금을 완납하지 못한 경우에도 마찬가지이다. 따라서 그러한 경우 경락인은 대지사용권 취득의 효과로서 분양자와 수분양자를 상대로 분양자로부터 수분양자를 거쳐 순차로 대지지분에 관한 소유권이전등기절차를 마쳐줄 것을 구하거나 분양자를 상대로 대지권변경등기절차를 마쳐줄 것을 구할 수 있고, 분양자는 이에 대하여 수분양자의 분양대금 미지급을 이유로 한 동시이행항변을 할 수 있을 뿐이다. (대판 2004다58611)

해설 이미 공부했듯이 감정가에 대지지분에 대한 평가액이 포함되지 않았더라고 부당이득이 되지 않습니다. 그러나 만약 분양자기 분양대금을 덜 받은 경우라면 상대방의 동시이행항변권에는 걸릴 수 있다고 합니다. 그런데 머리말에서도 언급했듯이 진작에 중요한 그 이유에 대해서는 판례는 전혀 설시를 하지 않습니다. 우리는 '경락인은 분양자와 계약관계가 없는데도 불구하고, 기본적으로 계약관계자 사이에 문제가 되는 분양자의 동시이행항변권의 부담을 분양계약의 상대방이 아닌 경락인이 안게 되다니?'라는 의문을 풀어야 합니다.

▶ 필자가 분석하기에는 이렇습니다. 분양대금을 완납하지 못한 경우에도 경락자는 주된 권리인 구분소유권의 취득으로 당연히 종된 권리인 대지사용권과 대지지분소유권을 취득하는 것이지만, '분양대금의 일부 미납의 사실은 별개로 문제'로 남습니다. 즉, 분양자의 입장에서는 '분양(매도)으로 인한 분양대금지급청구권'을 근거로 최초의 수분양자에 대하여 '동시이행항변권'의 행사가 가능한 것이고, 경락인은 최초의 수분양자가 권리취득을 한 후에 그로부터 순차

이전을 받아야 하는 지위에 있으니, 분양자의 최초의 수분양자에 대한 동시이행항변권의 행사가 구조적으로 경락인의 부담으로 돌아오는 결과를 짓는 것으로 이해가 됩니다. 소송상으로는 경락자의 대위권의 행사에서, 그 피대위자의 채무가 결국 경락인이 부담하는 선결의 문제로 남게 되는 것입니다.

> **가.** 청구원인에 관한 판단
>
> 인정사실에 따르면, '갑' 소유인 이 사건 전유부분 중 73.16분의 44.36지분에 관하여 '을' 명의로 마쳐진 근저당권 효력은 그 대지사용권으로서 갑이 병으로부터 매수하였지만 토지구획정리사업 진행으로 말미암아 소유권이전등기를 마치지 못한 ○○동 724 대지의 환지예정지 중 위 지분비율에 따른 부분에 미치는데, 그 후 피고가 2001.9.21. 갑으로부터 이 사건 전유부분 중 73.16분의 44.36지분과 해당 대지지분을 매수하여 2001.9.25. 우선 위 전유부분 지분에 관한 소유권이전등기를 마치고 토지구획정리사업이 완료된 후 2007.10.31. 서울특별시로부터 환지된 해당 대지지분인 ○○동 716 대지 중 250.7분의 28.3지분에 관한 소유권이전등기를 마쳤음을 알 수 있다. 그런데 앞서 본 법리에 따르면, 원고는 근저당권자인 을의 신청으로 개시된 임의경매절차에서 이 사건 전유부분 중 73.16분의 44.36지분에 관한 매각허가결정을 받아 2009.11.6. 매각대금을 지급함에 따라 종물 내지 종된 권리로서 해당 대지지분인 ○○동 716 대지 중 250.7분의 28.3지분도 함께 취득하였으므로, 피고는 원고에게 ○○동 716 대지 중 250.7분의 28.3지분에 관하여 2009.11.6.자 매각을 원인으로 한 소유권이전등기절차를 이행할 의무가 있다.

해설 우리가 '공유지분에 대한 경매'라고 하면 주로 토지공유지분을 생각하게 되고, 건물의 경우에는 '공유물분할'이 어려운 점을 비롯해 이러 저러한 사정으로 인해 망설이게 됩니다. '공유물분할' 그 자체에 대해서는 나중에 관련 판례에서 보겠지만, 어쨌든 건물의 지분도 수익을 낼 수는 있습니다. 발상을 달리해서 보면 어쩌면 토지보다는 건물공유지분이 더 짭짤할 수도 있습니다.

▶ 이 사례는 아파트라서 대지지분의 취득을 위한 해당 재판도 불가피했을 것입니다. 그렇지만 건물공유지분을 경매 받는 경우에는 통상 웃돈을 붙여 다른 공유자에게 되팔거나, 부당이득의 반환을 청구하거나, 상가 등 임대물이라면 월세를 지분비율에 따라 나누는 등 다양한 수익의 방법이 전개되겠지요. 그런데 이런 물건이 협상으로 종료되기는 어려운 면이 있지요. 즉, 재판을 해야 하는 단점이 있는데, 그렇더라도 워낙 싸게 사게 되니 매력을 가지는 투자의 종류인 것이고요. 어쨌든 가장 중요한 기본 전제는 많이 싸게 사야 한다는 점입니다. 그 이유는, 그리 싸게 사지 못하면 운신이 어려운 반면, 많이 싸게 사면 내가 핸들링을 할 역량이 커지고 필요에 따라서는 일정 수준에서의 양보에도 자유를 확보하기 때문입니다.

나. 피고의 항변에 관한 판단

피고는 대지지분인 250.7분의 28.3지분의 가액 91,700,000원을 지급받음과 동시에 원고에게 소유권이전등기의무를 부담한다고 주장한다. 그러나 원고가 집합건물법 제20조가 규정하는 전유부분과 대지사용권의 일체성에 근거하여 종물 내지 종된 권리인 위 대지지분도 함께 취득하였다고 하여 이를 법률상 원인 없이 대지지분 가액 상당의 이득을 얻은 것이라고 할 수 없다.

또 피고는 원고가 대지지분인 250.7분의 28.3지분에 관한 소유권이전등기를 구하는 것은 신의칙에 반하는 권리남용이라고 주장한다. 집합건물의 전유부분과 대지사용권이 분리되는 것을 최대한 억제하여 대지사용권 없는 구분소유권의 발생을 방지함으로써 집합건물에 관한 법률관계의 안정과 합리적 규율을 도모하려는 집합건물법 제20조의 취지와 앞서 본 법리 내용을 보태어 보면, 원고가 경매절차에서 위 전유부분을 매수한 다음 집합건물법 제20조에 근거하여 피고에게 그 대지지분에 관한 소유권이전등기를 구하는 것이 신의칙에 반하는 권리남용이라고 볼 수 없다.

3. 반소청구에 관한 판단

원고가 2009.11.6. 임의경매절차에서 이 사건 전유부분 중 73.16분의 44.36지분 매수함으로써 그 대지지분인 ○○동 716 대지 중 250.7분의 28.3지분을 함께 취득하였으므로, 피고가 2009.11.7. 이후 여전히 위 대지지분에 관한 소유권을 가진다는 점을 전제로 한 피고의 주장은 더 나아가 살필 필요 없이 이유 없다.

해설 **본소** : 원고의 대지지분의 이전등기 청구에 대하여, 피고는 첫째 대지지분의 가액이 빠진 채(법률상 원인 없이) 취득하였으므로 원고의 부당이득액(토지지분 250.7분의 28.3의 가액 91,700,000원)과 상환으로 지분이전등기를 해주겠다는 항변을 하였고, 피고는 둘째 원고가 대지지분의 이전등기를 구하는 것은 신의칙에 반하는 권리남용이라고 항변했습니다. 이 사례를 대법원의 최종 견해에 따라 그 법리를 군더더기 없이 칼로 베어 정리하면 "서울시 - '병' - '갑'(위 3자는 각 소유권 및 대지사용권 취득) - '을'(근저당권은 무효) - 피고(소유권 및 대지사용권 취득 : 서울시로부터 대지지분의 등기를 받은 것은 공시기능의 취득에 지나지 않음.) - 원고(경매로 건물지분을 취득함으로써 소유권 및 대지사용권 취득)"로 풀이됩니다. 따라서 우선 피고의 첫째 항변은 인정될 수 없습니다. 위 첫째 항변은 구체적 법리에 근거하는 항변이고, 둘째 항변은 추상적 법리(일반 규정)입니다. 통상의 항변 순서에 따른 피고의 항변 모두에 대해 판시와 같이 인정하지 않았습니다.

반소 : 피고는 반소로서 자신의 명의로 등기되어 있는 토지지분 28.3/250.7을 원고가 점유·사용하고 있다며 지료를 청구했습니다. 설령 위 첫째 및 둘째 항변은 인정되더라도 (항변의 인정은 청구를 기각하는 기능밖에 없으므로) 그것으로서 피고에게 지료에 대한 집행권원까지 나오는 것은 아닙니다. 즉, 이와 같이 상대방의 청구를 물리치는 것을 넘어, 스스로 집행할 권원을 원하는 경우에는 반소를 제기해야 합니다. 이 경우 반소가 본소와 동일한 사실관계로부터 유래하더라도, 반소 청구 그 자체는 본소와는 소송물이 달라야 합니다. 즉, 이 사례에서 본소의 '지분이전등기청구권'과 반소의 '지료청구권'이 다르듯이 말입니다.

※ 위 판결(서울서부지법 2011나4081,4098)에서 인용한 판례
[대법원 2006.9.22. 선고 2004다58611 판결. 소유권이전등기]

해설▶ 인용 대법원 판례는 '경락인이 대지지분을 취득하는 것은 대지지분의 명의자에 대한 부당이득이 되지 않는다는 점'에서는 경락인의 이익으로 인정하였고, '동시이행항변권에 의해 경락인이 그 미납금액은 부담하게 된다는 점'에서는 경락인의 불이익으로 인정하였습니다. 그러나 인용 판례의 1심과 2심은 동시이행항변권의 문제에 나아갈 것도 없이, 경락인이 대지지분을 취득하는 점에서조차 그것을 부인하는 오판을 했습니다. 해당 판결을 실으니, 각 차이가 가지는 원인 내지 성격에 대해 읽기 바랍니다.

인용판례 : 대법원 2004다58611 판결 (전략) 따라서 그러한 경우 그 경락인은 대지사용권 취득의 효과로서 분양자와 수분양자를 상대로 분양자로부터 수분양자를 거쳐 순차로 대지지분에 대한 소유권이전등기절차를 마쳐줄 것을 구하거나 분양자를 상대로 대지권변경등기절차를 마쳐줄 것을 구할 수 있다고 할 것이고, 분양자는 이에 대하여 수분양자의 분양대금 미지급을 이유로 한 동시이행항변을 할 수 있을 뿐이라고 할 것이다. 그렇다면 피고 성남시가 피고 주식회사 경동('피고 회사')에게 이 사건 전유부분과 이 사건 대지지분을 함께 분양한 다음 지적정리의 지연으로 이 사건 대지지분에 대한 소유권이전등기나 대지권변경등기는 지적정리 후 해 주기로 하고 우선 이 사건 전유부분에 대하여만 소유권이전등기를 마쳐 주었는데, 그 후 이 사건 대지지분에 대한 소유권이전등기나 대지권변경등기가 되지 아니한 상태에서 이 사건 전유부분에 대한 경매절차가 진행되어 원고가 이 사건 전유부분을 경락받은 것이 기록상 분명한 이 사건에서, 비록 피고 회사가 피고 성남시에게 그 분양대금을 완납하지 못하였다고 하더라도, 원고는 본권으

로서 대지사용권을 취득하는 한편, 더 나아가 그 법률적 효과로서 이 사건 부동산의 분양자인 피고 성남시가 수분양자인 피고 회사에게 이 사건 전유부분에 대하여 먼저 소유권이전등기를 경료하여 주고 대지지분에 대한 소유권이전등기는 지적정리가 마쳐지는 대로 경료하여 주기로 한 것인 만큼, 그 밖의 다른 특별한 사정이 없는 이 사건에서는 위 전유부분의 소유권을 취득한 원고가 위 대지사용권과 함께 위 전유부분에 대응하는 이 사건 대지지분에 대한 소유권이전등기청구권도 취득하였다고 할 것이어서, 피고 성남시와 피고 회사를 상대로 피고 성남시로부터 피고 회사를 거쳐 순차로 이 사건 대지지분에 대한 소유권이전등기절차의 이행을 구할 수 있는 권원이 있다고 할 것이다. 그럼에도 불구하고, 원심은 피고 회사가 피고 성남시에게 그 분양대금을 완납하지 못하였기 때문에 원고가 이 사건 전유부분의 소유를 위한 대지사용권을 취득하지 못하였다고 판단하고 원고의 이 사건 대지지분에 대한 소유권이전등기청구를 모두 배척하고 말았으니, 이러한 원심판결에는 대지사용권에 관한 법리를 오해하여 판결 결과에 영향을 미친 위법이 있다고 할 것이다. 그러므로 나머지 상고이유에 관하여 나아가 판단할 필요 없이 원심판결을 파기하고, 사건을 다시 심리·판단하게 하기 위하여 원심법원으로 환송하기로 하여 관여 법관의 일치된 의견으로 주문과 같이 판결한다.

위 인용판례의 제2심 : 수원지방법원 2004나1872 원고는 가사 피고회사가 위 분양대금을 완납하지 아니하여 대지권을 취득하지는 못하였다고 하더라도, 원고로서는 이 사건 건물 및 대지에 관한 임의경매절차에서 대지가격을 포함한 금액을 낙찰대금으로 납부함으로써 피고회사에 대하여 이 사건 대지부분에 관하여 소유권이전등기청구권을 가지고 있고 한편 피고회사는 피고 성남시에 대하여 분양계약으로 인한 소유권이전등기청구권을 가지고 있으므로 피고회사를 대위하여 피고 성남시에 대하여 이 사건 대지부분에 대한 소유권이전등기절차의 이행을 구하는 것이라고 주장하면서, 피고 성남시의 피고회사에 대한 분양대금 채권은 1997.7.1.부터 5년이 경과함으로써 시효소멸하였으므로 피고 성남시는 더 이상 대지부분에 대한 분양대금을 지급받을 때까지 소유권이전등기절차의 이행을 거절할 수 있는 항변권을 상실하였다고 주장한다. 그러나 피고회사가 대지권을 취득하지 못한 이상 원고로서는 경매절차를 통하여 이 사건 건물의 대지권을 낙찰받았다고 할 수 없으므로 피고회사에 대하여 대지권 (또는 원고가 주장하는 대지부분)에 관한 이전등기청구권을 가진다고 할 수 없는바, 이와 다른 견해를 전제로 한 위 주장은 더 나아가 살펴볼 필요없이 이유 없다. 그렇다면, 원고의 피고회사에 대한 청구 및 피고 성남시에 대하여 피고회사를 대위하여 구하는 청구는 모두 이유 없어 기각할 것인바, 제1심 판결은 이와 결론을 같이 하여 정당하므로, 원고의 항소를 기각하기로 하여 주문과 같이 판결한다.

위 인용판례의 제1심 : 수원지방법원 성남지원 2003가단5404 당초 위 분양계약의 목적물에 위 대지지분도 포함되어 있었음은 위에서 본 바와 같고, 갑제5, 6호증의 각 기재에 변론의 전취지를 종합하면, 위 경매과정에서 위 대지권도 입찰물건에 포함된 것으로 매각공고되고 감정평가서에도 위 대지권의 가격이 반영된 사실을 인정할 수 있고 반증 없으나, 위 근저당 설정 시에는 위 대지권이 아직 미등기 상태였음에 비추어 위와 같은 사정만으로는 피고가 위 대지권도 함께 낙찰받았다고 보기에 부족하고, 그 외 ① 피고 회사가 위 근저당권의 설정 이후라도 위 대지권을 취득함으로써 위 전유부분과 대지권이 동일한 소유자에게 귀속되었다거나, 또는 그렇지 않더라도 ② 피고 회사가 나머지 분양대금을 모두 납부함으로써 소유권 취득에 필요한 실질적인 요건은 모두 갖추었으나 다만 환지절차의 지연 등으로 등기만 미루던 중으로서 본래대로라면 전유부분의 등기 시 대지권의 등기도 함께 경료되었으리라는 등의 추가적인 사정이 있는 경우라야만 위 전유부분에 대한 근저당권의 효력이 위 대지권에도 미쳐 양자가 함께 낙찰되었다고 해석할 수 있을 것인데, 본 건의 경우에는 위와 같은 추가적인 사정에 대한 아무런 입증이 없고, 또한 집합건물법 제20조 제2항과 관련하여 보더라도, 위 조항은 전유부분과 대지권이 동일인의 소유에 속함을 전제로 그 분리 처분을 최대한 억제하려는 규정에 불과하여 피고 회사조차도 아직 위 대지권을 취득하지 못한 것으로 보이는 본 건에 있어서는 그 적용이 없다 할 것이므로, 결국 원고는 위 대지권을 낙찰받지 못하였다고 볼 것이다. 그렇다면, 위 대지권의 경락을 전제로 순차 이전등기를 구하는 이 사건 청구는 더 나아가 살필 필요 없이 이유 없으므로 기각하기로 하여 주문과 같이 판결한다.

[2003가단90324〈1심〉, 2004나2882〈2심〉, 2007.4.13. 선고 2005다8682〈3심〉] 할아버지 가압류, 별도등기, 사후 대지권 소멸, 사후 경락이전 등기의 말소 등

[쟁점의 법리]

1 ▸▸ 앞서의 사례(대법원 2013.11.28. 선고 2012다103325 판결)는 대지의 근저당을 존속시키는 특별매각조건이 없음이 명백했던 경우였습니다. 그것과는 달리 이 사례('가압류'이지만, 같은 돈 받을 채권이므로 근저당과 달리 볼 것이 아님.)에서의 대법원은 그런 조건에 대한 경매법원의 명시적인 결정은 없으나 다수의 사정을 종합한 결과, 경매법원이 이 사건 문제의 가압류를 그대로 존속시켜 그 부담을 낙찰자가 인수하는 것을 전제로 경매를 진행한 것이라고 판단했습니다. 법리나 재판의 결과는 사실의 작은 차이에도 전혀 다르게 되는 것이니만치, 대충 비슷하다고 하나로 이해하고 넘어갈 것이 아니라 사실의 구체성에 따라 냉정히 판단해야 합니다. 그 냉정한 준별의식과 나아가 관련한 실력의 차이가 결국 큰돈을 벌게도 하고 잃게도 합니다.

2 ▸▸ 이 사례는 큰 범위에서의 법리적 쟁점으로는 '사후 대지권 소멸' 등 다수의 중요한 것들을 가지고 있고, 사실관계로는 집합건물의 토지와 건물이 각기 다른 시점에 따로 경매되는 등 무척이나 복잡합니다. 해서, 참! 해설을 붙이기

가 무척 힘이 들었습니다. 그렇지만 너무 복잡하다는 이유를 두고 스스로의 정당화를 통해 이것저것 회피하다 보면, 돈 버는 보고를 끌어안고 있는 사례는 놓치게 되고 빈껍데기의 단순한 공부만 하게 됩니다. 토지나 건물 중 어느 하나만 경매 받는 경우, 위기의 회피와 기회의 포착 모두를 알게 하는 길을 보여주는 이런 사례는 힘들어도 꼼꼼히 읽을 가치가 충분합니다.

3▸▸ 이 사례는 "토지가압류 → 건물보존등기와 대지권등기 → 건물 경매로 매각 → 토지가압류의 채권에 의한 토지경매로 인한 토지소유권의 매각"의 순으로 진행되었습니다. 판결에는 전혀 내용이 나오지 않아 정확지는 않지만, 대지사용권이 성립하기 전의 가압류였기 때문에 토지지분의 경매매각으로 인해 건물의 대지권등기가 말소된 것으로 보입니다. 이것을 '사후 대지권 소멸'이라고도 부르는데, 대지사용권 관련 물건의 투자종목의 하나입니다. 즉, 대지사용권이 성립하기 전에 토지에 들어선 권리들(압류, 가압류, 가처분, 가등기, 근저당권 등 무엇이든)에 의해 나중에(집합건물이 들어선 후에) 토지만 경매되는 경우인데, 이 경우에는 '분리처분금지'에 위반되지 않아 건물주에게 토지사용료든(법률적 성격은 '지료'가 아니라 '부당이득'입니다.), 구분건물 매도청구든, 건물철거청구든(어느 특정의 구분소유물만의 철거는 현실적으로는 불가능하더라도, 소송상 판결을 구하는 것은 가능합니다.) 그 어느 것이든 청구할 수 있습니다. 대체로 워낙 싸게 토지지분를 낙찰받게 되어 있고 또 건물 쪽을 핸들링하기도 하기도 좋은 편이어서(물론 나의 실력과 관련성이 큽니다.) 훌륭한 투자종목에 해당합니다.

4▸▸ 가압류등기(전 소유자에 대한 그 가압류 : 경매세계에 말하는 소위 '할아버지 가압류')된 부동산의 소유권이 이전된 후 들어선 채권자의 경매신청으로 매각된 경우에는, 그 가압류등기가 배당을 받고 말소의 대상이 되는지의 기준에 대하여, 이 사건 대법원(2005다8682)은 전 소유자에 대한 그 가압류채권자는 배당을 받는 것이 원칙이며(순위는 우선으로), 다만 경매법원이 그 가압류를 인수하는

것으로(즉, 인수한다는 특별매각조건을 명시한 후) 매각절차를 진행시킬 수도 있다고 판시했습니다.

5▸▸ 이 사건 대법원판결 후 1년이 가까이 지나서 나온 판시(대법원 2008.03.13. 선고 2005다15048 판결 : 민사집행법 제91조 제2항에 의하면 매각부동산 위의 모든 저당권은 경락으로 인하여 소멸한다고 규정되어 있으므로, 집합건물의 전유부분과 함께 그 대지사용권인 토지공유지분이 일체로서 경락되고 그 대금이 완납되면, 설사 대지권 성립 전부터 토지 만에 관하여 별도등기로 설정되어 있던 근저당권이라 할지라도 경매과정에서 이를 존속시켜 경락인이 인수하게 한다는 취지의 특별매각조건이 정하여져 있지 않았던 이상 위 토지공유지분에 대한 범위에서는 매각부동산 위의 저당권에 해당하여 소멸한다.)도 함께 결부해서 이 사례를 이해하면 이해에 도움이 될 것입니다. '사후 대지권 소멸' 등의 다른 쟁점들은 각 해당부분에서 해설을 붙입니다.

[사안의 개요]

시점, 소송	사실관계, 판단의 기준점, 법적효과
사실의 출발	'갑'이 '을'의 땅 지분(1,564분의 1,509)에 주상복합건물(송도타워맨션)의 신축을 '병'에게 도급했지만, '병'이 부도되고 이어 '갑'도 부도남.
1995.	'정'이 '을'로부터 위 땅 지분을 매수(1995.1.5)한 뒤 공사를 계속함.
1995.2.	'정'의 채권자들('무'외 43명)이 위 땅 지분을 가압류함.
1995.3.2.	위 건물의 소유권보존등기 및 수분양자들에게 대한 소유권이전등기.
1997.3.~ 2001.11.	- 위 건물 중 (각 대지권을 포함하여) 경매에 나온 701호를 '원고1'이 1997.3.17.날, 801호를 '소외 3'이 1999.11.17.날, 901호를 '소외 4'가 1997.12.5.날 각 경매로 매수해 소유권이전등기를 함. **해설▸** 대법원은 다수의 구체적인 사실들로 보아 '경매법원이 위 토지 가압류가 존속하는 것으로 하고 경매절차를 진행한 것'으로 해석하였습니다.

	- (역시 각 대지권을 포함하여) '원고 2'가 801호를 2001.11.19.날, '원고 3'이 901호를 1998.9.30.날 매수해서 소유권이전등기를 함.
2001.8.	위 가압류권자들이 1997.11.20. 신청한 대지지분(1,564분의 1,509)에 대한 강제경매에서 '피고'가 매수해 2001.8.2. 이전등기를 함으로써, 위 호수들(701, 801, 901)의 대지지분이 각 말소됨. **해설** (1) 건물경매가 끝나도 여전히 유효하게 존속하게 된 토지에 대한 가압류(대지사용권이 성립하기 전에 들어선 권리로서의 가압류)를 기초한 경매였으므로, 일단 성립한 대지사용권은 사후적으로 소멸입니다. (2) 또한 전 소유자에 대한 가압류에 기초해서 실행된 경매절차였으므로, 가압류 후에 취득한 권리인 원고들의 소유권(이 사건 대지지분)은 경락으로 말소됩니다.
원고들의 청구	'원고 1, 소외 3, 소외 4'가 경매목적물로 표시된 전유부분(701, 801, 901)과 등기된 대지권을 경매를 받았음에도 불구하고 말소되지 않고 잔류해 있던 위 가압류채권의 집행권원에 의한 강제경매절차에서의 위 대지지분(1,564분의 1,509)의 낙찰은 무효이므로, '피고'는 원고들의 호수들(701, 801, 901)에 해당하는 피고의 대지지분이전등기를 말소하라는 소를 제기.
재판의 결과	2003가단90324〈1심〉 패소 2004나2882〈2심〉 승소 2007.4.13. 선고 2005다8682〈3심〉 패소

〈1심〉 부산지방법원 2004.2.11. 선고 2003가단90324 판결 〔소유권말소등기〕

[원고] 원고 1외 2인

[피고] 피고

[주문] 원고들의 청구를 모두 기각한다.

[청구취지] 피고는 원고들에게 부산 서구 암남동 614-5 지상 송도타원맨션의 별지 기재 각 호수의 대지지분에 관하여 2001.8.2. 부산지방법원 중부산등기소 접수 제32239호 낙찰을 원인으로 한 지분전부이전등기의 각 말소등기절차를 각 이행하라.

해설▶ 등기의 말소를 구하는 경우에는 위 '2001.8.2. 부산지방법원 중부산등기소 접수 제32239호'와 같은 방식으로 그 등기사항을 특정합니다.

[이유]

1. 기초사실

가. 소외 주식회사 일호주택은 1991.8.1.경 소외 5가 1,564분의 1,509 지분을 가지고 있던 부산 서구 암남동 614-5 대 1,564㎡(이 사건 대지) 지상에 지하 1층, 지상 27층의 구매 및 생활시설, 공동주택 총 86세대의 송도타원맨션을 신축, 분양하기로 하고, 소외 창조건설 주식회사를 시공자로 선정하여 공사에 착수하였는데, 1994.7.경 창조건설이 부도나고 연이어 일호주택도 부도가 났다.

나. 이에 따라 소외 2 주식회사(소외 회사)가 새로운 시행자가 되었으며, 소외 회사는 1995.1.5. 위 소외 5로부터 이 사건 대지 중 소외 5의 지분인 1,564분의 1,509 지분을 매수한 뒤 공사를 계속하였다.

다. 그런데 소외 회사에 대한 채권자이던 소외 1 외 43명이 1995.2.경 이 사건 대지 중 소외 회사의 지분(1,564분의 1,509)에 대하여 부산지방법원을 통해 가압류하였다(이 사건 가압류등기).

라. 한편 소외 회사는 1995.3.2.경 신축된 송도타워맨션에 대하여 그 명의로 소유권보존등기를 한 다음 그 무렵부터 수분양자들에게 위 맨션 중 각 해당 세대에 대하여 각 소유권이전등기를 마쳐 주었다.

마. (1) 원고 1은 1997.3.17. 강제경매절차에서 송도타워맨션 '701'호(편의상 필자의 임의기재, 이하 '801', '901'도 같음) 및 대지권을 낙찰받고 같은 해 4.16. 자신 앞으로 소유권이전등기를 마쳤다.

(2) 소외 3은 1999.11.17. 임의경매절차에서 '801'호 및 대지권을 낙찰받았고, 원고 2는 위 소외 3으로부터 2001.11.19. 위 '601'호 및 대지권을 매수하여 자신 앞으로 소유권이전등기를 마쳤다.

(3) 소외 4는 1997.12.5. 임의경매절차에서 '901'호 및 대지권을 낙찰받았고, 원고 3은 위 소외 4로부터 1998.9.30. 위 '701'호 및 대지권을 매수하여 자신 앞으로 소유권이전등기를 마쳤다.

바. 그런데 소외 1 외 43명은 1997.11.20. 소외 회사의 위 대지지분에 대하여 강제경매신청을 하였고, 피고는 위 경매절차가 진행 중이던 2001.7.11. 위 송도타워맨션 위 각 호(701, 801, 901) 등의 대지지분권을 포함하여 1,564,000분의 50,948 중 8,700분의 4,222지분을 낙찰받고, 2001.8.2. 자신 앞으로 지분전부이전등기를 하였으며, 이에 따라 위 각 호의 별지 기재 각 대지지분권은 위 강제경매의 낙찰로 인하여 2001.8.2.자로 각 말소되었다.

2. 주장 및 이에 대한 판단

가. 원고의 주장

원고 1과 소외 3, 4는 송도타워맨션 위 각 호에 대한 법원의 경매절차에 참가하여 낙찰을 받았는데, 당시 경매개시결정서나 경락허가결정서에 모두 전유부분과 대지권 모두가 경매목적물로 제시되어 있었으므로, 이 사건 대지에 대한 등기부에 소외 1 외 43명의 신청에 의한 1995.2.22.자 가압류기입등기가 존재하고 있었다 하더라도, 법원에서 원고 1과 소외 3, 4가 참가한 경매절차에서 경락대금을 배당할 때 각 대지지분의 가압류권자인 소외 1 등에게 배당을 한 후 소외 1 외 43명의 가압류등기를 말소하였어야 함에도 이를 이행하지 않아 위 소외 1 등이 가압류의 원인이 된 채권에 대하여 채무명의를 받아 강제경매신청을 하였고, 피고는 그 경매절차에서 이 사건 대지를 낙찰받았으며, 이에 따라 원고들의 대지권등기가 말소되었으므로 송도타워맨션 중 위 각 호(701, 801, 901)에 대한 피고 명의의 대지지분이전등기는 말소되어야 한다고 주장한다.

해설 앞서 설명한 '사후 대지권 소멸'의 주장입니다. 경매에서 말소되었어야 할 토지가압류를 기초로 해서 피고의 토지소유권이 주어진 것이므로(즉, 피고의 토지지분등기가 무효라는 주장), 피고 명의의 대지지분등기의 말소를 주장하는 것입니다.

나. 판단

살피건대, 갑1 내지 5호증의 각 기재만으로는 위 각 경매법원에서 원고 1과 소외 3, 4가 참가한 송도타워맨션 위 각 호에 대한 각 경매절차에서 경락대금을 배당하면서 위 각 맨션의 각 대지지분에 대한 선행 가압류권자인 소외 1 외 43명에게 배당을 한 후 소외 1 외 43명의 위 가압류등기를 말소하고, 그 말소등기촉탁을 하여야 할 의무가 있다는 점을 인정하기에 부족하고 달리 이를 인정할 증거가 없고, 오히려 원고 1과 위 소외인들이 경락을 받기 이전인 1997.11.20.경 소외 1 외 43명이 소외 회사의 대지지분 전체에 대하여 이 법원 97타경47667호로 부동산강제경매신청을 하여 그 경매절차가 진행 중이었던 사실은 앞서 본 바와 같은바, 이와 같은 경우 원고 1 및 소외인들의 참가한 경매절차의 경매법원에서 소외 1 외 43명의 선행가압류등기를 말소할 의무가 없으므로 이와 반대의 전제에 선 원고들의 위 주장은 더 나아가 살필 필요 없이 이유 없다 할 것이다.

해설 이 1심의 결론은 대법원과 같고 수긍은 가지만, 그 법리적 구성에 관한 설시가 없어 공부거리로는 그리 친절하지 않습니다. 다른 측면에서 보면, 집합건물과 그 대지가 일정기간 동시에 별도로 경매가 진행되었는데도 불구하고, 그 각 절차를 하나로 모으는 조치가 왜 없었는지에 관해 먼저 이해관계들에게 답답하고, 그다음에는 시원찮았던 것만 같은 경매법원의 일 처리도 엿보입니다.

〈2심〉 부산지방법원 2005.1.13. 선고 2004나2882 판결 〔소유권말소등기〕

[원고, 항소인] 원고 1외 2인

[피고, 피항소인] 피고

[제1심판결] 부산지방법원 2004.2.11. 선고 2003가단90324 판결

[주문]

1. 제1심 판결을 취소한다.
2. 피고는 원고들에게 부산 시구 암남동 614-5 대 1,564㎡ 지상 송도타워맨션(철근콘크리트조 슬라브지붕 지하실부 27층 공동주택 구매 및 생활시설)의 별지 기재 각 호수의 대지지분에 관하여, 부산지방법원 중부산등기소 2001.8.2. 접수 제32239호 낙찰을 원인으로 한 지분전부이전등기의 각 말소등기절차를 이행하라.

[이유]

피고는, 원고 1 및 소외 3, 4(원고 등)가 각 구분건물을 낙찰받을 당시에 각 대지권은 경매목적물에서 제외되어 있었기 때문에, 애초부터 원고 등이 대지권을 낙찰받은 바 없고, 대지의 가압류채권자들인 소외 1 외 43명이 원고 등이 낙찰받은 구분건물에 대한 각 경매절차(원고 등의 경매절차)에서 배당받은 바도 없으므로, 위 경매절차에서 이 사건 가압류등기가 말소되어야 할 이유가 없다고 주장한다.

해설 피고는 아예 원고 등이 대지지분은 낙찰받지도 않았다고 주장했네요. 기록을 보지 않아 알 수는 없지만, 만약 다른 유리한 사실들과 법리들에 대한 치밀한 주장이 없었다면 피고의 주장은 너무 허전합니다. 1심에서 이겼다고 방심하여 대충 소송에 임했던 것인가?

이 사건에서 보건대, 원고 등의 경매절차에서 낙찰허가결정서상 해당 대지권의 종류 및 비율 등이 기재된 사실이 인정되고, 낙찰인이 취득하는 부동산 소유권의 범위는 매각허가결정서에 적힌 부동산과 동일성이 인정되는 범위 내인 점, 집합건물법 제20조가 분리처분을 제한을 규정하고 있는 점 등에 비추어 볼 때, 해당 대지권은 경매목적물에 포함되었으며 원고 등은 위 경매절차에서 해당 대지권까지 적법하게 취득하였던 것으로 판단된다.

(전략) ① 집합건물 중 개별 구분건물에 대하여 진행된 경매절차에서 대지권의 목적인 토지 전체에 대하여 선순위가압류등기가 되어 있는 경우, 매수인에게 선순위 부담을 인수하도록 하는 특별매각조건을 정한 바 없다면 위 선순위가압류등기는 매수인이 인수하지 아니한 부동산의 부담이 된다고 할 것인바, 그 경매절차에서 매수대금이 지급되면 가압류채권자들이 실제로 배당을 받았는지 여부와 상관없이, 선순위가압류등기 중 해당 구분건물의 대지권 지분에 해당하는 부분은 말소되어야 한다. ② 이 사건의 경우 원고 등의 경매절차에서 위와 같은 특별매각조건이 정해졌다고 볼 자료가 없는바(위와 같은 특별매각조건이 붙는 경우 구분건물의 매수인이 선순위부담을 인수하는 것에 상당한 부담을 가지게 되어 경매가 원활하게 이루어지지 않는 경우가 많기 때문에, 실무상으로도 위와 같은 특별매각조건이 붙는 경우는 그리 많지 않은 편이다.), 원고 등의 매수대금 지급으로 이 사건 가압류등기 중 해당 구분건물의 대지권 지분에 해당하는 부분은 효력을 상실하게 되었고, 경매법원의 촉탁으로 그 해당부분의 가압류등기는 말소되었어야 했다. ③ 그러나 위와 같은 말소등기가 이루어지지 않은 상태로 이 사건 가압류채권 등에 의하여 진행된 이 사건 대지에 대한 강제경매절차에서, 피고는 원고들의 각 대지지분권을 포함한 대지를 낙찰받고 그에 따라 자신 앞으로 2001.8.2. 지분전부이전등기를 경료하였는바, 사정이 위와 같다면 위 이전등기 중 원고들의 각 대지지분권에 관한 부분은 효력이 없다고

할 것이다.

따라서 피고는 원고들에게 각 호수의 대지지분에 관하여 위 지분전부이전등기의 말소등기절차를 이행할 의무가 있다.

그렇다면, 원고들의 청구는 이유 있는바, 이와 결론을 달리한 제1심 판결은 부당하므로 주문과 같이 판결한다.

해설 문장 ①은 재판부가 가진 법리를 설시한 것으로 보이는데, 설시 그 자체는 수긍이 갑니다.

▶ ② 부분에서 통상 특별매각조건이 붙이지 않는 실무의 사정을 제시하면서, '이 사건의 경우 원고 등의 경매절차에서 위와 같은 특별매각조건이 정해졌다고 볼 자료가 없다.'라고 추상적이고도 단순한 근거를 제시하고 있습니다. 저 단순함 때문에 이 2심의 판시는 다양한 이유를 종합한 대법원의 파기사유에 비해 그 실체성이 떨어집니나.

'특별매각조건의 존재'의 여부가 불명인 상황이라면, 단지 실무의 예에만 의존할 것이 아니라 대법원과 같이 다른 많은 전후 사정들을(간접사실들) 찾아 모은 후 더 많은 고민을 해야 했던 것으로 보입니다. 그런데 한편으로는, 사실 이 사례는 법원으로서도 판단이 쉽지 않은 측면이 있어, 단순히 2심을 탓하기도 망설여지는 것도 사실입니다.

▶ 이런 미묘하고도 긴장된 가치들이 길항하는 사례에서는 (적어도 법을 떠나 사실상에 있어서는, 법원의 입장에서는 어느 한 쪽의 손을 들어주기에는 몹시 편치가 않은 유형의 사례입니다.) 소송당사자인 내가 석극 많은 주장을 하고 입증에 나서야 합니다.

아무래도 피고의 변호사는 역시 1심에서 이겼다고 방심한 반면, 원고들의 변호사는 1심을 뒤집기 위해 작심하고 나선 사정이 상당한 영향을 미친 결과로서의 판결로 보이기도 합니다. 그리고는 피고의 변호사는 '앗, 뜨거워!' 하며 대법원의 단계에서는 미친 듯이 사안을 검토하고 덤벼들었던 것 같고요.

〈3심〉 대법원 2007.4.13. 선고 2005다8682 판결 〔소유권말소등기〕

[원고, 피상고인] 원고 1외 2인

[피고, 상고인] 피고

[원심판결] 부산지법 2005.1.13. 선고 2004나2882 판결

[주문] 원심판결을 파기하고, 사건을 부산지방법원 합의부에 환송한다.

[이유]

부동산에 대한 선순위가압류등기 후 가압류목적물의 소유권이 제3자에게 이전되고 그 후 제3취득자의 채권자가 경매를 신청하여 매각된 경우, 가압류채권자는 그 매각절차에서 당해 가압류목적물의 매각대금 중 가압류결정 당시의 청구금액을 한도로 배당을 받을 수 있고(대판 2006다19986), 이 경우 종전 소유자를 채무자로 한 가압류등기는 말소촉탁의 대상이 될 수 있다. 그러나 경우에 따라서는 집행법원이 종전 소유자를 채무자로 하는 가압류등기의 부담을 매수인이 인수하는 것을 전제로 하여 위 가압류채권자를 배당절차에서 배제하고 매각절차를 진행시킬 수도 있으며, 이와 같이 매수인이 위 가압류등기의 부담을 인수하는 것을 전제로 매각절차를 진행시킨 경우에는 위 가압류의 효력이 소멸되지 아니하므로 집행법원의 말소촉탁이 될 수 없다. 따라서 종전 소유자를 채무자로 하는 가압류등기가 이루어진 부동산에 대하여 매각절차가 진행되었다는 사정만으로 위 가압류의 효력이 소멸되었다고 단정할 수 없고, 구체적인 매각절차를 살펴 집행법원이 위 가압류등기의 부담을 매수인이 인수하는 것을 전제로 하여 매각절차를 진행하였는가 여부에 따라 위 가압류 효력의 소멸 여부를 판단하여야 한다.

해설 '가압류 후 소유권을 취득한 자의 채권자가 경매신청을 하면 원칙적으로 그 가압류채권자가 배당을 받고, 예외적으로 경매법원이 그 가압류는 인수하는 것으로 결정한 경우에는 배당을 받지 않고 가압류등기도 그대로 남는다.'라는 정도의 의미를 참 징그럽도록 복잡한 문장으로 늘어놓았네요. 판례라는 것이 참 피곤할 정도로 비비 꼬는 만연체의 문장으로 인해 짜증이 나고 결국 질려 버리죠. 하나의 문장이 얼마 긴지 후단을 읽다가 보면 좀 전에 읽은 앞부분에서는 무슨 소리를 했는지도 모르겠고 뒤죽박죽이 되어버리는 경우가 허다하지요. 그러나 걱정할 필요는 없어요. 자꾸 읽다가 보면 결국 익숙해지니까요.

그리고 만연체의 문장으로 구성되는 경우에는 각 작은 문장 전후의 관련성을 끊지 않으면서 논리의 완전성을 갖추려는 차원에서 그렇게 되는 것으로 이해되고요. 그렇지 않고 각 작은 문장을 '다'로 종결해버리면, 그때는 흐름이 끊어져 마치 가시가 목에 걸린 듯이 하는 느낌이 드는 것도 사실입니다.

▶ 이 사례는 가압류 후 소유권을 취득한 자의 채권자가 경매신청을 한 경우이지만, 전 소유자의 가압류채권자가 경매 신청한 경우에도 함께 공부하기로 합니다. 어느 가압류채권자가 경매를 신청하든(전 소유자의 가압류채권자가 신청한 경우에는 당연, 후 소유자의 채권자가 신청한 경우에는 원칙), 전 소유자에 대한 가압류채권자가 가압류결정 당시의 청구금액 한도 안에서 우선배당을 받고(일반적인 경우와는 달리, 가압류임에도 불구하고 담보권과 같이 우선변제를 받는 것입니다.), 남는 돈이 있으면 후 소유자에 대한 채권자가 배당을 받습니다.

전 소유자에 대한 가압류채권자가 우선해서 배당을 받는 것은 중간에 소유권이 변동된 이유 때문이라는데, 그 논리에 대해서는 비판도 있지만 필지 역시 완전히 찬동하기는 싫네요. 우선 배당이 되게 되면, 예를 들어 전 소유자 측에게 기발한 채무면탈의 수단을 쥐여주게 되는 여지도 없지는 않을 것이지요.

▶ 다시 보면, 이 사례와 같이 가압류 후 소유권을 취득한 자의 채권자가 경매신청을 한 경우에는, 특히 집합건물의 토지에 대한 가압류 등과 같이 사안에 따라서는 단순히 말소를 결정하기에는 너무 복잡하거나 불안한 사정이 있을 수 있으므로, 그럴 때는 집행법원이 특별매각조건을 다는 것을 전제로 전 소유자에 대한 가압류를 매수인이 인수하게 할 수도 있도록 하는 탄력성을 남겨 두는 것입니다.

그런데 경매실무상으로도 전 소유자에 대한 가압류등기는 그에 대한 배당을 하고 등기말소를 하여 왔는데, 우리 경매의 소제주의의 원칙으로 봐도 그렇고 특별한 사정이 없는 한 굳이 전 소유자에 대한 가압류를 경매에도 불구하고 그냥 둘 이유가 없습니다. 따라서 전 소유자에 대한 가압류가 있는 물건의 경매에 대하여는, 혹 전 소유자의 가압류등기를 인수하기로 하는 경매법원의 공시(특별매각조건)가 있는지를 확인하는 정도 외에는, 특별히 다른 문제가 없다고 보면 될 것입니다. 물로, 저런 논리를 알더라도 막상 내가 입찰을 하려는 상황이 되면, '그래도 혹?'하는 식으로 자꾸만 뒤가 당깁니다. 이는 안정을 희구하는 인간의 심리에서 어쩔 수 없이 비롯되는 것이므로, 결국 반복 공부를 함으로써 내게 익숙해지는 것이 바로 불필요한 불안에서 벗어나는 길입니다.

▶ 이 대법원 판결이 사실관계의 설시의 측면에서 정리가 더 잘 되어 있고 조리가 있습니다. 지금까지 공부했던 법률적인 부분 외의 다른 쟁점이 따로 있는 것이 아니므로 굳이 필자의 추가 해설을 보탤 필요는 없어 보입니다. 중요한 점은 (간접사실들과 사정들의 종합에 의한 판단이므로) 2심 판결의 해설에서 이미 언급했듯이 그 간접사실들과 관련 사정들을 유기적으로 꼼꼼히 연결하면서 읽어야 합니다. 토지와 건물의 각 경매절차를 비교하면서 논리와 이치적 타당성을 따져봐야 합니다. 그런 독법 후에는 2심보다는 한층 더 설득력을 보유한 설시라는 느낌이 진하게 몰려 올 것입니다. 한마디로 복잡한 추론의 과정을 거친 후, 구체적 타당성을 확보한 판단으로 보고 싶습니다.

다만 아무리 읽어도 정리가 잘되지 않거나 미궁에 빠지는 것 같으면, 과감히 넘어가 버린 후 2회독 3회독을 할 때 다시 보시면 더 잘 보이고 결국 경제적인 공부의 방법이 될 것입니다. 제아무리 난해하거나 복잡한 사안도, 반복학습을 이기는 괴물은 없고, 그런 반복학습 후에 비로써 형성되는 지식이야말로 강력한 힘이 됩니다.

소외 1 등이 1995.2.22. 이 사건 대지 중 소외 2 주식회사 소유의 1,509/1,564 지분에 관하여 이 사건 가압류등기를 마친 다음 소외 2가 그 지상에 송도타워맨션을 신축하여 소유권보존등기를 마치면서 건물등기부에 그 부지 소유권의 대지권등기가 기입되고 부지인 토지등기부에는 대지권등기가 되었다는 취지의 기재가 기입된 사실, 위 집합건물 중 305호, 1501호, 2001호(계쟁세대)에 관하여 제3자들이 분양을 받아 각 소유권이전등기를 마쳤는데, 원고들은 위 제3자들의 각 채권자에 의한 강제 및 임의경매절차(이전 각 경매절차)에서 계쟁세대를 직접 낙찰받거나 낙찰자들로부터 전득한 사실, 이전 각 경매절차에서 소외 1 등은 배당을 받을 채권자로 인정되지 아니하여 배당절차에서 배제되었고 또한 위 각 집행법원은 계쟁세대 각 건물 및 대지권에 관한 소유권이전등기와 경매절차에 의하여 소멸되는 권리들에 대한 말소등기를 촉탁하면서 이 사건 가압류등기에 대하여는 말소촉탁대상에 포함시키지 아니한 사실, 그 후 가압류채권자인 소외 1 등이 신청한 강제경매절차(이 사건 경매절차)에서 피고가 2001.7.20. 계쟁세대 각 대지지분을 포함해 이 사건 대지 중 50,948/1,564,000 중 4,222/8,700 지분을 낙찰받아 같은 해 8.2. 지분이전등기를 마쳤고, 이에 따라 계쟁세대의 각 대지권은 말소된 사실을 알 수 있다.

이 사건 경매절차에 관한 상세한 기록은 증거로 제출되어 있지 않지만, 구 민사소송법 제617조의2 제3호는 등기된 부동산에 관한 권리로서 경락에 의하여 그 효력이 소멸되지 아니하는 것을 경매물건명세서에 기재하도록 규정하고 있었으며, 일반적인 경매실무에 비추어 보면 이전 각 경매절차에서 집행법원은 채권자가 경매신청을 하였을 당시 그 채권자에게 토지에 관한 별도의 등기부 제출을 명하여 선순위가압류등기인 이 사건 가압류등기를 확인하였을 것이고, 또한 매수희망자를 역시 경매물건명세서와 함께 비치한 현황조사보고서와 평가서의 사본을 함께 열람하여 그 사실관계를 파악하여 매수참가 여부 및 매수신고가격을 결정할 수 있었을 것으로 보이는 점,

앞서 본 법리에 의하면 이전 각 경매절차에서 이 사건 가압류등기의 채권자인 소외 1 등을 배당대상에서 제외하고 이 사건 가압류등기 중 계쟁세대 각 대지지분에 관한 부

분에 대하여도 말소촉탁대상에서 제외한 것은 이 사건 가압류의 부담이 낙찰자에게 인수되는 경우의 실무처리에 의한 것으로 보이는 점, 그리고 305호를 낙찰받은 원고 1이나, 1501호, 2001호의 낙찰자들이 이전 각 경매절차에서 이 사건 가압류등기에 관하여 말소등기가 촉탁되지 아니함에 대하여 이의를 제기하였다거나 이 사건 가압류등기에 터 잡아 이루어진 이 사건 경매절차를 통하여 피고가 낙찰을 받는 과정에서 제3자이의의 소 등을 제기하는 등의 방법으로 적극적으로 다툰 사실이 나타나 있지 아니할 뿐 아니라, 특히 원고들 제출 증거들에 의하면 이 사건 가압류등기와 관련하여 이 사건 경매절차가 개시된 것은 1997.11.19.인데 이전 각 경매절차에서 1501호에 대하여 경매가 개시된 것은 그보다 훨씬 뒤인 1999.1.4.이고 같은 해 11.17. 낙찰이 이루어졌으므로 1501호에 대한 경매절차에서는 그에 앞서 개시된 이 사건 경매절차의 기초가 되는 이 사건 가압류등기에 관한 권리가 낙찰로 인하여 소멸되지 아니함을 전제로 진행된 것으로 보아야 하며, 이 사건 경매절차가 개시된 사실은 토지에 관한 등기부에 공시되어 있었으므로 1501호의 낙찰자 역시 이와 같은 사정을 알 수 있었던 것으로 보이는 점 등 여러 사정을 종합하여 보면, 이전 각 경매절차 당시 집행법원은 이 사건 가압류등기를 그대로 존속시키면서 그 부담을 낙찰자가 인수하는 것을 전제로 경매절차를 진행한 것이라고 봄이 상당하다.

결국, 이 사건 가압류등기는 이전 각 경매절차에 불구하고 유효하게 존속하며 이 사건 가압류가 본압류로 이행되어 개시된 이 사건 경매절차에서 피고는 계쟁세대 각 대지지분을 포함하여 경매 대상 대지지분을 낙찰받음에 따라 적법하게 소유권을 취득하였으므로 그 낙찰을 원인으로 마친 피고 명의의 지분이전등기는 유효하다고 할 것인바, 이와 달리 이전 각 경매절차에 의하여 이 사건 가압류등기 중 계쟁세대 각 대지지분에 관한 부분이 효력이 상실됨을 전제로 하여 피고 명의 지분이전등기 중 계쟁세대 각 대지지분에 관한 부분이 무효라고 보아 피고에게 그 부분에 관한 말소등기절차 이행의무가 있다고 인정한 원심판결에는 강제경매에 관한 법리오해의 위법이 있다. 이를 지적하는 상고논지는 이유 있다.

[대법원 2013.10.24. 선고 2011다12149,12156] 집합건물법 시행 전 분리 처분된 대지에 관해 법이 시행 후에 취득된 담보권이 실행된 경우

[쟁점의 법리]

1 ▸▸ 이 사례는 성공한 경매이지만, '집합건물의 대지지분의 취득'의 방법에 의한 경매투자는 기본적으로 대지사용권의 성립가능성이 크거나 토지분할이 인정되지 않을 가능성이 크기 때문에 대체로는 건물보다는 위험성이 높습니다. 그러나 경매는 그 자체의 법리로는 불리한 물건(예를 들어 법정지상권이 인정되지 않는 건물)이 염가의 매입, 법적인 절차의 능란함, 물건의 가용방법의 뛰어남 등에 따라서는 오히려 매력을 갖는 특성이 있습니다. 한마디로 난이도가 높은 영역입니다. '집합건물의 대지지분의 취득'도 위와 같은 특성을 포함해서 일정부분의 장점과 함께하면서 뭔가의 기회도 주어집니다.

2 ▸▸ 우리가 익혀야 할 지식은 대지사용권의 문제가 어떻게 될 것인지와 관련한 것으로서, 즉 입찰할 대지가 유효한 취득이 될 것인지 아닌지에 관한 점입니다. 총론에서 보았지만 그 유형을 다시 보면 크게는 ① 집합건물법 시행 전 취득된 대지지분과 관련된 입찰, ② 집합건물법 시행 후 취득된 대지지분과 관련된 입찰, ③ 일반건물에서 집합건물로 전환된 후 취득된 대지지분과 관련된

입찰, ④ 집합건물의 부지 내에 속한 토지지분(또는 일부 필지)의 취득 등으로 분류됩니다.

3▸▸ 원칙적으로는 ①의 경우는 유효한 취득이 인정되고, ②와 ③의 경우는 무효의 취득이 되고, ④의 경우는 그 집합건물의 구체적 사정에 따라 결론이 납니다. 그런데 저런 분류는 기본적인 정리는 해두어야 한다는 측면에서는 분명 그 의미를 가지지만, 결국에는 구체적 타당성을 찾는 실제에 있어서 판단이 중요하고, 그 실제에서의 패착이 없으려면 상당한 지식과 주의력을 요구합니다. '집합건물의 대지지분의 취득'에 관련해서는 하급심의 법리오해의 가능성이 기본적인 측면에서부터 열려 있을 정도로 난해하고, 이 사안이 가진 법리 역시 그러합니다.

[사안의 개요]

시점, 소송	사실관계, 판단의 기준점, 법적효과
사실의 출발	'갑' 1971.7. 시장건물을 신축하고, 1978.3.부터 시장점포와 해당 대지지분을 분양함(건물만 등기를 넘기고, 대지지분은 건물을 증축해 분양할 때까지 그 등기를 유보하는 대신 수분양자들이 대지 전부를 무상사용하는 것을 용인하였음.). **해설** '무상사용의 용인'은 명시적인 약정은 아니지만 법률적으로 같은 평가가 가능할 정도로 자유로운 사용이 용인되어 왔다는 의미로 해석하는 것입니다.
1982.12.	'갑'이 대표이사로 있는 (주)보성실업 앞으로 대지 전부를 소유권이전등기를 넘김. **해설** 갑이 대지를 보성실업에 등기를 이전한 것은 집합건물법이 시행(적용)되기 전의 것이어서 유효하고, 따라서 보성실업은 전유부분의 소유와 무관하게 집합건물의 대지로 된 토지소유자에 해당합니다. 그 결과 이후 대지에 관한 모든(저당권, 경락, 매수) 처분도 유효한 것이 됩니다.

1988.6.	보성실업은 집합건물법이 시행된 후에 대지 전부를 은행에 근저당권의 담보로 제공함.
2002.3.27.	위 근저당권에 기한 경매절차에서 '원고 컨테코건설'이 대지 전부를 낙찰받아 소유권이전등기를 함.
2006.9.11.	'원고 하우젠'이 '원고 컨테코건설'로부터 대지 전부를 매수하여 소유권이전등기를 함.
원고들의 본소청구	피고들이 점유권원 없이 원고들의 대지를 점유·사용하고 있다며 부당이득의 반환의 소를 제기함.
피고들의 반소청구	원고 하우젠은 대지사용권을 취득한 피고들에게 해당 대지지분에 대하여 진정명의회복청구권을 원인으로 한 이전등기를 이행하라며 반소를 제기함.
재판의 결과	본소청구가 이유가 있다는 취지로 2심의 본소판단을 파기환송하고, 반소는 이유가 없다며 상고기각을 함.

대법원 2013.10.24. 선고 2011다12149,12156 〔부당이득금 · 진정명의회복청구등〕

[원고, 상고인] 주식회사 컨테코건설

[원고(반소피고), 상고인 겸 피상고인] 주식회사 하우젠

[피고(반소원고), 피상고인 겸 상고인] 별지 **[피고]** 목록의 순번 1 내지 39-1 기재 피고와 같다.

[피고(반소원고), 피상고인] 별지 **[피고]** 목록의 순번 40 기재 피고와 같다.

[피고, 피상고인] 별지 **[피고]** 목록의 순번 41 내지 53-1 기재 피고와 같다.

[원심판결] 광주고법 2010.12.22. 선고 (제주)2010나110, 127 판결

[주문] 원심판결의 본소 중 제주시 이도일동 300 대 1,682.9㎡에 관한 부당이득 반환

청구 부분을 파기하고, 이 부분 사건을 광주고등법원에 환송한다. 1 내지 39-1 기재 피고(반소원고)들의 상고를 모두 기각한다.

[이유]

1. 원고들의 본소청구 상고이유에 관하여

가. ① '갑'이 1971.7.23. 그 소유의 제주시 이도일동 300번지 대 1,682.9㎡(이 사건 대지) 지상에 단층 시장건물을 신축한 뒤, 1978.3.부터 시장점포 및 이 사건 대지 중 시장점포의 대지권으로 등기되어야 할 지분을 분양하면서 그 대지지분은 7년 이내에 시장건물을 증축하여 분양하는 시기 또는 7년 이내에 증축하지 않을 경우에는 그 무렵에 대지지분을 이전해 주고 그동안 수분양자들이 이 사건 대지를 시장점포의 부지로 무상 사용하는 것을 용인하기로 하였고, 그에 따라 우선 시장점포에 관하여만 수분양자들 앞으로 소유권이전등기를 마쳐 준 사실, ② 1982.11. '갑'이 보성실업(주)을 설립하여 대표이사로 취임한 후 1982.12. 보성실업 앞으로 이 사건 대지에 관하여 소유권이전등기를 한 사실, ③ 보성실업은 집합건물법이 시행된 후인 1988.6.8. 이 사건 대지에 관하여 ○○은행 앞으로 채권최고액 10억 원의 근저당권을 설정해 주었고, 그 근저당권에 기한 경매절차에서 원고 (주)컨테코건설이 이 사건 대지를 낙찰받아 2002.3.27. 소유권이전등기를 마쳤으며, 원고 주식회사 하우젠이 2006.9.11. 이 사건 대지를 매수하여 소유권이전등기를 마쳤다.

※ 집합건물법 부칙 제4조 (경과조치) 이 법 시행 당시 현존하는 전유부분과 이에 대한 대지사용권에 관한 제20조 내지 제22조의 규정은 이 법의 시행일(1985.4.11.)로부터 2년이 경과한 날(1987.4.11.)로부터 적용한다. 다만, 법률 제3726호 부동산등기법 중 개정법률 부칙 제2조 제2항의 규정에 의한 등기를 완료한 건물에 대하여는 그 등기를 완료한 날의 다음날로부터 이 법 제20조 내지 제22조의 규정을 적용한다.

해설 ③ 이하의 근저당권과 소유권이전은 일단은 이 사건 시장점포가 대지사용권을 취득한 시점(1987.4.11.) 후의 대지지분에 취득이기 때문에 일단은 그 취득이 모두 무효가 아닌가 하는 모양새입니다. 일단은 그렇다는 것인데, 이와 같이 사안 그 자체로부터 먼저 기분적인 법리분석과 그 정리가 가능해야 합니다. '사무치면 꽃이 핀다!'라고 하니, 열의로써 하루하루 내공의 살이 붙다가보면 그 언젠가는 그렇게 될 것이지요.

나. 원고들은 본소청구로, 이 사건 대지는 2002.3.27.부터 원고 컨테코건설이, 2006.9.11.부터는 원고 하우젠이 소유하고 있는데, 피고(반소원고, 탈퇴자, 승계참가인 포함)들은 아무런 권원 없이 이 사건 대지를 점유·사용하였거나 점유·사용하고 있으므로 원고들에게 차인 상당의 부당이득을 지급할 의무가 있다고 주장한다.

이에 대하여 원심은, 보성실업은 '갑'으로부터 이 사건 대지를 이전받으면서 '갑'의 수분양자들에 대한 의무, 즉 수분양자들이 대지를 시장점포의 부지로 무상 사용하는 것을 용인하고 건물이 증축된 후에는 대지지분에 관하여 수분양자들 앞으로 이전등기를 해 줄 의무도 함께 승계받았다고 보아야 하는데, 수분양자들이 대지소유자인 보성실업에게 갖고 있던 대지를 점유·사용할 권리도 역시 법 제20조가 적용됨으로써 대지사용권이 되었다고 보아야 하므로, 그와 같은 대지사용권을 취득한 수분양자이거나 그러한 수분양자로부터 다시 시장점포와 함께 대지사용권을 취득한 피고들로서는 이 사건 대지를 점유·사용할 권원이 있고, 수분양자들이 위와 같이 대지사용권을 취득한 후인 1988.6.에 보성실업이 이 사건 대지를 ○○은행에게 근저당권을 설정해 준 행위는 법 제20조에 위배되는 행위로서 무효이고, 그에 따라 위 근저당권에 기한 경매로 취득한 원고들 명의의 소유권이전등기도 역시 무효라는 이유로 원고들의 본소청구를 기각하였다.

해설 말이 복잡하네요. 여기서도 사실관계를 요약 정리합니다.

원고들(컨테코건설과 하우젠)은 이 사건 대지를 소유하고 있으므로 점유 권원이 없는 피고들에게 차임 상당의 부당이득을 받을 권리가 있다고 주장하면서 이 소송을 제기한 것입니다.

이에 대하여 2심은, 보성실업은 대지를 이전받으면서 수분양자들에 대한 의무(수분양자들이 대지 전부를 시장점포의 부지로 공짜로 사용하는 것을 용인하고, 건물이 증축된 후에는 대지지분을 수분양자들에게 이전등기를 해 줄 의무)도 함께 승계받았다고 보아야 하는데, 수분양자들의 대지에 대한 점유·사용의 권리는 (나중이지만 어쨌든 집합건물법의 시행으로 인해) 대지사용권이 되었으므로 대지 전부를 점유·사용할 권원이 있고, 위와 같이 대지사용권을 취득한 후 들어선 은행의 근저당권은 집합건물법의 분리처분금지에 의해 무효이고, 무효인 근저당권에 기한 경매로 이루어진 원고들의 소유권이전등기도 역시 대지지분에 관해서는 무효라며 원고들의 청구를 기각한 것입니다.

> **다.** 그러나 원심의 위와 같은 판단은 다음과 같은 이유로 수긍할 수 없다. 집합건물법 제20조에 의하여 분리처분이 금지되는 대지사용권은 구분소유자가 전유부분을 소유하기 위하여 건물의 대지에 대하여 가지는 권리이므로(법 제2조 제6호), 구분소유자 아닌 자가 전유부분의 소유와 무관하게 집합건물의 대지로 된 토지에 대하여 가지고 있는 권리는 같은 법 제20조에 규정된 분리처분금지의 제한을 받지 아니한다.

해설 '구분소유자 아닌 자'라는 부분과 '전유부분의 소유와 무관'이라는 부분에 눈여겨봐야 합니다. 다만, '전유부분의 소유와 무관'이라는 부분은 모든 경우에 동일한 원리가 적용될 것이지만, '구분소유자 아닌 자'라는 부분은 그자가 '구분소유자의 지위도 겸하는 경우'에는 어떤가라는 점과 관련하여 구체적 사정을 따져야 합니다.

▶ 집합건물법이 시행되기 전부터 이미 존재하던 집합건물도 일단 법이 시행되고 2년이 경과된 후에는 분리처분금지의 규정이 적용됩니다. 그러나 이 사례와

같이 집합건물법이 시행되기 전에 이미 분리처분이 되어버린 경우(이미 취득한 담보권이나 넘어간 소유권 등)에는 분리처분금지의 제한을 받지 않습니다. 그것을 두고 판결은 무슨 말인지 어렵게도 '전유부분의 소유와 무관하게 집합건물의 대지로 된 토지에 대하여 가지고 있는 권리'라고 표현하고 있지만, 왜 그러냐 하면, 어떤 법률행위가 있는 후에야 새로 생긴 법에 의에 그 행위가 부인되는 것은 부당하기 때문입니다. 예측가능성이 없는 사실에 책임을 지우는 것이 되니까 말입니다. 행위 당시에는 존재하지 않은 법에 의해 나중에 권리를 잃는다는 것은 사적 재산권 나아가 사적 자치를 부인하는 셈이 되는 것이죠. 말이 안 되죠. (다만 부당하지 않은 경우에는 필요에 따라 소급적용을 하는 입법을 하기는 합니다.) 경매에서 볼 수 있는 대표적인 예로, 임대차보호법에서 담보권을 취득할 당시에는 존재하지 않던 개정규정(나중에 보호금액이 증액된 규정)에 의해 그 담보권이 개정 전 구규정이 시행되던 당시에 들어선 소액임차권으로부터 순위가 밀리는 것은 인정하지 않는 것도 같은 이치이고요.

이 사건에서 '갑'이 시장점포와 분리하여 이 사건 대지의 소유권을 보성실업에 이전한 것은 집합건물법 제20조가 적용되기 전의 것이어서 그 분리처분이 유효하고, 집합건물인 이 사건 시장점포의 구분소유권을 취득한 적이 없는 보성실업이 이 사건 대지에 대하여 가지는 소유권은 구분소유자가 전유부분을 소유하기 위하여 건물의 대지에 대하여 가지는 권리가 아니므로, 위 법리에 비추어 볼 때, 보성실업이 이 사건 대지에 관하여 ○○은행 앞으로 근저당권을 설정해 준 행위와 그에 따라 위 근저당권에 기한 경매를 토대로 이루어진 원고들 명의의 소유권이전등기는 보성실업이 수분양자들에게 대지지분을 이전해 줄 의무를 승계하였는지 여부와 상관없이 집합건물법 제20조의 분리처분금지 규정에 반하는 것이라고 할 수 없다.
그럼에도 원심이 이와 달리 보성실업의 위 근저당권 설정 등의 행위가 분리처분금지 규정에 반하여 무효라고 본 것은 집합건물법 제20조의 적용에 관한 법리를 오해하여 판단을 그르친 것이다.

해설▶ '시장점포의 구분소유권을 취득한 적이 없는'의 의미는 보성실업의 권리가 적법하다는 것에 대한 표현상 묘일 뿐이지, 구분소유권을 취득한 경우에는 무조건 그렇지 않다는 의미는 아닐 것입니다. 즉, 예를 들어, 특정의 어느 한 사람이 구분건물과 대지지분을 가지고 있지만, 그 집합건물의 대지사용권이 미치지 않는 대지지분도 별도로 가진 경우에는 그 별도의 대지는 분리처분의 제한을 받지 말아야지 공평한 것이라는 말입니다.

▶ '보성실업이 수분양자들에게 대지지분을 이전해 줄 의무를 승계하였는지 여부와 상관없이'라는 부분은, 보성실업의 수분양자들에 대한 의무는 '채권적' 의무이므로(소유권이전등기 의무 : 수분양자들 측에서 보면 '소유권이전등기청구권'으로서, 이것은 채권적 청구권입니다.), 보성실업의 소유권을 기초로 한 근저당권도 원고의 소유권도(물권은 늦게 취득해도 먼저 들어선 채권을 이긴다!) 모두 나중에 제정된 집합건물법의 분리처분금지 규정으로 인해 제한이나 박탈될 수는 없기 때문입니다.

▶ 이 사례는 결국, 수분양자들이 시장건물을 분양받을 당시 그 건물에 해당하는 토지지분을 각자의 지분만큼 지분등기를 바로 받거나 그 지분에 대한 가등기라도 해두었어야 했는데, 분양자의 말만 믿고 있다가는 이 사건과 같은 엄청난 사고가 발생한 것입니다. 담보도 없는 외상거래가 많아지면 사업이 망하게 될 가능성이 높아지듯이, 권리라는 것은 바로 받아야지 '다음에 보자!'라는 것은 위험한 것이죠. 결국 오십 몇 명의 점포주들은 토지를 불법으로 점유하는 것이 되어 건물을 철거해야 할 운명입니다. 아무래도 원고 하우젠이 많은 이익을 붙여 점포주에게 토지를 팔아먹는 것으로 합의가 되어 종결되었을 것만 같네요.

▶ 집합건물법 제20조가 적용되기 전인 1982.12. '갑'이 자신이 설립한 보성실업에게 이 사건 대지만 분리하여 처분한 것은 그 당시로는 유효하고, ○○은행의 담보권 취득도 그 유효한 처분을 기초로 하기 때문에 마찬가지로 유효한 것입니다. 그런데 이 사건은 점포주들이 관습법상 법정지상권을 주장했는지 알

수 없지만, (그 성립 여부도 의문이지만) 설령 성립한다고 하더라도 법정지상권의 존속기간(분양으로 건물이전등기를 된 1978년부터 30년)이 만료했을 것 같고요. 그리고 한편으로는 역시 알 수 없지만 은행이 지상에 수많은 점포주들이 존재하는데도 불구하고 토지만을 담보로 제공받았다는 그 자체는 뭔가 이상하고 이례적인 점, 수많은 영세점포주일 것인 사정 등으로 봐서 피고들 변호사의 신의칙 위반의 항변은 제기되지 않았는지도 모르겠네요. 어쨌든 너무나 아픈 사연이 무지한 사람들의 한세월을 무겁게 했을 것인 사건이었습니다.

2. 피고들의 반소청구 상고이유에 관하여

원심은, 피고(반소원고)들이 집합건물법 소정의 대지사용권을 취득하였으므로 원고 하우젠은 피고들에게 대지지분에 관하여 진정명의회복을 원인으로 한 소유권이전등기절차를 이행할 의무가 있다는 피고들의 주장에 대하여, 이 사건 대지지분에 관하여 피고들 명의로 소유권을 표상하는 등기가 된 적이 없을 뿐만 아니라 피고들이 법률에 의하여 대지지분의 소유권을 취득하였다고 볼 수도 없다는 이유로 위 주장을 배척하고 반소청구를 기각하였다.

원심의 위와 같은 판단은 정당하고 거기에 진정명의회복을 원인으로 한 소유권이전등기 또는 집합건물법상의 대지사용권에 관한 법리를 오해하거나 석명의무를 다하지 아니한 잘못이 없다. 피고들의 상고이유는 소외인이 보성실업에 이 사건 대지를 처분한 행위가 무효임을 전제로 하는 것인바, 앞서 본 대로 그 처분행위를 무효라고 볼 수 없다는 측면에서도 그 주장을 받아들일 수 없다.

해설 피고들이 반소로써 진정명의를 회복한다며 지분이전등기를 청구했지만, 그 실제 근원은 '피고들의 대지사용권의 취득과, 소외인의 보성실업에 대한 대지처분의 행위가 무효라는 본소청구에 대한 항변사유'와 같습니다. 생소한 개념인 '진정명의회복을 원인으로 한 소유권이전등기청구권'이라는 것은 일정한 요건('자기 명의로 소유권의 등기가 되어 있었던 자이거나, 법률에 의하여 소유권을 취득한 자일 것')이 있으면 '소유권말소청구'를 대신해서 행사할 수도 있도록 판례가 인정하는 청구권입니다. 복잡한 말소의 과정을 거치지 않고 바로 자기 앞으로 이전등기를 할 수 있어 간명한 점이 있지만, 많은 경우 실질적인 이유로는 '선의의 제3자의 중간등기'를 말소할 수 없는 사정 때문에 어쩔 수 없이 말소가 아닌 '진정명의회복'을 구하는 것으로 이해가 됩니다.

[2009나59604〈2심〉, 2010다108210〈3심〉] 집합건물법 시행 전 대지지분에 취득된 담보권이 집합건물법 시행 후 실행된 경우

[쟁점의 법리]

1 ▸▸ 이 사례는 (위치가 좋은 서울 용산구 한남동 소재 상업용) 집합건물이 서 있는 땅의 지분(약 100평)을 경매로 받은 후, 집합건물의 구분소유자인 33명에게 부당이득반환 소송을 제기한 사건입니다. 이런 유형은 입찰 전에 충분히 검토하였고, 나아가서는 재판을 통하면서 문제가 종결될 때까지의 전략이 구성된 상태에서 입찰해야 합니다. 그런데 경매세계에서 일어나는 실제를 엄밀히 따져 분석해 보면, 법률적으로 승소한 사례들도 논리적 이유는 끊어진 진, 즉 결과가 그렇게 되었을 뿐일 경우가 의외로 많습니다. 평가적으로는 '행운'에 기대한 경매투자입니다. 재판하느라고 너무 늘어진 시간을 보내어버린 결과를 비롯해서, 승소에도 불구하고 실제로는 얼마나 남는 장사였는지에 대해서는 의문으로 남는 것입니다.

2 ▸▸ 이 사례도 2007.4.13. 매각대금을 납부한 후 파기환송한 이 사건 대법원 판결이 2012.5.24.에 있었으니, 환송 후의 2심 판결이 2013년 후반에 있었다고 가정한다면, 판결확정 후 구체적인 공략에 들어가 실제로 수익이 발생 가능

한 시점은 경매투자 후 적어도 만 6년은 지난 후라고 볼 것입니다. 감정가격의 35%에 매입하였다는 상당한 이점에도 불구하고 (아마도 대출의 지렛대를 가질 기회는 없었을 터입니다.) 큰돈을 수익도 없이 장기간 땅에 묻어놓았다는 점에서는 이런 경매가 되어서는 곤란합니다. 그러면 이런 물건에는 길이 없다는 것인가? 왜, 없겠어요! 그 길은 법적으로 이길 수 있는 그림을 그릴 실력과, 동시에 끝나기까지 기간이 너무 늘어지지 않도록 해낼 내공을 키우는 것이지요.

3▸▸ 이 사안은 경매를 통해 집합건물의 공유대지를 취득하여 그 대지 공유지분권에 기해 기존 구분소유자들에게 부당이득반환청구를 하는 경우, 경매된 지분권자의 그 지분에 대한 사용·수익권의 사실상 포기의 특약이 경매낙찰자에게 당연히 승계되는지 여부에 관한 법적 쟁점을 보유하고 있습니다. 2심은 경매낙찰자에게 불리한 결론을 내렸고, 3심은 그 반대였습니다. 2심과 3심의 판결을 곱씹으며 읽어보면 2심은 해당 사안의 구체성에 충분한 설득력을 찾아내지 못하고, 해당 사안에는 일부만이 근거가 될 뿐인 기존 대법원 판례를 그대로 원용해버리고 마는 단견을 보입니다. 하급심들의 판결에서 더러 저런 유형의 단견을 봅니다.

[사안의 개요]

시점, 소송	사실관계, 판단의 기준점, 법적효과
사실의 출발	'갑'이 매수한 토지 위에 지하 3층·지상 5층의 집합건물을 신축해서(1984.12.7.) 1984.12.29.부터 분양하면서, 토지지분 331.47/1,514는 장래 건물증축분이나 '갑' 자신의 건물부지로 사용하려고 남기고 나서, 나머지를 '수분양자들인 피고들'에게 각 해당 전유부분과 토지지분을 이전등기를 하여 줌.
1984.12.29.	○○은행이 위 남긴 '갑'의 토지지분에 근저당권을 취득함. **해설▸** 갑이 지분을 남긴 행위는 집합건물법이 적용 전의 조치여서 유효하고, 따라서 이후 모든 처분(저당권, 저당권의 양수, 경락)도 유효합니다.

	○○은행의 양수자인 유동화전문회사의 신청으로 위 근저당권의 실행경매가 개시됨.
2007.4.13.	위 경매절차에서 위 남긴 토지지분을 '원고들'이 매수해서 그 대금을 납부해 지분소유권을 취득.
원고들의 소제기	원고들의 공유지분을 피고들이 독점적·배타적으로 점유·사용하고 있다면서 지료 또는 임료 상당 부당이득반환의 소를 제기함.
재판의 결과	1심 승소, 2심(2009나59604) 패소, 3심(2010다108210) 승소 **해설** 대법원은 경락인인 원고는 〈남긴 지분에 관련한 무상사용의 특약에 대하여 '선의'〉인 것으로 보아야 한다며 원고의 이 사건 부당이득 반환청구를 인정한 것입니다.

판례 〈2심〉 서울고등법원 2010.11.25. 선고 2009나59604 판결 〔지료〕

[원고, 항소인 및 피항소인 겸 부대피항소인] 원고 1 외 3인

[피고, 피항소인 겸 항소인] 피고 1 내지 24

[피고, 피항소인 겸 부대항소인] 피고 25 내지 33

[주문]

1. 제1심판결을 취소하고, 그 취소부분에 해당하는 원고들의 피고들에 대한 청구를 모두 기각한다.
2. 이 법원에서 확장한 원고들의 피고들에 대한 청구 모두 기각한다.

[이유]

1. 사안의 개요와 전제된 사실관계

가. 사안의 개요

이 사건은 담보권 실행을 위한 경매절차에서 이 사건 토지의 공유지분을 매수한 원고들이 집합건물의 구분소유자들로서 이 사건 토지의 공유지분권자들인 피고들에 대하여, 피고들이 원고들의 공유지분을 독점적, 배타적으로 점유, 사용함으로써 법률상 원인 없이 이득을 얻고 이로 인하여 원고들이 동액 상당의 손해를 입고 있다고 주장하면서 지료 또는 임료 상당 부당이득의 반환을 구하는 사안이다.

제1심판결은 원고들의 청구를 모두 받아들였고, 원고들은 청구취지 확장을 위하여 항소를 제기하였으며, ① 피고들은 이에 불복하여 항소(피고 1 내지 24) 및 부대항소(피고 25 내지 33)를 제기하였다{전부 승소한 판결에 대하여 전부 승소한 당사자의 항소는 특별한 사정이 없는 한 항소의 이익이 없어 허용되지 아니하지만, ② 가분채권의 일부 청구임을 명시하지 아니한 일부청구의 경우와 같이 확정판결의 기판력에 의하여 나머지 청구를 별소로 제기할 수 없게 됨으로써 그 판결보다 유리한 신청을 할 기회를 상실할 우려가 있는 특별한 사정이 있다면 청구의 확장을 위한 항소의 이익을 인정할 수 있다(대판 2004다37904,379911의 반대해석). ③ 원고들은 피고들에 대하여 대지지분 중 건물 소유에 부족한 지분에 관한 사용료의 지급을 구하다가, 피고들이 집합건물을 소유하면서 원고들 소유 대지지분 전체를 점유, 사용하고 있다고 주장하면서 청구취지를 확장하기 위하여 승소부분에 대하여 항소를 제기하였으므로 항소의 이익이 있다.}.

해설 ①에 대하여 : 33명의 피고들 중 일부(피고 25 내지 33)는 항소를 포기했다가는 부대항소를 했습니다. 항소해야 할지 말아야 할지 모호한 경우도 있습니다. 부대항소는 항소기간이 끝났더라도 상대방이 항소한 경우에는 어차피 사실에 대한 심리가 계속되므로 그 후에도 받아주는 제도입니다.

②에 대하여 : 원래 채권의 일부임을 밝히지 않는 일부청구(예를 들어 채권금액이 1억 원인데 달리 말없이 6천만 원만 청구하는 경우)를 해서 그대로 판결이 확정

되면, 남은 일부(위 예의 경우 4천만 원)에 대해서는 더 이상 추가로 청구를 못합니다('확정판결의 기판력에 의하여 나머지 청구를 별소로 제기할 수 없게 됨으로써'라고 표현된 부분). 한편으로 전부 이긴 판결에 대한 항소는 당연히 말이 되지 않지만, 청구를 확장하는 경우에는 항소를 할 수 있다는 것입니다.

③에 대하여 : '건물 소유에 부족한 지분에 관한 사용료의 지급을 구하는 것'보다 '원고들 대지지분 전체를 점유, 사용하고 있다는 주장'이 계산상 유리하다는 것을 1심 재판 후에야 알게 된 것으로 보입니다.

나. 전제된 사실관계

[증거] 갑1, 갑2, 갑3, 갑4의 1 내지 55, 갑5 내지 9, 갑20 내지 24, ④ 감정인 소외 3의 지료(임료)감정결과, 변론 전체의 취지.

해설 ④ 지료(임료)감정 : 부당이득이나 지료의 액은 원고와 피고 간에 합치되면 간단하지만, 경매 관련 사건에서는 그렇게 되는 경우는 그리 많지를 않습니다. 이 경우 경매 받은 입장에서는 물건이 너무 작다든지 하면 감정료의 부담으로 인해 편치가 않은 경우도 있습니다.

(1) '갑'은 1983.6.29. 서울 용산구 한남동 633-3 대 1,514㎡(이 사건 토지)를 매수한 후 1984.12.7. 지상에 집합건물(지하 3층, 지상 5층 규모, 1층 734.40㎡, 2 내지 5층 각 754.26㎡)을 신축하였다.

(2) 이 사건 토지는 3면이 도로에 접하여 있고(북쪽에는 한남동 634번지 왕복 2차선 도로, 동쪽에는 한남동 635번지 왕복 2차선 도로, 서쪽에는 한남동 636번지 폭 8m의 포장도로), 집합건물은 이 사건 토지의 중심부에 건축되어 있다.

(3) '갑'은 1984.12.29.부터 집합건물을 분양함에 있어 분양 당시에는 집합건물법이 시행되기 이전이었으므로 수분양자들에게 전유부분과 함께 이 사건 토지 중 일부 공유지분(그 지분의 합계는 1,182.5290/1,514이다.)에 관하여 각 지분소유권이전등기를 하

여 주고, ⑤ 나머지 공유지분(그 지분의 합계는 331.47/1,514이다.)은 소외 1 소유 건물 (지하 2층 1호, 지하 3층 1호) 부지로 사용하거나 증축을 위한 목적으로 남겨 두었다.

해설 ⑤에 대하여 : 이것이 결국 이 사건의 화근이 된 것입니다. 남겨둔 토지지분인 약 100평(1,514분의 331.47)이 팔리거나 경매되는 사태를 말입니다. 특히 집합건물법을 염두에 두고 보면 (이 사건 집합건물과의 별개의 건물이 아니라) 같은 집합건물의 지하 2, 3층을 위한다거나 나중에 증축하게 되는 경우 그 증축되는 부분에 분배될 토지라며 남겨두었다는 것은, 너무나 위험한 그리고 필연적이다시피 할 정도로 분쟁의 불씨를 안고 있었습니다.

(4) '갑'은 1984.12.31. ○○은행과 사이에 이 사건 토지 중 소외 1의 공유지분(331.47/1,514)에 관하여 채권최고액 7억 5,000만 원으로 한 근저당권설정등기를 마쳤다. 한편, 위 은행은 2003.6.27. 근저당권의 피담보채권을 ○○유동화전문회사에 양도하고 2004.8.27. 근저당권이전의 부기등기를 마쳤다.

(5) 위 근저당권으로 2004.11.30. 부동산경매절차가 개시되었고, 그 경매절차 진행 중이던 2006.5.17. 소외 1의 공유지분에 관하여 재산상속(1997.11.6.자)을 원인으로 소외 2 명의로 지분이전등기가 되었다.

(6) 원고들은 위 경매절차에서 이 사건 토지 중 소외 2의 공유지분을 매수해 2007.4.13. 그 매각대금을 납부하고 2007.8.24. 지분이전등기를 하였다(원고 1. 2,983.23/30,280, 원고 2,3. 각 1,657.35/30,280, 원고 4〈대법원 판결의 원심공동원고〉 331.47/30,280).

(7) 한편, 원고 4는 제1심 소송 중이던 2008.11.7. 그 공유 지분 전체를 소외 4에게 양도하였고, 원고 4와 소외 4는 2010.1.13. 피고들에 대한 부당이득반환채권을 원고 1에게 양도하였다. 원고 1은 원고 4와 소외 4로부터 채권양도에 관한 통지권한을 위임받아 소변경신청서(2010.1.13.자)의 송달로써 피고들에게 채권양도 사실을 통지하였으며, 그 소변경신청서는 2010.1.14. 피고들에게 도달되었다.

(8) 피고들은 2007.4.13. 이전에 이 사건 토지 중 일부 공유지분과 구분소유 건물을 취

득하였는데, 이 사건 토지에 관한 피고들의 공유지분 및 건물의 면적비율에 따른 비율은 별지 4 '피고들이 원고들에게 지급하여야 할 지료'의 '대지지분 및 건물지분'란 기재와 같다.

2. 이 사건의 쟁점

가. 피고들이 원고들과 사이에 공유에 속하는 대지(원고들 지분인 331.47/1,514)를 독점적, 배타적으로 점유, 사용하고 있는지 여부.

나. '갑'이 피고들에게 그 소유 대지지분(331.47/1,514)을 무상으로 사용할 권한을 부여하였는지 여부 및 원고들이 그와 같은 부담을 승계하였는지 여부(부가적 판단).

해설 원고들은 자신들이 경매로 받은 토지지분(331.47/1,514)을 기존의 건물소유자들이 전적으로 사용하고 있다고 주장하며 부당이득의 반환을 요구하고, 그것에 대해 기존의 건물소유자들은 자신들이 전적으로 사용하지 않고 있고, 설령 그렇더라도 자신들은 무상으로 사용할 권리가 있고 나아가 원고들이 그 무상사용권에 관한 의무를 승계하였다고 다투기 때문에 위의 문제가 재판의 쟁점이 된 것입니다.

3. 이 법원의 판단

가. 피고들이 원고들과 사이에 공유에 속하는 대지(원고들 지분인 331.47/1,514)를 독점적, 배타적으로 점유, 사용하고 있는지 여부.

[원고들의 주장]

원고들은, 피고들이 집합건물을 구분하여 소유하고 사용하면서 원고들과 사이에 공유에 속하는 대지의 원고들 지분을 독점적, 배타적으로 점유, 사용하고 있고, 원고들은 건물을 소유하지 않아 대지를 전혀 사용, 수익하지 못하고 있으므로 피고들은 원고들의 공유지분에 해당하는 토지부분에 관하여 법률상 원인 없이 이득을 얻고 이로 인하여 원고들이 동액 상당의 손해를 입고 있다고 주장한다.

[피고들의 반론]

피고들은, 이 사건 대지위에 건축된 집합건물을 구분소유하고 있을 뿐이고 원고들의 대지지분을 독점적, 배타적으로 점유, 사용하고 있지 않다고 다툰다.

[판단]

그런데 일반적으로 여러 사람이 토지를 공유하고 있는 경우에는 ⑥ 공유자들은 각자의 지분비율에 따라 그 토지를 사용·수익할 수 있고, 공유자들 사이에 특별한 합의가 없는 한 공유자 중의 일부가 공유토지의 특정부분을 배타적으로 사용, 수익할 수 없다(대판 72다1814). 또 ⑦ 공유자 중의 일부가 특정 부분을 배타적으로 점유, 사용하고 있다면 그들은 비록 그 특정 부분의 면적이 자신들의 지분 비율에 상당하는 면적 범위 내라고 할지라도 다른 공유자들 중 지분은 있으나 사용, 수익을 전혀 하지 않고 있는 사람에 대하여는 다른 공유자의 지분에 상응하는 부당이득을 얻게 된다. (대판 88다카33855)

그러나 집합건물인 1동의 건물의 구분소유자들이 그 건물의 대지를 공유하고 있는 경우에 ⑧ 구분소유자는 별도의 규약이 존재하는 등의 특별한 사정이 없는 한 그 대지에 대하여 가지는 공유지분의 비율에 관계없이 그 건물의 대지 전부를 용도에 따라 사용할 수 있는 적법한 권원을 가지고 있으며, 이러한 경우에 건물의 대지라 함은 달리 특별한 사정이 없는 한 집합건물이 소재하고 있는 1필의 토지 전부를 포함한다(대판 93다60144, 2002다16965). 또한 ⑨ 집합건물법 부칙 제4조는 이 법 시행 당시 현존하는 전유부분과 이에 대한 대지사용권에 관한 제20조 내지 제22조는 이 법의 시행일(1985.4.11.)이 경과한 날로부터 2년이 경과한 날(1987.4.11.)로부터 적용한다고 규정하고 있다.

앞서 본 전제사실과 위와 같은 관련법령의 내용에 의하면, 집합건물법 시행 전에 건축된 이 사건 집합건물의 구분소유자들인 피고들은 1987.4.11.부터 이 사건 토지에 관한 대지사용권을 취득하게 되고, 또 이 사건 토지의 사용이나 관리에 관하여 구분소유자들 사이에 별도의 규약이 존재하거나 지분의 과반수로서 특별히 정하지 않았으므로 피고들은 집합건물의 대지에 관하여 가지는 공유지분의 비율에 관계없이 그 건물의 대지 전부를 용도에 따라 사용할 수 있는 적법한 권원을 가진다. 그리고 건물에 관한 구분소유권과 대지사용권이 결부되어 있는 집합건물의 사용관계에 관하여는 통상적인 공유나 구분소유적 공동소유관계의 경우와 달리 대지의 공유지분을 가진 집합건물의 구분소유자들이 그 건물의 대지 전부를 사용할 권원이 있으며, 피고들이 이 사건 토지 중 원고들의 공유지분에 해당하는 부분을 법률상 원인 없이 배타적으로 점유·사용하여 원고들의 공유지분을 침해하고 있다고 볼 수 없으므로 원고들의 위 주장은 나아가 볼 필요 없이 이유 없다.

해설▶ ⑥에 대하여 : 공유자들은 지분비율로 사용·수익할 수 있고 공유자 중의 일부가 공유토지의 특정부분을 배타적으로 사용·수익하면 아니 되는 이유는, 공유지분이라는 것은 특정의 부분에 대한 권리가 아니라 전체 공유물에 대한 비율로서 가진 권리이기 때문입니다. 공유지분의 권리나 개념이 저러하다 보니 공유지분은 늘 분쟁의 소지를 안고 있고, 경매의 영역에서 '공유'는 '점유'와 함께 변화무쌍한 요술을 부리게 되고 동시에 경매를 배우는 우리에게 아주 난해하거나 골치 아픈 개념이 되고 있습니다. 그런데 진실은! 역설적으로는 그렇게 때문에 우리가 특수물건의 경매를 하는 이유가 되는 것입니다.

⑦에 대하여 : 위 ⑥의 원리를 생각하면 이 부분의 이해는 훨씬 쉽습니다. 어느 공유자가 특정 부분을 배타적으로 점유·사용하고 있고 설령 그것이 자신의 지분을 면적으로 환산한 양과 같다고 하더라도, 그런 사용도 필연적으로 '그 특정 부분에 대한 자신의 비율적 권리의 결과'를 넘어버릴 수밖에 없기 때문입니다. 그렇다면, 다른 공유자도 그런 식으로 점유·사용하고 있다면 어떻게 되나요? 그 경우에는 순전히 법적인 논리로만 따지자면 피차가 부당이득의 문제에 걸리게 되는 것입니다. 그래서 공유물로서 뭔가 수익을 내려면 모두가 제대로

집합건물의 소유 및 관리에 관한 법률

제20조(전유부분과 대지사용권의 일체성) ① 구분소유자의 대지사용권은 그가 가지는 전유부분의 처분에 따른다. ② 구분소유자는 그가 가지는 전유부분과 분리하여 대지사용권을 처분할 수 없다. 다만, 규약으로써 달리 정한 경우에는 그러하지 아니하다. ③ 제2항 본문의 분리처분금지는 그 취지를 등기하지 아니하면 선의(善意)로 물권을 취득한 제3자에게 대항하지 못한다. ④ 제2항 단서의 경우에는 제3조 제3항(공정증서로써 규약에 상응하는 것을 정할 수 있다.)을 준용한다.

제21조(전유부분의 처분에 따르는 대지사용권의 비율) ① 구분소유자가 둘 이상의 전유부분을 소유한 경우에는 각 전유부분의 처분에 따르는 대지사용권은 제12조에 규정된 비율에 따른다. 다만, 규약으로써 달리 정할 수 있다. ② 제1항 단서의 경우에는 제3조 제3항을 준용한다.

제22조(민법 제267조의 적용 배제) 제20조 제2항 본문의 경우 대지사용권에 대하여는 민법 제267조(같은 법 제278조에서 준용하는 경우를 포함한다.)를 적용하지 아니한다.

부칙 제4조(경과규정) 이 법 시행 당시 현존하는 전유부분과 이에 대한 대지사용권에 관한 제20조 내지 제22조는 이 법의 시행일(1985.4.11.)이 경과한 날로부터 2년이 경과한 날(1987.4.11.)로부터 적용한다.

된 공평의 감각으로 약정이 되거나 필요에 따라서는 양보나 설득이 필요하고, 달리 길이 없으면 공유관계를 정리해야 하지요(다른 공유자에게 자신의 지분을 팔든, 공유물분할을 실행하든).

⑧에 대하여 : 집합건물이 서 있는 곳 외의 땅(화단, 아파트 내 도로, 어린이 놀이터 등)을 각자 공유지분의 비율만큼 사용한다는 것은 너무나 비현실적이고 그렇게 할 실익도 없기 때문에(우리아파트 어린이 놀이터는 '25평은 하루 2시간 이하만 사용할 수 있고, 50평은 하루에 4시간 이하만 사용할 수 있다!' - 대체 이게 말이나 되나요?), 공유지분의 비율에 관계없이 그 건물의 대지 전부를 사용할 수 있는 적법한 권원을 가진 것으로 대법원은 해석을 한 것으로 보입니다.

⑨에 대하여 : 중요 3개 조문(제20조, 제21조, 제22조)은 모두 1985.4.11.부터 적용되는데, 특히 법 시행일(1985.4.11.) 전에 건축이 된 경우에는 부칙 제4조에 의해 1987.4.11.부터 적용이 됨을 기억해야 합니다.

나. '갑'이 피고들에게 그 소유의 대지지분(331.47/1,514 지분)을 무상으로 사용할 권한을 부여하였는지 여부 및 원고들이 그와 같은 부담을 승계하였는지 여부(부가적 판단)

[피고들의 주장]

'갑'이 집합건물을 분양하면서 수분양자들에게 그 소유의 공유지분에 관하여 집합건물의 용법에 따라 무상으로 사용할 수 있는 권한을 부여하고, 사용료 청구권을 포기하였으므로 '갑'은 피고들에게 그 소유 대지지분을 무상으로 사용하게 하여 줄 의무를 부담하였다. 또 원고들은 '갑'의 토지 지분을 경매절차에서 매수하여 '갑'의 피고들에 대한 위와 같은 의무를 승계하였다.

[원고들의 반론]

원고들은, '갑'이 그 소유의 대지 공유지분에 관하여 피고들에게 무상으로 점유, 사용할 권한을 부여하지 않았고, 원고들이 '갑' 소유 대지지분을 경매절차에서 매수하였을 뿐이며, '갑'이 피고들에게 부담하는 의무를 승계하지 않았다고 다툰다.

[판단]

(1) ○○유동화전문회사가 이 사건 토지 중 '갑' 소유의 대지 공유지분(331.47/1,514)에 관하여 2004.11.30. 신청하여 2004.12.3. 개시된 담보권실행 경매절차에서 집행관은 2005.1.17. '갑' 소유의 대지 공유지분을 특정하여 구분할 수 없고, 그 지상에 집합건물(지하 3층, 지상 5층) 1동이 건축되어 소재하고 있다는 내용의 현황조사서를 작성하였다. 집행법원은 2007.1.11. '갑' 소유 대지에 구분건물로 등기된 근린생활시설 건물 1개동과 일반건축물 사무실 2개동이 있고, 법정지상권이 성립할 여지가 있다는 내용의 매각공고를 하였다.

(2) 그런데 집합건물을 분양한 자가 구분소유자에게 건물의 대지 중 일부 지분만 소유권을 이전하고 나머지 일부 지분을 스스로 보유하고 있는 경우에는 특별한 사정이 없는 한 자신의 보유지분에 관하여는 구분소유자들이 집합건물의 용법에 따라 무상으로 사용할 수 있는 권한을 부여한 것으로 보아야 한다(대판 2002다16965). 또 공유물의 관리에 관한 사항은 공유자의 지분의 과반수로써 결정하고, 공유자 간의 공유물에 대한 사용수익·관리에 관한 특약은 공유자의 특정승계인에 대하여도 당연히 승계된다(대판 2005다1827, 2007다64167). 다만, 공유물에 관한 특약이 지분권자로서의 사용수익권을 사실상 포기하는 등으로 공유지분권의 본질적 부분을 침해한다고 볼 수 있는 경우에는 특정승계인이 그러한 사실을 알고도 공유지분권을 취득하였다는 등의 특별한 사정이 있는 경우에 한하여 특정승계인에게 당연히 승계된다고 해석하여야 한다. (대판 2009다54294)

앞서 본 전제사실과 위 인정사실에 의하면, 집합건물의 구분소유자들인 피고들이 '갑'으로부터 집합건물과 그 대지의 공유지분을 매수하여 '갑'과 대지를 공유하고 있었고, 피고들과 '갑' 사이에 대지의 사용에 관한 별도의 규약이 존재하지 아니하므로 피고들은 집합건물의 대지에 관하여 피고들의 공유지분의 비율에 관계없이 집합건물의 대지 전부를 그 용도에 따라 사용할 수 있는 적법한 권한을 취득한다. 또 '갑'은 집합건물을 신축·분양하면서 수분양자들에게 전유부분과 함께 집합건물이 위치하는 부분에 해당하는 지분을 피고들(수분양자들)에게 이전하여 주고, 나머지는 '갑' 소유부분(집합건물 중 지하 2층 1호, 지하 3층 1호)의 부지로 사용하거나 증축을 위한 목적으로 남겨 두었으므로 '갑'은 그 소유의 대지지분에 관하여 피고들에게 집합건물의 용법에 따라 무상으로 사용할 수 있는 권한을 묵시적으로 부여하였다. 그리고 원고들이 '갑' 소유 대지의 공유지분을 부동산경매절차를 통하여 매수할 당시 매각공고(매각물건명세서 및 부동산현황조사보고서 포함)와 등기부등본을 통하여 '갑'과 피고들이 공유하는 대지 위에 집합건물이 존재하고 있다는 사정을 충분히 알고 있었다.

이러한 사정과 아울러 원고들은 집합건물 대지의 공유자로서 피고들을 상대로 공유물분할을 청구하여 이 사건 토지를 현물분할하거나 매각절차를 통하여 대지지분 상당액을 회수할 수 있으므로 피고들에 대하여 지료 또는 임료상당 부당이득금의 반환청구권을 취득하지 못하다고 하여 대지에 대한 지분권자로서의 원고들의 사용, 수익권의 본질적 부분이 침해된다고 단정할 수 없다.

그뿐만 아니라 그렇지 아니하고 원고의 사용수익권의 본질적 부분을 침해한다고 하더라도 원고들은 피고들과 '갑' 사이에 집합건물의 내지부분의 사용에 관한 별도의 규약이 존재하지 아니하므로 피고들이 집합건물의 대지에 관하여 피고들의 공유지분의 비율에 관계없이 집합건물의 대지 전부를 그 용도에 따라 사용할 수 있는 적법한 권한을 취득한다는 그와 같은 사정을 알고도 이 사건 토지의 공유지분을 취득하였으며, 피고들은 '갑'으로부터 집합건물을 분양받을 당시 대지지분도 함께 매수하여 추가적으로 대지지분을 취득하거나 사용료를 부담하는 것이 예정되어 있지 않았다.

[그러므로 원고들은 피고들에게 원고들 대지지분을 무상으로 점유, 사용하게 하여 줄 의무를 그대로 승계하였다고 봄이 상당하다.]

해설 이 사례와 같이 하나의 필지 위에 구분소유의 근린생활시설과 사무용 일반건축물 2개가 존재하는 현황에서 어느 한 사람의 토지지분에 관한 경매라면 (경매법원은 법정지상권에 관한 성립여지만을 공지했지만) 입찰하는 입장에서 대지사용권을 포함하여 장래 노정될 가능성이 있는 법리가 만만치 않습니다. 법정지상권은 매각물건명세서의 기재사항인 '매각에 따라 설정된 것으로 보게 되는 지상권 개요 등'에 해당하지만, 대지사용권은 매각을 원인으로 성립하는 권리가 아니기 때문에 매각물건명세서의 기재사항이 아니라는 점에서도 대지사용권의 성립여부에 대한 인식을 옮게 하는 요소가 되고 있습니다. 그런데 이 사례의 모습이라면 인정이 되든 안 되든 간에 있을 것도 같은 법정지상권에 관한 언급은 이 사건 판결에서 없는 것에는 어쨌든 의문이 남습니다.

▶ "원고들이 피고들을 상대로 공유물분할을 통해 자신들의 지분 값을 회수할 수 있기 때문에, 피고들 대한 토지사용료의 지급청구권이 인정되지 않더라도 원고들의 대지 사용·수익권의 본질적 부분이 침해된다고 할 수 없다."라는 판시는 '부당이득의 반환과 공유물분할로 인한 각 이익은 전혀 별개로서 선택할 수 있는 이익이라는 점'을 간과한 것으로 읽힙니다. 특히 "원고들이 피고들이 대지 전부를 무상으로 사용할 수 있는 적법한 권한을 취득하고 있다는 사정을 알고도 이 사건 토지의 공유지분을 취득하였다."라는 판시는 일반의 경험칙에 반합니다. 저런 사정은 해당 물건에 관한 직접적인 이해관계인들로서의 타인들이 배타적으로 이해하고 지배하는 정보이기 때문에, 경매입찰을 하는 자들에게는 '그들 개별적 사정으로서의 특별한 사정이 인정되지 않는 한' 저런 '일반적 악의의 인정'은 결국 이 2심의 임의적 판단에 지나지 않게 되어 부당합니다.

4. 결론

그렇다면, 원고들의 피고들에 대한 이 사건 청구는 모두 이유 없다. 이와 결론을 달리하여 원고들의 청구를 모두 받아들인 제1심판결은 부당하므로 제1심판결을 취소하고, 그 취소부분에 해당하는 원고들의 피고들에 대한 청구와 이 법원에서 확장한 원고들의 피고들에 대한 청구를 모두 기각한다.

소재지	서울서부지방법원 2004 타경 27989 (임의) 서울특별시 용산구 한남동 633-3 		
물건종별	대지	채권자	윤○○
지분토지	331.47㎡	채무자	에○○
건물면적	건물 매각제외	소유자	정○○
대상	토지지분매각	상속인	정○○
감정가	2,486,025,000원	제시 외	
최저가	(33%) 814,621,000원	입찰방법	기일입찰
보증금	(10%) 81,463,000원	배당종기일	2005-03-10
청구금액	400,000,000원	개시결정	2004-11-30
회차	매각기일	최저매각금액	결과
신건	2006-09-26	2,486,025,000원	유찰
2차	2006-10-31	1,988,820,000원	유찰
3차	2006-11-28	1,591,056,000원	유찰
4차	2006-12-26	1,272,845,000원	유찰
5차	2007-01-30	1,018,276,000원	유찰
6차	2007-02-27	814,621,000원	매각
신○○ 외 3명 / 입찰 4명 / 매각 864,969,000원(35%)			

 〈3심〉 대법원 2012.5.24. 선고 2010다108210 판결 〔지료〕

[원고, 상고인] 원고 1 외 2인

[피고, 피상고인] 피고 1 외 32인

[원심판결] 서울고법 2010.11.25. 선고 2009나59604 판결

[주문] 원심판결을 파기하고, 사건을 서울고등법원에 환송한다.

1. (전략) 건물의 구분소유자 아닌 자가 경매절차 등에서 그 대지의 공유지분만을 취득하게 되어 대지에 대한 공유지분은 있으나 대지를 전혀 사용·수익하지 못하고 있는 경우에는 다른 특별한 사정이 없는 한 대지 공유지분권에 기한 부당이득반환청구를 할 수 있다고 할 것이다.

원심은 그 채택 증거에 의하여 판시와 같은 사실, 즉 '갑'은 1983.6.29. 서울 용산구 한남동 633-3 대 1,514㎡(이 사건 토지)를 매수한 후 1984.12.7. 그 지상에 지하 3층, 지상 5층의 집합건물을 신축한 사실, '갑'은 1984.12.29.부터 신축건물을 분양함에 있어 분양 당시에는 집합건물법이 시행되기 전이었으므로 수분양자들에게 각 해당 전유부분과 함께 이 사건 토지 중 일부 공유지분(그 지분의 합계는 1,182.5290/1,514이다.)에 관한 지분소유권이전등기를 하여 주고, 나머지 공유지분(331.47/1,514)은 장차 건물을 증축하거나 자신의 건물부지로 사용할 목적으로 남겨 두었는데, 1984.12.29. ○○은행에 대한 채무담보를 위하여 자신의 공유지분에 관하여 채권최고액을 7억 5,000만 원으로 하는 근저당권을 설정해 준 사실, 위 은행으로부터 근저당권과 그 피담보채권을 양수한 ○○유동화전문회사의 신청으로 위 근저당권에 기한 경매절차가 개시되었고 그 경매절차에서 그 공유지분을 원고들 및 원심 공동원고가 매수하여 2007.4.13. 그 매각대금을 모두 지급함으로써 그 소유권을 취득한 사실, 피고들은 2007.4.13. 이전에 각기 그 구분소유 건물과 함께 이 사건 토지에 대한 공유지분을 취득한 사실 등을 인정한 다음, 피고들

은 집합건물의 대지인 이 사건 토지 공유지분의 비율에 관계없이 그 건물의 대지 전부를 용도에 따라 사용할 수 있는 적법한 권원을 가지므로, 피고들이 이 사건 토지 중 원고들의 공유지분에 해당하는 부분을 배타적으로 점유·사용하는 것이 법률상 원인 없이 원고들의 공유지분을 침해하는 것이라고 볼 수 없다고 보아, 원고들의 이 사건 부당이득반환청구를 배척하였다.

그러나 원심이 인정한 사실관계를 앞서 본 법리에 비추어 보면, 이 사건 토지에 대한 1,514분의 331.47지분을 경매절차에서 취득하였음에도 그 대지에 관한 사용·수익을 전혀 하지 못하고 있는 원고들로서는 이 사건 토지를 배타적으로 점유·사용하고 있는 피고들을 상대로 그로 인한 부당이득반환청구를 할 수 있다고 보아야 할 것이다. 그럼에도 원심은 그 판시와 같은 이유만으로 원고들의 이 사건 부당이득반환청구를 배척하였으니, 이러한 원심의 조치에는 공유물의 점유 등에 관한 법리를 오해한 위법이 있고, 이를 지적하는 상고이유는 이유 있다.

해설 이 부분은 '이어지는 2항의 판시와 무슨 차이가 있는가?'라는 생각이 들 수도 있지만, 2심이 원고들이 구분소유자가 아니고 경매를 통한 대지지분의 취득자임을 알고 있음에도 불구하고 모순되게도 "1동의 건물의 구분소유자들이 당초 그 건물을 분양받을 당시의 대지 공유지분 비율대로 그 건물의 대지를 공유하고 있는 경우 공유지분의 비율에 관계없이 대지 전부를 별도의 대가 없이 사용할 수 있다."라는 판시의 부분에 관한 상고이유에 따른 대답으로 보입니다.

2. 공유물의 관리에 관한 사항은 공유자의 지분의 과반수로써 결정하고, 공유물의 사용·수익·관리에 관한 공유자 간의 특약은 그 특정승계인에 대하여도 승계된다고 할 것이나, 공유물에 관한 특약이 지분권자로서의 사용·수익권을 사실상 포기하는 등으로 공유지분권의 본질적 부분을 침해하는 경우에는 특정승계인이 그러한 사실을 알고도 공유

지분권을 취득하였다는 등의 특별한 사정이 없는 한 특정승계인에게 당연히 승계된다고 볼 수 없다(대판 2009다54294).

원심은, 소외인은 집합건물을 신축·분양하면서 수분양자들에게 전유부분과 함께 집합건물이 위치하는 부분에 해당하는 대지지분만을 이전하여 주기는 하였으나 장차의 증축 등을 위해 남겨둔 나머지 대지지분에 관하여도 피고들에게 집합건물의 용법에 따라 무상으로 사용할 권한을 묵시적으로 부여하였고, 원고들로서도 그 나머지 공유지분을 경매절차를 통하여 취득할 당시 매각공고(매각물건명세서 및 부동산현황조사보고서 포함)와 등기부등본을 통하여 그 공유하는 대지 위에 집합건물이 존재하고 있다는 사정을 충분히 알고 있었으며, 원고들이 피고들에 대하여 지료 또는 임료 상당 부당이득반환청구권을 취득하지 못한다고 하여 대지에 대한 사용·수익권의 본질적 부분이 침해된다고 볼 수 없으므로, 원고들은 피고들에게 그 소유 대지지분을 무상으로 점유·사용케 할 의무를 승계하였다고 판단하였다.

그러나 원심의 이러한 판단도 수긍하기 어렵다. 집합건물을 분양한 자가 구분소유자들에게 건물의 대지 중 일부 지분에 관하여만 소유권이전등기를 하여 나머지 지분을 스스로 보유하고 있는 경우 자신의 보유지분에 관하여 구분소유자들이 집합건물의 용법에 따라 무상으로 사용할 권한을 부여한 것으로 해석될 수 있다고 하더라도(대판 2002다16965), 그와 같은 약정은 건물이 철거될 때까지 공유지분권에 기한 사용·수익을 포기하는 것이어서 원고들에게 당연히 승계된다고 보기는 어려울 뿐 아니라 원심이 들고 있는 판시와 같은 사정만으로는 원고들이 위와 같은 약정이 존재한다는 사정을 알면서 이 사건 공유지분을 취득하였다고 볼 수도 없다. 그럼에도 원심은 원고들이 피고들과의 사이에 그 소유의 대지지분을 무상으로 점유·사용케 할 의무를 승계하였다고 단정하였으니, 이러한 원심의 판단도 위법하여 그대로 유지할 수 없고, 이를 지적하는 상고이유는 이유 있다.

해설 '나머지 지분에 관한 구분소유자들의 무상사용의 약정이 경매로 취득한 사람들에게 당연히 승계되는 것은 아니다.'라는 점과, '2심이 거론하는 매각물건명세서, 부동산현황조사보고서, 등기부등본 등의 확인이라는 사정만으로는 경매로 취득한 사람이 그와 같은 무사사용의 약정이 존재한다는 점을 알았다고 볼 수도 없다.'라는 점을 판시하고 있습니다. 대법원의 이 판시는 필자의 2심에서의 해설, 즉 2심의 판시는 '일반의 경험칙에 반한다.'라는 점과, '개별적 사정으로서의 특별한 사정에 대한 증거도 없이 일반적 악의를 인정해버렸다.'라는 점과 같은 지적인 셈입니다.

Tip. '부당이득'과 '지료'의 차이

'부당이득'과 '지료'의 법적 개념 차이에 대하여 모르는 사람이 의외로 많습니다. 다 같이 물건을 사용하는 이익에 대한 대가로서 금액의 정도는 결국 같아지게 되지만, 그 개념은 구별할 수 있어야 합니다. 개념의 차이를 앎과 모름에 따라 소송에서 자신감이 떨어질 수 있고, 담당 판사는 말은 하지 않더라도 '뭘 아는 원고이군!', '개념이 없는 원고이군!' 등의 느낌을 가질 수 있습니다.

먼저 '지료'는 토지 쪽이 땅을 사용할 법적인 근거를 가진 경우의 개념입니다. 주로 '땅을 사용할 계약'이 그 근거이나(계약관계), 경매물건에서는 오히려 계약이 아닌 '법률의 규정에 의해 사용권이 성립하는 경우'입니다(법률관계). '법정지상권'이 대표적인 법률관계의 예입니다.

다음으로 '부당이득'은 사용에 대한 법적인 근거(계약관계나 법률관계)가 없는 경우입니다. 즉, 바로 토지를 반환해야 할 입장에 있는 자가 점유하여 사용 · 수익하는 경우에 발생합니다. 이 경우 통상 '임료 상당의 부당이득'을 청구하는데, 이것은 통상 '임대료'를 기준으로 해서 정해지는 지료와 같은 정도의 돈이라는 의미입니다. '상당'은 '해당'의 의미이고요. 특히 지료의 연체를 이유로 법정지상권의 소멸청구를 위해서는, 원칙적으로 '부당이득이 아닌 지료'를 인정한 판결을 받아놓아야 하는 점을 기억해야 합니다.

[2009나31873〈2심〉, 2011다58701〈3심〉] 집합건물법이 시행되기 전에 분리 처분된 대지가 임의경매 및 공매된 경우

[쟁점의 법리]

1 ▸▸ '갑'이 구분상가를 신축해서 분양을 하면서 토지 중 일부지분은 보유하거나 타인에게 양도한 후, 나중에 집합건물법이 제정되자 분양된 구분상가의 대지권등기가 되었습니다. 그 후 양도한 토지지분 중에서 '을'이 양수한 지분은 임의경매로, '병'이 양수한 지분은 공매로 각 팔렸습니다. 임의경매와 공매로 토지지분을 취득한 원고들이 구분상가소유자들을 상대로 공유물분할의 소를 제기했다가 재판 중에 이 사건 부당이득반환으로 청구를 변경한 것으로 보입니다.

2 ▸▸ 그런데 이 사례는 구분건물의 소유자인 피고 8명 중에 무슨 사연인지 유독 '피고 2'만이 토지지분이나 대지권등기가 없습니다(다른 7명 중 6명은 대지권등기를 보유하고, '피고 6'은 대지권등기가 안 된 대지지분을 보유함). 그런 연유로 해서 1심에서는 '피고 2'에 대해서만 부당이득을 인정되었고, 이 2심에서도 같은데 다만 '피고 2'에 대한 부당이득의 금액만 변경되었습니다. 즉, 대지권등기나 대지지분을 보유함 나머지 피고들에 대한 청구는 기각된 것입니다. 기각부분이 3심에서 파기되었고요.

3 ▸▸ 이 사례도 집합건물법이 시행되기 전에 처분된 일부 대지지분을 경매로 취득한 경우로서, 앞서 본 사례(2009나59604, 2010다108210)와 같은 법리의 부당이득반환의 쟁점을 가지고 있습니다. 따라서 대지사용권의 여부와 결부된 부당이득반환의 법리는 이미 공부했으므로, 이 사례를 게재한 주된 이유인 무상사용 특약에 대한 경락인의 승계의 문제를 비롯해 읽어둘 가치가 있는 논점들에 대해 비중을 두고 해설을 합니다.

[사안의 개요]

시점, 소송	사실관계, 판단의 기준점, 법적효과
1979.	① '갑'이 자신의 토지에 구분건물(상가)을 신축한 후 분양하면서 토지의 일부 지분(181.31/3,739)은 자신이 보유하거나 타인에게 양도함. **해설▸** 이 조치는 집합건물법이 적용 전이어서 유효하고, 따라서 이후 임의경매와 공매의 처분도 유효합니다.
1987.7.27.	② 집합건물법이 제정되어 구분건물들에 대지권등기와 각 해당 대지지분에 대지권취지의 등기가 되었음. 즉, 위 일부의 지분은 대지권취지의 등기가 되지 않은 채로 남게 된 것임.
2005.7.19.	③ '원고'와 '선정자 2'가 임의경매절차에서 구분소유자가 아닌 '을'이 소유하던 지분(132.23/3,739)을 공동으로 취득함.
2005.10.28.	④ '선정자 4'와 '소외 5'가 공매절차에서 구분소유자가 아닌 '병'이 소유하던 지분(33.05/3,739)을 공동으로 취득함.
원고들의 소제기	공유물분할의 소를 제기했다가, 소송 중 구분건물 소유자들인 피고들이 점유권원이 없이 원고들의 대지지분을 점유·사용하고 있다며 부당이득반환청구로 소를 변경함. **해설▸** 건물부지 중 어느 특정의 부분을 따로 떼어 받는 것(공유물분할)이 더 돈이 된다고 여겼다가는, 공유물분할은 인정되기는 어려워 그냥 부당이득 쪽으로 바꾼 것으로 보입니다.

<table>
<tr>
<td>재판의 결과</td>
<td>1심과 2심(2009나31873)에서는 '피고 2'에 대해서만 승소했지만, 3심(2011다58701)에서는 모든 피고들에게 승소함.

해설 1, 2심에서 구분건물소유자들인 피고 8명 중에 토지지분이나 대지권등기가 없던 '피고 2'에 대해서만 승소하고 나머지 7명의 피고들에 대해서 패소한 것은, 경락인의 무상사용 특약에 대한 '선의'의 문제에 나아가지도 않은 채, 그 이전에 집합건물법이 적용되지도 않는 토지에 대하여 집합건물법의 적용을 전제로 해서 분리처분가능규약이라는 특별한 사정에 대한 경락인의 입증이 없음을 논한 오류를 범한 탓입니다. 이에 대해 3심이 나머지 피고 7명에 대하여도 원고의 승소로 바로 잡았습니다.</td>
</tr>
</table>

〈2심〉 서울고등법원 2011.6.10. 선고 2009나31873 판결 〔공유물분할 등〕

[원고(선정당사자), 항소인] 원고(선정당사자)

[피고, 피항소인] 왕림개발 주식회사 외 7인

[주문]

1. 제1심 판결 중 피고 2에 대하여 아래에서 지급을 명하는 금원에 해당하는 원고 및 선정자들 패소부분을 취소한다. 피고 2는, 원고에게 517,776원, 선정자 2에게 1,110,194원, 선정자 3에게 216,229원 및 위 각 금원에 대하여 2008.12.11.부터 2011.6.10.까지는 연 5%, 그다음 날부터 다 갚는 날까지는 연 20%의 각 비율에 의한 금원을 지급하고, 2008.12.31.부터 ① 원고 및 선정자들이 서울 영등포구 여의도동 300 대 3,729㎡의 지분소유권을 상실할 때까지 또는 피고 2가 위 지상 건물 중 501호에 대한 소유권을 상실할 때까지 원고 및 선정자 2에게는 각 매월 34,494원의 비율에 의한 금원을, 선정자 3에게는 매월 8,621원의 비율에 의한 금원을 각 지급하라.

해설 부당이득의 발생 종기는 통상 ①과 같이 표현됩니다. 이 경우 부당이득은 특정인에 대한 특정인의 금전채권이므로, 토지지분권자는 그의 지분소유권을 상실할 때까지 손해를 보는 특정인이 되고, 건물소유권자는 그의 구분건물의 소유권을 상실할 때까지 부당이득을 얻는 특정인이 되는 것입니다.

> **2.** 원고 및 선정자들의 피고 2에 대한 나머지 항소 및 피고 2를 제외한 나머지 피고들에 대한 항소를 모두 기각한다.
>
> **3.** 제1항의 금원지급부분은 가집행할 수 있다.
>
> **[이유]**
>
> **1. 기초사실**
>
> **가.** 이 사건 토지(서울 영등포구 여의도동 300 대 3,739㎡) 지상에는 이 사건 건물이 건축되어 있고, 피고들은 이 사건 건물 중 별지 제2목록 '동호수', '건물면적(㎡)'란 기재 진유부분을 소유하고 있으며, 피고 2, 7을 제외한 나머지 피고들은 같은 목록 '대지권비율'란 기재 지분에 따라 이 사건 건물의 대지를 공유하고 있다.
>
> **나.** 이 사건 토지등기부에는 1987.7.27. 대지권 취지의 등기가 안 된 부분에 대하여 소외 6(33.05/3,739), 소외 3(132.23/3,739), 피고 7(16.03/3,739) 명의의 각 지분소유권등기가, 위 각 지분을 제외한 나머지 공유지분 전부(3,557.69/3,739)에 대하여는 각 대지권등기가 각 마쳐져 있는 것으로 기재되어 있다.
>
> **다.** 그런데 이 사건 건물등기부에 기재되어 있는 소유권대지권의 지분을 전부 합산하여 보면 그 지분 합계는 3,612.01/3,739 지분인바, 이 사건 토지등기부상 대지권등기 지분 합계인 3,557.69/3,739 지분과 불일치한다.

해설 지분의 합계 값은 '1'이 되어야 하는데, 공유자가 많고 복잡한 공유지분의 토지 중에는 정확히 '1'이 되지 않는 상태로 있는 등기도 있습니다. 그렇더라도 대부분은 틀리는 정도가 얼마 되지 않는데다가 단지 등기상 오류일 뿐이어서 별문제가 없는 경우가 보통입니다.

라. 한편, 원고 및 선정자 2는 2005.7.19. 소외 3 지분(132.23/3,739)을 공동으로 경락받아 각 1/2 지분인 66.115/3,739 지분에 관하여 2005.7.25. 그들 명의로 각 소유권이전등기를 마쳤고, 선정자 3은 2005.10.28. 소외 6 지분(33.05/3,739)을 소외 5와 공동으로 공매를 통하여 취득한 후 그 중 1/2 지분인 16.525/3,739 지분에 관하여 2005.11.4. 그 명의로 소유권이전등기를 마쳤다.

[**인정근거**] 다툼 없는 사실, 갑 제1호증, 제3호증의 1 내지 152, 을 제4호증의 1 내지 3의 각 기재, 변론 전체의 취지

2. 피고 2에 대한 청구에 관한 판단

가. 청구원인에 관한 판단

대지권이 없는 집합건물의 구분소유자는 아무런 법률상의 원인 없이 집합건물 부지를 불법점유하고 있다고 할 것이며, 위 불법점유로 인하여 집합건물의 구분소유자는 ② 집합건물의 대지 중 자신의 건물의 대지권으로 등기되어야 할 지분에 상응하는 면적에 대한 임료 상당의 부당이득을 얻고 있고, 대지권 미등기지분의 소유자들은 동액 상당의 손해를 입고 있다고 할 것이다(대판 91다40177).

(전략) 피고 2가 1979.9.13. 이 사건 건물 중 501호에 대한 건물 소유권은 취득하였으나 ③ 이 사건 토지에 관한 지분권이나 이 사건 건물에 대한 대지권을 취득한 바는 없는 사실, 위 피고는 2007.6.5. 원고에게 당시까지의 대지지분 사용에 대한 대가 명목으로 592,418원을 지급한 사실 등을 인정할 수 있는바, 위 인정사실에 의하면 대지권이 없는 위 피고는 아무런 법률상의 원인 없이 이 사건 건물 부지를 불법점유하고 있다고 할 것이며, 위 불법점유로 인하여 위 피고는 이 사건 건물의 대지 중 자신의 건물의 대지권으로 등기되어야 할 지분에 상응하는 면적에 대한 임료 상당의 부당이득을 얻고 있고, 대

지권 미등기지분의 소유자들인 원고 및 선정자들(원고 등)에게 동액 상당의 손해를 입히고 있다고 봄이 상당하다.

해설 ②에 대하여 : '자신의 건물의 대지권으로 등기되어야 할 지분에 상응하는 면적'은 전체 구분건물 대비 그 구분건물의 면적이 가지는 비율과 같은 비율의 대지면적입니다. 그러나 거의 없다고 해야 하지만, 그래도 최초 건물보존등기 시에 다르게 정한 경우에는 예외적으로 다를 수는 있습니다.
③에 대하여 : 경매 받은 원고에게 일정 시기까지는 토지사용료를 지급하다가 결국 틀어져 버렸네요.

나. 피고 2의 주장에 대한 판단
(1) 피고 2는 원고 등 명의의 토지 지분이전등기는 이미 다른 수분양자들 앞으로 분양된 토지 지분에 대한 것으로서 중복등기에 해당하거나 실체관계에 부합하지 아니한 등기이고, 상가분양자가 이미 처분한 토지 지분에 대하여 이중매도하는 배임행위에 그 정을 알고 적극 가담한 결과로 취득한 것이어서 무효라는 취지로 주장하나, 이 사건 건물등기부상 대지권 지분의 합계와 이 사건 토지등기부상 대지권등기가 마쳐진 것으로 기재된 지분의 합계가 불일치하기는 하나 이 사건 토지등기부상 토지 지분(181.31/3739)이 여전히 존재하는 점, 이 사건 토지의 면적은 이 사건 건물등기부상 대지권소유권의 합계보다 126.99㎡가 많은 점, 위 피고는 이 사건 토지에 관한 지분권이나 이 사건 건물에 대한 대지권을 취득한 바 없는 점 등에 비추어 보면, 제1심 증인 소외 7의 일부증언과 당심에서의 피고 5 일부 본인신문결과만으로는 피고의 위 주장사실을 인정하기에 부족하고, 달리 이를 인정할 증거가 없으므로, 위 피고의 이 부분 주장은 이유 없다.

해설 '이미 다른 수분양자들 앞으로 분양된 토지 지분에 대한 것으로서 중복등기에 해당하거나 실체관계에 부합하지 아니한 등기'라는 주장은 사안의 성격상 재판의 초장이라면 있을 수 있는 주장이지만, 상당한 시간이 경과한 항소심 단계에서의 주장은 아무래도 '찔러나 본다!'라는 심정과도 같이 망라적인 주장처럼 보입니다.

▶ '이중매도하는 배임행위에 그 정을 알고 적극 가담한 결과로 취득한 것이어서 무효라는 취지로 주장'은 자신에게 처분한 것이 등기 전에 타에 이중으로 넘어갔다는 주장인 것 같은데, 토지지분은 없다는 사실 그 자체에 방점을 두고 보면 그럴 경우일 수도 있어는 보입니다. '적극 가담한 결과'라고 주장하는 이유는 (이중매매는 단지 그 자체만으로는 계약자유의 원칙상 무효가 아니므로) 이중매매가 무효가 되려면 제2매수인이 자신에게 팔 것을 적극 유혹하는 등으로 '반사회질서행위'라고 볼 정도가 되어야 하기 때문입니다. 증인신문과 본인신문을 하는 등으로 피고 2가 적극적으로 타툰 것으로 봐서, 그로서는 엄청 답답하고 억울했던 것으로 보입니다. 즉, 등기를 법률행위로 인한 부동산물권변동의 요건으로 하는 우리의 법제도로는 보호받지 못하지만, 피고 2에게는 엄청 억울한 진실이 존재했던 것만 같네요.

> (2) 피고 2는 해당 건물 및 해당 대지를 매수하여 잔금까지 전부 지급하고 소유의 의사로 평온 공연하게 해당 대지를 점유하여 왔으므로 시효취득기간이 완성되었고, 원고 등은 시효취득기간 완성 후의 악의의 취득자에 해당하므로 위 피고에게 등기를 말소해 주어야 할 입장인바, 원고 등이 위 피고에게 임료를 청구하는 것은 부당하다는 취지로 주장하나, 위 피고가 이 사건 토지에 관한 지분권이나 이 사건 건물에 대한 대지권을 취득한 바 없음은 앞서 본 바와 같으므로, 위 피고가 해당 대지를 소유의 의사로 점유하여 왔음을 전제로 한 위 피고의 이 부분 주장은 더 나아가 살필 필요 없이 이유 없다.

해설▶ '시효취득'이 나오네요. '대지사용권'이나 '법정지상권'의 문제가 걸린 물건에는 '시효취득'의 주장이 나오는 경우도 있습니다. 당연히 대지지분을 포함한 전유부분을 매수라는 거래의 경험칙에 비춰, '해당 건물 및 해당 대지를 매수하여 잔금까지 전부 지급하고'라는 주장이 전혀 이상하게 보이지는 않습니다. 그러나 역시 확증을 보기 전에는 진실은 알 수 없습니다. 더구나 부동산 자산에 관한 싸움판이니 말이어요.

▶ '소유의 의사, 평온, 공연, 20년간 점유' 등이 시효취득의 요건인데, 가장 중요하고 문제가 되는 것이 '자주점유'라고 불리는 '소유의 의사'입니다. 이 '소유의 의사'의 인정에 대해 판례는 엄격합니다. 그런데 '소유의 의사'에 대하여 단지 '피고가 토지에 관한 지분권이나 건물에 대한 대지권을 취득한 바 없음'이라는, 즉, 그 이유를 너무나 간단하게 해버리며 피고 2의 주장을 배척해버려 아쉬움이 남습니다. 사안 자체로는 '점유시효취득'의 요건에 간단히 반한다고만은 할 수 없는 것 같다는 취지입니다. 다만, 어차피 시효취득이 완성 후 등기가 타인에게 넘어가 버려 시효취득을 논할 실익이 없다고 보았을 수는 있겠습니다.

(3) 피고 2는 구 집합건물법에 따라 원고 등이 그 전유부분과 분리하여 이 사건 토지 중 일부 지분의 소유권을 취득한 것은 무효라는 취지로 주장하나, 구 집합건물법 부칙 제4조에 따라 위 법 시행 당시 현존하는 전유부분과 이에 대한 대지사용권에 관한 제20조 내지 제22조의 규정은 1987.4.10.경부터 적용되는 점, 그런데 피고 2는 1979.9.13. 이 사건 건물 중 501호에 대한 건물 소유권을 취득한 점 등을 인정할 수 있는바, 위와 같은 사정에 비추어 보면 위 피고에 대하여는 구 집합건물법이 적용된다고 볼 수 없으므로, 위 피고의 이 부분 주장도 이유 없다.

(4) 피고 2는 이 사건 대지 전체에 대한 관습법상의 법정지상권을 취득하였고 원고 등은 토지 지분에 대한 이전등기를 경락받은 당시부터 그 토지 지분 상에 이 사건 건물의 소유를 위한 부담을 안고 있었으므로 원고 등이 위 피고를 상대로 부당이득을 구하는 것은 신의칙상 허용될 수 없다는 취지로 주장하므로 살피건대, 신의칙상 대지 소유자의 건물 철거 청구를 거부할 수 있는 관습법상의 법정지상권자라 할지라도 대지를 점유·사용함

으로 인하여 얻은 이득은 부당이득으로서 대지 소유자에게 반환할 의무가 있으므로(대판 96다34665), 위 피고의 이 부분 주장도 이유 없다[설령 위 피고가 관습법상의 법정지상권을 취득하였다고 하더라도 (중략) 위 피고가 취득한 관습법상의 법정지상권의 존속기간은 30년이라고 할 것인데(대판 2006다54651), 그 존속기간인 30년이 만료되었음은 역수상 명백하므로, 위 피고가 취득한 관습법상의 법정지상권은 이미 존속기간 만료로 소멸되었다고 봄이 타당하다].

(5) 피고 2는 원고 등의 토지 지분은 현황 상 건물을 철거할 수 없는 법정지상권의 부담이 있는 토지 지분에 불과한데 건물이 없는 나대지를 기준으로 임료를 청구하는 것은 부당하다는 취지로 주장하므로 살피건대, 타인 소유의 토지 위에 소재하는 건물의 소유자가 법률상 원인 없이 토지를 점유함으로 인하여 토지의 소유자에게 반환하여야 할 토지의 임료에 상당하는 부당이득금액을 산정하는 경우에, 특별한 사정이 없는 한 토지 위에 건물이 소재함으로 인하여 토지의 사용권이 제한을 받는 사정은 참작할 필요가 없는 것이므로(대판 88다카18504), 위 피고의 이 부분 주장 역시 이유 없다.

해설 (3)에 대하여 : '법 시행 당시 현존하는 전유부분과 이에 대한 대지사용권에 관한 규정은 1987.4.10.경부터 적용되고, 피고 2는 1979.9.13. 501호의 건물 소유권을 취득했다.'라고만 간단히 해버리니, 상당한 내공을 가진 사람이 아닌 다음에는 구체적으로는 무슨 소리인지가 모를 수도 있겠습니다. 대지사용권의 범위에 들어갈 땅 지분이나 필지라고 하더라도, 집합건물법이 적용될 시점 이전에 이미 처분된 땅 지분의 취득이기 때문에, 그 취득은 유효하다는 정도로 이해하면 될 것입니다.

(4)에 대하여 : 이 부분은 복잡하고도 난해하네요. 판시를 '① 우선, 관습법상의 법정지상권이 성립하지 않는다. ② 다음으로, 설령 관습법상의 법정지상권을 취득했더라고 존속기간 30년이 지났기 때문에, 그 관습법상의 법정지상권

은 이미 소멸되었다. ③ 한편으로, 백번 양보하여 관습법상의 법정지상권이 살아있더라도 대지를 점유·사용함에는 마찬가지이므로 부당이득은 발생한다.' 라는 정도로 있구나!'하는 무난할 것입니다. ''법정지상권'이 있기 때문에 부당이득의 청구가 '신의칙'에 반한다는 주장'은 결국 사용이익을 부인하는 것으로 보여 법리에 맞지 않습니다. 그리고 법정지상권자의 점유·사용료의 법적 성격을 굳이 규명하자면 '부당이득금'이 아닌 '지료'입니다.

(5)에 대하여 : 토지 위에 건물이 소재함으로 인하여 토지의 사용권이 제한을 받는 사정은 참작하지 않고, 제한이 없는 나대지로 보고 사용대가를 따집니다. 그 이유는 법정지상권을 가진 자의 사용도 토지를 직접적으로 완전하게 사용하는 것이기 때문입니다. 이 경우 임료상당 금액이나 지료의 산정을 위한 물건의 가액은 원칙적으로, 경매 당시에 있었던 시가감정의 금액을 기초로 하는 것이 아니라, 본안재판에서 별도로 실시하는 임료감정의 결과에 의해 결정이 됩니다.

다. 소결 (생략 : 주문에 나오는 부당이득 금액의 부분)

3. 피고 2를 제외한 나머지 피고들에 대한 청구에 관한 판단

가. 원고 등의 주장

이 사건 토지는 이 사건 건물의 대지권의 목적이 된 부분과 그 나머지 부분으로 이루어져 있고 원고 등이 위 나머지 부분 중 일부의 소유권을 취득하게 된 결과 원고 등도 이 사건 대지의 공유자가 된 것인데 위 피고들이 원고 등을 배제하고 이 사건 대지 중 위 피고들의 지분을 초과한 부분까지 사용·수익하고 있으므로, 위 피고들에 대하여 위 사용·수익에 따른 부당이득으로써 이 사건 대지 중 원고 등 지분에 대한 임료 상당액의 지급을 구한다.

나. 판단

1동의 건물의 구분소유자들이 그 건물의 대지를 공유하고 있는 경우 각 구분소유자는 별도의 규약이 존재하는 등의 특별한 사정이 없는 한 그 대지에 대하여 가지는 공유지분의 비율에 관계없이 그 건물의 대지 전부를 용도에 따라 사용할 수 있는 적법한 권원을 가진다. (대판 93다60144)

이 사건에 관하여 보건대, 앞서 인정한 바에 의하면 위 피고들(피고 7 제외)은 별지 제2목록 기재 '대지권비율'란 기재와 같이 이 사건 건물 중 자신의 건물에 대한 대지권을 소유하고 있는 사실, 피고 7은 자신의 대지권을 소유하고 있지는 아니하나 이 사건 토지에 관한 지분권을 소유하고 있는 사실을 인정할 수 있는바, 위 인정사실에다가 위 법리를 보태어 보면 위 피고들은 별도의 규약이 존재하는 등의 특별한 사정이 없는 한 그 대지에 대하여 가지는 공유지분의 비율에 관계없이 이 사건 건물의 대지 전부를 용도에 따라 사용할 수 있는 적법한 권원을 가진다고 할 것인데, 원고 등이 위 특별한 사정에 대하여 아무런 주장·입증을 한 바 없으므로, 원고 등의 이 부분 청구는 나머지 점에 관하여 더 나아가 살필 필요 없이 이유 없다.

4. 그렇다면, 원고 등의 피고 2에 대한 청구는 위 인정범위 내에서 이유 있어 이를 인용하고, 피고 2에 대한 나머지 청구 및 피고 2를 제외한 나머지 피고들 대한 청구는 이유 없어 이를 모두 기각할 것인바, 제1심 판결 중 피고 2에 대하여 위에서 지급을 명한 원고 패소부분은 이와 결론을 달리하여 부당하므로 이를 취소하고, 피고 2에게 위 금원의 지급을 명하며, 원고 등의 피고 2에 대한 나머지 항소 및 피고 2를 제외한 나머지 피고들에 대한 항소는 이유 없어 이를 모두 기각하기로 하여, 주문과 같이 판결한다.

해설 이 부분은 '임의경매 또는 공매절차에서 이 사건 공유지분 중의 일부를 취득한 원고 및 선정자들이 그 공유지분에 의한 사용·수익권을 사실상 포기하거나 그와 같은 내용의 특약을 승계하는 등의 사정이 인정되지 아니한다면, 그들을 배제하고 이 사건 건물의 구분소유자들이 무상으로 이 사건 토지를 전부 사용·수익할 수 있는 권원이 있다고 보기는 어렵다.'라고 한 3심의 판단에 의해 파기된 것입니다.

▶ 다만 소송법상의 법리여서 골머리 아프거나 난해하다고 여길 수도 있는 다음을 봅니다. 구분소유자들이 공유지분의 비율에 관계없이 대지 전부를 사용할 수 있는 권리가 부인되는 요건과 관련되는 사항인 '특별한 사정'에 대하여 아무런 주장·입증을 한 바 없다고 한 설시와 관련해서 보면, 원고가 3심의 파기이유에 해당하는 주장은 아예 하지를 않았기 때문에 2심이 변론주의의 원칙상 원고의 항소를 기각한 것인가 싶기도 합니다. 그런데 한편으로는, 그 점에 대해서는 피고들의 항변도 보이지는 않지만, 2심이 3심의 파기이유와 같은 법리를 알고 있었다면(또는 같은 견해를 가졌다면) 굳이 '주요사실'에 제한되어 적용되는 변론주의에 의해 판단할 문제는 아니라고 봅니다.

〈3심〉 대법원 2013.3.14. 선고 2011다58701 판결 〔공유물분할등〕

[원고(선정당사자), 상고인] 원고

[피고, 피상고인] 피고 1 외 5인

[원심판결] 서울고법 2011.6.10. 선고 2009나31873 판결

[주문] 원심판결 중 피고들에 대한 부분을 파기하고, 이 부분 사건을 서울고등법원에 환송한다.

(전략) 공유물의 사용·수익·관리에 관한 공유자 사이의 특약은 유효하며 그 특정승계인에 대하여도 승계된다고 할 것이지만, 그 특약이 지분권자로서의 사용·수익권을 사실상

포기하는 등으로 공유지분권의 본질적 부분을 침해하는 경우에는 특정승계인이 그러한 사실을 알고도 공유지분권을 취득하였다는 등의 특별한 사정이 없다면 특정승계인에게 당연히 승계된다고 볼 수 없다(대판 2005다1827, 2009다54294). 위와 같은 특약의 존재 및 그 특약을 알면서 공유지분권을 취득하였다는 등의 특별한 사정이 있는지에 관하여는 구체적인 공유물의 사용·수익·관리의 현황, 이에 이르게 된 경위 및 공유자들의 의사, 현황대로 사용·수익된 기간, 공유지분권의 취득 경위 및 그 과정에서 그 특약 등의 존재가 드러나 있었거나 이를 쉽게 알 수 있었는지 여부 등의 여러 사정을 종합하여 판단하여야 한다.

해설 특약의 존재와 특약을 알고 공유지분권을 취득하였는지 여부에 대하여 대법원은 '구체적인 공유물의 사용·수익·관리의 현황, 이에 이르게 된 경위 및 공유자들의 의사, 현황대로 사용·수익된 기간, 공유지분권의 취득 경위 및 그 과정에서 그 특약 등의 존재가 드러나 있었거나 이를 쉽게 알 수 있었는지 여부 등의 여러 사정을 종합하여 판단한다.'라고 복잡하게 판시하고 있지만, 역시나 저런 사정은 경매입찰을 하는 사람으로서는 알기 어려운 타인들의 배타적 지배정보이기 때문에, 해서 임장 시에 부주의한 정보취득의 행위가 꼬리를 잡히는 사태가 발생하지 않는 한 입찰자에 대한 '악의의 인정'은 좀체 어렵다고 봅니다.

한편 (중략) 구분소유자들 사이에서는 대지 공유지분 비율의 차이를 이유로 부당이득반환을 구할 수 없는 경우이라도, 그 대지에 관하여 구분소유자 외의 다른 공유자가 있는 경우에는 공유물에 관한 일반 법리에 따라 대지를 사용·수익·관리할 수 있다고 보아야 하므로, 다른 공유자가 자신의 공유지분권에 의한 사용·수익권을 포기하였다거나 그 포기에 관한 특약 등을 승계하였다고 볼 수 있는 사정 등이 있는 경우가 아니라면 (중략) 다른 공유자는 그 대지 공유지분권에 기초하여 부당이득의 반환을 청구할 수 있다(대판 2010다108210).

기록에 의하면, ① 소외 1이 1979년경 그 소유의 이 사건 토지 위에 구분소유 형태의 이 사건 건물을 신축한 후 일부의 예외를 제외하고는 이 사건 건물에 관한 구분소유권과 함께 이 사건 토지의 일부 공유지분을 이전하는 한편 나머지 공유지분은 자신이 그대로 보유하거나 구분소유자가 아닌 타인에게 양도하였고, ② 이에 따라 집합건물법이 제정되고 부동산등기법상 대지권등기제도가 신설되어 구분소유의 이 사건 건물에 관하여 대지권의 표시등기가 이루어지면서, 1987.7.27.경 이 사건 토지의 등기부에 위와 같이 이 사건 건물에 관한 구분소유권과 함께 이전되어 온 공유지분에 관하여 이 사건 건물의 전유부분의 대지권인 취지의 등기가 경료되었고, 181.31/3,739의 공유지분(이 사건 공유지분)은 대지권인 취지의 등기가 경료되지 아니하고 그대로 남게 되었으며, ③ 그 후 원고(선정당사자)와 선정자 소외 2가 2005.7.19. 임의경매 절차를 통하여 이 사건 공유지분 중 이 사건 건물의 구분소유자가 아닌 소외 3이 소유하는 132.23/3,739 지분을 공동으로 취득하고, 선정자 소외 4와 소외 5가 2005.10.28. 공매 절차를 통하여 이 사건 공유지분 중 이 사건 건물의 구분소유자가 아닌 소외 6이 소유하는 33.05/3,739 지분을 공동으로 취득하였는데, ④ 피고들이 원심판결 판시와 같이 이 사건 건물 중 해당 전유부분을 소유하며 이 사건 토지를 전부 사용·수익함에 따라, 원고와 선정자들은 자신들의 공유지분에 기초하여 이 사건 토지를 사용·수익하지 못하고 있는 것으로 보인다.

(전략) 임의경매 또는 공매 절차에서 이 사건 공유지분 중의 일부를 취득한 원고 및 선정자들이 그 공유지분에 의한 사용·수익권을 사실상 포기하거나 그와 같은 내용의 특약을 승계하는 등의 사정이 인정되지 아니한다면, 그들을 배제하고 이 사건 건물의 구분소유자들이 무상으로 이 사건 토지를 전부 사용·수익할 수 있는 권원이 있다고 보기는 어렵다. (중략) 원심의 판단에는 공유물의 사용·수익권 및 집합건물의 대지사용권 등에 관한 법리를 오해하여 판결에 영향을 미친 위법이 있다.

해설 이 부분은 다시 특별히 해설이 필요하지는 않을 것입니다.

[대판 2011다23125] 토지지분소유자의 해당 전유부분 건물에 대한 철거청구와 매도청구권 행사의 관계

[쟁점의 법리]

1 ▸▸ '대지사용권'이 없는 토지를 경매 받는 경우 통상은 구분건물소유자에게 토지를 매각한다는 내적 기획아래, 그 공략의 수단으로서 부당이득을 반환하라는 소송을 제기합니다. 그런데 한편으로는, 전유부분 건물의 철거청구는 허용되지 않는 것으로 아는 경우도 있고, 전유부분에 대한 매도청구권은 알고는 있지만 그 실체에 대해서는 잘 모르는 측면도 있어 보입니다.

2 ▸▸ 이 사례에서 쟁점의 첫째는, 대지사용권 보유의 원인이 된 신탁계약이 파기됨으로써 대지사용권이 소멸하였기 때문에 전유부분과 대지사용권의 일체적 취급이 적용될 수가 없는 것입니다. '신탁계약 종료'가 대지사용권의 소멸사유가 된 것인데, 이는 대지사용권이 성립하기 전에 들어선 저당권이 실행된 것과 유사한 것이어서 특별히 이상할 것은 없습니다.

3 ▸▸ 쟁점의 두 번째는, 대지사용권이 없는 어느 전유부분에 대하여 철거를 구하는 것도 적법하다는 것입니다. 집합건물법 제7조에 따라 전유부분에 관한 매

도청구권을 행사하지 않는다거나, 어느 전유부분만을 철거하는 것이 사실상 불가능하다거나 하는 사유는 법률적으로는 문제가 되지 않는다는 것입니다. 해당 전유부분만의 안전한 철거의 가능성 여부는 (판결사항이 아니라) '집행의 사실적 요건'에 관련되는 문제일 뿐이기 때문입니다. 하급심에는 저 '해당 전유부분만의 안전한 철거의 가능성 여부'를 판결사항으로 오해하는 듯이 하는 판시도 보이지만, 한편으로는 저 문제가 '권리남용'으로 인정되는 요소들 중의 하나가 되는 예도 보이기는 합니다.

[사안의 개요]

이 사례는 토지소유자가 토지를 담보로 은행대출을 받아 건물 신축을 함에 있어 신탁을 했는데, 그 대출금을 갚지 못하자 신탁계약에서 규정한 바에 따라 신탁회사가 해당 토지를 원고에게 매각하였습니다. 그 후에 구분건물을 분양받은 피고들에 대하여 원고가 해당 구분건물의 철거와 함께 부당이득반환을 청구한 사건으로 보이는데, 원고의 위 각 청구가 인정된 것입니다. 이 사례의 토지소유자는 (매도청구권의 행사는 하기 싫어서 : 사정에 따라서는 경제적 계산이 안 나오는 경우가 있습니다.) 토지를 되파는 것이 주된 목적이면서도, 그 목적을 위한 압박수단으로서 토지사용에 따른 부당이득 반환청구와 함께 전유부분의 철거도 보탠 것이 아닐까 싶습니다. 전유부분의 소유자들의 굴복을 이끌어내려는 계산을 가동했던 것으로요.

대법원 2011.9.8. 선고 2011다23125 판결 〔건물철거 등〕

[원고, 피상고인] 주식회사 햄튼

[피고, 상고인] 주식회사 나노에셋 외 1인

[주문] 상고를 모두 기각한다.

1. (전략) 구분소유자가 애초부터 대지사용권을 보유하고 있지 아니하거나, 대지사용권 보유의 원인이 된 신탁계약 종료에 따라 대지사용권이 소멸한 경우에는 특별한 사정이 없는 한 집합건물법 제20조가 정하는 전유부분과 대지사용권의 일체적 취급이 적용될 여지가 없다.

해설 '애초부터 대지사용권을 보유하고 있지 않은 경우'는 거의 드뭅니다. 한편으로 여기에서 '대지사용권 보유의 원인이 된 신탁계약 종료에 따라 대지사용권이 소멸한 경우'라는 것은 마치 '조건이 성취되면 법률행위의 효력을 소멸되는 해제조건에다가, 그 소멸이 소급까지 되게 한 신탁계약'으로 보입니다. 이런 계약 그 자체는 은행대출금에 대한 연체의 경우를 당연히 염두에 두어야 할 계약일터니 전혀 이상하지는 않습니다.

대출은행에 대한 토지저당의 피담보채무가 최종적 불이행으로 귀결되는 경우에는 수탁자가 수탁사업의 목적물(이 사례에서는 건축부지가 사업을 위한 재산으로서 중심목적물이겠죠.)을 매각처분해서 은행의 대출금을 갚고 정산하는 방법으로 신탁사업을 종결할 수 있도록 한 신탁계약으로 보이는데, 결국 나대지 상태의 시점에 들어선 은행의 토지담보권이 경매로 실행된 결과와 같이 나중에 있는 집합건물의 신축으로 성립한 대지사용권이 사후적으로 소멸하는 것으로 이해되는 것입니다.

원심은, 위탁자인 주식회사 인버런처가 우선수익자인 주식회사 한솔상호저축은행 등에 대한 대출금채무를 상환하지 못함에 따라 수탁자인 주식회사 한국토지신탁이 신탁재산인 이 사건 토지를 처분함으로써 이 사건 신탁계약이 종료되었고, 이에 따라 이 사건 신탁계약에 따른 인버런처의 대지사용권도 소멸되었으므로, 피고들이 위 전유부분의 소유권을 양수할 당시 집합건물법 제20조 제1항에 따라 전유부분의 취득에 수반하여 대지사용권을 취득할 여지가 없으며, 수탁자인 한국토지신탁이 이 사건 토지를 원고에게 매도한 것을 대지사용권의 분리처분으로 볼 수 없다는 취지로 판단하였다. 원심의 위와 같은 판단은 정당한 것으로 수긍할 수 있다.

해설 피고들은 신탁계약의 효력이 상실함으로써 이미 대지사용권도 소멸해버린 상태를 모른 채 분양을 받은 것으로 보입니다. 복잡한 분양의 현장에서는 피분양자들이 분양자의 내부 상황을 모르는 상태에서 일어날 수도 있는 사태의 하나입니다.

2. 집합건물 부지의 소유자가 대지사용권을 갖지 아니한 구분소유자에 대하여 철거를 구하는 외에 집합건물법 제7조에 따라 전유부분에 관한 매도청구권을 행사할 수 있다고 하더라도 위 조항에 따른 매도청구권의 행사가 반드시 철거청구에 선행하여야 하는 것은 아니다. 또한 피고들이 구분소유한 전유부분만을 철거하는 것이 사실상 불가능하다고 하더라도 이는 집행개시의 장애요건에 불과할 뿐이어서 원고의 철거청구를 기각할 사유에 해당하지 아니하므로, 이를 구할 소의 이익이 없다고 볼 수 없다.

해설 '집합건물법상 대지사용권이 없는 전유부분에 대한 매도청구권'과 '민법상 소유권방해배제청구권'은 별개로 권리로 존재하는 것으로 보아야 할 터입니다. 다만, 위 판시와는 반대의 순서로 매도청구권을 행사한 다음 건물철거청구로 변경하는 것은 어떨까요?
이 매도청구권은 일방적으로 법률관계를 변경시키는 형성권이므로(해당 토지지분권자의 일방적인 매도청구의 의사표시에 의해 해당 전유부분에 대한 매매계약이 성립해버리므로) 그것은 법리적으로 허용되지 않는다고 봅니다. 그리고 건물에 대한 철거가 사실상 불가능하다는 점은, 판결이 난 후에 강제집행의 가능성에 관한 사실의 문제이지, 그것으로서 바로 소송에 의한 철거청구권의 행사의 이유가 없어지는 것은 아닙니다.

[2010다43801〈3심〉, 2010나554〈2심〉, 2009가단38392〈1심〉]
건물소유자에 대한 철거청구와 건물점유자에 대한 퇴거청구, 건물철거의 청구에 대한 권리남용의 항변, '소송경제'에 반하는 수회의 소송

[쟁점의 법리]

1 ▸▸ 10세대가 넘는 임차인들이 살고 있는 5층 단독주택의 토지만 경매로 나온 것을 원고가 취득하였고, 건물에 대해서는 소유자인 갑의 법정지상권이 인정된 사례입니다. 2년 이상 지료가 연체되었다는 사정으로 보아 법정지상권은 재판을 통해 인정되었을 것입니다. 원고가 지료소송을 수차례 걸쳐 했고, 판결로 확정된 지료를 2년 이상 연체하여 법정지상권이 소멸되자 건물철거와 대지인도의 재판이 있었고, 이 사건으로 또다시 11명의 임차인들을 상대로 하는 퇴거소송이 진행된 것입니다. 도대체 재판을 몇 번 했다는 건가! 제대로 된 실력자였다면 2번의 재판으로 끝날 일입니다. 원고의 실력부족에다가 이 소송만하더라도 임차인들의 부제소합의 주장, 관할위반의 주장, 집행권원 효력상실의 주장, 민법 제304조와 제619조와 제634조 위반 등의 주장, 당사자 부적격의 주장, 주택임대차보호법상의 대항력의 주장, 권리남용의 항변, 그리고 판결이 확정된 후 강제집행에 따른 너무 큰 부담(강제집행을 하기까지 임차인들의 극한의 저항, 명도집행과 건물철거의 비용 등) 등으로 인해 재개발지역의 땅에다가 심었던 원고의 푸른 꿈은 그리 대단한 실현은 못 보았을 것으로 보입니다. 다만, 집행

권원을 취득한 후에는 협상에서의 유리한 지위가 옮겨오므로, 그것으로 일정 부분의 이익실현은 되었을 수는 있는 유형입니다.

2 ▸▸ 이 사례는 '다가구용 단독건물'이지만 여기서 공부하는 법리들은 '구분소유의 집합건물'의 경우에도 그대로 적용됩니다. 해서, 우리가 공부하는 '구분소유물'에도 똑같이 알아야 하는 것들입니다. 요지는 건물소유자에 대해서는 '건물철거와 토지인도'를 청구하는 것이고, 임차인 등 소유자가 아닌 점유자들에 대해서는 '건물에서의 퇴거'를 청구하는 것입니다. 그러니까, 임차인 등이 건물을 점유하고 있는 상황에서는(건물소유자도 같은 건물의 다른 부분을 함께 점유하고 있는 경우에도 같습니다.), '임차인 등에 대한 퇴거의 집행권원'은 없이 '건물소유자에 대한 건물철거와 토지인도의 판결'만으로는 건물철거의 강제집행을 할 수 없다는 뜻입니다.

3 ▸▸ 이 경우의 건물점유자가 설령 대항력이 있는 임차권이나 전세권이더라도 토지소유자의 청구에 대하여 대항할 수는 없습니다. 대항력이 있는 임차권이나 전세권이 발생한 후 토지소유권을 취득한 경우에도 마찬가지입니다. 이와 같은 법리는, 건물점유자의 대항력은 건물과 관련되는 권리관계에 한정되는 것이고, 토지소유자의 청구권은 지상물이 존재한다는 그 자체로부터도 방해를 받지 않을 토지소유권 그 자체의 권능에서 비롯되는 것이기 때문입니다. 다시 말하면, 토지와 건물이 별개의 부동산으로 인정되는 우리의 법체계에서 토지소유권의 완전성이나 그 완전성의 회복권능은 임차인의 대항력에 본질적으로 앞서는 것입니다.
예를 들어 설명을 보태어보면, 임대차보호법이 민법적인 권리를 제한하거나(임대인의 측면) 강화하는(임차인의 측면)는 것은 어디까지나 그 특별법이 목적하는 바에 포섭되는 사항들에 한정되는 것이지, 임대차보호법이 존재한다고 해서 그것으로써 민법의 법리가 요구하는 기본적 요건과는 관계없이 그 특별법의 효과(인정이나 부인)가 결정되는 것은 아니며 또한 민법이 가지는 본질적인 권리('힘'이라고 이해함이 좋을 권능)까지 배제되는 것은 아닙니다. 체제상 측면에서는 토지이용의 효용극대화라는 경제적 이념이 소유권이라는 제도에 의해 그 근거를 마련되고 실현되는 것으로도 볼 것이고요. 아이고, '입말'로 표현하면 쉬운데, '문자' 언어는 그 성격으로 인해 쉬운 표현이 어렵네요.

[사안의 개요]

진행	사실관계, 판단의 기준점, 법적효과
1	'갑' 소유인 다가구용 단독주택의 대지를 원고가 경매를 받음으로써 위 건물은 법정지상권이 성립함.
2	대지의 소유자가 된 원고가 '갑'을 상대로 건물철거와 부당이득반환의 소를 제기하였으나, '갑' 소유의 건물을 위한 법정지상권이 인정되어 철거청구는 기각되고 지료청구가 인정됨.
3	'갑'이 판결로 확정된 2년분의 지료를 지급하지 하지 않자, 원고가 지상권소멸의 청구로써 지상권을 소멸시키고 건물철거의 판결을 받음.
원고의 소제기	원고는 이 사건 다가구용 단독주택의 임차인들(피고들)들에게 건물로부터 퇴거할 것을 요구하는 이 사건 소송을 제기함. **해설** 소유자가 아닌 점유자(임차인 등)가 있는 경우에는 건물철거의 판결 외에 점유자들에 대한 퇴거판결도 받아야지 건물철거를 할 수 있습니다. 그렇다면 원고는 지상권소멸로 인한 건물철거 소송에서 임차인들도 함께 피고로 잡아 퇴거청구도 같이 했었어야 경제적이었다는 결론이 나옵니다.
재판의 결과	원고가 승소함. **해설** 임차인 등 점유자들은 주택임대차보호법상 대항력 등 온갖 항변으로 원고의 청구에 버티었지만, 받아들여질 수 없는 항변들이어서 결국 원고의 승소로 종결되었습니다.

대법원 2010.8.19. 선고 2010다43801 판결 〔건물퇴거〕

[원고, 피상고인] 원고

[피고, 상고인] 피고 1외 2인

[주문] 상고를 모두 기각한다.

1. 건물이 그 존립을 위한 토지사용권을 갖추지 못하여 토지의 소유자가 건물의 소유자에 대하여 당해 건물의 철거 및 그 대지의 인도를 청구할 수 있는 경우에라도 건물소유자가 아닌 사람이 건물을 점유하고 있다면 토지소유자는 그 건물 점유를 제거하지 아니하는 한 위의 건물 철거 등을 실행할 수 없다. 따라서 그때 토지소유권은 위와 같은 점유에 의하여 그 원만한 실현을 방해당하고 있다고 할 것이므로, 토지소유자는 자신의 소유권에 기한 방해배제로서 건물점유자에 대하여 건물로부터의 퇴출을 청구할 수 있다.

그리고 이는 건물점유자가 건물소유자로부터의 임차인으로서 그 건물임차권이 이른바 대항력을 가진다고 해서 달라지지 아니한다. 건물임차권의 대항력은 기본적으로 건물에 관한 것이고 토지를 목적으로 하는 것이 아니므로 이로써 토지소유권을 제약할 수 없고, 토지에 있는 건물에 대하여 대항력 있는 임차권이 존재한다고 하여도 이를 토지소유자에 대하여 대항할 수 있는 토지사용권이라고 할 수는 없다. 바꾸어 말하면, 건물에 관한 임차권이 대항력을 갖춘 후에 그 대지의 소유권을 취득한 사람은 민법 제622조 제1항이나 주택임대차보호법 제3조 제1항 등에서 그 임차권의 대항을 받는 것으로 정하여진 '제3자'에 해당한다고 할 수 없는 것이다.

2. (전략) 건물소유자인 전세권설정자가 건물의 존립을 위한 토지사용권을 가지지 못하여 그가 토지소유자의 건물철거 등 청구에 대항할 수 없는 경우에 민법 제304조 등을 들어 전세권자 또는 대항력 있는 임차권자가 토지소유자의 권리행사에 대항할 수 없음

은 물론이다. 또한 건물에 대하여 전세권 또는 대항력 있는 임차권을 설정하여 준 지상권자가 그 지료를 지급하지 아니함을 이유로 토지소유자가 한 지상권소멸청구가 그에 대한 전세권자 또는 임차인의 동의가 없이 행하여졌다고 해도 민법 제304조 제2항에 의하여 그 효과가 제한된다고 할 수 없다.

해설 피고들이 내세우는 민법 제622조 제1항(건물의 소유를 목적으로 한 토지임대차는 이를 등기하지 아니한 경우에도 임차인이 그 지상건물을 등기한 때에는 제삼자에 대하여 임대차의 효력이 생긴다.)이나 주택임대차보호법 제3조 제1항(임대차는 그 등기가 없는 경우에도 임차인이 주택의 인도와 주민등록을 마친 때에는 그다음 날부터 제삼자에 대하여 효력이 생긴다.) 등의 대항력도 어디까지나 임대차의 법리가 허용하는 범위나 건물과의 관련으로서 한정되는 권리일 수밖에 없습니다.

그리고 이런 사례에서는 민법 제304조 제1항(타인의 토지에 있는 건물에 전세권을 설정한 때에는 전세권의 효력은 그 건물의 소유를 목적으로 한 지상권 또는 임차권에 미친다.)이나 2항(전항의 경우에 전세권설정자는 전세권자의 동의 없이 지상권 또는 임차권을 소멸하게 하는 행위를 하지 못한다.)도 재판에서 주장으로 나오기도 하는데, 위 규정은 토지에 대한 지상권이나 임차권을 가진 건물의 소유자(즉, 건물의 전세권설정자)가 임의로 토지에 대한 지상권이나 임차권을 소멸하게 함으로써 건물의 전세권자가 위험에 빠지는 것을 방지하려는 취지의 규정이므로 이 사례에는 적용될 수 없습니다.

즉, 건물소유자의 책임이 있는 사유로 인해 토지소유자의 정당한 권리행사의 결과 법정지상권권이 소멸된 것이어서 위 규정을 적용할 수 없는 것입니다. 임대차보호법과 같이 사회법적인 예외의 특별규정이더라도 민법의 본질까지 침해되는 확장해석을 해서는 아니 된다는 요청에서 엄격해석을 하게 됩니다. 어쨌든 아무래도 어려운 부분이니 우선은 '저런 규정도 있구나!' 하는 정도로 하고 넘어가도 좋을 듯합니다.

3. 원심은 제1심판결을 인용하여 다음과 같이 판결하였다.

가. 원심이 인정한 사실관계는 다음과 같다.
이 사건 건물의 소유자이던 '갑'은 이 사건 토지가 임의경매절차로 원고에게 매각되는 바람에 토지소유권을 상실하면서 법정지상권을 취득하게 되었다. 그러나 '갑'은 원고가 여러 차례 걸쳐 제기한 지료청구소송에서 확정된 지료의 지급을 24개월 이상 연체한 결과 그 법정지상권이 소멸되었고, 결국 원고는 '갑'에 대한 소송에서 이 사건 건물의 철거와 그 대지의 인도를 명하는 확정판결을 얻었다.

나. 피고들의 주장, 즉 건물의 각 점유부분에 대하여 주택임대차보호법상 대항력요건을 갖춘 이상 피고들의 점유는 적법하므로 피고들은 '갑'의 위 패소판결에 불구하고 적법한 임차인으로서 자신들의 권리를 원고에게 대항할 수 있다는 주장에 대하여, 원심은 다음과 같이 판단하여 이를 배척하였다.

즉 건물의 소유자인 '갑'이 그 부지를 점유할 적법한 권원을 상실한 경우에는 건물의 소유 자체로써 불법점유가 될 수밖에 없다. 그러한 이상 '갑'으로부터 점유사용권을 취득한 임차인들의 점유도 이 사건 토지의 소유자에 대한 관계에서는 점유의 불법성을 원초적으로 공유한다고 볼 수밖에 없다. 이러한 현상은 주택임대차보호법상 보호되는 임차인의 대항력에 본질적으로 앞서는 소유권의 권능에서 비롯되는 것으로서, 토지소유자가 그 지상 건물의 소유권을 취득하지 아니하고 토지소유권의 완전한 회복을 위하여 방해배제를 구하여 철거집행권을 취득한 이상 불가피하다는 것이다.

해설 대지가 임의경매로 원고에게 팔림으로써 건물이 법정지상권을 취득했으나 그 후의 지료소송에서 확정된 지료를 2년 이상 연체함으로써 법정지상권이 소멸되었고, 그런 후에 건물철거와 대지인도의 확정판결이 난 것입니다. 건물철거와 대지인도의 판결에 임차인들에 대한 퇴거의 부분이 없었다는 점은, 원고나 그 대리인이 미숙했던 탓이었는지는 그 사정은 모르나, "왜 저렇게 필요 이상으로 돈과 시간과 정력을 낭비했지? 저건 비경제적인 경매를 한 것이야!"라는 의문이 남습니다.

▶ 11명 피고들의 임차보증금의 합계액은 원고의 토지경락대금보다 훨씬 많았습니다. 잘못되면 길거리에 나앉게 되는 이런 사례에서의 임차인들의 저항이란, 극도에 달하게 되는 것은 전혀 이상하지를 않습니다. 이런 토지를 경매 받는 경우에는 입찰 전에 미리 난관을 헤쳐나갈 가장 경제적인 사실상과 법률상의 길을 설계해놓아야 합니다. 단지 물건값이 많이 떨어졌다고 해서 헤쳐 나아갈 충분한 그림은 없이 덜컹 잡아버리면, 임차인들에 대한 애증에 의해 진퇴양난에 빠지게도 하고 대체로는 너무나 고통스럽고 장기적인 고생길에 접어들기 쉽습니다.

4. 앞서 본 법리에 비추어 보면, 원심이 건물의 소유자인 '갑'이 토지소유자인 원고에게 대항할 수 있는 토지사용권을 가지지 못하는 이상 '갑'으로부터 이 사건 건물의 각 부분을 임차한 피고들은 그 임차권이 대항력요건을 갖추고 있다고 하더라도 이를 들어 원고의 이 사건 퇴거청구에 대항할 수 없다고 판단한 것은 정당하고, 이는 '갑'이 원래 가지던 법정지상권이 그 지료의 지급을 2년 이상 지체한 결과 피고들의 동의 없이 소멸하기에 이르렀다고 하여도 달라지지 아니한다.

〈2심〉 서울동부지방법원 2010.5.7. 선고 2010나554 판결 〔건물퇴거〕

[원고, 피항소인] 원고

[피고, 항소인] 피고 1외 2인

[제1심판결] 서울동부지방법원 2009.12.7. 선고 2009가단38392 판결

[주문] 피고들의 항소를 모두 기각한다.

[이유] 원고의 피고들에 대한 이 사건 각 퇴거청구를 그대로 받아들인 제1심 판결 중 피고들에 대한 부분은 정당하므로, 피고들의 항소를 모두 받아들이지 않는다.

〈1심〉 서울동부지방법원 2009.12.7. 선고 2009가단38392 판결 〔건물퇴거〕

[원고] 원고

[피고] 피고 1외 10인

[주문]

1. ① 원고에 대하여 별지 목록 기재 건물 중, 피고 4는 지층 부분에서, 피고 5는 1층 부분에서, 피고 6, 7은 각 2층 부분에서,

② 피고 1은 별지 3층 도면 표시 1, 2, 3, 4, 5, 6, 7, 8, 9, 10, 11, 1의 각 점을 순차 연결한 선내 301호 부분에서, 피고 2는 같은 도면 표시 (중략) 302호 부분에서, 피고 3은 별지 4층 도면 표시 (중략) 401호 부분에서, 피고 8은 같은 도면 표시 (중략) 402호 부분에서, 피고 9는 별지 5층 도면 표시 (중략) 502호 부분에서, 피고 10, 11은 각 같은 도면 표시 (중략) 501호 부분에서 각 퇴거하라.

2. 소송비용은 피고들의 부담으로 한다.

3. 제1항은 각 가집행할 수 있다.

해설 소장의 청구취지의 기재방식도 판결의 주문과 같은데, ①은 특정의 층 전부를 점유하는 경우에 청구취지를 표시하는 방법이며, ②는 특정의 층 중에서도 일부만을 점유하는 경우에 청구취지를 표시하는 방법입니다. 이하에 대해서는 총론 편과 대법원판결에서 공부한 것을 기초로 해서 이해를 하면 될 것으로 굳이 따로 해설을 붙이지는 않습니다.

[이유]

1. 피고 4, 10, 11에 대한 청구 부분

이 사건 토지의 소유자인 원고가, 그 지상에 축조된 이 사건 건물의 소유자인 '갑'을 상대로 건물의 철거와 토지(토지와 건물을 합하여 '이 사건 부동산') 중 건물 부지의 인도를 구하는 소를 제기하여 2008.11.4. 같은 법원으로부터 가집행선고부 승소판결을 선고받았는데(소외 1의 항소는 2009.6.3. 기각되었으며, 다시 상고하였다.), 피고 4는 이 사건 건물 중 지층 부분을, 피고 10, 11은 별지 5층 도면 표시 501호 부분을 각 점유하고 있으므로(각 자백간주), 이 사건 토지의 소유자로서 그 지상의 이 사건 건물을 철거할 집행권원을 가진 원고에 대하여 위 피고들은 각 점유 부분에서 퇴거할 의무가 있다.

2. 피고 5, 6, 7에 대한 청구 부분

가. 본안전 항변

(1) 부제소합의 존부 : "생략"

(2) 관할위반 여부 : "생략"

나. 본안에 대한 판단

(1) 건물퇴거의무

원고가 이 사건 토지의 소유권에 기하여 그 지상에 축조된 이 사건 건물 소유자인 '갑'을 상대로 서울동부지방법원 2008가단36917호로 방해배제청구권을 행사하여 이 사건 건물의 철거 및 건물 부지의 인도를 구하는 소를 제기하여 승소판결을 선고받고 항소 및 상고가 각 기각으로 확정되었으며, 피고 5는 건물 중 1층 부분을, 피고 6, 7은 각 2층 부분을 각 점유하고 있는바, 사정이 이러하다면, 토지의 소유자로서 그 지상의 건물을 철거할 집행권원을 가진 원고에 대하여 위 피고들은 각 점유 부분에서 퇴거하여야 한다.

⑵ 집행권원의 실효 항변

(전략) 대지소유권에 기한 방해배제청구로서 그 지상건물의 철거를 구하여 승소확정판결을 얻은 경우 그 지상건물에 관하여 위 확정판결의 변론종결 전에 경료된 소유권이전청구권가등기에 기하여 위 확정판결의 변론종결 후에 소유권이전등기를 마친 자가 있다면 그는 민사소송법 제218조 제1항의 변론종결 후의 승계인이라 할 것이어서 위 확정판결의 기판력이 미친다 할 것인바(대판 92다10883), 원고가 이 사건 토지의 소유권에 기한 방해배제청구로서 '갑'을 상대로 그 지상에 축조된 이 사건 건물의 철거를 구하는 승소 확정(2009.9.16.) 판결의 사실심 변론종결 후에 가등기에 기한 본등기가 마쳐졌으므로, 위에서 본 법리에 따르면, 사실심 변론종결 후에 본등기를 마친 '을'은 변론종결 후의 승계인이라 할 것이어서 위 확정판결의 기판력이 미친다 할 것이다. 따라서 '갑'에 대한 원고의 위 승소판결은 '을' 명의의 본등기에도 불구하고 여전히 위 피고들에 대하여 집행력을 유지한다고 할 것이므로 이와 견해를 달리하는 위 피고들의 이 부분 항변은 이유 없다.

⑶ 민법 제304조, 제619조, 제634조 위반 등 주장

(전략) 주장과 같은 민법의 규정은 전세권 설정자 내지는 임대인의 지위에 있는 '갑'이나 그의 지위를 승계한 '을'이 피고들을 상대로 건물 명도를 구하는 경우 피고들이 세입자의 지위에서 내세울 수 있는 항변으로서 매우 강력한 방어방법이라 할 것이나, 원고가 '갑'이나 '을'로부터 그들이 피고들에 대하여 부담하는 임대인으로서의 지위를 승계하였다고 볼 아무런 근거가 없는 이 사건에서는 원고에 대한 퇴거의무의 이행을 거절할 법률상 사유가 되지 못한다 할 것이므로 이와 견해를 달리하는 피고들의 이 부분 주장도 이유 없다.

3. 피고 1, 2, 3, 8, 9에 대한 청구

가. 본안전 항변

(전략) 일반적으로 퇴거소송에서는 퇴거를 구하는 건물의 철거를 강제할 집행권원이 있다고 주장하는 자에게 원고 적격이 있는 것이고, 피고 주장과 같은 법리는 철거집행의 권원에 관한 본안의 당부에서 따져야 할 것인바, 원고는 소장에서 위 피고들을 상대로 '갑'에 대한 가집행선고부 승소판결에 기하여 이 사건 건물을 철거할 집행권원이 있음을 원인으로 위 피고들에 대하여 퇴거를 구하고 있음이 분명한 이상 퇴거소송의 당사자 적격이 있다 할 것이므로, 이와 견해를 달리하는 위 피고들의 주장은 이유 없다.

나. 본안에 대한 판단

(1) 점유자들의 퇴거의무의 발생

이 시건 건물의 소유자인 '갑'으로부터, 피고 1, 2, 3, 8, 9는 (중략) 임차하여 주민등록상을 마치고 현재까지 이를 계속 점유하고 있었는데, 이 사건 부동산 전체의 소유자이던 '갑'은 이 사건 토지가 임의경매절차를 통하여 원고에게 매각되는 바람에 토지에 대한 소유권을 상실하면서 이 사건 건물의 소유를 위한 법정지상권을 취득하게 되었으나 원고가 수차례 걸쳐 제기한 지료청구소송에서 판결로 확정된 지료마저 24개월 이상 연체하였음을 사유로 법정지상권이 소멸되면서 (중략) 원고에게 이 사건 건물의 철거와 대지의 인도를 명하는 판결이 확정되었는바, 주택임대차보호법에 정한 피고들의 대항력이 원고에게 미친다고 볼 만한 특단의 사정 등이 없는 한, 토지의 소유자로서 그 지상의 건물을 철거할 집행권원을 가진 원고에 대하여 위 피고들은 각 점유 부분에서 퇴거하여야 한다.

(2) 주택임대차보호법상의 대항력 주장의 당부

(전략) 위 피고들이 각 점유 부분에 대하여 이 사건 건물의 소유자에게 적법한 점유권원이 있음은 별론으로 하고, 이 사건 건물의 소유자가 건물로 인하여 건물 부지 부분을 점유할 적법한 권원을 상실한 경우에는 그 부지 상당의 토지 부분에 대하여는 이 사건 건

물의 소유 자체로 불법점유가 될 수밖에 없는 것이고, 이 사건 건물의 소유 자체가 불법점유를 구성하는 이상 건물의 소유자로부터 점유사용권을 취득한 임차인들의 점유도 이 사건 토지의 소유자에 대한 관계에서는 점유의 불법성을 원초적으로 공유한다고 볼 수밖에 없는 것인바, 이러한 현상은 주택임대차보호법상 보호되는 임차인의 대항력에 본질적으로 앞서는 소유권의 권능에서 비롯되는 것으로서, 토지소유자가 그 지상 건물의 소유권을 취득하지 아니하고 토지소유권의 완전한 회복을 위하여 방해배제를 구하며 철거집행권을 취득한 이상 불가피한 것으로 볼 수밖에 없다(처음부터 토지소유자와 건물소유자가 통모하여 건물철거의 의사도 없이 철거집행의 외형만 갖춘 상태에서 세입자들을 몰아내려는 의도였다면, 권리남용으로 볼 수 있겠으나, 이 사건에서 보는바 장기간 수차례 걸친 법정 공방과 특히, 위 확정판결의 사실심 변론종결 후 '을' 앞으로 가등기에 기한 본등기가 마쳐진 점에 비추어 볼 때, 원고와 '갑'의 공모하였다기보다는 '갑'이 토지에 대한 임의경매개시를 전후하여 급격히 변제 자력을 상실한 상태에서 원고의 강력한 채권실행으로 더 이상 신용을 회복하지 못하고 상반된 이해관계에 있는 '을' 등 채권자들이 요구하는 대로 끌려가는 방임하고 있는 것으로 봄이 상당하다.). 결국 위 피고들은 주택임대차보호법에 정한 대항력 등으로 원고에게 대항할 수 없다 할 것이므로, 이 부분 주장은 이유 없다.

⑶ 권리남용의 항변

㈎ 피고들의 주장

(전략) 피고들을 끝으로, 원고는 당초 건물의 존재로 인하여 토지를 사용·수익할 권한이 없는 상태에서 이 사건 토지를 취득하였기 때문에 건물소유자에 대하여 지료청구권만 행사할 수 있었을 뿐이었으므로 건물의 철거와 세입자들의 퇴거를 청구하는 것은 원고가 당초 취득한 권한의 범위를 훨씬 넘는 것이고, 이러한 원고의 청구가 인용되는 경우에는 이 사건 건물이 2006.10.19. 거여·마천재정비 촉진지구로 지정·고시되어 2008.8.28. 재정비촉진계획의 결정에 따라 조만간 철거가 진행될 지역에 포함되어 있어 원고가 현재 상태로 충분히 정당한 토지보상을 받을 수 있으므로 건물철거 및 건물퇴거로 인하여 피고들이 입게 될 손실에 비하여 원고가 취할 이득은 극히 미미할 뿐 아니라, 철거집행 이후 원고가

받게 될 나대지 상태의 토지보상은 정당한 자기의 이익을 초과하는 부당한 이익이라 할 것인바, 원고의 이 사건 청구는 어느 모로 보나 권리남용에 해당된다고 주장한다.

(나) 판단

살피건대, 원고가 이 사건 토지의 효용을 극대화하기 위하여 소송의 방법으로 토지소유권을 완전하게 회복하는 것을 가리켜 권리남용에 해당한다고 단정할 수는 없으며, 원고의 권리행사로 피고들이 입게 될 손실의 측면에서 보더라도 결국 이 사건 건물의 교환가치가 아니라(이 사건 건물의 교환가치는 피고들의 주장하는 재정비촉진계획이 시행될 경우 철거비용을 감안하면 무가치에 가깝다 할 것이다.), 피고들이 갑에게 지급한 임대차보증금이라 할 것인데, 이 사건 건물의 철거 여부와 관계없이 피고들의 임대차보증금은 갑이 반환해야 할 임대인의 채무이라 할지언정 원고가 이를 부담해야 할 채무로 볼 아무런 근거가 없으며, 원고의 권리행사로 피고들의 보증금반환채권이 소멸되는 것도 아니다(피고들의 주장 중 건물철거의 당부에 관한 항쟁은 갑이 위 철거소송에서 내세울 만한 사유인데, 위 철거소송이 갑의 패소판결로 확정된 마당에 위 피고들이 갑을 대신하여 이 사건에서 그 당부를 따지는 것은 확정판결의 기판력에도 반하는 것이다.). 따라서 원고가 이 사건 소로 위 피고들에 대하여 퇴거를 구하는 것은 권리남용에 해당하지 아니한다 할 것이므로, 위 피고들의 이 부분 주장 역시 이유 없다.

4. 결론

그렇다면, 이 사건 토지의 소유권에 기한 방해배제를 위하여 이 사건 건물을 철거할 권원이 있음을 이유로 이 사건 건물의 점유자들인 피고들을 상내로 각 점유 부분의 퇴거를 구하는 원고의 이 사건 청구는 모두 정당하므로 이를 인용한다.

[93다20986,20993] 집합건물에 대한 철거청구에 대하여 토지소유자의 신뢰공여에 따른 신의칙상을 이유로 철거청구권을 부인

[쟁점의 법리]

토지를 경매 받아 건물철거청구를 하는 경우 단순화하는 측면이 없지는 않지만 그래도 여기서 정리하자면, '① 법정지상권 ② 대지사용권 ③ 신의칙 위반'이라는 이 3가지 이유 외에 건축철거가 거부되는 경우는 좀체 보기 어렵다고 일단은 정리해 두면 좋겠습니다. '권리남용'의 여부의 문제는 피해자 너무 많은 경우 법원이 건물철거를 인정함에는 많은 고민을 하고 망설일 가능성이 그만큼 높다고 보더라도, 건물철거가 부인될 가능성은 결국 아주 낮다는 점에서 경락자의 건물철거청구권이 배척되는 경우는 극히 드물다고 보아도 될 터입니다. 그런데 총론에서 언급이 있었던 바로서 위에서도 '권리남용'이 아니라 '신의칙 위반'89쪽을 경우의 수로 상정해놓았듯이, 경락인이 건물 쪽에다 건물의 유지에 대한 신의를 공여한(또는 그렇게 법률적 평가가 되는) 사실이 있었던 경우에는 건물철거가 부인될 수 있습니다. 해서, 이번에는 '토지소유자의 신의의 공여'와 관련된 쟁점의 법리를 공부합니다.

대법원 1993.7.27. 선고 93다20986,20993(병합) 판결 〔건물명도등〕

[판결요지]

갑이 그 소유의 토지에 관하여 을로 하여금 건물을 신축하는 데 사용하도록 승낙하였고 을이 이에 따라 건물을 신축하여 병 등에게 분양하였다면 갑은 위 건물을 신축하게 한 원인을 제공하였다 할 것이므로 이를 신뢰하고 136세대에 이르는 규모로 견고하게 신축한 건물 중 각 부분을 분양받은 병 등에게 위 토지에 대한 을과의 매매계약이 해제되었음을 이유로 하여 그 철거를 요구하는 것은 비록 그것이 위 토지에 대한 소유권에 기한 것이라 하더라도 신의성실의 원칙에 비추어 용인될 수 없다.

해설 판시사항은 '대지소유자의 사용승낙에 기하여 건축한 건물을 분양받은 자들에게 그 철기를 구하는 것은 신의성실의 원칙에 위배된다.'라고 본 사례입니다. 판지는 갑이 건물 쪽에다 건물의 유지에 대한 신의를 공여한 것으로 법률적 평가가 되었다고 보는데, 136세대에 이르는 피해자가 존재하는 점, 갑은 직접적인 계약관계에 의해 건물신축이 가능하게 한 지위에 있는 점, 신축건물인데다가 건물의 규모가 너무 커서 건물유지의 사회적 · 경제적 요청이 높아지는 점 등이 종합적으로 고려된 법리의 도출로 이해합니다.

[원고, 상고인] 박○○ **[피고, 피상고인]** 홍○○ 외 1인

[주문] 상고를 기각한다.

1. 피분양자들의 점유가 불법의 점유인지에 관하여

원심은, 원고가 그 소유의 이 사건 토지를 '갑' 건설주식회사에게 매도하고 계약금만 지급받은 상태에서 '갑'에게 그 토지 위에 이 사건 건물을 건축하도록 사용승낙을 한 다음 그 등기까지 넘겨주었고 이에 따라 '갑'이 그 비용으로 지하 1층 지상 8층 136세대의 이

사건 건물을 완공하여 피고들이 판시 각 점유부분을 분양받은 사실, 원고가 '갑'을 상대로 제기한 소송에서 1989.5.8. '갑'은 원고에게 1989.10.7.까지 금 1억 6천만 원, 그해 11.7.까지 금 1억 5천만 원을 지급하고 원고는 위 금원을 지급받음과 동시에 이 사건 토지에 대한 원고명의의 가등기를 말소하며, '갑'이 원고에게 그 약정기간 내에 위 금원을 지급하지 못할 경우 '갑'은 원고에게 이 사건 토지에 관한 소유권이전등기를 말소하고 그 지상의 이 사건 건물에 관한 권리일체를 포기하는 것을 주요내용으로 하는 재판상 화해가 성립된 사실,

'갑'이 위 화해에 따른 채무를 이행하지 아니하여 원고 앞으로 이 사건 토지에 관한 소유권이전등기가 경료된 사실을 인정한 다음 위 화해조항에는 '갑'이 그 채무를 이행하지 아니할 경우 ① 이 사건 건물에 관한 권리일체를 포기한다고 되어 있으나 기 분양금과 향후의 분양권의 귀속 등 이 사건 건물에 관한 권리의무의 승계에 대하여 구체적인 내용이 적시되지 아니한 점에 비추어 원고가 이 사건 건물의 소유권을 취득하였다고 볼 수 없고 가사 ② 건물분양에 관한 권리의무를 승계하는 조건으로 소유권을 취득하는 것으로 보게 되면 '갑'으로부터 이미 분양받은 피고들의 점유를 불법점유라고는 볼 수 없으며 그 밖에 이 사건 건물이 원고의 소유라고 인정할 만한 증거가 없다고 판단하여 원고의 주위적 청구를 배척하였는바 기록에 비추어 원심의 판단은 수긍이 되고 (중략) 주장은 결국 위 해당조항의 해석에 관하여 위와 다른 견해에서 원심판결을 탓하는 것에 돌아간다.

해설 ①에 대하여 : '권리의 포기'는 특히 유치권에서 종종 쟁점으로 등장합니다. 그러나 '포기'는 권리 그 자체를(더구나 부동산이라는 큰 재화를) 상실케 하는 단독적 법률행위이기 때문에, 포기와 결부되는 다른 조건이 없어야 하는 등 포기를 인정함에는 매우 엄격합니다. 그렇듯이 이 사례에서 포기에 이은 상대방의 소유권 취득에 가장 중요한 136세대나 되는 분양금과 관련한 권리귀속 등 건물에 관한 권리의무의 승계에 대하여 구체적인 내용이 빠져 있는 점으로부

터, 원고가 이 사건 건물의 소유권을 취득에는 이르지 못하는 한계 내에서의 '갑'의 포기로 보거나, 아니면 '법에서 말하는 포기'로 보기에는 지극히 망설여지는 것입니다.

②에 대하여 : 만약 건물분양에 관한 권리의무를 승계하는 조건으로 소유권을 취득하는 것으로 보면, 그것 자체로부터 원고가 피분양자들의 점유를 수인하는 지위를 승계하는 것이 되고, 결국 피분양자들의 점유는 불법점유가 아니게 되는 것입니다.

2. 원고의 건물철거청구가 신의성실의 원칙에 반하는지에 관하여

원고가 이 사건 토지에 관하여 '갑'으로 하여금 이 사건 건물을 신축하는데 사용하도록 승낙하였고 '갑'이 이에 따라 이 사건 건물을 신축하여 피고들에게 분양하였다면 원고는 이 사건 건물을 신축하게 한 원인을 제공하였나 할 것이므로, 이를 신뢰하고 136세대에 이르는 규모로 견고하게 신축한 건물 중 각 판시부분을 분양받은 피고들에게 이 사건 토지에 대한 '갑'과의 매매계약이 해제되었음을 이유로 하여 그 철거를 요구하는 것은 비록 그것이 이 사건 토지에 대한 소유권에 기한 것이라 하더라도 신의성실의 원칙에 비추어 용인될 수 없다 할 것이므로(당원 1991.9.24. 선고 91다9756, 9763 판결 참조), 같은 취지의 원심판결은 정당하다.

대법원 1991.06.11. 선고 91다9299 판결 〔건물철거등〕

자신의 친딸로 하여금 그 소유의 대지상에 건물을 신축하도록 승낙한 자가 위 건물이 친딸의 채권자에 의한 강제경매신청에 따라 경락되자 경락인에 대하여 그 철거를 구하는 행위가 신의칙에 위배된다고 본 사례.

대법원 1991.09.24. 선고 91다9756 판결 〔토지인도등〕

[1] 대지에 관하여 매매계약을 체결하면서 매수인들에게 한 대지사용승낙은 그들 간에 매매계약이 유효하게 존속하고 있음을 전제로 이에 터잡은 부수적인 사용대차계약이라고 보아 주된 계약인 매매계약이 적법하게 해제된 이상 부수적인 사용대차계약인 대지사용승낙의 약정도 그와 함께 실효되었다고 본 사례.

[2] 위 항의 경우 대지소유자가 건물을 신축하게 한 원인행위자라면 그와 같은 대지사용승낙을 신뢰하여 대지매수인과 건물의 신축에 관한 도급계약을 체결하고 적법하게 건축한 제3자 소유의 견고한 건물을, 그것이 적법하게 준공된 후에 대지에 대한 매수인과의 매매계약이 해제되었음을 이유로 하여 철거를 요구하는 것은, 비록 그것이 대지의 소유권에 기한 것이라고 하더라도 사회적, 경제적 측면에서는 물론이고, 신의성실의 원칙에 비추어서도 용인할 만한 것이 못 된다고 본 사례.

[대판 2005다15048] 전유부분에 대한 경매절차에서의 대지지분의 취득, '토지 별도등기' 존속의 조건, 대지사용권이 성립하기 전에 설정된 토지담보권의 실행(대지권의 사후소멸)과 구분건물에서 분리되어 처분된 토지지분 취득자의 부당이득청구권의 성격(상호관련성)

[쟁점의 법리]

1 ▸▸ 이 사례의 결론은 (완전히 망한 것은 아니지만) 경매를 공부하는 우리의 입장에서 보면 소위 '쪽박'을 찬 것으로 봐야 할 듯합니다. 그 이유는 물건에 대한 분석이 턱없이 부족한 상태에서 집합건물이 서 있는 땅에 입찰한데다가, 나아가서는 경락잔금의 납부까지 해버렸기 때문입니다. 정확히 말하면, 분석능력이 없는 사람이 물건을 잡아버렸다는 점에서 '쪽박'의 전형으로 보아야 할 터입니다.

2 ▸▸ '완전히 망한 것은 아닌 것'은 땅 지분 3개 중에 경락이 유효인 1개는 부당이득이 인정되고, 경락이 무효여서 부당이득이 인정되지 않는 땅 지분 2개도 배당을 받아갔을 은행에게 부당이득으로 돈을 반환받을 수는 있기 때문입니다(그런데 이것도 거의 예외가 없을 정도로 재판을 해야만 하는 부담이 남습니다.).

3 ▸▸ 갑이 땅을 담보로 은행대출을 받고 지상에 전유부분이 9개인 다세대주택 신축한 후, 신축건물에 대한 은행의 추가담보가 설정(통상 신축건물에 대한 공동

담보로서의 최선순위 추가설정은 은행대출의 당연한 약정사항임)되기 전에 전유부분 6개가 경매가 되어 팔렸습니다. 신축사업이 무슨 사유로 부도가 났겠지요. 그런 후 은행은 할 수 없이 땅을 경매에 넣었는데, 원고가 위 6개 중 3개의 전유부분(지하 102호, 4층 401호, 4층 402호)에 해당하는 땅 지분을 경락받았습니다. 원고는 이 소송을 통해 위 3개의 전유부분의 소유자들(피고 1,2,3인데, 이들도 전유부분을 경매로 받은 사람들임)에게 땅을 점유할 권원이 없다며 부당이득의 반환을 청구했습니다.

4▸▸ 그런데 지하 102호와 402호에 해당하는 땅 지분에 대한 은행의 근저당은 먼저 있었던 전유부분들의 경락으로 인해 소멸하였고(근저당권인 토지별도등기를 어떻게 한다는 표명은 없이, 땅 지분가격이 포함된 매각가격이었음 - 이것은 별도등기도 소멸한다는 묵시적 의미가 내포된 경매진행이었다고 봐야겠죠.), 따라서 원고가 이미 소멸한 근저당권에 의해 실시된 경매절차에서 지하 102호와 402호에 해당하는 땅 지분을 취득한 것은 무효이고, 결국 원고가 지하 102호와 402호에 해당하는 땅 지분을 소유하고 있음을 전제로 한 부당이득반환 청구는 인정되지 않은 것입니다.

5▸▸ 다음으로, 401호 전유부분의 경매절차에서는 땅 가격 포함 여부에 관한 기재는 없었지만 근저당권인 토지별도등기는 경락인이 인수한다는 매각조건으로 진행되어 경락되었고, 따라서 그 후에 있었던 401호에 해당하는 땅 지분에 대한 은행의 근저당권으로 진행된 경매절차에서 원고의 그 지분취득은 유효하게 되었고, 그 결과 원고의 401호 전유부분의 소유자에 대한 부당이득반환 청구는 인정된 것입니다. 그런데 이 사건의 이 판결 자체는 부당이득금액의 산정기준이 그 쟁점인데, 부당이득금액의 산정기준에 대한 3심(2005다15048)과 2심(2004나23638)의 차이를 3심의 판결문을 통해 살펴봅니다.

[사안의 개요]

① 은행이 토지근저당권을 취득(1991.6.19).

② 다세대주택[9세대 - 지하(101호, 102호), 1층(101호), 2층(201호, 202호), 3층(301호, 302호), 4층(401호, 402호)]이 건축되어 소외 1 명의의 소유권보존등기와 대지권등기가 마쳐짐(1992.1.13.).

③ 지하 102호는 피고 1이 강제경매로 낙찰을 받아 소유권이전등기를(1994.10.27), 401호는 피고 2가 임의경매로 낙찰을 받아 소유권이전등기를(1993.6.28), 402호는 피고 3이 1993.9.14. 임의경매로 낙찰을 받아 소유권이전등기를(1998.6.20) 각 마침. : 지하 102호(낙찰자 피고 1)와 402호(낙찰자 피고 3)의 낙찰허가결정문에는 대지권의 가격이 포함된 것으로 기재되었으나, 401호(낙찰자 피고 2)는 그러한 기재가 없는 대신 '토지별도등기(1991.6.19. 근저당권 7억 5천만 원)는 경락인이 인수한다.'라는 조건이 부가되었음.

④ 은행의 위 근저당권에 의한 토지임의경매가 1998.11.9. 개시되었고, 원고는 피고 1의 지분(287.5분의 27.37)과 피고 2의 지분(287.5분의 30.13)을, 선정자 2는 피고 3의 지분(287.5분의 27.37)을 각 낙찰을 받아 2002.7.29. 각 대지지분이전등기를 마침. 한편 지하 101호 소외 2의 지분(287.5분의 30.13), 2층 201호 소외 3의 지분(287.5분의 30.13), 3층 302호 소외 4의 지분(287.5분의 27.37)은 소외 5가 각 낙찰을 받아 2002.7.22. 대지지분이전등기를 마침.

⑤ 대지권등기가 1층 101호(287.5분의 57.5), 202호(287.5분의 27.37), 301호(287.5분의 30.13)에만 해당하는 것으로 변경등기가 되었음(2002.7.22.).

⑥ '원고와 선정자 2'의 '피고 1과 3'에 대한 청구 : 임의경매절차에서, 원고는 피고 1의 대지지분을, 선정자 2는 피고 3의 대지지분을 각 매수해 토지공유자가 되었는데, 피고 1, 3은 대지권이 없는 지하 102호와 4층 402호를 소유하고 있다며 부당이득반환의 소를 제기. [결과 : 1심, 2심, 3심(2005다15048) 모두 패소]

⑦ '원고'의 '피고 2'에 대한 청구 : 임의경매절차에서, 원고는 4층 401호에 관한 대지지분을 매수해 토지공유자가 되었는데, 피고 2는 대지권이 없는 4층 401호를 소유한다며 부당이득반환의 소를 제기. [결과 : 1심 패소, 2심 일부승소, 3심 전부승소]

사안이 너무 복잡하니 박스 처리(표)로 다시 요약합니다.

진행	사실관계, 판단의 기준점, 법적효과
토지 근저당	은행이 1991.6.19. 토지근저당권 취득한 후, ① 1998.10.15. 위 근저당권으로 토지경매를 신청.
1992.1.13.	'소외 1'이 9세대인 다세대주택의 소유권보존등기와 대지권등기.
지하 101호	'소외 5'가 위 ① 경매에서 '소외 2'의 지분(287.5분의 30.13)을 2002.7. 취득.
지하 102호 (경매와 소송결과)	• '피고 1'이 1994.7.19. 강제경매 경락받아 1994.10.27. 소유권이전등기. • 위 경매에서 낙찰결정문에 대지권가격 포함되었고 대지지분을 포함한 경락이면서도 별도등기인 근저당에 대한 인수조건도 없었고 배당과 말소의 조치도 없었음. 존속한 위 근저당의 실행(위 ①의 경매절차)에서 '원고'가 대지지분(287.5분의 27.37)을 2002.7. 취득.

	해설 원고가 토지사용료(부당이득)의 지급을 구하는 소를 제기했으나, 원고의 대지지분 취득은 해당 건물인 지하 102호에 대한 앞선 경매로 인해 이미 소멸한 근저당에 의한 것이어서 무효가 되어 원고가 패소했습니다.
1층 101호	
2층 201호	소외 5. 위 ① 경매에서 소외 3의 지분(287.5분의 30.13)을 2002.7. 취득.
2층 202호	
3층 301호	
3층 302호	소외 5. 위 ① 경매에서 소외 4의 지분(287.5분의 27.37)을 2002.7. 취득.
4층 401호 (경매와 소송결과)	• '피고 2'가 1993.5.24. 강제경매에서 낙찰하여 1993.6.28. 소유권이전등기(토지별도등기인 근저당권의 인수조건이 기재됨). • '원고'가 위 ① 경매에서 대지지분(287.5분의 27.37)을 2002.7. 취득. **해설** 원고가 토지사용료(부당이득)의 지급을 구하는 소를 제기했으며, 앞선 401호에 대한 경매에서 존속하기로 한 근저당권의 실행에 의한 원고의 대지지분 취득은 유효하므로 원고가 승소했습니다.
4층 402호 (경매와 소송결과)	• '피고 3'이 1993.9.14. 강제경매에서 낙찰하여 1998.6.20. 소유권이전등기(낙찰결정문에 대지권가격 포함기재). • 위 경매에서 낙찰결정문에 대지권가격 포함되었고 대지지분을 포함한 경락이면서도 별도등기인 근저당에 대한 인수조건도 없었고 배당과 말소의 조치도 없었음. 그 결과 존속한 위 근저당의 실행(위 ①의 경매절차)에서 '원고선정자 2'가 대지지분(287.5분의 27.37)을 2002.7. 취득. **해설** 원고가 토지사용료(부당이득)의 지급을 구하는 소를 제기했으나, 원고의 대지지분 취득은 해당 건물인 402호에 대한 앞선 경매로 인해 이미 소멸한 근저당에 의한 것이어서 무효가 되어 원고가 패소했습니다.
대지권등기의 변경	이 사건 토지에 대한 대지권 등기는 2002.7.22. 1층 101호(287.5분의 57.5), 202호(287.5분의 27.37), 301호(287.5분의 30.13)만에 관한 대지권이라는 취지로 변경되었음.

대법원 2008.3.13. 선고 2005다15048 판결 〔토지사용료〕

[원고, 상고인] 원고 1외 1인

[피고, 피상고인] 피고 1외 2인

[주문]

원심판결 중 원고 1의 피고 2에 대한 청구에 관한 위 원고의 패소 부분을 파기하고, 그 부분 제1심판결을 취소한다. 피고 2는 원고 1에게 2002.6.20.부터 2004.6.19.까지 월 291,049원의 비율에 의한 금원을 지급하라. 원고 1의 피고 1에 대한 상고 및 원고 2의 상고를 모두 기각한다.

해설 드물게 보는 대법원의 파기자판의 사례입니다. 파기자판은 '확정된 사실에 대한 법령적용의 위배를 이유로 판결을 파기하는 경우에 사건이 그 상태로 바로 다시 판결하기 충분한 때'에 합니다.
즉, 의문이 없을 정도로 사실관계가 확정되어 있어 바로 법률적 판단을 해서 결론을 내려도 되는 경우라고 보면 되겠습니다.

1. 원고 1의 상고이유 제1, 2, 3점 및 원고 2의 상고이유에 대하여

집합건물에 있어서 구분소유자의 대지사용권은 전유부분과 분리처분이 가능하도록 규약으로 정하였다는 등의 특별한 사정이 없는 한 전유부분과 종속적 일체불가분성이 인정되므로, 구분건물의 전유부분에 대한 저당권 또는 경매개시결정과 압류의 효력은 당연히 종물 내지 종된 권리인 대지사용권에까지 미치고, 그에 터 잡아 진행된 경매절차에서 전유부분을 경락받은 자는 그 대지사용권도 함께 취득한다(대판 94다12722, 대결 97마814). 민사집행법 제91조 제2항에 의하면 매각부동산 위의 모든 저당권은 경락으로 인하여 소멸한다고 규정되어 있으므로, 전유부분과 함께 그 대지사용권인 토지공유지분이 일체로서 경락되고 그 대금이 완납되면, 설사 대지권 성립 전부터 토지 만에 관하여 설정되어 있던 별도등기로서의 근저당권이라 할지라도 경매과정에서 이를 존속시켜 경락인이 인수하게 한다는 취지의 특별매각조건이 정하여져 있지 않았던 이상 위 토지공유지분에 대한 범위에서는 매각부동산 위의 저당권에 해당하여 소멸한다.

해설 이 부분은 이미 공부한 사례(대법원 2013.11.28. 선고 2012다103325)의 해설에서 보았습니다.

같은 취지에서 원심이, 이 사건 다세대주택 중 지하층 102호, 4층 402호에 관하여는 피고 1, 피고 3이 각 선행의 강제경매 및 임의경매절차에서 전유부분과 함께 그 대지권도 경락받았고 이때 이 사건 토지 중 위 각 피고가 취득한 대지권 지분에 관한 대한상호신용금고의 근저당권도 이미 소멸하였다고 판단한 뒤 그와 같이 소멸한 근저당권에 기한 경매절차에서 이 사건 토지 지분을 경락받아 취득하였음을 전제로 하는 원고들의 피고 1, 피고 3에 대한 각 청구를 기각한 것은 정당하다.

2. 원고 1의 상고이유 제4점에 대하여

원심은, 이 사건 다세대주택 중 4층 401호를 대지권 없이 소유하고 있는 피고 2가 그에 관한 대지권 지분을 경락받아 소유하고 있는 원고 1에 대하여 지급해야 할 토지사용이익 상당 부당이득액을 산정함에 있어, 위 4층 401호의 대지권 지분이었던 공유지분이라도 그것이 별도로 경락되어 대지권의 목적이 아닌 것으로 된 후에는 그 구분건물의 소유자(피고 2)가 4층 401호의 대지권의 목적이었던 공유지분을 취득한 자(원고 1)의 공유지분만을 사용한다고는 볼 수 없고, 이 사건 토지 전체를 권원 없이 점유함으로써 대지권의 목적이 아닌 지분의 모든 공유지분권자에 대하여 손해를 입히고 있는 것으로 보아야 한다고 판단한 뒤, 그 판시와 같은 방법, 즉 '이 사건 토지 중 4층 401호의 지분(287.5분의 30.13)에 대한 임료 상당액(월 391,120원)'에다가 '이 사건 토지 중 대지권의 목적이 아닌 지분' 가운데 '원고 1의 공유지분'이 차지하는 비율(117.76분의 30.13)을 곱하는 방법으로 부당이득액을 산정하여 월 100,071원으로 확정하였다.

그러나 원심판결 이유를 기록에 비추어 살펴보면, 당초 이 사건 다세대주택은 신축 당시부터 각 구분건물 전부가 이 사건 토지 소유권(공유지분)을 대지사용권으로 확보하여 대지권등기까지 마치고 있었는데, 다만 토지등기부에 위 대지권 성립 전부터 설정되어 있던 대한상호신용금고 명의의 근저당권(이 사건 근저당권)이 별도등기로 남아 있었던 사실, 그 후 4층 401호 구분건물에 대하여 진행된 임의경매절차에서 피고 2가 이 사건 근저당권을 인수한다는 특별매각조건하에 위 4층 401호를 그 대지권과 함께 경락받은 사실, 그런데 그 후 이 사건 토지의 일부 공유지분에 대하여 이 사건 근저당권의 실행에 의한 임의경매절차가 개시되어 피고 2 소유의 위 4층 401호의 대지권에 해당하는 토지공유지분 287.5분의 30.13(이 사건 공유지분)을 원고 1이 경락받았고, 당시의 경매개시결정, 경매공고 및 경락허가결정에서도 위 경매의 목적물을 단순히 이 사건 토지의 공유지분이 아니라 '이 사건 다세대주택 중 4층 401호의 대지권에 해당하는 공유지분'임을 특정하여 명시하고 있었던 사실을 알 수 있다.

이러한 사정을 종합하여 보면, 이 사건 다세대주택은 당초부터 구분건물별로 대지권이 존재하여 각 전유부분과 그에 관한 대지사용권(이 사건의 경우 공유지분)이 상호대응관계를 유지하면서 일체불가분성을 갖고 있었고, 그 후 대지에 관한 별도등기인 근저당권의 실행으로 일부 구분건물의 대지권에 해당하는 공유지분들에 대하여 경매가 진행되고 그 중 4층 401호의 경우 그 대지권이었던 '이 사건 공유지분'이 원고 1에게 경락됨으로써 전유부분으로부터 분리처분되는 결과를 낳기는 하였으나, 그 과정에서 이 사건 공유지분이 4층 401호를 위하여 사용되고 있는 대지에 관련된 공유지분이라는 점이 관련 당사자들 사이뿐만 아니라 객관적으로도 충분히 공시되었으므로, 특별한 사정이 없는 한 이러한 경우에는 대지권을 가지고 있는 구분건물 소유자들과 토지의 공유지분권자 사이에서 공유물의 사용에 관한 합의의 일종으로서 구분건물에서 분리된 이 사건 공유지분을 분리되기 전의 전유부분을 위한 사용에 제공하여 상호관련성을 유지함에 관한 묵시적 합의가 있는 것으로 봄이 상당하고, 또 그와 같이 해석하는 것이 집합건물에서 전유부분과 대지사용권이 분리되는 것을 최대한 억제하여 집합건물에 관한 법률관계의 안정과 합리적 규율을 도모하려는 '집합건물법'의 입법 취지에도 부합한다고 할 것이다.
따라서 위 4층 401호 전유부분의 소유자인 피고 2로서는, 위와 같은 공유물 사용에 관한 합의에 변경이 있다거나 그가 다른 방법으로 대지사용권을 취득하였다는 등의 특별한 사정을 내세우지 못하는 한, 이 사건 토지 중 위 4층 401호의 지분(287.5분의 30.13)에 상응하는 임료 상당액 전부를 그에 관한 대지권 지분을 경락받아 취득한 원고 1에게 지급하여야 할 것이다. 그럼에도 불구하고, 이와 다른 전제에 선 원심판결에는 구분건물에서 분리된 토지 공유지분과 전유부분과의 상호관련성에 따른 부당이득 산정에 관한 법리를 그르쳐 판결에 영향을 미친 위법이 있다 할 것이므로, 이 점을 지적하는 원고 1의 상고이유 주장은 이유 있다.

해설 2심과 같이 이해를 하면 아무런 근거도 없는(별도의 대가를 부담한 일도 없는) 다른 공유지분권자들도 401호 전유부분의 소유자에게 부당이득의 반환을 구할 수 있게 되는 이상한 논리가 성립하는 것이지만, 2심의 이해는 그 이전에 집합건물의 대지지분에 대한 거래와 권리관계(각 전유부분에 대응하는 토지지분의 특정의 관계)에 관한 이해가 잘못된 탓인 것으로 봐야 할 터입니다. 한마디로 법률도그마에 빠져 상식을 놓친 판단으로 보입니다.

3. 결론

그러므로 원심판결 중 원고 1의 피고 2에 대한 청구에 관한 위 원고의 패소 부분을 파기하되, 이 사건은 대법원이 직접 재판하기에 충분하므로 민사소송법 제437조에 따라 자판하기로 하는바, 위에서 본 바와 같이 피고 2는 이 사건 다세대주택 중 4층 401호의 소유자로서 법률상 원인 없이 이 사건 토지를 점유하면서 4층 401호의 소유에 필요한 대지권에 상응하는 공유지분에 관한 임료 상당의 부당이득을 얻고 있고, 이로 인하여 이 사건 경매 후에도 4층 401호를 위한 사용에 제공되고 있는 이 사건 공유지분을 소유하는 원고 1에 대하여 같은 금액 상당의 손해를 입혔다고 할 것이며, 원고 1이 위 공유지분을 취득한 2002.6.20.부터 위 원고가 구하는 2004.6.19.까지의 임료는 월 391,120원임이 인정되므로, 결국 피고 2는 원고 1에게 위 같은 기간 동안 월 391,120원의 비율에 의한 부당이득금을 지급할 의무가 있다 할 것이다.

그런데 제1심판결은 이와 일부 결론을 달리하여 부당하므로 원고 1의 피고 2에 대한 항소를 받아들여 제1심판결 중 위 원고의 위 피고에 대한 패소 부분을 취소하고, 제1심에서 지급을 명한 금액 외에 추가로 피고 2에 대하여 원고 1에게 2002.6.20.부터 2004.6.19.까지 월 291,049원의 비율에 의한 금원을 지급할 것을 명하며, 그 외에 원고 1의 피고 1에 대한 상고 및 원고 2의 상고는 모두 이유 없어 기각하기로 하여 주문과 같이 판결한다.

해설 피고 2가 항소를 하지 않아 1심에 판결에서 지급을 명한 금액(월 100,071원)은 따로 확정되었으므로, 임료감정에서 산출된 금액(월 391,120원)에서 부족한 월 291,049원을 추가로 인정한 것입니다(임료감정금액 월 391,120원 - 1심에서 지급을 명한 금액 월 100,071원 = 291,049원).

[2008가단107828〈1심〉, 2010나77899〈2심〉, 2011다12392〈3심〉, 2012나89728〈환송 후 2심〉, 2013다33577〈환송 후 3심〉] 집합건물법이 제정되기 전부터 존재하던 다가구용 단독주택을 집합건물법이 시행 후 공동주택(집합건물)으로 전환하고, 그 후에 대지지분의 취득한 경우

[쟁점의 법리]

1 ▸▸ 이 사례는 분양자인 소외 1이 일반건물(다가구용 다독주택)에서 구분건물(다세대주택)로 전환하여 분양하면서, 훗날 재개발 등이 이루어질 경우 토지보상금을 생각해서 분양의 대상에서 빼고 남겨 둔 대지지분이 문제가 된 사건입니다. 남겨 둔 대지지분이 공매로 나왔고, 그것을 원고들이 매수해서 다세대주택 소유자들에게 지료를 청구한 것입니다.

2 ▸▸ 무려 5년에 걸쳐 적어도 5번의 재판이 있었는데(1심 1번, 2심 2번, 3심 2번), 첫 대법원 단계에서 원고들의 상고가 받아들여져 파기되기는 했지만 짐작되는 파기의 이유를 고려하면, 모든 심급에서 원고들이 거의 완패한 사건이 아닌가 싶습니다. 첫 3심의 파기환송 전까지는 원피고들과 1심과 2심의 재판부 모두 이 사건의 핵심 쟁점에는 정치하지 못했던 것 같은데, 그만큼 난해한 사건이었다고 봅니다. 첫 3심이 파기이유를 밝혔을 때, 그때야 비로소 모두들 눈을 번쩍 떴을(결정적 희비가 엇갈린) 것 같네요.

3 ▸▸ 건물의 부지 전부가 약 80.4평(265.50㎡) 정도였고, 9세대의 다세대(전유면적 각 43.74㎡, 49.14㎡, 42.04㎡, 42.04㎡, 45.92㎡, 45.92㎡, 46.80㎡, 46.80㎡, 127.44㎡) 앞으로 등기된 대지지분의 합이 겨우 약 14.8평(48.96㎡)에 지나지 않은 데에 비해, 남겨두었다가 공매로 나온 지분이 65.6평(216.54㎡)이었으므로, 설령 관련 사정과 법리는 깊이 모르는 경우이더라도 적어도 뭔가 비정상의 상태임은 그리 어렵지 않게 감지할 수 있었습니다.
그러나 인간은 항상 합리나 논리를 선택하는 것은 아닙니다. 욕망은 상황에 대한 검열기능을 마비시킵니다. 일상사에서는 잘못된 선택이더라도 크게 손해를 입을 일은 드물지만, 불행히도 경매투자와 같은 부동산의 영역에서는 한 번만 잘못되어도 삶을 토대가 기울어버릴 만큼의 패착이 될 수도 있습니다. 큰 이익이 될 물건이 눈앞에 버티고 있고 그것에 대한 내 욕망 강한 경우, 그 물건의 함수에 대하여 정확히는 모르면서 안다고 생각하게 되면 결국 악마의 손을 잡게 되기에 십상입니다.
이런 것이 경매사고가 터지는 전형입니다. 물론 입찰자는 각기 나름의 경매 지식과 경험을 가지고 있고 물건을 분석합니다. 그러나 내가 가진 지식의 수준이 그 물건에는 이르지는 못한다면, 아무리 분석을 해본들 결국 물건의 함수는 나의 손아귀를 빠져나가기 마련입니다. 경매 카페 같은 곳에서 어떤 고수들의 글에 달린 감탄 일색의 댓글들을 보고서 필자는 아찔할 때도 있습니다. 타인의 지식이 잘못된 것인지 어떤지에 대한 판단능력이 없는 사람들의 지식형성과정을 보기 때문입니다. 자, 그러면 이 사건의 각 심급에 대해서 봅니다.

① '1심'은 많은 고심 끝에 나온 성실한 판결이었지만 일부 핵심 법리는 놓친 것으로 보이고,
② '2심'은 단지 1심 판결을 인용했고,
③ '3심'은 원고들이 무상사용을 승계하지는 않는다면서도 '분리처분금지'에 관한 심리도 할 것을 보탠 것으로 보이고,

④ '환송 후 2심'은 원고들의 무상사용 의무의 승계는 인정되지 않는다고 하더라도, '원고들의 지분취득이 분리처분 금지원칙에 반하여 무효'라는 판단에 의해 결국 원고들이 패소한 것으로 보이고,

⑤ '환송 후 2심에 대한 3심'은 2심의 판결을 모두 인정하였습니다.

[사안의 개요]

시점, 소송	사실관계, 판단의 기준점, 법적효과
사실의 출발	'소외 2'가 대지소유권을 취득(1985.8.30)한 후, 3층 다가구용 단독주택(9가구)을 신축해서 소유권보존등기를 함(1996.3.19).
2002.8.5.	'소외 1'이 위 대지와 건물을 매수한 다음 건물을 다세대주택(9세대)으로 전환해서 각 자신의 이름으로 등기를 함.
2002.8.	'소외 1'은 대지지분의 대부분(216.54/265.50)을 남기고, 일부(48.96/265.50)만을 구분소유로 전환한 다세대의 대지로 하여 9세대를 분양함(분양에 의해 전유부분과 함께 대지지분의 등기도 넘겼으나, 대지권등기는 하지 않음.).
2005.3.24.	'소외 1'이 '소외 3'에게 남긴 대지지분(216.54/265.50)의 소유권을 넘김.
2008.11.	• '원고들'이 공매로 '소외 3의 대지지분인 216.54를 2008.11.2. 취득해 2008.11.30. 이전등기를 함(지분 216.54는 원고 13.00 및 원고선정자 2와 3 각 101.77임.). • 9세대와 각 해당 대지지분들은 2002.8.부터 2008.11.20.까지 전전양도 되었음. • '피고 1'은 2008.10.31.에, '피고 8'은 2009.4.23.에 각 대지권등기를 함. • '피고 3'은 2010.5.4. 101호와 그 대지지분을 '소외 4'에게 소유권을 넘겨주었음.
원고들의 소제기	'피고들이 소유하는 각 전유부분에 상응해서 가져야 하는 법정 각 대지지분'과 '피고들 앞으로 등기된 각 대지지분'의 차이에 해당하는 만큼의 부당이득을 피고들이 얻고 있다며 그 반환을 구하는 소를 제기.

재판의 결과	1심(2008가단107828) 패소, 2심(2010나77899) 패소, 3심(2011다12392)은 승소, 환송 후 2심(2012나89728) 패소, 환송 후 3심(2013다33577) 패소. **해설** 원고들이 '소외 1'과 '소외 3'의 전유부분 소유자들에 대한 무상 사용 의무를 승계하지 않는다고 인정되더라도, 그 이전에 '원고들의 대지지분 취득이 분리처분 금지에 반하여 무효'여서 결국 원고들이 패소한 것으로 보입니다. 원고들이 패소하게 된 결정적 문제가 된 '분리처분 금지'의 부분은 첫 3심이 직권으로 지적하며, 그 심리도 요구한 것으로 보입니다.

〈1심〉 서울서부지방법원 2010.6.29. 선고 2008가단107828 판결 〔토지지료〕

[원고] 원고(선정당사자) **[피고]** 피고 1 외 8인

[주문] 원고(선정당사자)의 청구를 기각한다.

[이유]

1. 기초적 사실관계

가. 서울 서대문구 ○○동 300(필자의 임의기재) 대 265.50㎡(이 사건 대지)는 1985.8.30. 소외 2 앞으로 소유권이전등기가 마쳐졌다. 이 사건 대지 위에 있는 3층 다가구용 단독주택 건물(이 사건 건물. 9가구 : 지층, 1·2층 각 147.96㎡, 3층 136.80㎡)은 1996.3.19. 소외 2 앞으로 소유권보존등기가 마쳐졌다.

나. 소외 1은 소외 2로부터 대지와 건물을 매수한 다음 2002.8.2. 건물을 다음과 같은 9세대의 공동주택 건물(집합건물)로 전환시키고, 2002.8.5. 대지와 9세대 전부 자신 앞으로 각기 소유권이전등기를 마쳤다.

	건물번호 (필자의 임의기재)	전유면적	공용부분	
			주차장	계단실
1	지층 101호	43.74㎡	3.75㎡	4.35㎡
2	지층 102호	49.14㎡	4.23㎡	4.89㎡
3	101호	42.04㎡	3.62㎡	4.18㎡
4	102호	42.04㎡	3.62㎡	4.18㎡
5	103호	45.92㎡	3.94㎡	4.57㎡
6	201호	45.92㎡	3.94㎡	4.57㎡
7	202호	46.80㎡	4.03㎡	4.65㎡
8	203호	46.80㎡	4.03㎡	4.65㎡
9	301호	127.44㎡	10.96㎡	12.68㎡

다. 소외 1은 2002.8. 위 9세대와 대지 중 일부의 공유지분(그 합계는 265.50분의 48.96지분이다.)을 분양하면서, '이 사건 지분' 265.50분의 216.54(= 1 – 48.96/265.50)는 9세대와는 상관이 없는 부분으로 남겨두었는데, 2005.3.24. 소외 3 앞으로 이 사건 지분의 소유권을 넘겨주었다.

해설 기존의 '다가구용 단독주택'의 물리적 구조자체가 바로 '다세대주택'으로 바꿀 수 있을 만치 구분과 독립성을 가졌던 것으로 보입니다. 그래서 현황에 그리 손을 대지 않고 기존의 일반건축물대장을 집합건축물대장으로 전환등록을 하고 이어 구분건물의 등기를 했겠지요. 301호가 유난히 큰 것은 그곳은 분양자 자신의 가족이 살던 곳으로 보이고요. 그린데 무식하면 용감하나고 했던가! 물론 만용입니다. 엉뚱한 욕심이 잔재주를 발동시켜 65.6평이나 빼버리고는, 9세대의 대지지분은 그 합이 겨우 약 14.8평이라니! 그렇다면 피분양자들은 저런 말도 되지 않은 대지지분을 가진 건물을 대체 왜 샀다는 말인가? 무지의 참극이 잉태될 수도 있는 기초가 형성되었다고 볼 수밖에 없네요(결과는 이겼지만 그것은 행운이었다고 할 수가 있는 점, 한편으로는 오랜 세월 5번의 재판이라는 고통의 대가는 회복할 수 없는 점). 소외 1이 소외 3 앞으로 지분을 넘겨 준 것은 피분양자들로부터 항의가 있자(또는 장래 그럴 수 있는 상황으로부터 미리 회피하고자) 실질거래는 없이 빼돌린 것인지도 모르겠네요.

라. 원고(선정당사자) 및 원고선정자 2·3(이하는 '원고 측')은 공매를 통하여 2008.11.20. 위 소외 3 소유의 대지공유지분(이 사건 지분)을 취득하였다. 원고는 265.50분의 13.00을 선정자 2·3은 각 265.50분의 101.77을 각 취득한 후, 2008.11.28. 원고 측 앞으로 소유권이전등기를 마쳤다.

마. 9세대와 함께 양도된 대지지분들은 대지권등기가 되지 아니한 상태에서, 2002.8.부터 2008.11.20.까지 9세대 해당 전유부분과 함께 전전양도 되었는데, 2008.11.20. 기준으로 9세대 전유·공용부분 및 해당 대지지분의 소유권자 현황은 다음과 같다.

소유자	대지소유현황	건물소유현황				
	공유지분	비고	전유부분 내역		공용부분 내역	
			건물번호	전유면적	주차장	계단실
피고 1	265.50분의 4.37	대지권등기	지층 101호	43.74㎡	3.75㎡	4.35㎡
피고 2	265.50분의 4.91		지층 102호	49.14㎡	4.23㎡	4.89㎡
피고 3	265.50분의 4.20	양도(소외 4)	101호	42.04㎡	3.62㎡	4.18㎡
피고 4	265.50분의 4.20		102호	42.04㎡	3.62㎡	4.18㎡
피고 5	265.50분의 4.59		103호	45.92㎡	3.94㎡	4.57㎡
피고 6	265.50분의 4.59		201호	45.92㎡	3.94㎡	4.57㎡
피고 7	265.50분의 4.68		202호	46.80㎡	4.03㎡	4.65㎡
피고 8	265.50분의 4.68	대지권등기	203호	46.80㎡	4.03㎡	4.65㎡
피고 9	265.50분의 12.74		301호	127.44㎡	10.96㎡	12.68㎡
원고 (선정당사자)	265.50분의 13.00	2008. 11.20. 지분취득	없음			
선정자 2	265.50분의 101.77					
선정자 3	265.50분의 101.77					

바. 다만 피고 1은 2008.10.31. 대지권으로 등기를 마쳤고, 피고 8은 2009.4.23. 대지권으로 등기를 마쳤다. 한편 피고 3은 2010.5.4. 101호와 그 대지지분을 소외 4에게 소유권이전등기를 마쳐주었다.

사. 2008.11.28.부터 2009.9.27.까지 사이의 이 사건 지분 216.54㎡의 기간임료는 32,430,000원이고, 월임료는 3,243,000원이다.

해설▶ 301호를 제외하면 나머지 8세대는 각기 대지지분이 겨우 1.5평 정도 지나지 않습니다. 저렇게 된 것이 무슨 사연인지, 무엇보다 어떤 위험한 법리를 함유하고 있는지에 대한 이해가 없었던 피고들이었습니다. 원고 측은 임료청구를 압박의 수단으로 해서 구분건물 소유자들에게 비싸게 팔아 큰 차익을 남기려고 공매시장에서 이 사건 토지지분을 매입했을 터이지요.

2. 원고(선정당사자)의 청구 및 판단

가. 원고(선정당사자)의 청구원인에 관한 주장내용

원고 측이 소유하고 있는 대지공유지분비율은 81.6%에 달하나, 피고들이 소유하고 있는 대지공유지분비율은 다 합쳐도 18.4%에 불과하며 이는 건물 바닥면적의 33.1%에 불과한 비율이다. 집합건물법은 대지권의 사용과 관련하여 직접적인 규정을 두고 있지 않다. 그러나 공용부분의 사용과 관련하여 집합건물법 제11조는 "각 공유자는 공용부분을 그 용도에 따라 사용할 수 있다."라고 규정하고 있고, 민법 제263조 후단은 "공유자는 — 공유물 전부를 지분의 비율로 사용·수익할 수 있다."라고 규정하고 있다. 위 민법 규정 중 공유물 전부를 사용·수익할 수 있다고 하는 부분은 공유물 사용·수익의 범위를 정한 것이고, 지분의 비율로 사용·수익할 수 있다고 하는 부분은 공유물 사용·수익의 분량을 정한 것이다.

그런데 전자는 공유지분의 성질상 당연한 것이므로 사실상 무의미한 규정이고, 후자만

이 의미 있는 규정이며, 집합건물법 제17조도 같은 맥락에서 "각 공유자는 규약에 달리 정한 바가 없으면 그 지분의 비율에 따라 (중략) 공용부분에서 생기는 이익을 취득한다." 라고 규정하고 있다. 피고들은 이 사건 대지의 전부를 사용할 수 있는 권리를 가지는 것은 당연하나, 그러한 사용·수익이 적법하기 위해서는 전유부분에 상응하는 대지공유지분이나 대지권을 가질 것을 요한다. 그런데 피고들은 자신들이 각자 소유하는 전유부분에 상응하는 법정 대지지분권(원고 등은 법정 대지지분권이라는 용어를 집합건물법상의 '법정대지'의 개념이 아닌, 건축법상의 '법정대지면적에 상응하는 지분'의 개념으로 사용하고 있는 것으로 보인다.)을 가지고 있지 않으면서도, 그 전유부분에 상응하는 대지지분권을 행사하면서 그 사용이익을 취하고 있다.

즉 피고들은 자신들이 소유하는 전유부분에 상응하는 법정 대지지분권과 실제로 피고들이 소유하고 있는 대지지분권의 차이에 해당하는 대지지분에 관한 임료 상당의 부당이득을 누리고 있으므로 이를 원고 측에게 반환하여야 한다. 따라서 피고들은 별지 지료산출내역 기재와 같이 원고 측에게 청구취지 기재 금액을 지급할 의무가 있다.

해설 원고 측의 주장 내용으로 보면 분명 경매를 알고 또 그 법리를 연구는 했네요. 그러나 흔히 보듯 원고가 가진 지식은 단편적이고 기계적입니다. 배움의 과정이 대체로의 남들과 달리하지 않아, 또 다르게 요청되는 현실해석이나 규범가치의 세계를 바라볼 수 있는 무기로서의 법리를 보유하지 못했습니다. 단편적이고 기계적이라는 것은 '피고들은 자신들이 각자 소유하는 전유부분에 상응하는 법정 대지지분권을 가지고 있지 않으면서도, 그 전유부분에 상응하는 대지지분권을 행사하면서 그 사용이익을 취하고 있다.'라는 정도의 단순한 생각에 머무르거나 갇혀 있다는 것입니다. 특수물건의 경매는 단순함의 정도에 비례하는 위험발생 가능성을 기본적인 구조로 하고 있습니다. 다르게 요청되는 현실해석이란 '통상의 경우와는 너무나 다른 대지지분을 가진 현황'이라는 점에서, 다르게 요청되는 규범가치의 세계란 '구분건물이 가져야 하는 대자사용권의 범위에 들어야 하는 법적 당위에 대한 관념 : 하나의 동일 필지에서

(상황에 따라서는 일단의 다수필지) 분리처분이 가능한 어떤 범위가 인정될 수 있는가?라는 법적 평가의식'의 점에서 각 그러합니다.

나. 판단

집합건물에 있어서 전유부분의 소유권자들은 대지권등기를 마쳤든지 아니든지 간에 대지를 공유하는 것이 일반적이다. 이 사건의 쟁점은 민법 제263조 후단이 집합건물이 들어 서 있는 대지의 공유관계에 그대로 적용되는지 여부이다. 집합건물법은 대지사용권에 관한 절에서는 3개의 조문(제20~22조)을 두고 있는 반면, 공용부분(전유부분 외의 건물부분)에 관한 절에서는 10개의 조문(제10~19조)을 두고 있다. 그런데 집합건물에 있어서 대지에 대한 공유관계는 공용부분에 대한 공유관계와 그 성격을 같이 한다. 따라서 이 사건의 쟁점을 달리 표현하면, 민법 제263조 후단과 집합건물법 제11조, 제17조의 관계를 어떻게 볼 것인지 여부라 할 수 있다. 여기서 민법상의 공유에 관한 규정이 집합건물에서의 대지에 그대로 적용되는지를 따지기 이전에 먼저 집합건물의 특성을 살펴볼 필요가 있다.

집합건물의 특성 중 하나는 대지에 대한 중첩적 사용이다. 즉 횡적·종적으로 구분된 건물의 각 전유부분의 소유자들은 그 건물이 자리 잡고 있는 대지 1필지나 여러 필지를 중첩적으로 사용하는 관계에 있다. 집합건물은 공간적으로 제한된 토지를 최대한 활용함과 동시에 아무런 제한이 없는 지상과 지하의 공간을 최대한 활용함으로써 사람이 거주하거나 사용할 수 있는 공간을 최대한 많이 확보하기 위한 목적에서 생겨난 건물형태이다. 따라서 대지에 대한 중첩적 사용은 집합건물의 본래적 특성이라 할 수 있다. 이러한 특성으로 인하여 집합건물의 대지에 대한 공유권자의 권리내용에는 민법상 공유권자의 경우와는 달리 여러 가지 제약이 따른다.

예컨대 대지에 대한 중첩적 사용이라고 하는 집합건물의 특성상 대지는 원칙적으로 전유부분과는 별도로 처분되어서는 안 되고, 분할되어서도 안 된다. 그래서 민법 제263조에 의하면, 민법상 공유자는 그 지분을 자유롭게 처분할 수 있으나, 집합건물법은 제20조 제1 · 2항에서, 구분소유자의 대지사용권은 그 구분소유자가 가지는 전유부분의 처분에 따르고, 전유부분과 분리하여 처분할 수 없다고 규정하고 있다. 또한 민법 제268조 제1항에 의하면, 민법상 공유자는 공유물의 분할을 청구할 수 있으나, 집합건물법은 제8조에서, 대지 위에 구분소유권의 목적인 건물이 속하는 1동의 건물이 있는 때에는 그 대지의 공유자는 그 건물 사용에 필요한 범위의 대지에 대하여는 분할을 청구하지 못한다고 규정하고 있다(그 외에도 민법 제264조에 의하면, 민법상 공유자 전원의 동의 없이는 공유물이 변경될 수 없지만, 집합건물법 제15조, 제19조에 의하면, 대지를 변경하기 위해서는 구분소유자와 의결권의 4분의 3 이상의 동의가 있으면 되므로 공유자 중 일부의 의사와는 상관없이 대지가 변경될 수 있다.). 이는 집합건물의 대지공유권자에게는 그 처분권이 일정한 범위 내에서 제한됨을 의미한다.

해설 집합건물법은 대지사용권으로 되어야 하는 토지의 범위에 관한 규정을 두고 있지는 않지만, '그 건물 사용에 필요한 범위의 대지에 대하여는 분할을 청구하지 못한다.'라는 규정44쪽, 357쪽은 집합건물의 대지로 남아야 하는 토지의 범위에 대한 분명한 관념을 전제로 한 규정으로 보아야 할 것입니다. 따라서 저 규정으로부터도 이 사례의 남은 토지지분의 법적 지위에 대해 중요한 하나의 생각을 이끌어 낼 수도 있다고 봅니다.

이제 이 사건의 쟁점인 집합건물의 대지사용관계에 관하여 살펴본다. 민법 제263조 후단에 의하면, 민법상 공유자는 공유물 전부를 지분의 비율로 사용할 수 있으나, 집합건물법은 제11조에서, 공유자는 공용부분을 그 용도에 따라 사용할 수 있다고 규정하고 있다. 앞서 본 바와 같이 대지에 대한 공유관계는 공용부분에 대한 공유관계와 그 성격을 같이 하는 이상 집합건물법 제11조의 유추적용으로 인하여, 대지에 대한 공유지분을 가지고 있는 구분소유자는 대지를 그 용도에 따라 사용할 수 있다고 보아야 한다. 그런데 집합건물에서의 대지의 용도란 대지의 경제적 목적을 의미하고, 이는 대지에 대한 중첩적 사용을 뜻한다. 무엇보다도 구분소유자가 집합건물의 대지를 그 지분 비율로 사용한다는 것은 이론적으로나 실제적으로나 상정할 수 없는 일이다. 요컨대 집합건물의 대지사용관계에는 민법상 공유물사용관계의 규정이 적용되지 않는다.

해설 하나의 공유물을 비율에 맞게 사용한다는 것 자체가 방법론적으로 아주 난해하고 비현실적이기 때문에, 공유자들 사이 분쟁의 가능성은 그 자체로부터 본질적으로 내장되어 있다는 진단이 가능합니다. 그런데 더구나 집합건물의 대지의 경우는 복수의 층이라는 기본적인의 사실로부터 중첩적 사용일 수밖에 없고, 모든 공유자가 배타적이지 않으면서 그냥 자유로이 사용할 수밖에 없는 것이지 '그 지분 비율로 사용할 방법'은 없는 것인데, 위 판시는 그 점을 말하고 있습니다. 관련 지식을 추가로 얻는다는 차원에서 다음을 보태어 봅니다.

▶ 집합건물법은 대지사용권에 관한 3개의 조문(제20~22조)이 당연히 가장 중요하지만, 공용부분을 임의로 전유부분으로 개조해서는 사용·수익을 하는 등 문제가 있는(금지하는 법리에 위반되어 무효가 되는) 건물도 있습니다. 그러므로 전유부분 외의 건물부분으로서의 공용부분에 관한 10개의 조문(제10~19조)도 눈여겨봐 두어야 합니다. 또 판결은 "집합건물에 있어서 대지에 대한 공유관계는 공용부분에 대한 공유관계와 그 성격을 같이 한다."라고 했는데, 집합건물에 있어서 공유관계에 있는 대지는 현실적으로는 (아파트 내 도로, 화단, 어린이 놀이터 등과 같이) 공용부분에 대한 비수익적인, 즉 단지 사용함에 그침에 다를 바 없습니다.

다시 풀어서 보면, 집합건물에 있어서 공유관계에 있는 대지는 (일반적인 공유토지와는 달리) 공유자들이(아파트 주민들이) 그 대지 자체로부터 특별한 의미를 가진 수익을 낼 수 없는 특성을 가지고 있습니다. 일반의 토지와는 달리, 아파트 주민 중 특정의 어느 누가 아파트 내의 어떤 토지를 이용하여 수익행위를 할 수는 없는 것이잖아요. 나아가 어떤 수익행위를 주민들이 합의해서 그것을 수행하려고 토지에 대한 변경조치를 한다고 하더라도, 그 변경조치는 엄격히 적용되는 집합건물의 법리에 의해 용납될 수가 없고 동시에 무효라고 봐야 할 것이고요.

결국 집합건물에서 구분소유자는 대지지분의 비율과는 상관없이 대지 전부를 그 용도에 따라 적법하게 사용할 수 있다고 보아야 하고(대판 93다601445), 이는 피고들 중 대다수가 소유하고 있는 대지지분이 단순공유형태로서 대지권등기가 마쳐지지 않았다고 하더라도 마찬가지이며(대판 2009다14333. 이러한 집합건물의 대지에 대한 사용관계는 집합건물의 대지에 대한 수익관계와는 구별해야 한다. 민법 제268조 제1항에 의하면, 민법상 공유자는 공유물 전부를 지분의 비율로 수익할 수 있고, 집합건물법 제17조, 제19조에 의하면, 공용부분이나 집합건물 대지의 공유자는 그 지분의 비율에 따라 공용부분이나 대지에서 생기는 이익을 취득할 수 있으므로, 이러한 수익관계에 있어서는 집합건물법은 민법상의 공유규정과 같은 내용으로 규율하고 있다. 따라서 집합건물 대지를 부당하게 침범하는 자에 대하여 대지공유권자들이 손해배상청구나 부당이득반환청구를 하는 경우 그 손해액이나 부당이득액은 대지에 관한 지분의 비율에 의한다.), 또한 원고 측처럼 대지 공유자들 중 일부가 건물 전유부분을 소유하고 있지 않다고 해도 마찬가지이고, 전유부분 없는 대지지분의 비율이 매우 크다고 하더라도 마찬가지이다.

한편 ① 원고 측과 피고들의 이 사건 대지에 대한 소유관계가 현재와 같은 상태가 되도록 만든 자는 소외 1인데, 소외 1은 2002.8. 건물 9세대와 대지 해당지분을 함께 분양한 다음에도 이 사건 지분은 자신이 계속 소유하고 있었던 사실, ② 소외 1은 약 2년 반이 지난 2005.3.4. 소외 3 앞으로 이 사건 지분을 이전하여 주기까지 자신이 분양해준 9세대의 구분소유권자들나 그 양수인들에게 이 사건 지분에 대한 사용료를 내라는 요구를 일체 한 적이 없었던 사실, ③ 소외 3도 2005.3.5.부터 이 사건 지분을 상실한 2008.11.20.까지 9세대의 구분소유권자들에게 역시 그 사용료를 내라고 요구하지 않았던 사실, ④ 소외 1이나 소외 3이 이 사건 지분을 소유하고 있었던 이유는 재개발 등이 이루어질 경우에 토지보상금을 수령하기 위함이었던 사실은 당사자 사이에 다툼이 없거나 없는 것으로 보인다.

앞서 본 바와 같이 집합건물의 구분소유자들은 원칙적으로 그 대지공유지분의 비율과는 관계없이 그 집합건물의 대지 전부를 용도에 따라 사용할 수 있는 적법한 권리를 가지는데, 이 경우 '건물의 대지'라 함은 원칙적으로 집합건물이 소재하고 있는 1필의 토지 전부를 포함하는 것으로 보아야 한다. 이와 같은 집합건물의 특수성에 비추어 볼 때 집합건물을 분양한 자가 각 구분소유자에게 '건물의 대지' 중 일부 지분만 소유권이전등기를 마쳐주고, 나머지 일부 지분을 스스로 보유하고 있는 경우에는 원칙적으로 자신의 보유지분에 관하여는 구분소유자들에게 집합건물의 용법에 따라 무상으로 사용할 수 있는 권한을 부여한 것으로 해석하여야 한다(대판 2002다16965).

해설 자, 여기서, 재판의 상황에 관해 중요한 한 가지를 알고 넘어갑니다. 사람은 누구나 어떤 사물(事物 : 일과 물건을 아울러 이르는 말)을 만나면 논리적인 추론이나 점검의 과정을 거치기 전에 먼저 직관에 의해 어떤 방향의 느낌(본능적으로든 상식적으로든 어느 쪽이 옳고 어느 쪽이 틀리다거나, 누굴 보호하고 누굴 배척할 것인지에 관한 느낌)을 갖게 마련이고, 판사도 사람인지라 사건의 사실을 접하면 마찬가지로 법리적인 점검의 과정을 거치기 이전에 저런 직관으로부터 오는 느낌이 들게 마련입니다. 그러면 이 사례의 사실을 두고 본능적으로든 상식적으로든 봅니다. 누가 보아도 뭔가 이상합니다. 건물의 크기 대비 토지 전체의 면적이 특별히 큰 것도 아닌 구분건물인데도 불구하고 그 대지지분이 쥐똥만 한 반면, 훨씬 많은 대지지분은 따로 놀면서 권리가 넘어가고, 그것이 급기야는 구분건물소유자들에 대한 땅 사용료 청구의 근거가 된다는 것은 직관이든 상식이든 인간의 느낌에 소화되지 못하고 설컹니다.

여기서 판사는 상식적 직관에 의해 구분건물의 소유자들이 뭔가 안타깝다는(어쨌든, 그들이 보호되어야 하지를 않느냐는) 정서를 가질 수 있다고 보아야 할 터이죠. 필자가 판사의 입장에 있더라고 마찬가지로 그렇게 될 것입니다. 의지라기보다는, 옳고 그름에 관한 정의 관념을 품고 있던 누구나의 무의식의 자연발화라고 볼, 그런 상식의 차원으로서의 본능의 발로입니다. 이렇게 되면 법리가 허용하는 한, 구분건물의 소유자들이 보호되는 성격의 법리를 찾는 데에 판사의 에너지가 상대적으로 많이 할애됩니다. 물론 법리를 모은 결과 구분건물소유자들을 보호하는 것은 도저히 어려운 경우에는 어쩔 수 없습니다.

▶ 이 사례의 사정이 그러하다 보니, 이 판결에서 구분건물의 소유자들이 보호되는 측면에서 판사의 법리가 길게 이어집니다. 그런데 한편으로는, 이 판결을 읽어 내려오면서 판사의 성실함과 안간힘에도 불구하고 필자는 답답하고, 그 답답함이 가중되고 있습니다. 뭐냐하면, 민법과 집합건물법을 비교하며 많은 견해를 제시하면서 설득력을 얻으려는 판시를 하지만, 진작에 결정적으로 채택해야 할 중요한 맥은 잡지 못하고 있기 때문입니다. 물론 '결정적인 맥은 잡지 못한다.'라는 것에는 피고들 측에서 판사를 설득하는 법리를 찾아내지 못한 원인도 크다고 봅니다. 너무나 많은 일거리와 또 너무나 많은 판례를 뒤져야 하는 현실에서, 판사가 항상 모든 것에 정확한 법리를 잡아낼 수는 없습니다. 결국, 저 '판사의 현실'이라는 한계가 극복되도록, 소송당사자가 자신을 위해서 설득력이 있는 법리를 판사에게 제시할 수 있어야 합니다.

▶ 여기에서 '결정적인 맥'은 "건물의 대지라 함은 원칙적으로 집합건물이 소재하고 있는 1필의 토지 전부를 포함하는 것으로 보아야 한다."에 나타나는데, 판사는 판례를 인용하면서도 그것이 보유한 '결정적인 의미'는 놓친 것으로 보입니다. 그것에 대해 간단히 보면(자세한 해설은 이후 관련 부분에서 봅니다.), 바로 '1필의 토지 전부를 포함하는 것'이라는 개념으로부터 '81.6%에 달하는 남겨둔 토지지분의 처분(공매, 원고들의 취득 등 모든 처분)은 무효라는 법리'를 잡았을 수도 있었지 않았느냐는 점입니다. 즉, '남겨둔 토지'인 81.6%도 이 사건 집합건물의 대지사용권의 범위에 이미 들어와 있다고 보는 것입니다. 좀 더 냉정히 그 실제를 말하자면, '남겨둔 토지'도 이미 구분건물소유자들의 소유이고, 다만 그 부분에 관해 구분건물소유자들과 남겨둔 토지소유자 사이에 대금정산

의 문제만 남을 뿐이라고 보고 싶은 것입니다.

▶ 이하의 이 사건 판결들에 대해서는 중복되지 않다고 보는 범위 내에서만(필요성이 크다고 보는 사항) 해설을 붙이오니, 이 판결을 포함에 5개의 판결을 곰곰이 읽기 바랍니다. 특히 환송 후 2심 판결(서울고등법원 2013.4.4. 선고 2012나89728 판결)에 더 많은 비중을 두고 읽기 바랍니다. 대지사용권의 물건에서 위험을 피하는 판단능력 중 중요한 하나를 안겨줄 것입니다.

또한 집합건물의 대지 중 이러한 분양자가 보유한 일부 지분(즉 전유부분이 없는 대지지분)을 특별승계취득한 자도 구분소유자들에게 그 전유부분이 없는 일부 지분을 무상으로 사용하도록 제공할 의무를 부담한다고 보아야 한다. 이는 ① 집합건물법 제18조에 의하면, 공유자가 공용부분에 관하여 다른 공유자에 대하여 가지는 채권은 그 특별승계인에 대하여도 행사할 수 있고, ② 집합건물에 있어서 대지에 대한 공유관계는 공용부분에 대한 공유관계와 그 성격을 같이 하는 이상 집합건물법 제18조는 집합건물의 대지에 대해서도 유추적용 된다고 보아야 하며, ③ 대지에 대한 공유자들인 구분소유자들은 대지의 공유자인 분양자에게 분양자 소유의 전유부분 없는 대지지분에 대하여 무상사용청구권을 가지고 있다고 보아야 하고, ④ 대지에 대한 공유자들인 구분소유자들이 가지는 이러한 무상사용청구권은 분양자로부터 전유부분 없는 대지지분을 특별승계한 자에 대하여도 행사할 수 있다고 보아야 하기 때문이다(따라서 분양자로부터 전유부분만을 분양받은 자는 대지의 공유자가 아니므로, 집합건물법 제18조가 유추적용 되는 자가 아니라고 보아야 한다. 즉 분양자로부터 전유부분 없는 대지지분을 특별승계한 자와 전유부문만을 분양받은 자 사이에서는 집합건물법 제18조가 유추적용 되지 않으므로, 전유부분만의 소유자는 대지지분만을 이전받은 자에게 그 대지 사용과 관련된 부당이득반환의무를 부담한다고 보아야 한다. 대법원 91다40177).

해설 ④에 대하여 : 원고들이 구분소유자들의 무상사용청구권을 특별승계를 했기 때문에 원고들이 부당이득반환이나 손해배상을 청구할 권리는 가지고 있지 않다고 결론을 내렸습니다. 그런데 괄호로 부가하면서 판례(대법원 91다40177)에 관련될 수 있는 뭔가의 오해(사실관계 파악의 부족, 위 대법원판결 후 사실상 또는 공식적 판례의 변경을 미확인, 단편적 이해, 오독 등 그것이 뭣이든)로 인해 여전히 모호하거나 틀린 인식('분양자로부터 전유부분만을 분양받은 자는 대지의 공유자가 아니므로, 전유부분만의 소유자는 대지지분만을 이전받은 자에게 그 대지 사용과 관련된 부당이득반환의무를 부담한다.'라는 취지의 인식)을 극복하지 못하고 있습니다.

> 이와 같은 법리에 비추어볼 때, 이 사건에서 소외 1은 이 사건 건물의 구분소유자들에게 이 사건 지분을 무상으로 사용할 수 있는 권한을 부여한 것으로 해석해야 한다. 또한 이 사건 지분의 특별승계인에 해당하는 소외 3은 물론 원고 측도 이 사건 대지의 공유자들이자 전유부분의 소유자들인 피고들에게 이 사건 지분을 무상으로 사용하도록 제공할 의무를 부담한다고 보아야 한다. 그러므로 원고 측이 이 사건 대지 중 81.6% 지분의 소유권자들이라고 하더라도 이 사건 건물의 구분소유자들인 피고들에게 그 지분비율의 차이에 해당하는 만큼의 부당이득반환이나 손해배상을 청구할 권리는 가지고 있지 않다고 보아야 한다.
>
> **3. 결론**
>
> 따라서 원고(선정당사자)의 이 사건 청구는 타당하지 않아 받아들이지 않기로 하여 주문과 같이 판결한다.

〈2심〉 서울고등법원 2010.12.30. 선고 2010나77899 판결 〔토지지료〕

[원고(선정당사자), 항소인] 원고(선정당사자)

[피고, 피항소인] 피고 1 외 8인 (소송대리인 법무법인 송헌 담당변호사 최철)

[제1심판결] 서울서부지방법원 2010.6.29. 선고 2008가단107828 판결

[주문]

원고(선정당사자)의 항소 및 당심에서 확장된 원고(선정당사자)의 청구를 모두 기각한다.

(전략)

1. 제1심 판결의 인용

이 법원이 이 사건에 관하여 설시할 이유는 원고의 주장에 대한 판단을 아래와 같이 추가하는 것 이외에는 제1심 판결의 이유와 같으므로 민사소송법 제420조 본문에 의하여 이를 그대로 인용한다.

[추가 판단 사항]

원고는 이 사건 건물의 구분소유자들에게 이 사건 지분을 무상으로 사용할 수 있도록 하게 하면 결국 원고의 소유권을 중대하게 침해하여 헌법에 위배된다는 취지로 주장한다. 그러나 원고가 이 사건 지분을 부동산공매절차를 통하여 매수할 당시 매각공고와 등기부등본을 통하여 이 사건 대지 위에 집합건물이 존재하고 있다는 사정을 충분히 알았거나 알 수 있었음에도 이를 용인하고 매수한 이상 소유권의 본질적 부분을 침해한다고 할 수 없어 원고의 위 주장은 이유 없다.

해설 이 2심 판결을 너무 간단해서 특별히 설명을 붙일 것이 없습니다.

〈3심〉 대법원 2012.10.25. 선고 2011다12392 판결 〔토지지료〕

[1] 집합건물인 1동의 건물의 구분소유자들이 그 건물의 대지를 공유하고 있는 경우 각 구분소유자는 별도의 규약이 존재하는 등의 특별한 사정이 없는 한 그 대지에 대하여 가지는 공유지분의 비율에 관계없이 그 건물의 대지 전부를 용도에 따라 사용할 수 있는 적법한 권원을 가지는바, 이때 '건물의 대지'는 달리 특별한 사정이 없는 한 집합건물이 소재하고 있는 1필의 토지 전부를 포함한다.

[2] 그리고 집합건물의 부지 전체에 대하여 대지권이 성립한 이후에는 구분소유자의 대지사용권은 규약으로 달리 정한 경우가 아니면 전유부분과 분리하여 처분할 수 없으므로(집합건물법 제20조), 집합건물의 분양자가 전유부분의 소유권은 구분소유자들에게 모두 이전하면서도 대지는 일부 지분에 관하여만 소유권이전등기를 하고 나머지 지분을 그 명의로 남겨 둔 경우에 그 분양자 또는 그 보유지분을 양수한 양수인이 구분소유자들에 대하여 공유지분권을 주장할 수 있으려면, 전유부분과 대지사용권을 분리처분할 수 있도록 규약에서 달리 정하였다는 등 특별한 사정이 있어야 한다.

[3] 원심판결 이유에 의하면, 원심은, 소외 1이 소외 2로부터 집합건물로 등기까지 마쳐진 이 사건 건물과 그 대지를 함께 매수하고 2002.8.5. 소유권이전등기를 마친 다음, 피고들 또는 그 전전 양도인들에게 9세대의 구분건물을 분양하면서도 대지지분 일부(이 사건 지분)는 그대로 남겨 두었다가, 2005.3.24. 소외 3에게 이 사건 지분 소유권을 이전해 준 사실, 서울 서대문구가 2005.1.25. 소외 1이 보유하고 있던 이 사건 지분에 대하여 체납처분에 의한 압류등기를 마쳤고 원고 선정당사자와 선정자들(원고들)이 그 공매절차에서 이 사건 지분 소유권을 취득한 사실을 인정하였다.
이러한 사실관계에 기초하여 원심은, 이 사건 건물의 소유를 위하여 이 사건 대지 전체에 대하여 이미 대지사용권이 성립하였지만 그 대지사용권을 이 사건 건물 전유부분과

분리처분할 수 있도록 정한 규약이 있음을 인정할 증거는 없다는 이유로, 이 사건 지분에 대한 서울 서대문구의 압류는 전유부분과 대지의 분리처분이라는 결과를 낳게 하는 것으로서 집합건물법 제20조 제2항에 반하여 효력이 없고, 위 압류에 이은 공매처분도 권리자의 직접적인 처분행위는 아니지만 권리자를 대신하여 세무관서 등이 하는 매매로서 금지되는 처분에 해당하므로, 결국 원고들이 위 공매를 원인으로 하여 이 사건 지분에 관하여 마친 소유권이전등기는 원인무효라고 판단한 원심은 정당하다.

[4] 집합건물법 제20조 제3항의 분리처분금지로 대항할 수 없는 선의의 제3자라 함은 원칙적으로 집합건물의 대지로 되어 있는 사정을 모른 채 대지사용권의 목적이 되는 토지를 취득한 제3자를 의미한다. 원심판결 이유에 의하면, 원심은, 원고들이 공매절차에서 이 사건 지분 소유권을 취득할 당시 그 지상에는 위 집합건물이 존재하고 있었을 뿐만 아니라 그 소유권등기까지 마쳐져 있었으므로, 원고들은 공매 당시 매각공고와 등기부등본 등을 통하여 이 사건 지분이 집합건물의 대지로 되어 있는 사정을 잘 알고 있었다고 봄이 상당하다는 이유로, 원고들이 집합건물법 제20조 제3항의 선의의 제3자에 해당한다는 원고들의 주장을 배척한 원심의 판단은 정당하다.

해설 이 3심의 판시는 중요한 쟁점에 대한 선명한 표현이 있어 공부에 상당한 도움이 됩니다. 그런데 파기에 해당하지 않는 위 내용 외의 나머지 판결내용은 보지를 못해 정확한 파기의 이유는 알 수 없습니다. 그러나 이어지는 환송 후 2심의 판결에서 '분리처분가능규약'에 관한 점을 비롯해 다수의 설시들에서 읽을 수 있는 바로도 그 미확인의 점이 우리의 공부에는 별문제가 없습니다. 다만, 공부한다는 차원에서 다음의 논점이 거론해봅니다.

즉, '집합건물법 제20조 제3항의 선의의 제3자'는 인정하지 않은 반면, '소유권의 본질적 부분을 침해'에 관련한 판단(집합건물을 분양한 자가 구분소유자들에게 건물의 대지 중 일부 지분에 관하여만 소유권이전등기를 하여 나머지 지분을 스스로 보유하고 있는 경우 자신의 보유지분에 관하여 구분소유자들이 집합건물의 용법에 따라 무상으로 사용할 권한을 부여한 것으로 해석될 수 있다고 하더라도, 그와 같은 약정은 건물이 철거될 때까지 공유지분권에 기한 사용·수익을 포기하는 것이어서 당연히 승계된다고 보기는 어려울 뿐 아니라 통상의 경매 상황의 같은 사정만으로는 경락자가 위와 같은 약정이 존재한다는 사정을 알면서 남긴 공유지분을 취득하였다고 볼 수도 없다.)을 이유로 환송한 것이라면, 이것을 어떻게 이해해야 하는가?하는 점이 남습니다.

그러나 이렇게 되면, '집합건물법 제20조 제3항의 선의의 제3자'를 인정하지 않으면서 '다른 측면의 선의'를 인정하는 것은 무효의 결과에 반하는 것이 되어 논리적 모순이 됩니다.

〈환송 후 2심〉 서울고등법원 2013.4.4. 선고 2012나89728 판결 〔토지지료〕

해설 이 2심 판결이 이 사례의 실질을 완결 짓는 내용으로 구성된 것이므로, 지금까지의 판지와 필자의 해설을 배경으로 해서 이 판결을 천천히 그리고 곰곰이 읽기 바랍니다. 대부분 이미 나온 법리(판지)인데다 지금까지 충실히 공부를 했다면, 이 판결의 판지를 이해하는 데에 그리 어려움이 없을 것입니다.

[원고(선정당사자), 항소인] 원고(선정당사자)

[피고, 피항소인] 피고 1 외 8인

[제1심판결] 서울서부지방법원 2010.6.29. 선고 2008가단107828 판결

[환송전 판결] 서울고등법원 2010.12.30. 선고 2010나77899 판결

[환송판결] 대법원 2012.10.25. 선고 2011다12392 판결

[주문] 원고(선정당사자)의 항소 및 환송 전 당심에서 확장된 원고(선정당사자)의 청구를 모두 기각한다.

[이유]

1. 기초사실 (1심 판결에 나오므로, 생략)

2. 청구원인에 대한 판단

1동의 건물의 구분소유자들이 당초 건물을 분양받을 당시의 대지 공유지분 비율대로 건물 대지를 공유하고 있는 경우 구분소유자들은 특별한 사정이 없는 한 대지에 대한 공유지분 비율에 관계없이 건물의 대지 전부를 용도에 따라 사용할 적법한 권원이 있으므로 구분소유자들 상호 간에는 대지 공유지분 비율의 차이를 이유로 부당이득반환을 구할 수 없으나, 건물의 구분소유자 아닌 자가 경매절차 등에서 대지의 공유지분만을 취득하게 되어 대지에 대한 공유지분은 있으나 대지를 전혀 사용·수익하지 못하고 있는 경우

에는 다른 특별한 사정이 없는 한 대지 공유지분권에 기한 부당이득반환청구를 할 수 있다(대판 2010다108210). 따라서 위 집합건물의 구분소유자가 아닌 원고들이 이 사건 지분 소유권을 그 공매절차에서 취득하였음에도 대지를 전혀 사용·수익하지 못하고 있는 이상, 다른 특별한 사정이 없는 한 위 집합건물의 구분소유자인 피고들에 대하여 그 대지 공유지분권에 기한 부당이득반환청구를 할 수 있다고 할 것이다.

해설 부당이득반환청구권에 관련하여, '기존 집합건물의 구분소유자의 입장'과 '경매나 공매를 통한 대지지분의 취득자의 입장' 사이에서 인정되는 법리를 설시하고 있습니다.

3. 피고들의 항변에 대한 판단

가. 원고들이 이 사건 지분에 관한 무상사용의무를 승계하였다는 주장

1) 피고들의 주장

소외 1은 위 집합건물을 분양함으로써 그 구분소유자들에게 자신이 계속 보유하게 된 이 사건 지분을 무상으로 사용할 수 있는 권한을 부여한 것으로 해석하여야 하고, 이 사건 지분의 특별승계인에 해당하는 원고들도 이 사건 대지의 공유자 겸 구분소유자들인 피고들에게 이 사건 지분을 무상으로 사용하도록 제공할 의무를 부담한다고 보아야 한다.

2) 판단

집합건물을 분양한 자가 구분소유자들에게 건물의 대지 중 일부 지분에 관하여만 소유권이전등기를 마쳐 주고 자신은 건물 부분은 소유하지 아니한 채 나머지 대지지분만을 보유하고 있다면, 그 나머지 지분에 관하여 구분소유자들이 집합건물의 용법에 따라 무상으로 사용할 권한을 부여한 것으로 볼 수 있다(대판 2002다16965). 그러나 그와 같은 무상사용의 약정은 토지에 대한 사용·수익권의 본질적 부분에 관한 것이므로 그러한 사정을 알고도 공유지분을 취득하였다는 등의 특별한 사정이 없는 한 그 약정이 분양자의

특별승계인에게 당연히 승계된다고 볼 수는 없고, 경매절차 등에서 매각공고와 등기부등본을 통하여 그 대지 위에 집합건물이 존재한다는 사정을 알면서 위와 같은 나머지 지분을 취득하였다는 사정만으로는 그 매수인이 무상사용의 약정이 존재한다는 사정까지 알았다고 보기 어렵다(대판 2010다108210).

이 사건으로 돌아와 보건대, 우선 소외 1이 이 사건 지분을 남겨 보유한 것이 구분소유자들과의 합의에 의한 규약에 부합하는 등으로 유효하다면, 그 이후 원고들이 이 사건 지분을 공매절차에서 취득하였음에도 그 대지에 관한 사용·수익을 전혀 하지 못하고 있는 이상 이 사건 토지를 배타적으로 점유·사용하고 있는 피고들을 상대로 그로 인한 부당이득반환청구를 할 수 있다고 보아야 한다. 또한 설령 소외 1이 피고들에게 이 사건 지분의 무상사용 권한을 부여한 것으로 볼 수 있다고 하더라도, ① 피고들은 집합건물의 대지인 이 사건 대지에 관한 지분비율에 관계없이 그 건물의 대지 전부를 용도에 따라 적법하게 사용할 수 있고, ② 니이가 원고들로시는 이 사건 지분을 공매절차를 통하여 취득할 당시 매각공고와 등기부등본을 통하여 이 사건 토지 위에 집합건물이 존재하고 있다는 사정을 충분히 알았거나 알 수 있었음에도 이를 용인하고 매수한 것이라는 사정만으로는, 소외 1과 피고들 사이의 무상사용과 같은 약정이 공매절차에서 이 사건 지분을 취득한 원고들에게 승계된다고 보기도 어렵다. 피고들의 위 주장은 이유 없다.

해설 필자는 여기서 (이 '대지사용권'의 분야뿐만이 아니라) 경매의 모든 특수물건의 분야에 관련되는 중요한 키를 하나 내려놓습니다. 잘못하면 다 된 밥에 무래 뿌리는 꼴이 되므로, 정말 중요합니다. 임장 시니 잡으려는 물긴의 이해관계인과의 접촉의 과정에 특히 신중해야 하는 점이 있다는 것입니다. 무슨 말이냐 하면, 묻거나 확인할 사항에 대해서 명시적으로 할 것인지 은밀히 할 것인지에 대해, 쟁점별로 엄격히 구분해야 한다는 것입니다. 많은 정보를 확보한다고 활개를 치며 떠들고 다니면, 그것이 오히려 화근이 되어 내 목을 쳐버리는 경우가 있다는 거예요.

▶ 판지에서 '경매절차 등에서 매각공고와 등기부등본을 통하여 그 대지 위에 집합건물이 존재한다는 사정을 알면서 나머지 지분을 취득하였다는 사정만으로는 그 매수인이 무상사용의 약정이 존재한다는 사정까지 알았다고 보기 어렵다.'라고 했지만, 만약 임장할 때 부메랑으로 돌아올 수도 있는 관련법리는 모른 채 의욕만 넘쳐 그곳 사람(구분건물의 주민이든, 근처 부동산중개사무소든, 근처 각종의 상점이든)에게 "주민들이 나머지 땅(지분)의 사용에 대해서는 지료라도 주고 있나요? 아니면 그냥 그런 건 없는 건가요?"라는 식으로 물었던 일이 있다면 언제든지 문제가 될 수 있다는 겁니다. 위와 같은 임장 시에 있었던 사실에 대하여 구분건물의 소유자 측에서 주장하고 입증에 나서버리면, 위 판지가 가지는 의미의 반대해석에 의해 이익으로 올 기회를 스스로 차버린 결과가 될 수도 있다는 것입니다.

▶ 간단히는, '유상의 사용'이었다면 그것은 어쨌든 그것대로 나의 이익이 되는 측면이고, '무상의 사용'이었다면 내가 그것에 대해 알아보지 않았던 것이 아무런 불이익으로 되지는 않는 것이니, 결국 굳이 알아볼 필요가 없는 것이고요. 그래도 영 궁금해서 못 견디겠으면, 알아보았다는 사실이 꼬리가 절대 잡히지 않을 방법을 구사하든지요.

▶ 위와 같은 위험은 경매의 모든 특수물건의 분야에서 주의해야 하는 점인데, 결정적인 문제점은 관련 지식이 충분하지 않으면 도대체가 그 주의할 사항이 무엇인지를 알 수가 없다는 점입니다. 그래서 지식의 양이 많고 동시에 깊을수록 경매에서 유리함과 동시에 미리 위험을 피하게 하는 힘이 되는 것입니다. 그리고 하나 더 잔소리를 보태면, 진짜로 제대로 된 경매선수는 떠들고 다니지 않고 혼자 조용조용히 알아보고 정리한다는 겁니다.
임장한다며 다른 경매인들과 휩쓸려 다니지도 않고요. 나의 실력이 충분하고 출중하니 (오히려 번잡스럽거나, 혼란스럽거나, '악의'의 위험에 노출될 수도 있을 뿐이지) 그럴 이유도 필요가 없는 것이지요. 경매는 '내 손이 내 딸이다!'라는 말에 딱 들어맞는 세계입니다.

▶ 그렇기는 하지만 한편으로는 "백지장도 맞들면 낫다!"라는 말도 역시 경매의 진실이므로, 물건의 난해함의 정도에 비춘 나의 능력이 아무래도 부족하다는 판단이라면 정통한 고수에게 조용히 조언을 구하는 것도 염두에 둬야 할 것입니다.
그리고 그런 고수 내지 전문가로부터 조언 내지 자문을 구할 때는 원칙적으로 그 대가를 지급한다는 적절한 메시지를 보내야 합니다. '지식이 바로 경제적 가치'인 시대인 점도 있지만, 무엇보다 조언자 내자 자문인은 대가에 대한 기대치를 가지고 있음에 있습니다. '정통한 사람(객관적 요소)'의 '제대로 된(주관적 요소)' 자문이라면, 그것은 '1의 인풋 대 10의 아웃풋'인 점을 반드시 기억하고 적극 활용해야 합니다. 물론 저 객관적 요소와 주관적 요소 모두를 보유한 자문의 기회를 갖기가 그리 쉽지 않은 것도 현실입니다.
어쨌든, '안정'과 '투자성공'이라는 두 마리 토기 모두를 잡으려면, 우선은 나 자신의 내공이 출중할 것이 중요하고, 그다음에는 상황에 따라 타인의 판단력도 고려사항에 넣는 것입니다.

나. 원고들의 지분취득은 분리처분 금지원칙에 반하여 무효라는 주장

1) 피고들의 주장

소외 1이 이미 구분소유권이 성립된 9세대의 집합건물을 소유하게 되었으면서도 그 각 전유부분에 해당하는 이 사건 대지에 관한 지분을 수분양자들에게 모두 이전해주지 아니한 채 그 일부인 이 사건 지분을 남겨 둔 상태에서 이 사건 지분에 관하여 서울시 서대문구의 체납처분에 의한 압류가 있었는바, 이러한 소외 1의 이 사건 지분취득과 서울시 서대문구의 체납압류는 집합건물법상 분리처분금지에 위배되어 무효이므로, 위 압류에 기한 공매절차에서 원고들이 취득한 이 사건 지분 소유권도 무효이다.

2) 판단

가) 구분소유관계 및 대지사용권의 성립시기

1동의 건물에 대하여 구분소유가 성립하기 위해서는 객관적·물리적인 측면에서 1동의 건물이 존재하고, 구분된 건물부분이 구조상·이용상 독립성을 갖추어야 할 뿐 아니라, 1동의 건물 중 물리적으로 구획된 건물부분을 각각 구분소유권의 객체로 하려는 구분행위가 있어야 한다. 여기서 구분행위는 건물의 물리적 형질에 변경을 가함이 없이 법률관념상 건물의 특정 부분을 구분하여 별개의 소유권의 객체로 하려는 일종의 법률행위로서, 그 시기나 방식에 특별한 제한이 있는 것은 아니고 처분권자의 구분의사가 객관적으로 외부에 표시되면 인정된다. 따라서 구분건물이 물리적으로 완성되기 전에도 건축허가신청이나 분양계약 등을 통하여 장래 신축되는 건물을 구분건물로 하겠다는 구분의사가 객관적으로 표시되면 구분행위의 존재를 인정할 수 있고, 이후 1동의 건물 및 그 구분행위에 상응하는 구분건물이 객관적·물리적으로 완성되면 아직 그 건물이 집합건축물대장에 등록되거나 구분건물로써 등기부에 등기되지 않았더라도 그 시점에서 구분소유가 성립한다(대판 2010다71578 전원합의체 판결). 한편 대지사용권은 구분소유자가 전유부분을 소유하기 위하여 건물의 대지에 대하여 가지는 권리로서, 그 성립을 위해서는 집합건물의 존재와 구분소유자가 전유부분 소유를 위하여 당해 대지를 사용할 수 있는 권리를 보유하는 것 이외에 다른 특별한 요건이 필요하지 않다. (대판 2009다26145)

해설 이미 공부했던 것이지만 중요한 법리이므로, '구분소유가 성립'과 '대지사용권의 성립'이 인정되는 구조의 틀이 뭔지에 관해 염두에 두면서 익히기 바랍니다.

위 법리에 기초하여 이 사건을 보건대, 소외 2가 1996.3.19. 다가구용 단독주택(9세대)를 신축하여 소유하다가, 9세대의 집합건물로 전환하여 2002.2.25. 집합건축물대장에 등재하고, 2002.8.2. 집합건물로 등기까지 마친 사실은 위에서 본 바와 같은바, 위 인정사실에 의하면 소외 2가 원래 구조상·이용상으로는 9세대로서 독립성을 갖추고 있던 위 다가구용 단독주택을 9세대의 집합건물로 전환하고 집합건축물대장에 등재한 2002.2.25.에는 위 집합건물의 각각의 전유부분(각 세대)에 관하여 구분소유권에 성립하였다 할 것이고, 나아가 그 구분소유권 성립 당시 소외 2가 집합건물의 부지인 이 사건 대지도 함께 소유하고 있었으므로, 이 사건 대지에 관하여 각 전유부분을 위한 대지사용권도 함께 성립하였다고 할 것이다.

해설 남겨진 대지지분도 대지사용권의 범위에 포함되는 법리라는 취지의 판결인데, 그 설시가 추상적이고 단순해서 경매인들이 저런 판지를 보면 그 뜻의 깊이는 놓치기에 십상입니다.

나) 소외 1의 이 사건 지분취득 및 서울시 서대문구의 압류등기, 원고들의 지분소유권등기의 효력

집합건물법은 제20조에서 구분소유자의 대지사용권은 그가 가지는 전유부분의 처분에 따르고, 구분소유자는 규약으로써 달리 정하지 않는 한 그가 가지는 전유부분과 분리하여 대지사용권을 처분할 수 없으며, 그 분리처분금지는 그 취지를 등기하지 아니하면 선의로 물권을 취득한 제3자에게 대항하지 못한다고 규정하고 있는데, 위 규정의 취지는 집합건물의 전유부분과 대지사용권이 분리되는 것을 최대한 억제하여 대지사용권이 없는 구분소유권의 발생을 방지함으로써 집합건물에 관한 법률관계의 안정과 합리적 규율을 도모하려는 데 있으므로(대판 2004다742), 전유부분과 대지사용권의 일체성에 반하는 대지의 처분행위는 그 효력이 없다. (대판 98다45652,45669, 2006다84171)

집합건물의 부지 전체에 대하여 대지권이 성립한 이후에는 구분소유자의 대지사용권은 규약으로 달리 정한 경우가 아니면 전유부분과 분리하여 처분할 수 없으므로(집합건물법 제20조), 집합건물의 분양자가 전유부분의 소유권은 구분소유자들에게 모두 이전하면서도 대지에 관해서는 일부 지분에 대해서만 소유권이전등기를 하고 나머지 지분을 그 명의로 남겨 둔 경우에 그 분양자 또는 그 보유지분을 양수한 양수인이 구분소유자들에 대

하여 공유지분권을 주장할 수 있으려면, 전유부분과 대지사용권을 분리처분할 수 있도록 규약에서 달리 정하였다는 등 특별한 사정이 있어야 할 것이다.

위 법리에 기초하여 이 사건을 보건대, 소외 1은 소외 2로부터 집합건물로 등기까지 마쳐진 이 사건 건물과 그 대지를 함께 매수하고 2002.8.5. 소유권이전등기를 마친 다음, 피고들 또는 그 전전 양도인들에게 9세대의 구분건물을 분양하면서도 이 사건 지분은 그대로 남겨 두었다가, 2005.3.24. 소외 3에게 이 사건 지분소유권을 이전해 준 사실, 한편 서울시 서대문구가 2005.1.25. 소외 1이 보유하고 있던 이 사건 지분에 관하여 체납처분에 의한 압류기입등기를 마친 다음 원고들이 그 공매절차에서 이 사건 지분소유권을 취득한 사실은 위에서 본 바와 같은바, 위 인정사실에 의하면 위 집합건물의 소유를 위하여 이 사건 대지 전체에 관하여 이미 대지사용권이 성립하였음에도, 소외 1이 위 집합건물을 각각 분양하면서 이 사건 대지 중 일부 지분에 관하여만 수분양자들에게 소유권이전등기를 마쳐주고 나머지 이 사건 지분을 남겨 보유한 것은, 구분소유자들과의 합의에 의한 규약에 부합하는 등의 특별한 사정이 없는 한 집합건물법 제20조 제2항에 반하는 것으로써 유효하다고 할 수 없고, 또한 이 사건 지분에 관한 서울시 서대문구의 압류도 필연적으로 전유부분과 그 대지의 분리처분이라는 결과를 낳게 하므로 효력이 없으며, 압류에 이은 공매처분도 권리자의 직접적인 처분행위는 아니지만 권리자를 대신하여 세무관서 등이 하는 매매로서 금지되는 처분에 해당하여 무효라 할 것이므로, 결국 원고들이 위 공매를 원인으로 하여 이 사건 지분에 관하여 마친 소유권이전등기는 원인무효라 할 것이다. 피고들의 위 주장은 이유 있다.

해설 분리처분금지의 적용을 받는다는 등 이곳 역시 중요한 법리들에 관한 설시는 있지만, '집합건물의 분양자가 일부 대지지분은 구분건물의 대지가 아닌 것으로 남겨 둔 경우에 구분소유자들에게 공유지분권을 주장하려면, 분리처분 규약에서 달리 정하였다는 등 특별한 사정이 있어야 한다.'라는 기술의 정도로는 중요한 이해의 점(성립한 대지사용권에 남겨진 대지지분도 포함되는 이유)으로는 부족하기가 짝이 없습니다. 판결이 경매인들의 이해를 위해 작성하는 것은 아니니 어쩔 수 없네요.

4. 원고들의 재항변에 대한 판단

가. 분리처분할 수 있는 규약이 존재한다는 주장

1) 원고들의 주장

원고들은, 소외 1이 위 집합건물의 각 전유부분을 분양할 당시 구분소유자들이 모두 동의한 규약으로서 '분양 및 매매계약서'에 대지사용권으로서 공유지분의 기재가 있다면 그를 초과하는 부분은 소외 1의 소유로 남겨두었다가 분리하여 처분하기로 하는 분양자와 수분양자 간 합의로서의 규약이 있다고 보아야 한다.

2) 판단

집합건물법(법률 제10204호로 개정되기 전의 것) 제29조 제1항은 규약의 설정·변경 및 폐지는 관리단집회에서 구분소유자 및 의결권의 각 4분의 3 이상의 찬성을 얻어 행한다고 규정하고, 제30조 제1항은 규약은 관리인 또는 구분소유자나 그 대리인으로서 건물을 사용하고 있는 자 중 1인이 보관하여야 하고, 제3항은 이해관계인은 제1항에 따라 규약을 보관하는 자에게 규약의 열람을 청구하거나 자기 비용으로 등본의 발급을 청구할 수 있다고 규정하고 있는바, 이와 같은 집합건물의 규약에 관한 법률의 규정 내용을 종합하여 볼 때, 분양자인 소외 1과 수분양자들 사이에 작성된 '분양 및 매매계약서'를 규약이라고 할 수는 없고, 달리 분리처분이 가능하도록 하는 정한 규약이 있음을 인정할 증거가 없다.

한편 피고 1 본인이 제1심 법원에 제출한 2009.2.4.자 답변서에서, 소외 1이 전유부분 건물의 대지권 비율을 정하기 위하여 대지권에 관한 규약을 작성하면서 전체 토지면적 265.5㎡ 중 216.54㎡는 대지권의 목적으로 삼지 않고 분리처분이 가능한 토지로 하

며, 나머지 토지 48.96㎡를 가지고 대지권의 목적으로 한 다음 각 전유부분의 면적에 따라 대지권의 비율로 정한 것이라는 취지로 진술하였으나(기록 110면), 설령 피고 1의 위 제1심 진술과 같이 분양자 소외 1 본인이 그와 같은 규약을 스스로 정하였다고 하더라도, 규약의 설정 등에 관한 집합건물법의 규정취지에 비추어 이를 전체 구분소유자들에게 적용되는 집합건물법 소정의 규약이라고 할 수 없고, 위 진술을 규약의 존재에 대한 피고 1과 원고들 사이의 재판상 자백이라고 할 수도 없다{원고들은, 분리처분을 허용하는 규약이 존재한다는 취지의 피고 1의 위 주장에 대하여, 제1심이래 상고심에 이르기까지 그와 같은 내용의 규약의 존재를 다투면서 규약의 제출을 요구한 사실(기록 128면, 186면, 250면), 피고들의 소송대리인은 환송 후 당심에 제출한 2013.1.8.자 준비서면의 진술로서, 위 규약에 관한 피고 1의 종전 주장을 철회한 사실을 인정할 수 있으므로, 원고들과 피고 1 사이에 이 부분에 대한 자백이 성립할 여지도 없다.}. 원고들의 이 부분 주장은 이유 없다.

해설 이 부분은 자백의 의미나 그 철회 등 소송법상 개념이 등장해서 좀 어렵기도 하고, 피고 중 한 사람(피고 1)이 법리를 몰라 스스로에게 불리한 진술을 해버린 것으로 보이는 사태가 거론되는 등 복잡합니다. 지식이 깊지 않으면 불리한 것을 유리한 것으로 잘못 알고 주장하거나 증거로 제출하는 등 중요한 실수를 저지르는 경우도 있는데, 아! 법리를 모르면 아무리 주의를 해도 실수의 완전한 배제는 어렵습니다, 결국 지식이고 실력입니다.

▶ 재판상 자백은 '상대방 당사자의 주장과 일치하는 자기에게 불리한 사실의 진술'로서, 일단 재판상의 자백이 성립하면 그것이 적법하게 취소되지 않는 한 여타의 증거에 따른 판단을 필요로 하지 않고 판결의 기초가 됩니다. 그리고 '재판상 자백의 취소'는 '자백한 당사자가 자기의 진술내용이 진실에 반하고 또한 착오에 의한 것임을 증명한 경우'에 인정됩니다. 그런데 이 사건에서는 나중에 이 심급에서 피고들 변호사가 피고 1의 종전 주장을 철회했으므로 재판상

자백의 성립 자체가 없었다고 판시[아마도 당사자 스스로 먼저 자기에게 불리한 사실의 진술을 하였지만(선행자백), 상대방이 그것을 원용하기 전에 철회되었다는 취지인 듯함]했습니다만, 그 이전에 피고 1의 답변서의 진술을 두고 재판상 자백이라고 할 수도 없다고 판시했습니다. 집합건물법 소정의 규약의 성격에 비추어 수긍이 갑니다.

▶ 집합건물이 소재하는 토지의 일부의 지분(또는 일부의 필지)을 경매 받은 사람 중에는, 그 일부가 구분소유자들 앞으로 등기가 넘어가지 않고 남아 있다는 사실에 의지해서 '분리처분을 허용하는 규약이 존재한다.'라는 취지의 주장을 하는 경우가 있습니다. 그러나 위와 같은 주장으로 재판이 유리하게 되는 경우는 극히 드뭅니다. '입증책임'의 분배나 귀속이란 모호한 경우도 많지만 규약의 존재에 대한 그 입증책임은 굳이 따지자면, 그 '주장자'에게 귀속하는 것으로 보고 싶습니다. 전혀 명시적인 언급이 없지만, 이 판결도 같은 전제로 하는 것이 아닌가 싶습니다. 입증책임의 분배문제야 어쨌든 스스로를 고수나 경매 전문가로 이해하는 사람 중에도 저것을 유력한 무기로 알고 있는 경우도 있는 것 같은데, 지식이 실질에 무르익지 못하고 형식화에 머문 탓으로 보아야 할 터입니다.

나. 원고들은 선의의 제3자라는 주장

원고들은, 이 사건 지분에 관한 등기를 신뢰하고 공매절차에서 이를 취득한 것이므로 집합건물법 제20조 제3항 소정의 분리처분금지로 대항할 수 없는 선의의 제3자라고 주장한다. 살피건대, 대지사용권은 구분소유자가 전유부분을 소유하기 위하여 건물의 대지에 대하여 가지는 권리로서 그 성립을 위해서는 집합건물의 존재와 구분소유자가 전유부분 소유를 위하여 당해 대지를 사용할 수 있는 권리를 보유하는 것 이외에 다른 특별한 요건이 필요하지 않다. 이러한 사정을 고려하면, 집합건물법 제20조 제3항의 분리처분금지로 대항할 수 없는 '선의'의 제3자라 함은 원칙적으로 집합건물의 대지로 되어 있는 사정을 모른 채 대지사용권의 목적이 되는 토지를 취득한 제3자를 의미한다고 할 것인바(대판 2009다26145), 원고들이 공매절차에서 이 사건 지분 소유권을 취득할 당시 그 지상에는 위 집합건물이 존재하고 있었을 뿐만 아니라 그 소유권등기까지 마쳐져 있었음은 기초사실에서 본 바와 같으므로, 공매 당시 매각공고와 등기부등본 등을 통하여 이 사건 지분이 집합건물의 대지로 되어 있는 사정을 잘 알고 있었다고 봄이 상당하므로 원고들은 집합건물법 제20조 제3항 소정의 선의의 제3자에는 해당하지 않는다고 할 것이다. 원고들의 위 주장도 이유 없다.

해설 하급심 단계에서는 사안에 따라서는 제3자의 '선의'를 인정하는 경향도 있었지만(안타까움이 판사의 심정 안에서 일어난 효과도 포함해서), 이젠 경매나 공매 당시 지상에 집합건물이 존재하고 등기부가 구분소유로 되어 있는 정도로써, 집합건물법상 분리처분금지의 규율을 벗어나는 '선의의 제3자'는 거의 인정이 되지 않습니다.

다. 집합건물로의 전환 당시 근저당권이 설정되어 있었다는 주장

원고들은, 위 공매 당시 남방화공(주) 명의의 최선순위 근저당권과 아현새마을금고 명의의 근저당권이 집합건물의 성립 이전에 설정되어 있다가, 아현새마을금고는 공매절차에서 배당금까지 수령하였는바, 집합건물로 전환되었다는 우연한 사정으로 대지권 성립 이전에 설정된 저당권자에게 불측의 손해를 입힐 수 없으므로, 원고들의 이 사건 지분 취득도 적법유효하다는 취지로 주장한다.

살피건대, 갑 제6호증의 기재에 의하면 이 사건 지분에 관하여 남방화공(주) 명의의 1순위 근저당권이 1998.5.23. 설정되었다가 2002.9.23. 해지로 말소되었고, 아현새마을금고 명의의 2순위 근저당권 및 지상권이 2002.8.5. 설정되었다가 2008.11.28. 공매로 말소된 사실을 인정할 수 있는바, 위 인정사실에 의하면, ① 남방화공(주) 명의의 1순위 근저당권은 집합건물로의 전환으로 대지사용권이 성립하기 이전에 설정된 것이기는 하나,

원고들의 공매취득의 원인이 된 위 압류등기 이전에 공매와는 무관하게 해지로 말소되었으므로, 위 압류 및 공매절차를 무효로 한다고 하여 남명화공(주)에게 어떠한 손해가 초래된다고 할 수 없고, ② 아현새마을금고 명의의 2순위 근저당권은 대지사용권 성립 이후에 설정된 것이므로, 대지사용권의 성립 이전부터 전유부분의 소유와 무관하게 집합건물의 대지로 된 토지에 대하여 존재하던 권리라고 할 수 없다. 원고들의 위 주장도 이유 없다.

해설 토지에 저당권이 들어선 후 대지사용권이 성립하고, 그 후에 그 토지저당권이 경매로 실행되면 성립했던 대지사용권이 소멸하고('사후 대지권 소멸'), 대지권등기가 되어 있던 경우에는 그 등기는 말소됩니다. 그런데 이 사례의 저당권은, 하나는 공매 전에 말소되었고, 나머지 하나는 대지사용권이 성립한 후에 들어선 경우입니다. 그러므로 이 사례에서 원고들의 대지지분의 취득이 원인무효에 해당함에는 아무런 영향이 없습니다. 아마도 원고들은 재판이 이 시점에 이르러 패소의 가능성이 짙어지면서 이 주장까지 동원한 것으로 보이지만, 소송을 하는 입장에서는 인정되기 어려울 것이라고 판단이 되는 주장도 해야 하는 경우가 많습니다.

5. 결론

그렇다면 원고들의 이 사건 청구와 환송 전 당심에서의 확장된 청구는 모두 이유 없어 이를 기각할 것인바, 제1심 판결은 이와 결론을 같이하여 정당하므로, 원고들의 항소와 위 확장된 청구를 모두 기각하기로 하여 주문과 같이 판결한다.

〈환송 후 3심〉 대법원 2013.11.14. 선고 2013다33577 판결 〔토지지료〕

[원고(선정당사자), 상고인] 원고

[피고, 피상고인] 피고 1 외 8인

[환송판결] 대법원 2012.10.25. 선고 2011다12392 판결

[원심판결] 서울고법 2013.4.4. 선고 2012나89728 판결

[주문] 상고를 모두 기각한다.

[이유]

1. 분리처분금지 규정의 적용범위 관련 상고이유에 관하여

가. 집합건물인 1동의 건물의 구분소유자들이 그 건물의 대지를 공유하고 있는 경우 각 구분소유자는 별도의 규약이 존재하는 등의 특별한 사정이 없는 한 그 대지에 대하여 가지는 공유지분의 비율에 관계없이 그 건물의 대지 전부를 용도에 따라 사용할 수 있는 적법한 권원을 가지는바(대판 93다60144), 이때 '건물의 대지'는 달리 특별한 사정이 없는 한 집합건물이 소재하고 있는 1필의 토지 전부를 포함한다(대판 2002다16965). 그리고 집합건물의 부지 전체에 대하여 대지권이 성립한 이후에는 구분소유자의 대지사용권은 규약으로 달리 정한 경우가 아니면 전유부분과 분리하여 처분할 수 없으므로(집합건물법 제20조), 집합건물의 분양자가 전유부분의 소유권은 구분소유자들에게 모두 이전하면서도 대지는 일부 지분에 관하여만 소유권이전등기를 하고 나머지 지분을 그 명의로 남겨 둔 경우에 그 분양자 또는 그 보유지분을 양수한 양수인이 구분소유자들에 대하여 공유지분권을 주장할 수 있으려면, 전유부분과 대지사용권을 분리처분할 수 있도록 규약에서 달리 정하였다는 등 특별한 사정이 있어야 한다. (대판 2011다12392)

나. 원심판결 이유에 의하면, 원심은, 소외 1이 소외 2로부터 집합건물로 등기까지 마쳐진 이 사건 건물과 그 대지를 함께 매수하고 2002.8.5. 소유권이전등기를 마친 다음, 피

고들 또는 그 전전 양도인들에게 9세대의 구분건물을 분양하면서도 대지지분 일부(이 사건 지분)는 그대로 남겨 두었다가, 2005.3.24. 소외 3에게 이 사건 지분을 이전해 준 사실, 서울 서대문구가 2005.1.25. 소외 1이 보유하고 있던 이 사건 지분에 대하여 체납처분에 의한 압류등기를 마쳤고 원고 선정당사자와 선정자들(모두 합하여 '원고들')이 그 공매절차에서 이 사건 지분 소유권을 취득한 사실을 인정하였다. 이러한 사실관계에 기초하여 원심은, 이 사건 건물의 소유를 위하여 이 사건 대지 전체에 대하여 이미 대지사용권이 성립하였지만 그 대지사용권을 이 사건 건물 전유부분과 분리처분할 수 있도록 정한 규약이 있음을 인정할 증거는 없다는 이유로, 이 사건 지분에 대한 서울 서대문구의 압류는 전유부분과 대지의 분리처분이라는 결과를 낳게 하는 것으로서 집합건물법 제20조 제2항에 반하여 효력이 없고, 위 압류에 이은 공매처분도 권리자의 직접적인 처분행위는 아니지만 권리자를 대신하여 세무관서 등이 하는 매매로서 금지되는 처분에 해당하므로, 결국 원고들이 위 공매를 원인으로 하여 이 사건 지분에 관하여 마친 소유권이전등기는 원인무효라고 판단하였다.

다. 위 법리와 기록에 비추어 살펴보면, 원심의 이유설시에 다소 적절하지 못한 부분이 있으나, 원고들의 이 사건 지분 취득이 원인무효라고 본 원심의 판단은 결과적으로 정당하고, 거기에 논리와 경험의 법칙에 반하여 자유심증주의의 한계를 벗어나거나 집합건물법 제20조 제2항의 적용범위, 사적자치의 원칙 등에 관한 법리를 오해한 잘못이 없다.

2. 집합건물법 제20조 제3항의 '선의의 제3자' 관련 상고이유에 관하여 (환송 후 2심과 같으므로 생략)

해설 이 사례는 마치 길고도 지난한 서사와도 같습니다. 여기까지 공부하느라고 수고했습니다. 이 대법원의 판지는 모두 환송 후 2심에서 공부했던 것들입니다. 원고들은 왜 이 사례의 남겨진 대지지분을 취득했을까? 결국 중심적인 이유는 공부가 덜 된 상태에서 입찰에 들어갔고, 법리를 알지 못했던 사정은 경락잔금을 납부하기에 이르게 했습니다. 입찰 후에라도 가까이에 누군가 제대로 판단하고 강력히 경고해줄 한 사람이라도 있었으면, 입찰보증금을 포기하는 수준에서 끝났을 것입니다.

나아가 경락잔금을 납부한 후이더라고 재판에 들어가기 전에, 구분건물소유자들과 적당한 수준(애초 설정한 수익률을 줄이는 선에서 : 더구나 이런 물건은 대체로 크게 싸게 사는 경우이므로)에서 합의를 도출할 수 있었어야 했는데('지식의 불균형'이 효과를 보는 현실), 역시 지식의 흠결과 함께 여전히 자신이 이긴다는 도그마에서 벗어나지 못했습니다.

한편으로는 정말로 최상의 고수가 되려면, 실제로 이기는 사례에서도 재판에 들어가기 전에 애초 설정한 수익률을 일부 줄이는 선에서 합의를 도출할 수 있는 능력이 필요합니다. 매수대금과 재판비용의 지출이라는 물적 손실과 함께, 5년간의 재판으로 겪었을 심적인 곤란이 결코 작지 않았을 것으로 봐야 할 사례였습니다.

[2008나27171〈2심〉, 2009다26145〈3심〉] 비판적 판결 읽기 : 판결의 법리오해의 가능성에 대한 지적을 통한 공부

[게재의 취지]

제목을 '비판적 판결 읽기 : 판결의 법리오해의 가능성에 대한 지적을 통한 공부'라고 붙였는데, 판결을 읽고는 틀렸다는 생각이 들 수 있을 정도는 아니더라도 가끔은 뭔가 어색하거나 이상하다든가, 나의 생각이나 견해와는 얼마간이라도 다르다는 생각이 들 수 있으면 좋습니다. 지식의 발전을 위해서는 그래야 합니다. 더욱이 하급심 판결의 경우에는 가끔은 판결 중 일부에서라도 그렇게 느껴져야 합니다. 그것은 바로 나의 실력이 상당해졌다는 징표이기도 하지만, 특히 뚜렷한 소득은 사유(思惟)의 차원에서 내 공부가 발전하고 있다는 점입니다. 해서, 파기된 이 사건 2심의 판시에 대해 비판적 독법을 통해 경매지식의 입체회를 도모해 봅니다.

[법리의 쟁점]

1 ▸▸ 연합직장주택조합이 신축한 아파트의 호수에 조합원들이 배정받은 대로 입주까지 하였으나, 무슨 사정이었는지 아파트 소유권보존등기가 있기 전에 조합원들에게 대지지분의 등기를 먼저 넘겨 준 것이 문제 발생의 근원이었던

것으로 보이는 사례입니다. 이 사례는 조합원 중 갑이 배정받은 501호에 해당하는 것으로 등기를 받는 대지지분이 강제경매에 들어가서 '피고'가 매수하였고, 그 후 보존등기가 된 501호 건물도 강제경매가 되어 '원고'가 매수하였습니다. 사정이 이러하니 원고와 피고의 싸움은 필연입니다. 더구나 원고이든 피고이든 일반물건이 아닌 특수물건에 뛰어든 사람들 사이이니, 피차 특별한 수익 실현을 향한 투쟁은 예정된 수순입니다.

2 ▸▸ 쟁점은 '대지사용권의 성립시점'과 '대지지분취득자의 선의 문제'였는데, 전자에 관해서는 대지지분의 취득 전에 대지사용권이 성립한 것으로 인정되었고, 후자에 관해서는 대지지분취득자의 '선의'는 인정되지 않았습니다. 결국 대지지분보다 나중에 실시된 건물에 대한 경매절차에서 건물을 매수한 원고의 승리로 끝난 것입니다. 이 사례에서는 후자의 쟁점인 토지낙찰자의 '선의 여부'에 대한 판단의 기준에 관한 견해 내지 입장이 2심과 3심 사이에서 현격한 차이가 있음을 확인할 수 있습니다. 2심은 개별적 사정으로서 거래의 실상에 대한 애정을 보낸 측면이 강했던 것으로 보이고, 3심은 일반적 준칙으로서 집합건물법상 분리처분금지의 이상을 실현하려는 의지를 실행한 것으로 이해가 됩니다.

[사안의 개요]

시점, 소송	사실관계, 판단의 기준점, 법적효과
사실의 출발	'연합직장주택조합'은 1989.8.16. 이전등기를 한 7필 지상에 아파트를 신축하였고, '갑(1심 공동피고 2)'이 501호를 분양받음. **해설** 건물의 보존등기는 나중에 되었더라도, 대지사용권은 이미 건물신축은 완료된 이 시기에 성립했습니다. 그리고 판결문에는 '분양'으로 표현되었지만, '갑'은 조합원으로서 건축주의 한 사람이었던 것으로 보이므로(신축건물의 보존등기도 각 조합원들 앞으로 되었을 것임.), 그 실질은 '분양'이 아니라 '배정'으로 이해함이 적절합니다.

	또 한편으로는 건물보존등기 전이라도 건물이 신축되었을 시점에 각 조합원들이 해당 전유부분의 건물에 대한 원시취득을 하였다고 봅니다. 사정이 이러하니 각 조합원의 대지사용권의 취득에는 더욱이 의문이 없어집니다.
1989.~1990.	위 조합은 아파트 소유권보존등기 전에 조합원들에게 각 전유부분에 해당하는 대지지분의 등기를 이전해주었음('갑'도 동일하게 1990.8.3. 등기를 받음.). **해설** 신축한 건물보존등기가 무슨 사정으로 늦어지면서 대지지분의 이전등기가 먼저 있었던 것으로 보입니다.
1993.	'갑'의 토지지분의 강제경매에서 '을(피고)'가 1993.8.16. 매수해 1993.10.15. 그 이전등기를 함. **해설** 보존등기는 비록 없더라도 지상에 신축한 구분소유의 집합건물이 존재하는데도 불구하고, 대지지분의 경매가 진행되었다는 자체는 일단 납득이 어렵습니다. 그러나 저런 것은 논리상 합리의 영역일 뿐이고, 세상사가 그렇듯 경매가 되는 실제도 납득이 어려운 사태도 엄연히 존재합니다. 그러기에 특수물건이 존재하는 이유이기도 합니다.
1997.~2000.	경매로 대지지분이 없어진 상태에서 '갑' 명의로 1997.6.27. 보존등기가 되었던 501호가 강제경매로 '병(1심 공동피고 3)'이 2000.2.7. 매수해 소유권이전등기를 함. **해설** 입찰 당시 이미 지상에 구분소유의 집합건물이 존재했다는 점에서, '대지사용권'에 대한 깊은 이해는 없이 입찰을 감행한 것으로 보아야 할 터입니다.
2007.2.26.	'병'의 근저당채권자에 의해 501호가 임의경매가 개시되었는데, 최저경매가격 302,000,000원(건물 302,000,000원, 토지 248,000,000원)인 501호를 '원고'가 476,880,000원에 매수해 2007.2.26. 그 소유권이전등기를 함. **해설** 비싼 동네의 물건(서울 서초구 양재동 소재 아파트)이기도 하지만, 최저가격을 훨씬 넘는 입찰가로 봐서도 원고는 재판을 불사하겠다는 자신감을 갖고 입찰에 임했던 것으로 보입니다.

원고의 소제기	이미 '갑'이 대지사용권을 취득한 후에 실시된 501호 토지지분에 강제경매는 무효이고, 따라서 위 경매절차에서 매수한 피고의 토지지분(501호에 해당하는)의 등기도 무효로서 말소되어야 한다며 소를 제기('을'과 '병'에 대해서는 '갑'에 대한 대위권을 가지고 행사).
재판의 결과	1심 패소, 2심(2008나27171) 패소, 3심(2009다26145) 승소. **해설** 대지사용권의 성립이 이른 시점으로 인정된 반면, 피고의 대지지분의 취득은 '악의'로 인정되었습니다. 즉, 먼저 실시된 대지지분의 경매취득자인 피고보다 나중에 실시된 건물경매에서의 매수인인 원고가 보호되는 결론이었습니다.

〈2심〉 서울중앙지방법원 2009.2.11. 선고 2008나27171 판결 〔소유권이전등기말소〕

[원고, 항소인] 원고

[피고, 피항소인] 피고

[주문] 원고의 항소를 기각한다.

[청구취지 및 항소취지] 제1심 판결 중 원고 패소부분을 취소한다. 피고는 제1심 공동피고 2에게 별지 목록 기재 각 부동산 지분에 관하여 서울중앙지방법원 1993.10.15. 접수 제51984호로 마친 소유권이전등기의 말소등기절차를 이행하라.

[이유]

1. 기초사실

가. 소외 ○○직장주택조합(소외 조합)은 다른 2개 직장주택조합과 연합하여 1989.8.9. 서울 서초구 양재동 1(지번은 편의상 필자의 임의기재) 대 964㎡, 같은 동 2 대 1,887㎡, 같은 동 3 대 446㎡, 같은 동 4 대 481㎡, 같은 동 5 대 1,024㎡, 같은 동 6 대 1,278㎡

(별지 목록 기재 각 부동산), 같은 동 7 대 1,754㎡를 매수하여 같은 달 16. 소유권이전등기를 마치고, 위 각 부동산의 지상에 ○○아파트를 신축하였는데, 제1심 공동피고 2는 이 사건 아파트를 분양받았다.

나. 소외 조합은 ○○아파트에 관한 소유권보존등기를 경료하기 전에 미리 조합원들에게, 전유부분과 함께 분양한 대지지분 중 서울 서초구 양재동 7을 제외한 6필지에 관하여 각 전유부분의 면적비율에 상응하는 대지지분의 소유권이전등기를 마쳐주었고, 제1심 공동피고 2도 다른 조합원들과 마찬가지로 1990.8.3. 별지 목록 기재 각 부동산 지분(이 사건 토지 지분)에 관하여 소유권이전등기를 마쳤다.

다. 제1심 공동피고 2의 이 사건 토지 지분에 관하여 강제경매개시결정이 내려졌고, 피고는 1993.8.16. 위 경매절차에서 이 사건 토지 지분을 14,070,000원에 낙찰받아 1993.10.15. 접수 제51984호로 소유권이전등기를 마쳤다.

라. 한편, 이 사건 501호 아파트(호수는 편의상 필자의 임의기재)에 관하여 1997.6.27. 대지권 등기 없이 전유부분에 대한 제1심 공동피고 2 명의의 소유권보존등기가 마쳐졌는데, 채권자 소외인의 신청에 따라 강제경매절차가 진행되어 제1심 공동피고 3이 2000.2.7. 이를 낙찰받아 소유권이전등기를 마쳤다.

마. 이후 제1심 공동피고 3의 근저당권자인 주식회사 ○○의 신청에 따라 이 사건 501호에 관하여 이 사건 임의경매가 개시되었고, 이 사건 501호의 건물 가액이 302,000,000원, 토지 가액이 248,000,000원으로 감정되어 경매목적물인 이 사건 501호의 최저경매가격이 302,000,000원으로 결정되었는데, 원고는 이 사건 아파트를 2007.2.16. 476,880,000원에 낙찰받아 2007.2.26. 소유권이전등기를 마쳤다.

[인정증거] 다툼 없는 사실, 갑 제1 내지 4호증(각 가지번호 있는 것은 가지번호 포함, 이하

같다.), 을 제4, 6호증의 각 기재, 변론 전체의 취지

2. 청구원인에 관한 판단

가. 원고 주장의 요지

원고는, 제1심 공동피고 2가 이 사건 토지 지분을 피고에게 처분하기 전에 이미 이 사건 아파트의 소유를 위한 대지사용권을 취득하였으므로, 집합건물법 제20조의 규정에 따라 이 사건 아파트와 분리처분이 불가능하게 된 이 사건 토지 지분에 관하여 진행된 강제경매는 무효이고, 따라서 낙찰을 원인으로 이 사건 토지 지분에 관하여 마쳐진 피고 명의의 소유권이전등기는 무효의 등기로서 말소되어야 하는바, 제1심 공동피고 2로부터 제1심 공동피고 3을 거쳐 이 사건 아파트를 최종양수한 원고가 이 사건 토지 지분의 소유권이전등기청구권을 보전하기 위하여, 제1심 공동피고 2, 3을 대위하여 피고에게 이 사건 토지 지분에 관한 피고 명의의 소유권이전등기의 말소를 구한다고 주장한다.

해설 무슨 말인지 복잡하게 보이네요. '대지사용권이 성립한 후에 경매를 받아 무효가 된 토지지분의 경락자인 피고는 그 토지지분을 말소하는 방법으로 501호를 최초로 분양받은 자에게(제1심 공동피고 2) 되돌려놓아라!'라는 것입니다. 제1심 공동피고 3은 소송에서 자신이 이기든 지든 다툴 실익 따위는 없었기 때문에, 제1심에서 자신의 등기를 말소한다는 결론이 났더라도 항소를 하지 않았을 것이고요.

나. 판단

(1) 대지사용권의 취득 여부

집합건물의 구분소유자가 전유부분에 대한 대지사용권을 취득하는 시기는 집합건물의 성립시기와 일치한다고 할 것인바, 집합건물의 어느 부분이 전유부분인지 공용부분인지 여부는 구분소유가 성립한 시점, 즉 원칙적으로 건물 전체가 완성되어 당해 건물에 관한

건축물대장에 구분건물로 등록된 시점을 기준으로 판단하여야 하나(대판 99다1345), 그렇다고 하여 반드시 건축물대장상의 등록시점을 절대적인 기준으로 삼을 수 없고 그 이전이라도 집합건물로써 신축되고 분양이 이루어진 경우에는 전유부분에 대한 대지사용권이 성립하였다고 볼 수 있다.

해설 '집합건물의 어느 부분이 전유부분인지 공용부분인지 여부는 구분소유가 성립한 시점, 즉 원칙적으로 건물 전체가 완성되어 당해 건물에 관한 건축물대장에 구분건물로 등록된 시점을 기준으로 판단하여야 하나.'라는 부분은 '구분소유가 성립한 시점'이라는 부분이 들어감으로써 결국 법리오해이지만, 불필요한 언급이었기 때문에 저런 언급을 함으로써 혼란스럽게 만들어버렸습니다.

이 사건으로 돌아와 살피건대, 갑 제5 내지 8호증, 을 제4호증의 각 기재에 변론 전체의 취지를 종합하면, ① 소외 조합이 ○○아파트에 대한 주택건설사업계획의 승인을 받아 조합원들에게 각 세대를 선분양하였던 사실, ② 위 조합은 1990.3.10.경 공사에 착공하고 ○○아파트의 신축을 완료하여 1991.11.1. 임시사용승인을 받은 사실, ③ 그 무렵부터 1992.4.30. 사이에 제1심 공동피고 2를 비롯한 조합원들이 ○○아파트에 입주한 사실을 인정할 수 있는데, 위 인정사실에 의하면 ○○아파트는 적어도 임시사용승인을 받은 1991.11.1. 무렵에는 집합건물로써 성립하였고, 따라서 이 사건 토지 지분에 대한 강제경매절차개시나 피고의 낙찰 전에 이미 이 사건 토지 지분은 이 사건 아파트의 대지사용권이 되었으며, 원고는 제1심 공동피고 2, 3을 거쳐 이 사건 아파트를 양수함으로써 당초 제1심 공동피고 2가 이 사건 토지 지분에 가졌던 대지사용권을 취득하였다고 할 것이다.

(2) 이 사건 토지 지분에 관한 경매의 유효성

집합건물법 제20조는 제1항에서 '구분소유자의 대지사용권은 그가 가지는 전유부분의 처분에 따른다.'라고 규정하고, 제2항에서 '구분소유자는 그가 가지는 전유부분과 분리하여 대지사용권을 처분할 수 없다. 다만, 규약으로써 달리 정한 때에는 그러하지 아니하다'라고 규정하고 있는바, 그렇다면 이 사건 아파트의 대지사용권으로 성립된 이 사건 토지 지분에 관하여 분리처분에 관한 규약이 존재함을 인정할 증거가 없는 이상 이 사건 토지 지분에 대한 강제경매절차는 무효이고, 위 경매절차에서의 낙찰을 원인으로 마쳐진 피고 명의의 소유권이전등기도 무효의 등기라 할 것이다.

(3) 피고의 항변에 관한 판단

이에 대하여 피고는, 집합건물법 제20조 제3항에서 정한 선의의 제3자로서 이 사건 토지 지분을 적법하게 취득하였다고 항변한다. 살피건대, 집합건물법 제20조 제3항은 "분리처분금지는 그 취지를 등기하지 아니하면 선의로 물권을 취득한 제3자에 대하여 대항하지 못한다."라고 규정하고 있는바, 이때의 선의는 문언의 해석상 '대지사용권이 성립되었음을 알지 못하는 것'이 아니라, '분리처분금지 제약의 존재를 알지 못하는 것'을 의미한다고 봄이 상당하다. 그런데 갑 제2, 3호증의 각 기재에 의하면 이 사건 토지 지분에 대하여 등기부상 분리처분금지의 취지가 기재된 바 없는 사실을 인정할 수 있고, 이에 더하여 법원의 경매절차에서 이 사건 토지 지분을 낙찰받은 피고로서는 이를 적법한 경매목적물로 인식하고 경매에 응하였을 것으로 봄이 상당하므로 위와 같은 사정을 모두 고려할 때 피고는 분리처분금지 금지의 제약을 알지 못한 채로 물권인 이 사건 토지 지분의 소유권을 취득한 자로서 위 법률규정에 따라 건물의 취득자인 원고 등에게 대항할 수 있다고 할 것이어서 피고의 항변은 이유 있다.

(다만, 피고는 위 경매절차 진행 당시 경매참여자들이 열람할 수 있었던 등기부등본, 경매물건명세서, 현황조사보고서, 평가서 등을 확인하여 별지 목록 기재 부동산 위에 아파트가 건립되어 있어 이 사건 토지 지분이 아파트의 대지로 사용되고 있음을 알았을 것으로 보이기는 하지만, 그러한 사정만으로는 피고가 이 사건 토지 지분이 전유부분과 분리처분할 수 없음을 알았다고 추정할 수 없다.)

해설 이 부분의 쟁점에 대해서는, 대법원은 '분리처분금지에 관한 의지'가 단호하다는 점을 이미 공부했습니다. 여기서, 본질적인 측면에서의 하급심과 대법원의 각 관점에 대한 관전평을 보태어 봅니다.

2심은 '선의=분리처분금지 제약의 존재를 알지 못하는 것'이라고 이해를 하였는데, 저 이해는 일단은 어쨌든 욕망으로 구성되는 이기적 행위로서의 시장적 경제행위에 부합하는 것으로 보입니다. 그러나 2심과 같이 이해를 하게 되면 대지권등기가 되어 있지 않은 상태로 있는 집합건물의 대지에 대한 경매는 거의 모두 분리처분을 허용해야 하는 결과를 초래하게 됩니다.

2심과 3심이 각기 가진 정서를 보면, 2심은 집합건물법이라는 특별법의 어려운(일반의 상식에는 들어서지 않는, 또는 난해한) 규정을 깊이 모른 채 이뤄진 거래행위여서 비난 가능성이 낮다는 개별 사건에 대한 정서가, 3심은 이 문제는 개별 거래자들의 형평성이나 안타까움보다는 집합건물의 독자성을 전체의 공익적 차원에서 통일적인 기준에서 세워야 한다는 정서가 각 자리를 잡고 있다고 보아야 할 터입니다.

⑷ 원고가 취득한 대지사용권의 성질

한편 원고는, 이 사건 아파트를 낙찰받음으로써 그 종된 권리인 이 사건 토지 지분을 당연히 취득한 것이라고 주장한다. 살피건대, 구분건물의 전유부분에 대한 소유권이전등기만 경료되고 대지지분에 대한 소유권이전등기가 경료되기 전에 전유부분만에 관하여 설정된 근저당권에 터 잡아 임의경매절차가 개시되었고, 집행법원이 구분건물에 대한 입찰명령을 함에 있어 대지지분에 관한 감정평가액을 반영하지 않은 상태에서 경매절차를 진행하였다고 하더라도, 전유부분에 대한 대지사용권을 분리처분할 수 있도록 정한 규약이 존재한다는 등의 특별한 사정이 없는 한 낙찰인은 경매목적물인 전유부분을 낙찰받음에 따라 종물 내지 종된 권리인 대지지분도 함께 취득한다고 할 것이나(대판 2001다22604), 이러한 법리는 구분건물의 소유자가 구분건물 등기 후에 대지지분을 취득한 경우에는 타당하다고 하겠으나, 어떤 경위로든지 대지지분이 제3자에게 적법하게 먼저 이전되어 대지지분에 대하여 이해관계인이 생기고 후에 구분건물에 대한 등기가 이루어진 경우에도 그대로 적용될 수 없고, 이때 대지지분이 구분건물의 낙찰자에게 종물로써 귀속된다고 할 수 없으므로 원고의 주장은 이유 없다.

한편 집합건물법에서 규정하는 대지사용권은 반드시 대지소유권만을 의미하는 것은 아니고 지상권, 전세권, 임차권도 포함되는 개념임을 고려할 때, 이 사건 아파트의 낙찰자인 원고가 취득하는 대지사용권은 소유권이 아닌 법정지상권 유사의 대지점유권이라고 할 것이다.

3. 그렇다면, 원고의 피고에 대한 이 사건 청구는 이유 없어 이를 기각할 것인바, 제1심 판결은 이와 결론을 같이하여 정당하므로 원고의 항소는 이유 없어 이를 기각하기로 하여, 주문과 같이 판결한다.

해설 '어떤 경위로든지 대지지분이 제3자에게 적법하게 먼저 이전되어 대지지분에 대하여 이해관계인이 생기고 후에 구분건물에 대한 등기가 이루어진 경우에는 대지지분이 구분건물의 낙찰자에게 종물로써 귀속된다고 할 수 없다(전자).'라는 판지와, '낙찰자인 원고가 취득하는 대지사용권은 소유권이 아닌 법정지상권 유사의 대지점유권이다(후자).'라는 취지의 이해는 확실히 토지와 건물의 분리소유라는 민법상의 관념을 극복하지 못한 상태에서 나올 판지로 보입니다. 그런 관념에서는 나올 수밖에 없는 논리적 귀결이라고 봐야 할 터입니다.

바로 잡으면, '전자'는 건물에 대한 구분소유가 성립한 후에 이뤄진 제3자의 대지지분의 취득은 분리처분 금지에 반하여 무효이고 구분건물낙찰자가 종된 권리로서 대지지분의 소유권을 취득하는 것으로, '후자'는 낙찰자인 원고가 취득하는 대지사용권은 '소유권이 아닌 법정지상권 유사의 대지점유권'이 아니라 바로 '소유권으로서의 대지사용권'으로 각 이해를 함이 옳을 듯합니다.

〈3심〉 대법원 2009.6.23. 선고 2009다26145 판결 〔소유권이전등기말소〕

해설 이 3심은 따로 해설을 붙이지 않더라도 지금까지의 공부로써 그 이해가 충분히 가능할 것입니다.

[원고, 상고인] 원고

[피고, 피상고인] 피고

[원심판결] 서울중앙지법 2009.2.11. 선고 2008나27171 판결

[주문] 원심판결을 파기하고, 사건을 서울중앙지방법원 합의부에 환송한다.

(전략) 원심은 이 사건 토지 지분에 관하여 이미 이 사건 아파트의 소유를 위한 대지사용권이 성립한 후 개시된 강제경매절차는 무효이고 위 경매절차에서의 낙찰을 원인으로 마쳐진 피고 명의의 소유권이전등기도 무효라고 판단하면서도, (중략) 선의의 제3자인 피고에게는 대항할 수 없다며 이 사건 토지 지분에 관한 피고 명의의 소유권이전등기의 말소를 구하는 원고의 청구를 배척하였다. 그러나 집합건물법 제20조 제3항 소정의 '선의'의 제3자라 함은 원칙적으로 집합건물의 대지로 되어 있는 사정을 모른 채 대지사용권의 목적이 되는 토지를 취득한 제3자를 의미하는 것인데, 원심이 들고 있는 사정만에 기하여 피고를 선의의 제3자로 인정할 수는 없을 뿐만 아니라, 오히려 피고가 경매절차 진행 당시 등기부등본, 경매물건명세서, 현황조사보고서, 평가서 등을 통하여 이 사건 토지가 이 사건 아파트가 속한 집합건물의 대지로 사용되고 있음을 알았다면, 피고는 원고가 대항할 수 없는 '선의'의 제3자에 해당하지 않는다고 할 수 있다. 원심판결에는 집합건물법 제20조 제3항의 '선의'에 관한 법리를 오해하여 판결에 영향을 미친 위법이 있다.

[2006가단64789] 대지권의 사후 소멸, 토지와 건물에 대한 공동담보 후 재축한 건물의 법정지상권, 가등기와 본등기, 매도청구권의 행사, 부진정한 권리라는 이해에 따른 소송상 청구의 순서

[법리의 쟁점]

원고가 다세대주택을 경매로 취득한 후에 건물만의 일부(1/2)에 과한 최선순위 가등기권자이던 피고가 본등기를 실행함으로써 원고의 등기가 일부 말소된 후, 원고가 피고가 가져간 그 일부의 등기에 대하여 매도청구권을 행사한 특이한 사례입니다. 대지사용권, 법정지상권, 매도청구권 등의 법리를 보유한 사건으로서 원고의 매도청구권이 인정되었습니다.
특히 하나의 예이지만, 이 사례에서 가등기 중 일부 지분(1/2)만 본등기가 된 사실로부터, 모든 것은 구체적 사실에 따라 준별해야 한다는 점을 생각하게 하는 계기를 얻습니다. 즉, 뭔가 상식에 반하거나 이상하게 부착된 권리의 외형에 대해서는 무조건 가짜라고 여기는 경매세계의 풍경과 같이, 그렇게 남들처럼 그냥 따라가는 단순함에 대해 경계해야 할 필요성을 보여주는 사례입니다.

[사안의 개요]

시점, 소송	사실관계, 판단의 기준점, 법적효과
1998.6.18.	은행이 갑과 을의 지분이 각 1/2인 대지와 주택의 공동근저당권을 취득함.
1998.~1999.	갑과 을이 위 구 주택을 철거하고(1998.6.), 다세대를 신축해 모든 구분건물마다 갑과 을이 1/2씩 지분으로 소유권보존등기를 함(1999.5.25.).
1999.6.16.	'병'이 각 구분건물과 대지지분(대지권등기는 하지 않은 상태) 전부에 대하여 이전등기청구권가등기를 취득함. **해설** 은행에게 신축건물에 대한 추가공동담보를 설정해주지 않고 가등기를 해주었다는 것부터 뭔가 비정상적이거나 채무면탈 등의 의도가 있었던 것으로 보입니다.
2006.2.28.	'원고'가 위 은행이 개시한 경매절차에서 구분건물 301호와 해당 대지지분(541.1분의 36.91)을 매수해 그 대금을 완납함. **해설** 담보권이 없는 신축건물까지 포함된 경매인 것은 '저당권자의 일괄경매신청권'을 행사한 것으로 이해가 됩니다. 그런데 원고는 적어도 건물에는 최선순위가등기가 존재하는 위험에도 불구하고 입찰을 했네요. 나중에 건물에 대한 매도청구권을 행사한 것으로 보아, 원고는 가등기를 함부로 가짜로 보고 욕심을 내어 물건을 잡은 것일 수도 있습니다.
2006.4.26.	'병'이 구분건물들 중 '을의 지분(1/2)'을 위 가등기에 기한 본등기를 함. **해설** 경매가 되어 물건의 소유권이 넘어간 상황이 되자, 결국 일찍이 예비가 되어있던 가등기가 본등기로 실행되었네요. 경매를 하는 우리는 무조건 가짜(짜고 치는 고스톱)라고 함부로 단정하지 말고, 뭔가의 실체적인 법률관계가 있을 수도 있는 경우의 수도 생각해야 합니다.
2006. 이후	'피고'가 '병'의 소유의 위 301호 1/2지분의 이전등기를 받아(2006.5.12.) 점유·사용하고 있음.

원고의 소제기	원고가 대지사용권이 없어진 301호 건물 중 지분 1/2의 소유자인 피고에게 집합건물법상 매도청구권을 행사해서, 그 건물 지분(1/2)에 대한 지분소유권 이전등기 이행의 소를 제기. **해설** '원고'가 2006.2.28. 경매로 301호의 토지와 건물을 취득한 후 최선순위가등기의 본등기 실행으로 건물은 그중 1/2 지분을 잃었으므로(건물등기 중 1/2지분은 말소되었으므로), 결국 원고는 토지지분 전부와 건물 1/2의 소유자가 된 것입니다. 한편으로, 대지사용권이 성립하기 전에 들어선 저당권이 실행된 것이어서 적어도 피고의 소유인 1/2 건물지분은 대지사용권이 사후적으로 소멸하였습니다. 그 결과 원고는 피고에 대하여 피고의 소유인 1/2 건물지분에 대하여 철거를 청구할 수 있고, 원고는 그 철거청구권을 가진 지위에서 이 사건 매도청구권을 행사한 것입니다.
재판의 결과	원고의 매도청구권을 인정한 것으로 원고가 승소함. **해설** 매도청구권이 인정되었으니, 매매대금의 지급과 동시에 등기 및 인도의 이행이 되어야 하는 것으로 결론이 난 것입니다.

서울동부지법 2007.7.10. 선고 2006가단64789 판결 (소유권이전등기)

[주문]

1. 피고는 원고에게 원고로부터 46,250,000원에서 2006.5.2.부터 별지 제2목록 기재 부동산(이 사건 구분건물)을 인도할 때까지 월 426,000원씩으로 계산한 금액을 공제한 돈을 지급받음과 동시에 위 부동산 중 2분의 1 지분에 관하여 2006.9.22.자 매매를 원인으로 한 소유권이전등기절차를 이행하고, 위 부동산을 인도하라.
2. 원고의 나머지 청구를 기각한다.

[이유]

1. 인정 사실

1) 갑과 을은 1998.6.5. 서울 광진구 자양동 200번지 등의 대지(각 대지)와 그 지상 2층 주택(구 주택)에 관하여 각 2분의 1의 공유지분에 대한 이전등기를 마치고, ○○은행은 1998.6.18. 위 각 대지와 구 주택에 채권최고액 3억 5,100만 원의 공동근저당권을 설정하였다.
2) 갑과 을은 1998.6. 이 사건 구 주택을 철거하고, 이 사건 각 대지에 이 사건 '구분건물'을 포함하는 이 사건 '신축건물'을 신축하고, 1999.5.25.자로 각 2분의 1 지분에 관하여 소유권보존등기를 마쳤다. 병은 1999.6.16. 구분건물 및 그 대지권 전부에 대하여 이전등기청구권가등기를 마쳤다.
3) 원고는 2006.2.28. 위 은행이 각 대지에 대하여 신청한 경매절차에서 이 사건 구분건물과 그 대지권에 해당하는 541.1분의 36.91 대지지분을 낙찰받아 그 대금을 완납하였다. 병은 그 후 위 가등기에 기하여 구분건물 중 을의 지분을 2006.4.26. 이전본등기를 하고는 그 지분을 2006.5.12. 피고에게 이전등기를 해주었고, 피고는 이 사건 구분건물을 점유·사용하고 있다.
4) 이 사건 구분건물의 시가 및 임료 : 2006.5.2.부터 2007.3.15.까지의 이 사건 구분건물의 2분의 1에 해당하는 가격은 46,250,000원이고, 이에 해당하는 월 임료는 142,000원이며, 이 사건 구분건물의 대지지분에 해당하는 월 임료는 284,000원이고, 그 이후의 액수도 같을 것으로 예상된다.

2. 판단

가. 소유권이전등기의무 등
살피건대, ① 집합건물법에 의하면, 대지사용권을 가지지 아니한 구분소유자가 있을 때에는 그 전유부분의 철거를 구할 권리를 가진 자는 그 구분소유자에 대하여 구분소유권을 시가로 매도할 것을 청구할 수 있는바, 집합건물의 대지소유자는 대지사용권을 가지지 아니한 건물구분소유자에 대하여 그 전유부분의 철거를 구할 권리를 가진 자에 해당한다고 할 것이다. 위 인정 사실에 의하면, ② 원고는 대지권 없는 구분건물의 대지소유자 겸 구분건물 중 2분의 1 지분을 소유한 자이고, 피고는 대지사용권을 가지지 아니한 구분건물 중 2분의 1 지분을 소유한 자이므로 원고가 피고에게 그 소유지분에 해당하는 구분건물의 철거를 구할 권리를 가지고 있다고 할 것이고, 따라서 ③ 원고는 피고에게 집합건물법에 터 잡아 소유지분을 시가로 매도할 것을 청구할 수 있고, 원고의 매도청구권행사의 의사표시가 기재된 이 사건 소장이 피고에게 송달된 2006.9.22.에 구분건물 중 피고의 소유지분에 관하여 시가를 매매대금으로 한 매매가 성립되었다고 할 것이다.

해설 사실관계 하나하나가 법적 효과를 일으키는데도 불구하고 내용이 너무 축약되어 있으므로, 천천히 중복해서 읽으며 정리를 한 후에 이 판결이 설시하는 법리를 잡아야 합니다. 해서, 사실관계와 법리를 나누어 해설합니다.

①에 대하여 :

▶ 집합건물법 제7조(구분소유권 매도청구권)는 "대지사용권을 가지지 아니한 구분소유자가 있을 때에는 그 전유부분의 철거를 청구할 권리를 가진 자는 그 구분소유자에 대하여 구분소유권을 시가로 매도할 것을 청구할 수 있다."라고 규정하고 있는데, 1동의 건물 내 다른 전유부분의 안전을 해치지 않고 일부 전유부분만을 철거하는 것은 물리적으로 불가능하기 때문에 이 매도청구권을 철거청구권의 대용적인 권리로써 규정한 것입니다.

▶ '그 전유부분의 철거를 청구할 권리를 가진 자'는 '특정의 전유부분에 대응하는 토지지분을 가진 자'가 해당합니다. 그러면 '특정의 전유부분에 대응하는 토지지분을 가진 자'는 '대지사용권을 가지지 아니한 구분소유자'에게 건물철거청구는 할 수 없고 매도청구권만을 행사할 수 있느냐? 그것은 아닙니다. 2가지 권리 모두를 가지되, 어느 하나만을 선택할 수 있습니다.

즉, 어느 하나를 선택하면 논리적으로 일단은 다른 하나는 배제됩니다. 한편으로는, 건물철거청구를 한 다음 매도청구로 변경하는 것은 가능하지만, 매도청구권의 행사는 (일방적으로 법률관계를 변경시키는 형성권으로서) 매매계약의 효력이 발생하므로 그 반대는 어렵다고 봅니다.

▶ 그리고 매도청구권의 행사는 '해당 구분건물의 시가'가 기준인데, 이 시가라는 것이 정상적인 건물과 같은 수준으로 봐야 하는지, 점유권원이 없는 불완전한 건물인 점이 고려된 가격이어야 하는지에 관해서는 그 결론이 명쾌하지 않습니다. 그리고 그 가격의 문제 외에도 매도청구권의 행사에는 이것저것을 따져야 할 사정이 있으므로, 신중해야 하고 그 결정은 자제해야 할 것으로 봅니다.

②에 대하여 :

▶ 은행은 토지저당권만 가지고 있었을 뿐 이 사건 신축건물에 대한 저당권은 없었으나, 아마도 민법 제365조의 일괄경매청구권(토지를 목적으로 저당권을 설정한 후 그 설정자가 그 토지에 건물을 축조한 때에는 저당권자는 토지와 함께 그 건물에 대하여도 경매를 청구할 수 있다. 그러나 그 건물의 경매대가에 대하여는 우선변제를 받을 권리가 없다.)을 행사한 것으로 보입니다. 그러나 그 어떤 경위로 취득을 했던 간에 '구분건물의 대지소유자 겸 구분건물 중 2분의 1 지분을 소유한 자'라는 하나의 사실에 기초를 두므로 우리가 공부하는 데에는 아무런 문제가 없습니다.

▶ 그런데 그 후에 병이 301호 전유부분 중 을의 지분에 대해서만 가등기에 기한 본등기를 해버린 것입니다. 301호에 해당하는 토지지분의 가등기는 그것보다 빠른 선 담보가 실행됨으로써 그 가등기가 말소되었을 터니, 본등기라는 것이 있을 수 없었던 것이고요. 그래서 결국 원고는 '301호에 해당하는 대지소유자인 동시에 건물의 2분의 1의 소유한 자'가 된 것입니다.

▶ 위와 같은 경과로 피고는 '대지사용권을 가지지 아니한 구분건물 중 2분의 1 지분을 소유한 자'이고, 결국 원고는 301호 중 피고의 지분에 대하여 철거를 구할 권리를 가진 자에 해당합니다.

③에 대하여 :

매도청구권의 행사는 일방적으로 법률관계를 변경시키는 형성권이므로 "원고의 매도청구권행사의 의사표시가 기재된 이 사건 소장이 피고에게 송달된 2006.9.22.에 구분건물 중 피고의 소유지분에 관하여 시가를 매매대금으로 한 매매가 성립되었다."라고 판시한 것입니다. 내용증명으로 매도청구권을 행사할 수도 있지만 소송을 제기하면서 매도청구권행사의 의사표시가 포함된 소장에 의하는 방법도 있고, 소송 중에 매도청구권행사의 의사표시가 포함된 준비서면의 제출에 의한 방법도 있습니다. 매도청구권행사로 인한 매매의 성립은 소장이나 준비서면이 상대방에게 송달된 시점입니다. 매도청구권의 행사는 일방적인 형성권이므로 내용증명이든, 소장이든, 준비서면이든 받아 본 이상 상대방은 매매의 성립을 부인할 수 없습니다. 매도청구권의 행사 후에 남는 문제는 (통상 시가감정에 의하지만) '그 매매가격이 어떻게 될 것인가?'입니다.

나. 피고의 주장에 대한 판단

피고는, 피고가 이 사건 구분건물 중 피고 지분에 관하여 법정지상권을 취득하였으므로 원고의 청구에 응할 수 없다고 항변한다. 살피건대, 동일인의 소유에 속하는 토지 및 그 지상 건물에 관하여 공동저당권이 설정된 후 그 지상 건물이 철거되고 새로 건물이 신축된 경우에는 그 신축건물의 소유자가 토지의 소유자와 동일하고 토지의 저당권자에게 신축건물에 관하여 토지의 저당권과 동일한 순위의 공동저당권을 설정해 주는 등 특별한 사정이 없는 한 저당물의 경매로 인하여 토지와 그 신축건물이 다른 소유자에 속하게 되더라도 그 신축건물을 위한 법정지상권은 성립하지 않는다(대판 98다43601 전원합의체)고 할 것인바, 위 인정 사실에 의하면, 이 사건 각 대지와 그 지상의 구 주택에 관하여 공동저당권이 설정된 후 그 구 주택이 철거되고 새로이 이 사건 구분건물을 포함한 이 사건 신축건물이 축조되었고, 이 사건 신축건물에 대하여는 동일한 순위의 공동저당권이 설정된 바 없어 이 사건 각 대지에 대한 경매로 인하여 이 사건 각 대지와 신축건물이 다른 소유자에게 속하더라도 이 사건 구분건물을 포함한 신축건물에는 법정지상권이 성립하지 아니한다고 할 것이므로 이 사건 신축건물의 일부인 이 사건 구분건물도 법정지상권을 취득할 수 없다. 따라서 당초부터 법정지상권을 취득하지 못하는 이 사건 구분건물의 일부 지분권자에 불과한 소외 3이 그 지분에 관하여 가등기에 기한 본등기를 경료하였다고 하여 법정지상권을 취득할 수는 없는 것이므로 피고의 위 주장은 더 나아가 살필 필요 없이 이유 없다.

해설 공동담보 후 재축한 건물에 대한 법정지상권을 부인한 판례(대법원 2003.12.18. 선고 98다43601 전원합의체 판결)를 읽어보면, 참! 지독히도 어려운 만연체로 비비 꼬고 있습니다. 간단히는 '건물이 철거된 후 신축건물에 토지와 동순위의 공동저당권이 설정되지 아니하였는데도 그 신축건물을 위한 법정지상권이 성립한다고 해석하면, 공동저당권자가 애초에 담보로 취득하였던 건물의 교환가치를 취득할 수 없게 되는 결과가 되어 공동저당권자에게 불측의 손해를 입히기 때문이다.'라는 정도로 이해가 됩니다.

이념적으로는 그냥 '저당권설정 당시 저당권자가 파악했던 건물로부터의 기대가치가 그 후 건물 재축이라는 저당권자에게는 우연에 해당하는 사정으로 인해 저당권자가 손해를 보는 것은 정의의 관념에 반한다!'라는 정도로 이해를 하고 넘어가도 좋을 것입니다.

그러니까, 전통적으로는 법정지상권의 제도가 건물이 철거됨으로써 생길 수 있는 사회경제적 손실을 방지하려는 공익상 이유에 있는 것이지만, 저당권자가 설정 당시 가졌던 '기대'가 어떤 것이었느냐에 이젠 좀 더 점수를 준 다음에 건물소유권과 저당권 사이의 이익조율을 하자는, 그런 법리해석의 변화라고 보는 것입니다.

다. 매도금액의 산정 및 임료 등의 공제

(1) 위 인정 사실에 의하면, 이 사건 구분건물의 2분의 1에 해당하는 가격은 46,250,000원이므로 원고는 피고에게 이를 매매대금으로 지급할 의무가 있다.

(2) 원고는, 피고에 대한 위 매매대금에서 이 사건 구분건물 중 2분의 1 지분만을 보유한 피고가 원고 소유인 이 사건 구분건물 중 2분의 1 지분과 그 대지권을 점유·사용하고 있으므로 이 사건 건물을 인도할 때까지 이에 대한 임료상당의 액수를 공제하여야 한다고 주장한다.

살피건대, 위 인정 사실에 의하면, 원고가 이 사건 구분건물 중 2분의 1 지분과 그 대지권 전부를 소유하고 있고, 피고가 이 사건 구분건물의 2분의 1 지분만을 소유하고 있으면서도 이 사건 구분건물 전부를 점유·사용하고 있으므로 구분건물의 2분의 1과 대지권 전부에 상응하는 임료를 부당이득으로 지급하여야 할 것으로 보이고, 2006.5.2.부터 2007.3.15.까지의 이 사건 구분건물의 2분의 1에 해당하는 월 임료는 142,000원이며, 이 사건 구분건물의 대지지분에 해당하는 월 임료는 284,000원이고, 그 이후의 액수도 같을 것으로 예상되므로, 피고는 원고에게 원고가 구하는 2006.5.2.부터 이 사건 구분건물을 인도할 때까지 월 426,000원(= 284,000원 + 142,000원)의 비율로 계산한 임료를 부당이득으로서 지급할 의무가 있다고 할 것이므로 원고의 위 주장은 이유 있다.

3. 결론

따라서 피고는 원고에게 원고로부터 46,250,000원에서 2006.5.2.부터 이 사건 구분건물을 인도할 때까지 월 426,000원씩으로 계산한 금액을 공제한 돈을 지급받음과 동시에 이 사건 구분건물 중 2분의 1 지분에 관하여 2006.9.22.자 매매를 원인으로 한 소유권이전등기절차를 이행하고, 이 사건 구분건물을 인도할 의무가 있다.

해설 이 판결이 확정되어도 피고가 판결대로 하지 않고 '나 몰라!'로 버티어 버리면 어찌해야 할까요? 월 426,000원씩으로 계산한 금액을 공제한 돈을 공탁한 후, 그 공탁서를 첨부한 판결문으로 인도 집행을 실시하고, 같은 방법으로 전유부분 중 1/2에 대한 지분이전등기를 신청하면 될 것입니다. 지분이전등기를 신청하면서 대지권등기도 함께 신청할 수 있습니다. 이 사례는 사안의 상세가 부족하여 해독을 함에는 답답하지만, 공부거리로는 좋은 판결입니다.

그런데 일반적 경험칙에 의할 때 이 사건의 가등기와 본등기에 대하여 일단은 진정하지 않은 것으로 보고 말소를 청구하지 않은 것은 의문입니다. 즉, 통상 경험칙으로 보아 허위일 가능성도 두고 입찰하는 유형의 물건이므로, 우선 가등기와 본등기에 대하여 말소를 구하는 소송을 제기한 후 소송 중 그것이 진성의 등기라는 사실이 밝혀지면, 그때 매도청구권을 행사해도 늦지가 않습니다. 물론 이 사례의 경우는 소송제기 전에 그 등기가 진성한 것으로 사실관계가 밝혀져 그것에 따른 것이었을 수는 있었겠습니다.

[2010나8466,8473〈2심〉, 2011다73038,73045〈3심〉]
대지사용권의 사후소멸, 집합건물의 대지지분권자의 건물철거 청구, 대지사용권과 민법 제366조 법정지상권, 건물공유자의 공유지분 토지저당권이 실행의 경우 법정지상권, 토지와 건물 공동저당 후 재축으로 토지저당권이 실행의 경우 법정지상권, 저당권 설정 당시 건축 중이었던 경우 법정지상권, 피담보채무 소멸로 인한 경락의 문제

[쟁점의 법리]

1 ▸▸ 이 사례는 연립주택과 그 연접지인 수필지의 건물들을 철거하고 그 땅들 위에 주상복합건물(상가와 아파트)을 신축한 후, 그중 아파트 신축 전에 들어선 토지담보권의 실행경매로 원고가 그 토지를 취득함으로써 지난한 전투가 발발한 사건입니다. 건물소유자들에다가 아파트 지하상가 쪽방 점유자들까지 포함해 피고가 무려 100명이 넘을 정도로 엄청나게 복잡한 사건이었습니다. 피고들 사이에 원고에게 대항할 수 있는 자들과 그렇지 못한 자들로 나누어졌고, 상소도 법률적 지위가 인정되는 자들과 그렇지 못한 자들로 갈라졌고, 당사자와 물건도 복잡하고 많아 별지로 처리되어 있습니다. 그래서 사실에 관해서 간명하게 정리할 수는 없었지만, 우리가 공부하는 데에는 문제가 없습니다. 복잡한 사안인 만큼이나 이 사례를 통해 얻을 지식도 상당하고, 특히 집합건물의 대지나 구분건물을 입찰함에 있어 주의해야 하는 다수의 점을 일깨워 줍니다.

2 ▸▸ 대지사용권과 법정지상권에 대한 감각을 익히기에 좋은 재료이나 너무 복잡한 탓에, 이런 판결문 앞에서 통상 경매인들은 읽다가는 지쳐버리거나 "이게

뭐야!"하고는 아예 읽지도 않습니다. 사실관계의 파악조차 힘들뿐 머리만 아프고, 논점들도 얽혀버리고, 대법원 판결이 아니어서 어디까지 믿어야 할지도 도통 의문이고, 이리저리 공부거리로는 배척되기 십상입니다. 그러나 분명히 말하지만, 이런 정도의 난이도를 보유한 판결을 잡고 씨름해야지 정말 특수물건에 관한 감각을 키울 수 있습니다. 간단명료한 것을 좋아해서는 껍데기 지식만 채울 뿐입니다.

3 ▸▸ 집합건물에서 일부나마의 전유부분이나 공용부분에 관해서라도 철거가 인정되지 않으면, 철거 그 자체만의 집행권원은 결국 무의미하게 됩니다. 그렇지만 이런 판결은 세세히 읽지 않으면, 대체로가 철거가 인정되었다며 그 대체로써 상당한 성공을 한 경매로 오해할 수도 있습니다. 그리고 시간과 경비와 정신의 에너지가 지출된 측면에서도 보면, 원고가 이 사건 토지를 2008.7. 경매로 매수해서 이 2심을 파기한 판결(대법원 2011나73038,73045)이 2014.9.4. 날 선고되었으니(그것도 원고에게 부가적으로 불리하게), 이 사건의 재판이 종료한 시점은 적어도 2015년일 것입니다. 나아가 그 재판의 종료 후에는 현실적인 실현의 과정이라는 이라는 제3차 대전이 기다립니다. 그런데 이 사안은 재판의 종료로써도 원고가 가질 무기는 그 기능이 영 떨어질 것으로 보여, 그렇다면 경락잔금을 내고 7여 년이 자나도 전투가 끝나지 않는 투자행위가 됩니다.

4 ▸▸ 이런 유형의 땅을 매입한 자의 실력이 정말 출중하다면, 시원치 않고 작기는 하나 그래도 무수히 날릴 잽은 보유할 것으로 봅니다. 그 잽이 유효한 타격이 되려면 법과 협상이라는 무기를 상황에 따라 적절히 배합하면서 장기간 그리고 섬세히 구사할 수 있는 실력이 전제되어 합니다. 그런데 이 사안에서의 원고의 진실은 (사안의 난해함에 비친 원고의 실력으로 보아) 원고의 실력 정도로는 이 사례에는 처음부터 덤비지 말았어야 했습니다.

[사안의 개요]

시점, 소송	사실관계, 판단의 기준점, 법적효과
2003.1.28.	'피고들 24명(20명의 연립소유자들 및 4명의 일반건물소유자)'이 5필지 지상에 주상복합건물로 신축하는 재건축 비용마련을 위해, 연립소유자들은 각 전유부분과 부지지분에, 4명은 각 소유 토지와 건물에 각 채권최고액 7,200만 원의 공동근저당권을 설정해주고 우리은행에서 대출을 받음.
2003.7.31.	위 각 건물이 철거되고, 그에 따라 토지등기부의 '건물과 공동담보라는 취지의 기재'는 말소됨.
2003.8.	24명이 설립한 연립재건축조합이 위 5필지 토지에 대하여 신탁에 의한 소유권이전등기를 받음.
2004.7.29.	〈이 사건 토지 : 연립부지 중 피고 3인의 지분을 제외한 나머지 연립소유자들의 지분 및 제2, 3토지〉에 채무자를 피고 아람건설, 채권최고액을 27억 3,000만 원으로 해서 상호저축은행의 근저당권이 설정됨. (지하 4층 및 지상 11층으로 예정된 건물의 신축공정률이 대출을 위한 감정평가서 등에 2004.7.7. 기준으로 45% 정도로 기재됨.) **해설▶** 대체로는 이 부분과 관련하여 문제들이 유래하는데, 아래 '재판의 결과'에서 봅니다.
2006.7.31.	아람건설이 매수하여 2필지가 추가된 7필지 위에 신축된 각 전유부분(아파트 및 상가)에 피고들 명의로 각 지분 24분의 1씩 소유권보존등기가 됨.
2008.7.17.	아람건설의 연체로 상호저축은행이 신청한 임의경매절차에서 '원고'가 매각대금을 완납하여 이 사건 각 토지를 취득함.
원고의 소제기	신축된 주상복합건물은 원고의 토지들(단독 또는 지분으로 소유)을 권원 없이 점유하고 있다며 건물철거, 퇴거, 토지인도, 부당이득반환의 소를 제기함.
재판의 결과	1심, 2심, 3심 모두 일부의 승소는 했으나 현실적으로 건물철거는 불가능한 결과임.

[들어가기 전의 요약해설]

이 사안은 무척이나 복잡하고 난해하므로, 여기에서 개괄적 해설을 참고하여 본문과 그 해설을 통해 공부하기 바랍니다.

1 ▸▸ 이 사례의 문제는 원고는 일부(연립부지 중 지분 3/20)가 빠진 토지를 경매로 취득(제2, 3토지 및 연립부지 중 지분 17/20)한 반면, 신축된 집합건물은 전체 필지에 걸쳐 하나의 일체성으로서의 관련성을 가진다는 기초적인 사실 때문에 발생합니다.

2 ▸▸ 그래서 우선은, 원고는 경매를 통해 연립부지에 대해서는 그중 피고 3인의 지분(3/20지분)은 포함되지 않은 지분(17/20)만을 취득했기 때문에, 위 3명의 지분에 해당하는 부분은 제외하고 나머지 토지(원고의 단독소유인 2 · 3토지 및 연립부지 중 원고의 지분인 17/20)에 해당하는 건물부분만의 철거 등이 인정되었습니다. 그리고 피고 3인의 권리도 필연적으로 걸리는 '건물의 공용부분'도 철거가 인정되지 않았습니다. 결국 이렇게 되면, 법률적으로 일부에 대한 철거가 인정되는 판결이 나오지만, 우선은 신축된 건물 그 자체가 전체 필지에 하나의 일체성으로 걸렸다는 점에서, 부가적으로는 '구분소유 집합건물'이라는 성격의 점도 보태어져 결국 그 일부에 대한 철거는 사실상 불가능하게 됩니다.

3 ▸▸ 다음으로, 그런데 2심에서 인정되지 않았던 민법 제366조의 법정지상권에 대하여 3심에서는 일부가 인정되어 버렸습니다. 토지 · 건물의 공동담보 후 재축에 해당하는 연립부지 위의 건물부분은 법정지상권이 인정되지 않았지만, 제2,3 토지에 대해서는 법정지상권이 인정된 것입니다. 즉, 건물의 신축 중에 들어선 상호저축은행의 근저당권의 실행으로 인한 법정지상권의 성립이 인정된 것입니다. 이로써 원고의 이 사건 주상복합건물에 대한 철거청구는, 법률상으로는 일부이지만 사실상은 전부에 대하여 불가능하게 되었습니다.

〈2심〉 서울고등법원 2011.6.30. 선고2010나8466,8473(병합) 판결 〔건물등철거 · 건물철거등〕

[원고, 항소인 겸 피항소인] 주식회사 제이앤원

[피고, 피항소인 겸 항소인] 피고 1 외 79인

[피고, 항소인] 피고 76 외 23인

[피고 아람종합건설 주식회사의 보조참가인] 보조참가인

[주문]

1. 제1심 판결 중 원고의 피고들에 대한 부분을 다음과 같이 변경한다.

가. 피고들 중 별지 5표 기재 피고들은 원고에게 별지 3 건물 중 별지 5-1표의 해당 '철거할 부분'을 철거하여 별지 2 목록 기재 각 해당 토지를 인도하라.

나. 피고들 중 별지 6표 기재 피고들은 원고에게 표 (가)항 기재 각 금액과 이에 대하여 2009.1.17.부터 2011.6.30.까지는 연 5%, 그다음 날부터 다 갚는 날까지는 연 20%의 각 비율로 계산한 돈과 2009.1.17.부터 전항 기재 토지를 원고에게 인도할 때까지 매월 같은 계산표 (나)항 기재 돈을 지급하라.

해설 이 부분은 철거가 인정된 피고들에 대한 철거와 토지인도 및 부당이득의 판결입니다.

다. 제1의 가.항 건물철거에 필요한 범위 안에서

1) 피고 76, 77, 79, 80, 81, 82, 83, 84, 85, 86, 87, 88, 90, 91, 92, 93, 94, 95, 96, 97, 98, 99는 별지4 퇴거청구 피고별 점유현황 기재 '전유부분의 건물의 표시'란 해당 부분에서,

2) 피고 78은 별지3 건물목록 기재 건물(호수 생략) 중 별지 제8호 도면 표시 11, 12, 13, 9, 14, 15, 16, 19, 17, 11의 각 점을 차례로 연결한 선내 (가)(나)(다) 부분 합계

96.4㎡에서

3) 피고 89, 47은 ['중략']에서 각 퇴거하라.

해설 이 부분은 철거가 인정된 피고들의 소유부분을 현실적으로 점유하고 있는 피고들(주로 임차인들)에게 퇴거를 명하는 주문입니다. 2)와 3)은 목적물을 특정한 방식으로 보아 독립된 전유부분이 아니고, 어느 전유부분의 일부이거나 여타의 부분으로 보입니다.

라. 원고의 피고들에 대한 각 나머지 청구를 모두 기각한다.

해설 이 부분은 철거가 인정되지 않는 소유자들과 그 점유하고 있는 자들(주로 임차인들)에 대해 기각한 주문입니다.

2. 제1의 가. 나. 다.항은 각 가집행할 수 있다.

[이유]

1. 기초사실

가. 피고 59, 37, 57, 40, 48, 61, 73, 52, 66, 38, 47, 아람종합건설 주식회사, 피고 36, 42, 67, 54, 49, 44, 소외 2, 1(위 소외인들의 지분은 후에 소외 3, 피고 64에게 승계된다. 통칭 '○○연립소유자들')은 각 서울 중랑구 1 대 1411.9㎡('○○연립부지') 지상 집합건물인 ○○연립의 전유부분 소유자들로서 위 부지를 각 70.595/1411.9지분씩 소유하고 있었다. 피고 51은 6(가상번지 : 이하 같음) 대 79.3㎡(이 사건 제2토지) 및 그 지상건물을, 피고 46은 7 대 76㎡(이 사건 제3토지) 및 그 지상건물을, 피고 105는 2 대 447.9㎡ 및 그 지상 건물을, 피고 74는 3 대 99.2㎡ 및 그 지상건물을 각 소유하고 있었다.

나. 위 ○○연립소유자들 및 피고 51, 46, 105, 74는 위 각 토지 위에 아파트 및 상가를

재건축하기 위하여 ○○연립재건축조합을 결성하고, 2003.8.28. 위 각 토지들을 위 재건축조합에 신탁하였다. 한편, 소외 1은 2004.3.9. 그 지분을 피고 64에게 매도하고, 피고 64는 그 지분을 다시 ○○연립재건축조합에 신탁하였다.

다. 위 각 토지 지분 및 소유권은 여러 차례 원 소유자에게 귀속되었다가 다시 ○○연립재건축조합에 신탁되는 등 권리변동을 거쳐 피고 아람종합건설 및 소외 2의 지분을 제외한 나머지 ○○연립부지에 관한 각 지분은 모두 소외 4에게, 피고 아람종합건설의 ○○연립부지에 관한 지분 및 이 사건 제2, 3토지는 각 피고 아람종합건설의 보조참가인에게 각 최종 신탁되고, 소외 2의 ○○연립부지에 관한 지분은 소외 3에게 신탁재산의 귀속을 원인으로 한 소유권이전등기가 마쳐졌다.

해설 연립주택의 부지와 그에 연접한 2필지(주소 6 및 주소 7)상에 들어설 주상복합(아파트와 상가로 된) 재건축을 추진하고 있고, 그 과정에 신탁과 신탁해제를 반복하고 있습니다. 재건축이 진행 중인 물건이 팔리면 통상 '신탁해제로 소유자에게 귀속, 매수인에게 이전, 다시 매수인에서 수탁자에게 신탁'의 과정을 밟습니다.

라. 위 ○○연립 최초소유자들과 피고 51, 46, 74, 105는 재건축 과정에서 소요되는 비용 마련을 위하여 2003.1.28. ○○연립소유자들은 각 그 소유의 연립 전유부분 및 그 부지 지분을, 피고 51, 46, 74, 105는 각 해당 소유 토지 및 그 지상건물에 관하여 각 채권최고액 7,200만 원의 공동근저당권을 설정하고 주식회사 우리은행으로부터 대출을 받았다. 한편 ○○연립과 위 각 지상건물은 2003.7.31. 무렵 멸실되어 그에 관한 공동근저당권설정등기가 말소되었다.

해설 재건축비용 및 이주비에 쓰려고 재건축 대상물(연립주택과 그에 연접한 다른 건물 및 각 토지)에 대하여 각 소유물마다 채권최고액 7,200만 원의 공동근저당권을 설정하고 은행에서 대출을 받았습니다.

마. 그 후 ○○연립부지 중 피고 73, 38, 36의 지분을 제외한 나머지 ○○연립소유자들의 지분 1200.115/1411.9 지분과 이 사건 제2, 3토지(통틀어 '이 사건 토지'라 한다.)에 관하여 각 2004.7.29. 무렵 채권최고액 27억 3,000만 원, 채무자 피고 아람종합건설, 근저당권자 주식회사 영풍상호저축은행으로 된 근저당권설정등기가 마쳐졌다.

해설 영풍상호저축은행은 재건축 사업지의 지상 건물들이 철거되고 건물신축 중에 토지에 대하여 근저당권을 설정하고 대출을 했습니다. 그런데 (무슨 사정으로 인해 그렇게 된 것인지는 모르나) 피고 73, 38, 36의 지분이 제외된 것이 원고의 경매투자가 곤경에 빠진 중요한 실질 이유가 된 것으로 보입니다. 위의 결정적인 문제에 대해서 원고는 입찰 당시 꿈에도 몰랐을 것으로 보이고, 재판이 진행되는 상당한 시점까지도 몰랐을 것으로 보입니다.

바. 이어 피고 아람종합건설이 매수한 주소 4 대104.1㎡ 및 주소 5 대 99.5㎡가 추가되어 합계 7필지 2317.9㎡ 지상에 별지3 부동산(건물)목록 기재 건물('이 사건 건물')이 지어져 2006.7.31. 이 사건 건물 내의 각 아파트 및 상가에 관하여 ○○연립소유자들 및 피고 51, 46, 74, 105(통틀어 '이 사건 건축주들') 앞으로 각 24분의 1 지분씩 소유권보존등기가 마쳐졌다.

해설 아파트 및 상가에 대해 각 호수마다 건축주들이 개인별 등기를 하지 않고, 복잡하게 아파트 및 상가 각 호수마다 각 24분의 1 지분씩(각 호수마다 공유자가 24명) 소유권보존등기가 마쳐졌는데, 이렇게 복잡하고 불편한 등기를 했음에는 뭔가 이유가 있습니다.
크게는 뭔가의 미숙한 사정 때문일 것이지만 나중에라도 개별등기로 정리해야 하는데, 이런저런 이유로 오랜 세월 방치를 해버리는 사례가 더러 있습니다.

사. 그런데 피고 아람종합건설이 영풍상호저축은행에 대한 위 근저당권부 채무의 원리금을 제때 변제하지 못하여 영풍상호저축은행의 신청으로 '이 사건 토지'에 관하여 임의경매절차가 개시되어 원고가 이를 경락받아 소유권을 취득하였다.

해설 드디어 큰 사고가 났고, 그 사고의 결과물을 원고가 낚아챘습니다. 물론 입찰 당시에는 초절정의 고수라고 하더라도 판단이 어려울 정도로 난해한 물건이었지만, 뒤에서 보겠지만 어쨌든 원고의 실력으로 감당할 물건은 아니었습니다. 한편으로 각 건축주들은 각자 자신의 호수에 대한 단독소유로 보존등기를 함과 동시에 개별한정책임의 방식으로 근저당권을 변경했어야 했습니다. 이런 재앙이 발생한 것으로 보아, 정말 똑똑한 사람이 없었나 봅니다.

아. 한편, 제1심 변론종결일 당시 이 사건 건물 내 아파트 및 상가에 관한 소유권이 일부 변동되어 별지 3 부동산(건물)목록 기재 피고들('구분소유자 피고들') 및 소외 3이 같은 목록의 해당 '건물의 표시' 부분을 각 소유하고 있고(단, 위 목록 순번 9번상 이 사건 건물 〈호수 생략〉의 소유자로 기재된 소외 5는 2009.9.14. 그 소유권을 상실하였다.), 별지 4 '퇴거청구 피고별 점유현황' 기재 피고들('점유자 피고들')이 같은 목록 해당 '전유부분의 건물의 표시' 부분을 각 점유하고 있다.

해설 구분소유 건물의 소유자와 점유자가 바뀌어 왔습니다.

[인정 근거] 다툼 없는 사실, 갑제1, 4, 5, 7 내지 12, 을가제1, 2, 3호증의 각 기재, 제1심 법원의 중랑구청장, 서울북부지방법원에 대한 각 사실조회결과, 변론 전체의 취지

2. 건물철거, 대지인도 및 퇴거청구에 대한 판단

가. 원칙

어떤 토지 전부에 관한 소유자는 특별한 사정이 없는 한 그 지상 건물 소유자를 상대로 건물의 철거를 구할 수 있다. 그러나 1동의 건물의 구분소유자들이 그 건물의 대지를 공유하고 있는 경우에는 그 구분소유자는 별도의 규약이 존재하는 등 특별한 사정이 없는 한 그 대지에 대하여 가지는 공유지분의 비율에 관계없이 그 건물의 대지 전부를 용도에 따라 사용할 수 있는 적법한 권원을 가지므로(대판 97다27527) 토지 공유자 중 1인은 적법한 대지사용권을 가지고 있는 다른 대지 공유자 소유의 전유부분에 관하여 철거를 구할 수 없다. 이러한 법리는 건물의 전유부분을 단독으로 소유하는 경우뿐 아니라 전유부분을 다른 사람과 공유하는 경우에도 마찬가지라고 하여야 한다. 즉, 건물의 전유부분에 관한 공유자가 1동의 건물의 대지를 공유하는 경우 그 대지에 관한 공유지분은 전유부분의 공유지분에 관한 적법한 대지사용권이 된다고 할 것이다.

그리고 ① 집합건물의 대지를 타인에게 신탁한 자는 신탁계약의 효력에 의하여 집합건물의 전유부분 소유를 위하여 그 대지를 전유·사용할 권리가 있으므로 대지 신탁자의 이러한 점유·사용권은 집합건물법 제2조 제6호 소정의 대지사용권에 해당한다. 한편, ② 공유물인 건물 철거에 관하여 건물의 공유자는 그 지분 한도 안에서 철거의무를 지므로(74다537) 건물의 공유자 중 일부가 그 부지에 관하여 적법한 사용권이 없는 경우 대지 소유자는 사용권을 가지지 못하는 건물 공유자를 상대로 그 지분 범위 안에서 건물의 철거를 구할 수 있다.

해설 ①에 대하여 : 집합건물법상 대지사용권은 필요에 따라서는 대인적(상대적 소유권) 권리개념보다는 대물적인 개념(건물에 종속되는 토지)으로 이해하는 것이 실체적이고 또 사안의 다양성에 따른 적절한 포섭이 가능한 결과 탄력성이 있습니다. 대지사용권이 성립한 후에는 그 점유가 임차권에 의한 것이든 신탁약정에 의한 것이든 대지사용권은 여전히 존재하는 것으로 보는 것으로 족할 것입니다.

②에 대하여 : 하나의 건물 안에 지분적인 분량으로 있는 공유지분을 철거한다는 것은 납득이 되기 어렵지만, 건물철거청구권을 가지는 것을 전제로 부당이득이나 퇴거 등을 구할 수 있듯이, 법률적으로는 대지 소유자가 그 부지에 관한 점유권원이 없는 건물공유자에게 건물철거청구권을 인정해야 할 법률적인 이유가 있습니다. 철거청구가 인정되는 법리적 구조에 대해서는 아래의 인용판례(대판 74다537)를 읽어보기 바랍니다.

대법원 1974.08.30. 선고 74다537 판결 [건물철거등]

[판결요지]

공유물인 건물철거에 관하여는 공유자는 그 지분권 한도 내에서 철거할 의무 있다 할 것이므로 대지의 단독소유자이고 건물공유자인 원고는 건물공유자인 피고에게 공유물분할을 하여 건물철거 부분이 특정되기 전이라도 불법점유를 원인으로 그 철거를 청구할 수 있다.

[이유]

피고 방○○가 원고 소유의 위 대지상에 이 사건 건물지분 1/2을 소유하면서 위 대지를 점유 사용할만한 정당한 권원이 없이 불법점유로 인정된다면 공유물분할로 피고 방대윤의 소유부분이 특정된다 하더라도 동 특정된 건물의 위 대지 점유부분은 역시 불법한 것이고 공유물분할에 의하여 피고 방○○의 가옥점거가 정당화될 부분조차 없는 본 건에 있어서는 결국 철거할 수밖에 없다 할 것이고, 또한 원고는 피고 방○○에 대한 이 사건 청구가 자기승소판결로 확정된다면 동 판결에 기하여 실지 철거집행을 함에 있어서 자기지분을 포기하여 이 사건 건물 전부를 철거시킬 수 있다 할 것이므로 비록 이 사건 건물이 원고와 피고 방대윤의 공유로서 아직 현실적으로 분할된 바가 없다 할지라도 원고는 그 대지소유권에 기하여 피고 방○○에게 이 사건 건물의 철거를 구할 수 있다 할 것이고 이와 같은 피고 ○○은 그 지분권 한도 내에서 철거의무가 있다고 보아야 할 것임(대판 68다1102, 69다609)에도 불구하고 원심이 앞에서 본 바와 같이 공유물분할로 그 철거 부분이 특정되기 이전에는 원고는 그 건물철거를 청구할 수 없다고 판단하였음은 심리미진으로 인한 이유불비의 위법이 있거나 공유물인 건물철거에 관한 법리를 오해한 위법이 있다고 할 것이다.

나. 청구원인에 대한 판단

1) 건물철거, 대지인도 및 퇴거의 범위

위 인정사실에 위와 같은 원칙을 적용하여 보면 원고는 이 사건 건물 중 원고의 단독 소유에 속하는 이 사건 제2, 3토지 위 건물 부분은 구분소유자 피고들을 상대로 건물전부의 철거 및 그에 해당하는 대지의 인도를 구하고, 점유자 피고들을 상대로 점유부분에서의 퇴거를 구할 수 있다.

그러나 원고가 17/20 지분만을 가지고, 나머지 지분은 소외 4가 피고 73, 38, 36으로부터 각 1/20 지분씩 합계 3/20 지분을 수탁받아 가지고 있는 ○○연립부지 위 건물 부분에 관하여는 다르다. 즉, 피고 73, 38, 36은 ○○연립부지 중 수탁자 소외 4 지분에 관하여 신탁자로서 권리를 가지고 있고, 그들은 이에 기하여 전유부분에 관한 공유지분을 위하여 ○○연립부지 전부를 사용할 권리가 있다. 따라서 ○○연립부지 중 일부 지분권자에 불과한 원고는 ○○연립부지 위 건물부분에 관하여는 피고 73, 38, 36의 공유지분에 관하여는 철거를 구할 수 없고, 나머지 건축주 지분에 관하여서만 철거 및 해당 대지의 인도를 구할 수 있다. 한편, 이 경우 점유자 피고들에 대하여도 구분소유자 피고들을 상대로 철거를 구할 수 없는 지분 범위 안에서는 퇴거를 구할 권리가 없으므로 철거범위 안에서만 퇴거를 구할 권리가 있다고 할 것이다.

또 집합건물법 제20조, 제21조에 의하면 구분소유자는 규약으로써 달리 정한 경우를 제외하고 그가 가지는 전유부분과 분리하여 대지사용권을 처분할 수 없고, 구분소유자가 2개 이상의 전유부분을 소유한 때에는 규약으로써 달리 정함이 없는 한 각 전유부분의 처분에 따르는 대지사용권은 전유부분의 면적의 비율에 의하되, 그 분리처분 금지는 그 취지를 등기하지 아니하면 선의로 물권을 취득한 제3자에 대하여 대항하지 못한다고 규정되어 있으므로 피고 73, 38, 36이 그들의 공유지분을 처분하면 그에 따라 위 공유지분을 위한 대지사용권 역시 그 지분 비율에 따라 함께 이전된다고 하여야 할 것이다. 따라서 이 사건 건축주들로부터 ㅇㅇ연립부지 위 전유부분을 전부 양수하여 단독구분소유자가 된 피고들 역시 피고 73, 38, 36의 지분 합계 3/24 지분에 관하여는 적법한 대지사용권이 있으므로 그 지분에 관하여는 철거를 구할 수 없다.

이 경우 단독구분소유자들이 피고 73, 38, 36으로부터 이전받은 대지사용권에 기하여 종전에는 대지사용권이 없던 나머지 공유지분에 관한 대지사용권을 주장할 수 있는지 즉, 대지사용권의 확장 문제가 제기될 수 있다. 전유부분과 대지사용권의 분리처분금지에 관한 입법 목적은 그로 인하여 전유부분과 대지사용권의 법률적 운명을 같이하여 집합건물에 관한 법적 안정성을 높이려는 데 있다. 그런데 위와 같은 경우 대지사용권의 확장을 인정하면 오히려 법률관계가 복잡해지는 등 법적 안정성을 해할 수 있으므로 원칙적으로 부정함이 옳다.

위와 같은 법리에 비추어 위 인정사실과 제1심 감정인 소외 6의 측량감정결과에 따라 피고별 구체적 철거범위를 보면 전유부분에 관하여는 별지5 '전유부분 중 철거부분'의 해당 피고별 기재와 같고, 공용부분에 관하여는 별지5-1 '공용부분 중 철거부분'의 해당 피고별 기재와 같다.

해설 이 부분도, 참! 지독히도 말을 복잡하게 하네요. 어쨌든, '단독구분소유자들이 피고 73, 38, 36으로부터 이전받은 대지사용권'이라는 부분은 토지담보권의 실행으로 대지사용권을 상실한 구분소유자들이 대지사용권을 회복하려고 머리를 써서 3인 피고들의 대지지분을 이전받은 것으로 읽어도 적절한 서사가 되겠네요.

▶ '단독구분소유자들이 피고 73, 38, 36으로부터 이전받은 대지사용권에 기하여 종전에는 대지사용권이 없던 나머지 공유지분에 관한 대지사용권을 주장할 수 있는지(즉, 대지사용권의 확장을 인정할 수 있는지)'라고 하는 부분은 '처음부터 특정의 전유부분을 위해 존재하던 특정의 대지지분이, 대지사용권을 상실한 다른 전유부분을 위한 대지사용권으로도 확장해서 인정할 수 있는지'라는 의미로 읽히는데, 그것을 부정하는 판시는 수긍이 갑니다만, 이 부분 판시가 굳이 필요한가? 싶습니다.

▶ 이 사건 신축건물은 200여 개의 아파트, 근린생활시설, 판매시설 등으로 이루어진 주상복합건물로 보입니다. 그렇다면, 건물 전체에 대비 17/20의 판결이 확정되더라도, 그것만으로는 결국 철거와 대지인도는 그 집행이 불가능할 것입니다. 어떻게 다른 전유부분의 안전에 문제가 없는 철거가 가능할 것이며(사실상 집행 불능!), 나아가 원고가 공용부분을 훼손할 권리도 없다고 보는 것입니다. 그리고 대법원에 이르러서는 일부의 토지에 대해서는 법정지상권까지 인정된 점도 있습니다. 물론 일부에 대한 퇴거의 집행은 가능하고(그렇지만 이것도 퇴거 집행 후에는 일단은 전유부분의 소유자가 점유할 것이지, 원고가 점유하게 되는 것은 아니므로 문제가 있습니다.) 부당이득의 인정은 의미가 있을 것으로 봅니다.

> 2) 서울 중랑구 면목동 2, 3, 5 지상 건물에 대한 청구
> 원고는 여기에서 나아가 구분소유자 피고들이 집합건물인 이 사건 건물의 공용부분을 공유하고 있고, 이 사건 건물의 대부분이 원고의 소유인 이 사건 토지 위에 존재하고 있어서 그 외의 건물 부지인 서울 중랑구 면목동 2, 3, 5 지상에 존재하는 건물 부분만으

로는 건물로써의 독립적인 효용과 기능이 없는데다가 이 사건 토지 상의 건물 부분만을 철거하는 것도 물리적으로 불가능하므로, 피고들은 연대하여 이 사건 건물 전체를 철거할 의무가 있다고 주장한다.

그러나 토지소유권은 정당한 이익이 있는 범위 내에서 토지의 상하에 미치는 것이다(민법 제212조). 따라서 설령 이 사건 토지 이외의 부지 위에 건축된 이 사건 건물 부분의 존재가 원고의 이 사건 토지에 관한 소유권을 방해한다고 하더라도, 원고를 제외한 이 사건 건물 부지의 다른 소유자들과의 관계를 고려할 때, 원고에게 이 사건 토지상의 건물 부분의 철거를 넘어 위 4필지 상의 건물의 철거 및 건물로부터의 퇴거를 구할 수는 없다.

해설▶ 원고는 참으로 난감하게 되었습니다. 신축한 주상복합의 건물의 소재가 철거된 연립주택의 부지 외에 다른 필지도 하나가 되어 함께 그 저지(低地)로 하고 있는 것이므로, 결국 건물의 철거는 사실상 불가능하게 된 것입니다.

3) 소결

별지 5 '전유부분 중 철거부분'의 각 해당 피고들과 별지 5-1 '공용부분 중 철거부분'의 해당 피고들은 원고에게 해당 철거부분을 철거하여 그 대지를 인도할 의무가 있다. 한편, 위 건물철거 범위 안에서 피고 76, 77, 79, 80, 81, 82, 83, 84, 85, 86, 87, 88, 90, 91, 92, 93, 94, 95, 96, 97, 98, 99는 별지 4 퇴거청구 피고별 점유현황 기재 '전유부분의 건물의 표시'란 해당 부분에서, 피고 78(50)은 별지 3 부동산(건물)목록 기재 건물 (호수 생략) 중 별지 제8호 도면 표시 11, 12, 13, 9, 14, 15, 16, 19, 17, 11의 각 점을 차례로 연결한 선내 (가)(나)(다) 부분 합계 96.4㎡에서, 피고 89, 47은 각 별지 3 부동산(건물)목록 기재 건물 (호수 생략) 중 별지 제11호 도면 표시 11, 12, 13, 9, 14, 15, 16, 19, 17, 11의 각 점을 차례로 연결한 선내 (가)(나)(다) 부분 합계 96.4㎡에서 각 퇴거할 의무가 있다.

다. 피고의 주장에 대한 판단

1) 법정지상권 항변에 관한 판단

피고들은 이 사건 토지에 영풍상호저축은행의 근저당권이 설정될 당시 이 사건 건물이 이미 사회관념상 독립한 건물로 볼 수 있을 정도로 건축되어 있었고, 이 사건 건물 및 토지는 원고에게 매각될 때까지 건축주인 피고들의 소유에 속하였으므로, 피고들은 이 사건 토지에 관하여 이 사건 건물을 위한 관습법상의 법정지상권 내지 민법 제366조의 법정지상권을 취득하였다고 항변한다.

그러나 피고들의 위 항변은 다음과 같은 이유로 이유 없다.

첫째, 동일인의 소유에 속하는 토지 및 그 지상 건물에 관하여 공동저당권이 설정된 후 그 지상 건물이 철거되고 새로 건물이 신축된 경우에는, 그 신축건물의 소유자가 토지의 소유자와 동일하고 토지의 저당권자에게 신축건물에 관하여 토지의 저당권과 동일한 순위의 공동저당권을 설정해 주는 등 특별한 사정이 없는 한, 저당물의 경매로 인하여 토지와 그 신축건물이 다른 소유자에 속하게 되더라도 그 신축건물을 위한 법정지상권은 성립하지 않는다(대판 98다43601). 건물이 철거된 후 신축건물에 토지와 동순위의 공동저당권이 설정되지 아니하였는데도 그 신축건물을 위한 법정지상권이 성립한다고 해석하면, 공동저당권자가 애초에 담보로 취득하였던 건물의 교환가치를 취득할 수 없게 되는 결과가 되어 공동저당권자에게 불측의 손해를 입히기 때문이다. 그런데 제1항 인정사실에 의하면 이 사건 토지와 그 지상의 연립주택에 관하여 근저당권자를 우리은행으로 하는 공동근저당권이 설정된 후, 연립주택이 철거되고 이 사건 건물이 신축되는 과정에서 영풍상호저축은행의 2순위 근저당권이 실행되어 이 사건 토지와 건물이 다른 소유자에게 속하게 되었으므로 이 사건 토지에 관하여 이 사건 건물을 위한 법정지상권이 성립된다고 할 수 없다.

둘째, 법정지상권은 저당권이 설정될 당시 토지와 그 지상 건물이 동일한 소유자에게 속하는 경우에 한하여 인정된다. 갑제1호증의 1 내지 8의 각 기재에 변론 전체의 취지를 종합하면 일부 피고들 특히, 피고 64, 40의 경우 ㅇㅇ연립이 철거된 이후인 2004.6.22. ㅇㅇ연립부지 지분에 관하여만 우리은행에 근저당권이 설정되고, 피고 49의 경우 우리은행 근저당권이 2007.4.17. 말소된 사실이 인정된다. 또한 피고 44 외 11명은 우리은행의 공동근저당권의 피담보채권이 모두 변제되어 소멸되었다고 주장한다. 이러한 경우에는 앞서 본 바와 같은 공동담보 멸실로 인한 문제는 발생하지 않는다.

그러나 이 경우에도 제1항 인정사실에 의하면 우리은행 또는 영풍상호저축은행 앞으로 새로운 근저당권이 설정될 당시 이 사건 토지 등은 ㅇㅇ연립재건축조합에 신탁되어 대내외적으로 ㅇㅇ연립재건축조합이 소유자임에 반하여 이 사건 건물은 이 사건 건축주들이 원시취득하였음을 알 수 있다. 위 인정사실에 의하면 이 사건 토지 등에 우리은행 또는 영풍상호저축은행 앞으로 근저당권이 설정될 당시 근저당권이 설정된 토지와 그 지상 건물의 소유자가 동일하다고 할 수 없으므로 이 점에서도 피고들의 항변은 이유 없다.

셋째, 이 사건 토지에 영풍상호저축은행의 근저당권이 설정될 당시 이 사건 건물이 사회관념 상 독립한 건물로 볼 수 있을 정도에 이르렀는지에 관하여 피고들이 제출한 증거들만으로는 이를 인정하기에 부족하고 달리 이를 인정할 증거가 없다. 따라서 이를 전제로 한 피고들의 항변은 이유 없다.

해설 3심은 이 부분에 대하여 일부의 땅에 대해서는 법정지상권이 성립한다며 파기합니다. '연립주택'이 있던 땅은 법정지상권이 성립하지 않고, 그 연접지인 4필지의 건물들이 있던 땅은 법정지상권이 성립한다고 본 것입니다.
그 이유의 상세는 이어지는 3심의 판결문에서 보는데, 세심하게 배울 필요가 있음을 일깨워 줍니다.

2) 권리남용 항변에 관한 판단

(전략) 이 사건의 경우, 비록 이 사건 토지가 이 사건 건물 부지의 일부라 하더라도, 이 사건 건물의 대부분이 이 사건 토지 위에 위치하고 있고, 원고가 이 사건 건물이 있음을 알고 이 사건 토지의 소유권을 취득하였다 하더라도 그것만으로는 원고가 이 사건 토지의 소유권의 행사가 제한된 상태를 용인하였다고 볼 수 없다. 그리고 건물의 철거로 인하여 원고가 얻는 이익보다 피고들이 잃을 손해가 현저히 크다 하더라도, 피고들에게 정당한 권리가 없는 이상 원고의 권리행사를 오로지 피고들에게 고통을 주는 것으로 권리남용이라거나 신의칙에 위반된다고 단정할 수 없다.

3) 피고 79, 81, 89, 99, 47의 점유보조자 주장에 대한 판단

위 피고들은 이 사건 건물의 구분소유자의 가족들로서 점유보조자에 불과하다고 주장한다. 그러나 제1항 인정사실에 의하면 위 피고들은 해당 부분에 관한 점유자임이 명백하므로 이에 반하는 위 피고들의 주장은 받아들이지 아니한다.

해설 소송에서는 '점유자'와 '점유보조자'를 구분하는 것이 중요합니다. '점유보조자'를 '점유자'로 알고 인도소송을 제기해버리면 헛고생을 하게 되는데, 특히 이 부분은 유치권이 주장되는 물건을 경매 받아 소송을 제기할 때 문제가 많이 됩니다. 주의를 요합니다.

물론 판시에서 보듯이 상대방이 '점유자'임에도 '점유보조자'라고 항변하는 경우에는 그것을 제대로 반박할 수 있어야 합니다. 다만, 실제에 있어서는 '점유자'와 '점유보조자'를 구분하는 것이 쉽지만은 않은 상황도 있으므로, 평소 그 구분에 관한 감각을 잘 익혀 놓아야 합니다.

4) 부당이득반환청구 (이하 생략)

〈3심〉 대법원 2014.9.4. 선고 2011다73038,73045 판결 〔건물등철거 · 건물철거등〕

[원고, 피상고인] 주식회사 제이앤원

[피고, 상고인] 별지 3 피고 명단 기재와 같다.

[피고 47. 아람종합건설 주식회사의 보조참가인, 상고인] 보조참가인

[원심판결] 서울고법 2011.6.30. 선고 2010나8466, 8473 판결

[주문] (일부에 대한 법정지상권의 인정을 그 이유로 하는 파기환송인데, 편의상 '결론'에서 보도록 합니다.)

[이유]

1. 피고 31, 33, 42, 46, 58, 68의 상고에 관한 판단

법정기간 내에 상고이유서를 제출하지 아니하였다.

2. 피고 31, 33, 42, 46, 58, 68을 제외한 나머지 피고들의 상고이유에 관한 판단

가. 상고이유 제1점에 관하여

1) 원심판결 별지2 제2항 토지(이 사건 제2토지)와 같은 제3항 토지(이 사건 제3토지)에 관한 법정지상권의 성립 여부

가) 민법 제366조의 법정지상권은 저당권 설정 당시 동일인의 소유에 속하던 토지와 건물이 경매로 인하여 양자의 소유자가 다르게 된 때에 건물의 소유자를 위하여 발생하는 것으로서, 토지에 관하여 저당권이 설정될 당시 토지소유자에 의하여 그 지상에 건물을 건축 중이었던 경우 그것이 사회관념상 독립된 건물로 볼 수 있는 정도에 이르지 않았다 하더라도 건물의 규모·종류가 외형상 예상할 수 있는 정도까지 건축이 진전되어 있었고, 그 후 경매절차에서 매수인이 매각대금을 다 낸 때까지 최소한의 기둥과 지붕 그리고 주벽이 이루어지는 등 독립된 부동산으로서 건물의 요건을 갖추면 법정지상권이 성

> 립한다(대판 2004다13533).
>
> 한편 건물공유자의 1인이 그 건물의 부지인 토지를 단독으로 소유하면서 그 토지에 관하여만 저당권을 설정하였다가 위 저당권에 의한 경매로 인하여 토지의 소유자가 달라진 경우에도, 위 토지소유자는 자기뿐만 아니라 다른 건물공유자들을 위하여도 위 토지의 이용을 인정하고 있었다고 할 것인 점, 저당권자로서도 저당권 설정 당시 법정지상권의 부담을 예상할 수 있었으므로 불측의 손해를 입는 것이 아닌 점, 건물의 철거로 인한 사회경제적 손실을 방지할 공익상의 필요성도 인정되는 점 등에 비추어 위 건물공유자들은 민법 제366조에 의하여 토지 전부에 관하여 건물의 존속을 위한 법정지상권을 취득한다고 봄이 상당하다(대판 76다388, 2010다67159).

해설 토지저당권이 설정 당시 토지소유자의 지상건물이 건축 중이었던 경우 : 이 경우는, '저당권 설정 시 이미 건물의 현존'이라는 법정지상권의 기본요건은 없었지만, 설정될 당시 건물을 건축 중이었다면 독립된 건물이 현존하는 경우에 가지는(즉, 감손된) 토지 담보가치를 담보권자 스스로 충분히 예상하는 것이고 따라서 담보권자는 그런 정황에 따른 금융의 의사결정을 하면 되는 것입니다. 즉, 저당권 설정 시 이미 건물의 현존하는 경우와 같은 법적 평가를 해도 저당권자에게 불측의 손해를 주는 것이 아니고, 건물의 유지라는 사회경제적인 이익도 있습니다. 이 경우에는 또한 법정지상권을 인정해야지 양자(담보권자와 담보제공자)의 객관적 의사에도 부합합니다.

이에 판례는 구체적으로는 첫째로 '저당권 설정 시 건물의 규모·종류가 외형상 예상할 수 있는 정도까지 건축이 진전되어 있었을 것(=예측가능성의 요건)'과, 둘째로 '그 후 경매절차에서 매수인이 매각대금을 다 낸 때까지 최소한의 기둥과 지붕 그리고 주벽이 이루어지는 등 독립된 부동산으로서 건물의 요건을 갖출 것 : 최소한 경락잔금을 납부할 때는 독립한 건물이 되어 '소유자가 달라질 수 있는 요건'을 가져야 하므로'라는 2가지 요건을 요구합니다.

▶ 건물은 공유이나 토지는 단독소유인 토지경매로 인한 토지소유자의 변경 : 이 경우는 총론편에서 '전후의 토지소유자들의 예측가능성과 기타의 사정을 종합해서 법정지상권의 성립을 인정해도 부당한 권리침해로는 해석할 수 없는, 즉 특별히 불측의 손해를 보는 자는 없다.'라는 정도의 취지라고 이미 공부했습니다80쪽.

> 나) 원심판결 이유 및 원심이 적법하게 채택한 증거에 의하면, 다음과 같은 사실을 알 수 있다.
>
> (1) 피고 35, 36, 41, 43, 45, 아람종합건설 주식회사, 원심 공동피고 36, 37, 40, 42, 44, 48, 49, 52, 54, 57, 59, 67(원심 공동피고), 소외 1, 2(위 20명을 합하여 'ㅇㅇ연립소유자들')는 서울 중랑구 (주소 1) 대 1411.9㎡(ㅇㅇ연립부지) 지상 집합건물인 ㅇㅇ연립의 전유부분 소유자들로서 연립부지를 각 1411.9분의 70.595 지분씩 소유하고 있었다. 한편 원심 공동피고 51은 제2 토지 및 그 지상 건물을, 원심 공동피고 46은 제3 토지 및 그 지상 건물을, 피고 75는 (주소 2) 대 447.9㎡ 및 그 지상 건물을, 피고 46은 (주소 3) 대 99.2㎡ 및 그 지상 건물을 각 소유하고 있었다.
>
> (2) 연립소유자들 및 원심 공동피고 51, 46, 피고 75, 46 등 24명은 위 5필지 지상에 주상복합 형태의 집합건물을 재건축하기로 하고, 재건축 과정에서 소요되는 비용을 마련하기 위하여, 2003.1.28. 연립소유자들은 각 그 소유의 연립 전유부분 및 연립부지 지분에 관하여, 원심 공동피고 51, 46, 피고 75, 46은 각 해당 소유 토지 및 그 지상 건물에 관하여 각 채권최고액 7,200만 원의 공동근저당권을 설정하고 주식회사 우리은행으로부터 대출을 받았다.

해설▶ 소유자가 각 다른 '연립주택 1동과 일반건물 4채 : 토지도 같은 숫자인 5필지'를 부수고 주상복합 재건축을 위한 공사비를 마련하려고 위 각 토지와 건물에 은행의 공동근저당권을 설정하고 대출을 받았습니다.

⑶ 연립을 포함하여 위 각 지상 건물이 철거됨에 따라 2003.7.31. 그에 관한 각 공동근저당권설정등기가 말소되었다.

해설 건물이 철거되면 건물의 담보권은 자동 없어지므로, 토지는 건물과의 공동담보가 아닌 것으로 됩니다.

⑷ 위 24명은 2003.8.경 ○○연립재건축조합을 설립하고 위 조합에 위 5필지 토지에 관한 소유권을 신탁하였다.

⑸ 2004.7.29.에는 원심판결 별지2 토지 제1항 토지 지분(이는 연립부지에 관한 20명의 공유 지분 중 원심 공동피고 36, 피고 35, 45 등 3명을 제외한 나머지 17명의 공유 지분이다)과 이 사건 제2, 제3 토지(이를 합하여 지칭할 때에는 '이 사건 각 토지'라고 한다.)에 관하여 채권최고액 27억 3,000만 원, 채무자 피고 아람종합건설, 근저당권자 주식회사 영풍상호저축은행으로 된 근저당권설정등기기 미쳐졌는데, 그 직전에 이 사건 건축주들 앞으로 신탁재산의 귀속을 원인으로 한 소유권이전등기가 마쳐졌다가 위 근저당권설정등기 후 다시 재건축조합 앞으로 신탁등기가 마쳐졌다.

해설 조합원들(건축주들)을 채무자로 하려고 하니, 할 수 없이 신탁등기에서 조합원들에게 등기를 넘겨 설정등기 후 다시 재건축조합 앞으로 신탁등기를 복귀한 것입니다. 이 사안에서 '원심 공동피고 36, 피고 35, 45 등 3명을 제외한' 이라고 한 부분도 원고를 곤경에 빠뜨리게 합니다.

한편 영풍상호저축은행은 위 근저당권설정등기를 마치고 피고 아람종합건설에 대출을 실행하기에 앞서 감정평가를 하였는데, 그 감정평가서 등에는 지하 4층, 지상 11층 규모의 건물이 평가시점인 2004.7.7.을 기준으로 공정률 45% 정도로 건축 중이라고 기재되어 있다.

해설 판결에서 이런 내용(설정등기 당시 공사공정률 45%였다는 내용)을 만나면, 사고의 가능성 여부에 관한 인식('집합건물법상 분리처분금지'에 관한 관념)의 촉수가 바로 일어나야 합니다.

> (6) 이후 위 5필지 외에 피고 아람종합건설이 매수한 (주소 4) 대 104.1㎡와 (주소 5) 대 99.5㎡가 재건축을 위한 부지로 추가되었고, 결국 합계 7필지 위에 집합건물인 이 사건 건물이 신축되어 2006.7.31. 각 전유부분(아파트 및 상가)에 관하여 연립소유자들(다만 소외 1의 지분은 원심 공동피고 64에게 이전되었다.) 및 원심 공동피고 51, 46, 피고 75, 46(이하 이들을 합하여 '이 사건 건축주들') 앞으로 각 24분의 1 지분씩 소유권보존등기가 마쳐졌다.

해설 일단 외관상은 건축을 마무리하여 24명의 조합원 앞으로 등기까지 마쳤지만, 신축한 구분건물(아파트와 상가)에 대하여 각 단독소유로 등기하지 않고 구분건물마다 모두 지분등기(각 24분의 1)를 했다는 것은 일단 찜찜합니다. 문제가 발생할 여지가 있는 소유관계이며 등기의 방식입니다.
복잡하고 어려운 사정이 있더라도 각 구분건물마다 개별 단독소유의 형태로 해야 했습니다. 이런 식의 등기는 관여한 등기전문가나 법률전문가의 치밀하지 못하거나 생각 없음에 상당한 원인이 있을 수도 있습니다.

> (7) 그런데 피고 아람종합건설이 영풍상호저축은행에 대한 대출금채무를 제때 변제하지 못하여 위 저축은행의 신청으로 이 사건 각 토지에 대한 임의경매절차가 개시되었고, 원고는 그 경매절차에서 2008.7.17. 매각대금을 완납함으로써 이 사건 각 토지를 취득하였다.

해설 예비가 된 사고가 드디어 실현되었습니다. 경매 나온 토지를 재건축조합원들이 잡지 못하고, 사냥에 나선 원고에게 잡혔습니다. 이 사건의 경락인은 과

연 제대로 한 사냥인지는 더 읽어보면 알겠지만, 아무래도 '어설픈 고수'의 욕망이 너무 나간 것만 같습니다.

이 건이나 이 건의 결과와 관계없이 경매절차에서 실제로 물건에 대한 특수이해관계인들('토지' 경매에서 건물소유자 측, '건물' 경매에서 토지소유자 측, 공유자, 임차인, 경매를 실행해도 어차피 채권금액을 만족하지는 못하는 채권자 등)이 물건을 잡으려는 의사를 가지고 있음에도 놓치는 경우가 많은데, 그것은 중요한 원인 중의 하나가 ('다음 차에는 또 20%가 떨어지데!'라는 단순함과 욕심 때문에) 더 떨어질 것을 기다리다가 놓치는 것입니다.

특수이해관계인은 일반입찰자들과는 달리 적어도 통상보다는 한 차수 앞에 또는 한 단계 높은 가격에 잡아야 합니다. 만약 그것을 놓쳐버리면, 이해관계의 성격에 따라 다르지만 어쨌든 치러야 하는 대가가 큽니다. 다른 경락인의 핸들링에 의해 그 20%를 훨씬 넘는 부담을 안거나 긴 고통에 빠지기 싫습니다.

> ⑻ 이 사건 건물 내 전유부분에 관한 소유자와 점유자의 일부 변동 (생략)
>
> ⑼ 한편 우리은행의 근저당권설정등기 중 원심 공동피고 49의 연립부지 지분에 관한 것은 2007.4.7. 말소되었고, 피고 36, 43과 원심 공동피고 37, 44, 46, 48, 51, 52, 57, 59, 67 및 소외 2(이하 원심 공동피고 49와 합하여 '원심 공동피고 51, 46 등 13명'이라 한다.)의 경우에는 우리은행의 여신거래내역에 2006년부터 2008년 1월경까지의 각 원금상환을 이유로 대출잔액은 '0원', 대출상태는 '해지'로 기재되어 있다.
>
> 다) 이러한 사실관계를 앞서 본 법리에 비추어 살펴본다.
>
> 우선, 원심 공동피고 51, 46 등 13명을 채무자로 한 우리은행의 근저당권은 원고가 경매절차에서 매각대금을 완납하기 전에 이미 그 등기의 말소나 피담보채무의 변제, 근저당권설정계약의 해지 등에 의해 소멸하였거나, 설령 그때까지 피담보채무가 확정되지 않았다고 하더라도 매각대금 완납 당시 그 피담보채무가 존재하지 않은 것으로 확정됨

[에 따라 당연히 실효되었다고 할 것이다. 따라서 원심 공동피고 51, 46이 각자 단독으로 소유하고 있던 이 사건 제2, 3 토지에 관하여는 우리은행의 근저당권 설정 당시가 아닌 영풍상호저축은행의 근저당권 설정 당시를 기준으로 민법 제366조의 법정지상권 성립 여부를 판단하여야 한다.]

해설 근저당권부 채무가 경매신청 전에 이미 소멸한 했음에도 불구하고 그 근정당권에 의해 실행된 경우의 경매는 무효이고, 그런 경매절차에서의 경락도 무효가 됩니다. 그러나 경매절차가 진행 중에 채무가 소멸한 경우에는 그 경매절차에서의 매수인은 유효한 소유권을 취득합니다. 이 경우에는 채무자가 경매절차 내에서 이의를 통해 경매취소를 받아야 합니다.
그런데 이 사례에서 우리은행의 채권이 이 사건 경매 신청 전에 이미 채무가 소멸했더라도, 우리은행은 경매신청채권자가 아니므로 경매의 무효를 가져오는 사유가 아닙니다. 그렇지만 선순위이던 우리은행의 채권이 매각대금을 완납하기 전에 소멸해버린 사유는 법정지상권의 성립에 영향을 가지게 됩니다. 즉, 이 사례에서 저당권 설정 당시 건축 중이었던 경우 민법 제366조의 법정지상권의 성립의 문제와 관련해 그 시점이 영풍상호저축은행의 근저당권 설정시로 그 기준시점이 뒤로 밀리게 되어버렸고, 그 결과 건축의 진행정도가 높아져 이는 일단 경락인인 원고에게 불리한 사정에 해당하고, 다음에서 보듯이 결국 문제가 됩니다.

[그런데 이 사건 건물은 영풍상호저축은행의 근저당권 설정 당시에 그 규모나 종류를 외형상 예상할 수 있을 정도로 공사가 상당 부분 진척되어 있었고, 나아가 원고의 매각대금 완납 당시에는 독립된 부동산으로서 건물의 요건을 갖추고 있었던 것으로 보인다.]

해설 "토지저당권이 설정될 당시 - 건물의 규모·종류가 외형상 예상할 수 있는 정도까지 건축이 진전되어 있었고, 그 후 경매 매수인이 매각대금을 다 낸 때까지 - 독립된 부동산으로서 건물의 요건을 갖추면 법정지상권이 성립한다."라는 판시가 가능한 이유의 하나는, 제366조의 법정지상권은 설정 당시 지상에 건물이 있는 줄을 알면서도 저당권을 설정한 경우에는 그 건물이 존재함으로 해서 오는 부담을 용인한 것으로 보았다는 것으로부터 유래되거나 확장해석으로 볼 것인데, 설정 당시 장래 어떤 건물이 들어선다는 것을 능히 알았던 경우에도 이미 건물이 존재하는 것과 같은 규범적 평가(예측가능성이 있어 담보를 취득하는 자에게 불측의 손해가 없다고 보는 평가)가 가능하기 때문입니다.
집합건물의 대지를 잡아 수익을 내겠다는 큰 결심을 한 경락인은 위 판시의 마수에 딱 걸려 버렸네요. 경락인은 입찰 전에 저런 법리와 관련해서 이 물건을 분석하지 않았던가!

> 그러므로 이 사건 건물의 공유자들인 원심 공동피고 51, 46을 비롯한 이 사건 건축주들은 이 사건 제2, 3 토지에 관하여는 이 사건 건물의 존속을 위한 민법 제366조의 법정지상권을 취득하였다고 봄이 상당하고, 이 사건 건축주들로부터 전유부분의 소유권을 이전받은 구분소유자들 역시 집합건물법 제20조 제1항에 따라 이 사건 제2, 3 토지에 관하여 대지사용권으로서의 법정지상권을 취득하였다고 할 것이다. 그렇다면 이 사건 제2, 3 토지 상에 있는 전유부분을 소유 또는 점유하는 피고 25, 26, 35, 36, 41, 43, 45, 아람종합건설, 피고 50, 55, 61, 71은 이 사건 제2, 3 토지에 관한 법정지상권으로써, 이 사건 제2, 3 토지 상에 있는 전유부분과 관련된 원고의 건물철거, 대지인도, 부당이득반환 및 퇴거 청구에 대항할 수 있다고 보아야 한다.

해설 건축주들의 입장에서는 '대지사용권'이 아닌 '법정지상권'인 인정되어('대지사용권으로서의 법정지상권'이기도 하지만) 결국 안심하게 되었습니다. 어느 쪽이든 하나만 인정되면 건물은 살고 토지는 죽기 때문에, 우리가 입찰할 때는 그 대상이 집합건물의 대지이든 구분건물이든 '대지사용권의 성부'와 함께 '법정지상권의 성부'도 함께 검토해야 합니다.

▶ 건축주들이 취득한 것은 그냥 '법정지상권'이라고 했는데, 건축주들로부터 전유부분의 소유권을 이전받은 구분소유자들이 취득한 것은 '대지사용권으로서의 법정지상권'이라고 했습니다. '지상권'은 집합건물법상 '대지사용권'에 될 수 있는 종류에 하나이고, '소유권이 아닌 사용권으로서'의 대지사용권은 드물게 보는 예이기는 합니다.

▶ 건물의 소유자에 대한 청구(건물철거, 대지인도, 부당이득반환)가 인정되지 않으면 임차인 등의 점유자에 대한 퇴거청구도 부인됩니다. 그리고 소유자가 아닌 임차인 등의 점유자에게도 부당이득반환을 요구할 수가 있는 것으로 오해하는 경매인들도 있던데, 토지의 소유권이 방해를 받는 것은 어디까지나 건물이 존재한다는 사실 그 자체 때문이고, 그 건물의 존재에 대한 책임은 건물소유자와 관련이 됩니다.

> 그런데도 원심은 이와 달리 이 사건 제2, 3 토지에 관하여 법정지상권이 성립할 수 없다고 판단하여 원고의 이 사건 제2, 3 토지 상에 있는 전유부분과 관련된 각 청구를 받아들이고 말았으니, 이러한 원심판결에는 논리와 경험의 법칙을 위반하고 자유심증주의의 한계를 벗어나거나 법정지상권에 관한 법리 등을 오해함으로써 판결에 영향을 미친 잘못이 있다. 이 점을 지적하는 취지의 상고이유 주장은 이유 있다.
>
> 2) ○○연립부지에 관한 법정지상권의 성립 여부
>
> 가) 토지공유자의 한 사람이 다른 공유자의 지분 과반수의 동의를 얻어 건물을 건축한 후 토지와 건물의 소유자가 달라진 경우 토지에 관하여 관습법상의 법정지상권이 성립되는 것으로 보게 되면 이는 토지공유자의 1인으로 하여금 자신의 지분을 제외한 다른 공유자의 지분에 대하여서까지 지상권설정의 처분행위를 허용하는 셈이 되어 부당하다(대판 92다55756). 그리고 이러한 법리는 민법 제366조의 법정지상권의 경우에도 마찬

가지로 적용되고, 나아가 토지와 건물 모두가 각각 공유에 속한 경우에 토지에 관한 공유자 일부의 지분만을 목적으로 하는 근저당권이 설정되었다가 경매로 인하여 그 지분을 제3자가 취득하게 된 경우에도 마찬가지로 적용된다고 할 것이다.

해설 총론편에서 '토지 공유지분의 이전과 건물의 법정지상권'76쪽에 대해 이미 공부했지만, 토지와 건물 모두가 각각 공유에 속한 경우에도 그 이유와 결과는 같습니다. 즉, 이 경우 토지에 관한 공유자 일부의 지분만을 목적으로 하는 근저당권이 설정되었다가 경매로 인하여 그 지분을 제3자가 취득하게 된 경우에도 결과적으로 '다른 공유자의 지분에 대하여서까지 지상권설정의 처분행위를 허용하는 셈'이 됩니다. 그래서 법정지상권의 성립을 인정하면 부당합니다.

한편 동일인의 소유에 속하는 토지 및 그 지상 건물에 관하여 공동저당권이 설정된 후 그 지상 건물이 철거되고 새로 건물이 신축된 경우에, 그 신축건물의 소유자가 토지의 소유자와 동일하고 토지의 저당권자에게 신축건물에 관하여 토지의 저당권과 동일한 순위의 공동저당권을 설정해 주는 등 특별한 사정이 없는 한, 저당물의 경매로 인하여 토지와 그 신축건물이 다른 소유자에 속하게 되더라도 그 신축건물을 위한 법정지상권은 성립하지 않는다(대판 98다43601 전원합의체). 이는 건물이 철거된 후 신축된 건물에 토지와 동순위의 공동저당권이 설정되지 아니하였는데도 그 신축건물을 위한 법정지상권이 성립한다고 해석하게 되면, 공동저당권자가 법정지상권이 성립하는 신축건물의 교환가치를 취득할 수 없게 되는 결과 법정지상권의 가액 상당 가치를 되찾을 길이 막혀 당초 토지에 관하여 아무런 제한이 없는 나대지로서의 교환가치 전체를 실현시킬 수 있다고 기대하고 담보를 취득한 공동저당권자에게 불측의 손해를 입게 하기 때문으로서, 이러한 법리는 집합건물의 전부 또는 일부 전유부분과 그 대지지분에 관하여 공동저당권이 설정된 후 그 지상 집합건물이 철거되고 새로운 집합건물이 신축된 경우에도 마찬가지로 보아야 한다.

해설 이 부분의 법리는 앞서 사례(서울동부지법 2007.7.10. 선고 2006가단64789 판결310쪽)에서 공부했습니다. 다만 여기서, 그 부인되는 법리는 일반건물뿐만이 아니라 '집합건물의 전부 또는 일부 전유부분과 그 대지지분에 관하여 공동저당권이 설정된 후 그 지상 집합건물이 철거되고 새로운 집합건물이 신축된 경우에도' 마찬가지로 적용되는 이유가 뭔지에 대해 따로 생각해보는 것이 공부의 자세입니다.

> 나) ㅇㅇ연립부지는 20명이 공유하고 있었는데 그중 피고 35, 45와 원심 공동피고 36 등 3명을 제외한 나머지 17명의 공유 지분에 관하여만 영풍상호저축은행의 근저당권이 설정되었다가 그 경매절차에서 원고가 연립부지 전부가 아닌 그중 위 17명의 공유 지분만을 취득한 사실, 한편 위 17명 등 연립소유자들은 위 근저당권 설정 전에 각 그 소유의 전유부분 및 부지 지분에 관하여 우리은행에 각 공동근저당권을 설정해 주었는데, 그 후 연립은 철거된 사실 등, 나아가 위 17명 중 피고 41, 아람종합건설과 원심 공동피고 40, 42, 54 및 소외 1의 경우에는 원심 공동피고 51, 46 등 13명과 달리 원고가 경매절차에서 매각대금을 완납할 당시까지도 우리은행에 대한 대출금채무를 변제하지 못했다고 보아야 할 것인바, 이러한 사실관계를 위에서 본 법리에 비추어 살펴보면, 연립부지에 관하여는 연립이 철거되고 신축된 이 사건 건물의 존속을 위한 민법 제366조의 법정지상권이 성립할 수 없다고 할 것이다. 따라서 원심의 이유 설시에 일부 적절하지 않은 점이 있기는 하나, 연립부지에 관하여 민법 제366조의 법정지상권이 성립하지 아니한다고 본 원심의 결론은 정당하다.

해설 2심 판결의 해설에서 '3심은 연립주택이 있던 땅은 법정지상권이 성립하지 않고, 그 연접지인 4필지의 건물들이 있던 땅은 법정지상권이 성립한다고 보는 것 같다.'고 언급한 바 있습니다. 추가로 필요한 사항을 더 봅니다.

▶ 이 사례에서는 일부(20명 중 3명) 피고에 대해서는 피담보채무가 소멸한 우

리은행의 근저당권 설정 당시가 아닌, 즉 시점이 뒤로 밀린 영풍상호저축은행의 근저당권 설정 당시를 기준으로 법정지상권 성립 여부가 판단되어야 함으로써 원고가 그 일부에 대해서는 불리해졌습니다. 그리고 한편으로는 만약 다른 17명도 경매 중에 우리은행에 대한 채무를 변제해버렸다면(아마도 채무 잔액이 몇 푼 남지도 않았을 것 같네요), 원고는 '일부'가 아닌 '전체'에 대해 법정지상권의 부담을 안게 되어버렸을 것입니다. 물론 피고들이 법정지상권의 성립과 관련한 이런 난해한 법리를 모르는 것이 현실이기는 하지만요.

▶ 그런데 '매각대금을 완납하기 전에 변제 등 어떤 이유로든 피담보채무의 소멸한 사정'은 모든 특수물건의 경매에서 결정적인 문제를 야기할 수 있습니다. 경매신청이 있기 전에 피담보채무의 소멸한 사정은 경락자체가 무효가 될 법리여서 말할 것도 없지만, 경매가 진행 중에 피담보채무가 소멸한 사정도 (그것이 경매절차의 무효를 가져오는 것은 아니더라도) 이 사례의 법정지상권에서와 같이 일정한 유형에서는 문제를 야기합니다.
물론 '피담보채무의 소멸한 사정' 따위는 타인들이 지배하는 정보에 관한 것이어서 입찰자의 인식범위에 들기는 쉽지 않은 한계를 가지기는 하지만, 그래도 내공이 많이 깊어지면 뭔가 검토하고 싶은 감이 올 수도 있고, 저런 감과 같은 미묘한 디테일이 진짜의 실력자를 가르는 중요한 기준이기도 합니다. 특수물건의 경매는 지식의 함량, 분석력, 지구력, 결단력, 협상력 등 모든 요소가 필요한 종합예술로서 그 종합한 내공이 큰 수익의 문에 들어서게 하며, 무엇보다도 우선은 입찰 전에 (적어도 추상적으로라도) 결정적인 위험요소를 감지하는 능력을 보유하고 있느냐의 여부는 무척이나 중요합니다.

나. 상고이유 제2점에 관하여

권리 행사가 권리의 남용에 해당한다고 할 수 있으려면, 주관적으로 그 권리 행사의 목적이 오직 상대방에게 고통을 주고 손해를 입히려는 데 있을 뿐 행사하는 사람에게 아무런 이익이 없는 경우이어야 하고, 객관적으로는 그 권리 행사가 사회질서에 위반된다고 볼 수 있어야 한다. 이와 같은 경우에 해당하지 않는 한 비록 그 권리의 행사에 의하여 권리행사자가 얻는 이익보다 상대방이 입을 손해가 현저히 크다고 하여도 그러한 사정만으로는 이를 권리남용이라 할 수 없다(대판 2011다38592, 38608). 원심이 원고의 이 사건 청구가 권리남용이라거나 신의칙에 위반된다고 단정할 수 없다고 판단한 것은 정당하다.

해설 판례는 권리남용에 대하여 "주관적으로 그 권리 행사의 목적이 오직 상대방에게 고통을 주고 손해를 입히려는 데 있을 뿐 행사하는 사람에게 아무런 이익이 없는 경우이어야 하고, 객관적으로는 그 권리 행사가 사회질서에 위반된다고 볼 수 있어야 한다."라며 '주관적 + 객관적' 요건을 고수하고 있습니다. 저런 엄격한 자세는 많은 비판에도 불구하고 전혀 바꿀 기미도 보이지 않으니, 이젠 비판도 지쳐버린 듯합니다.

3. 결론

그러므로 원심판결 중 이 사건 제2, 3 토지 상에 있는 전유부분 소유자인 피고 25, 26, 35, 36, 41, 43, 45, 아람종합건설에 대한 위 전유부분 철거와 그 부분 대지 인도 청구 부분, 이와 관련된 부당이득반환 청구 부분 및 위 전유부분 점유자인 피고 50, 55, 61, 36, 71에 대한 퇴거 청구 부분을 각 파기하고, 이 부분 사건을 다시 심리·판단하게 하기 위하여 원심법원에 환송하며, 나머지 상고를 모두 기각하고, 상고비용 중 위 피고들을 제외한 나머지 피고들의 상고로 인한 부분은 패소자들이 부담하기로 하여, 관여 대법관의 일치된 의견으로 주문과 같이 판결한다.

해설 건물공유자의 공유지분인 토지저당권이 실행의 경우와 토지와 건물 공동저당 후 재축으로 토지저당권이 실행의 경우에는 각 제366조 법정지상권이 부인되었으나, 일부 부동산에 대하여 저당권 설정 당시 건축 중이었던 경우로서의 제366조 법정지상권은 결국 인정되었습니다.

▶ 원고는 이 사례의 입찰 당시에 판결에서 문제가 된 사항들에 관해 인식이나 이해조차 없었을 것으로 보입니다. 특수물건에 입찰하면서 충분한 파악이 없이 입찰하는 사람들이 많지만, 그렇더라도 많이들 큰 문제는 없이 종결되는 것도 사실입니다. 여기서 많은 경우라는 것은 '행운'이 작용하는 것입니다. 그러나 한 방의 타격일 수 있는 경매를 우연의 사정인 '행운'에 기대해서 하는 사람은 없습니다. 결코, 그래서도 아니 되고요. 물론 이 사안에서 입찰 당시 '토지경매의 목적물에서 빠진 일부의 지분'으로부터 발생할 문제나, '법정지상권'의 문제가 발생할 것인지 여부 등 다양한 가능성을 인식하는 일은 결코 만만치는 않습니다.
그러나 정말 실력이 출중한 사람이라면 이 사례로부터 뭔가 이상하다는, 즉 이 사례는 그런 '뭔가 불편한 느낌'의 정도는 일어날 요소를 보유하고 있었고, 그 느낌이 결국 불의타를 방지하게 합니다. 그 느낌도 내게 내장된 지식의 함량에서 도출되는 것이니만치, 경매는 결국 과학의 세계이고, 그 세계를 읽어내는 실력의 문제입니다.

17
Lesson

[2010가합10386 : 집합건물 내의 토지에 대한 공유물분할을 인정하지 않은 사례 1] 경매에 의한 대금분할, 상가건물의 구분소유, 분할청구금지로서의 '건물의 사용에 필요한 범위 내의 대지', 집합건물법이 시행되기 전에 건축된 건물에 대한 적용

[서론]

1 ▸▸ 빌라, 아파트, 상가 등이 소재하는 땅 중에 공유지분이나 일부의 필지가 경매로 나와 사정없이 최저가격이 내려가는 경우가 있습니다. 그런 물건은 입주자들이 사버리면 좋지만 그렇게 잘되지 않습니다. 돈을 부담해서 산다고 해서 그들 각자에게 당장 독자적인 이익이 오는 것은 아라고 생각하는데다가, 사람이 많다 보니 합치된 의사결정이 되기 어려운 것입니다.
한편으로는 살 생각은 있으면서도, '우리 아니면 감히 외부에서 누가 먹어!'라며 한없이 떨어지기를 기다리기도 합니다. 그렇다고 해서 경매인들도 '저게 뭔가? 앗, 뜨거워!'라는 심정에서 감히 덤비지 못합니다. 그러니 가격은 자꾸 내려갑니다.

2 ▸▸ 이런 물건은 사서 이문을 붙여 입주자들에 되팔거나, 물건의 모양새에 따라 공유물분할 등을 통해 독자적으로 사용수익을 하거나 타에 처분하여 투자수익을 생산합니다. 그런데 말이 저렇지 아주 빼어난 실력이 뒷받침되지 않으면 장기간 소송과 소송 후에도 구분건물의 소유자들과의 끝없는 분쟁에 빠져

들기 쉽습니다. 애초부터 소송으로 갈 수밖에 없는 물건이 많아, 소송수행능력이 수익률에 영향을 미치는 바가 큽니다.

3▸▸ 우선, 가장 중요한 것은 수익창출이 가능한 물건인지를 판단해낼 수 있는 능력입니다. 대표적으로 대지사용권에 걸려 분리처분금지의 효과로 인해 무효의 경매취득을 할 수 있는 위험을 비롯해 다수의 우려를 담고 있는 물건인 경우가 많습니다. 이 부분에 관한 능력을 키우기 위해 일단은 많은 지식을 보유해야 하고, 그다음에는 물건의 분석에 꼼꼼하기가 그지없어야 합니다.

[쟁점의 법리]

집합건물법이 시행되기 전에 건축되고 분양된 건물에 관해, 집합건물법을 적용해서 대지분할청구를 기각된 사례입니다. 사안 그 자체는 그 내용이 자세하지 않지만 그리 중요하지 않으므로 그냥 판결에서 그 대강을 엿보도록 합니다. 쟁점의 법리는 집합건물법 제8조의 분할청구금지와 집합건물법 제20조의 분리처분금지에 관한 것입니다.

먼저, 원고가 청구한 경매에 의한 대금분할로서의 토지분할청구가 이 사건 상가건물의 사용에 필요한 범위 내의 대지에 해당한다고 인정되어, 현물분할이든 경매에 의한 대금분할이든 분할청구 그 자체가 인정되지 않았습니다. 다음으로, 원고는 이 사건 상가건물이 집합건물법이 시행되기 이전에 건축되었으므로 법의 적용을 받지 않는다고 주장하였으나, 법 시행 당시 현존하는 구분건물에도 법이 적용되는 것이므로 원고의 이 주장도 인정되지 않았습니다.

대구지방법원 2011.7.7. 선고 2010가합10386 판결 〔공유물분할〕

[원고] 주식회사 ○○○산업

[피고] 백○○외 12

[주문] 원고의 피고들에 대한 청구를 모두 기각한다.

[청구취지] ○○시 ○○구 ○○동 3023-23 대 4,038.3㎡(이 사건 토지)를 경매에 부쳐 그 대금에서 경매비용을 공제한 나머지 금액을 별지 공유지분 목록 기재의 각 비율에 따라 원고 및 피고들에게 분배한다.

해설▶ 경매에 의한 대금분할을 원하는 공유물분할 소송을 제기할 때의 청구취지의 표시방법입니다.

[이유]

1. 원고 및 피고들은 이 사건 토지를 별지 공유지분 목록에 따라 공유하고 있다. 이 사건 토지 지상에는 상가로 사용되고 있는 에이동, 비동의 건물(이 사건 상가건물)이 존재하는데, 피고들은 현재 위 상가 내 각 점포를 소유하고 있다.

2. 원고의 주장

다음과 같은 이유로, 이 사건 토지의 공유물 분할을 구한다.

가) 이 사건 토지의 경우 현물로 분할하기 어려울 뿐만 아니라, 현물로 분할하게 되면 그 가액이 현저히 감손될 염려가 있다.

해설▶ 원고는 민법 제269조 제2항(현물로 분할할 수 없거나 분할로 인하여 현저히 그 가액이 감손될 염려가 있는 때에는 법원은 물건의 경매를 명할 수 있다.)을 그대로 주장하고 있는데, '현물로 분할할 수 없는' 경우는 극히 드물고 '분할로 인하여 현저히 그 가액이 감손될 염려가 있는 때'로 보이는 경우에도 가액보상 등으로 해결이 가능한 경우가 많습니다.

> **나)** 이 사건 상가건물은 집합건물법이 제정되기 이전에 건축된 것으로, 위 법이 적용되는 집합건물에 해당하지 아니하므로, 집합건물법 제8조가 정하고 있는 대지공유자의 분할청구 금지 규정의 적용을 받지 아니한다(만약, 부칙 제4조가 제8조까지 소급적용으로 해석된다면 이는 법 시행 이전 공유자의 공유물분할청구권을 침해하는 것이므로 위헌이다.).
>
> **다)** 이 사건 상가건물 내의 각 점포 호실은 대부분 견고한 벽체 등으로 구분되어 있지 않으며, 여러 개 호실을 합하여 사용하고 있는 등 이 사건 상가건물의 1개 호실은 단지 건물 바닥 면적을 산정하는 기초 단위일 뿐이다.

해설 상가건물 내의 구분 점포들은 현물분할을 하기 위한 적절한 상태인 것이 보통인데, 어쨌든 원고는 그것을 차단하기 위해 '벽체 등으로 구분되어 있지 않으며, 여러 개 호실을 합하여 사용하고 있다'는 주장을 하고 있습니다.

> **라)** 이 사건 토지와 상가건물은 각 소유권이 별개로 양도되어 왔으며, 현재도 이 사건 토지의 피고들 공유지분과 상가건물의 전체 면적 중 피고들이 소유하고 있는 점포가 차지하는 면적의 비율이 일치하지 아니하는 등 이 사건 토지의 지분은 상가건물의 사용에 필요한 범위 내에서 대지를 사용할 수 있는 대지권이라 할 수도 없다.
>
> **3. 피고들의 주장**
>
> 다음과 같은 이유로, 이 사건 토지는 공유물 분할의 대상이 아니다.
>
> **가)** 이 사건 상가건물은 구조상 수 개의 부분이 독립한 건물로써 사용될 수 있고, 그 구분된 각 부분에 대하여 집합건물법이 시행된 후 각 별개로 소유권보존등기까지 마쳐져 있으므로, 이 사건 상가건물은 집합건물법이 적용되는 집합건물에 해당한다.

나) 집합건물법 제8조는 “대지 위에 구분소유권의 목적인 건물이 속하는 1동의 건물이 있을 때에는 그 대지의 공유자는 그 건물의 사용에 필요한 범위 내의 대지에 대하여는 분할을 청구하지 못한다.”라고 규정하고 있는바, 위 규정에 따라 이 사건 토지는 이 사건 상가건물의 사용에 필요한 범위 내의 대지라 할 것이므로 원고는 그 분할을 청구할 수 없다.

다) 그뿐만 아니라, 집합건물법 제20조 제2항은 “구분소유자는 그가 가지는 전유부분과 분리하여 대지사용권을 처분할 수 없다. 다만, 규약으로써 달리 정한 경우에는 그러하지 아니하다.”라고 규정하고 있는바, 이를 위반한 대지사용권의 처분은 무효라 할 것이므로, 이 사건 토지를 경매에 의하여 분할하는 것도 허용될 수 없다.

라) 집합건물법은 민법과 부동산등기법만으로는 구분소유하고 있는 건물과 관련한 법률관계를 규율함에 부족함이 있어 위 각 법률의 규정을 보완하기 위하여 제정된 것으로서, 시행 이후에 건립된 건물에 한하여 적용되는 것으로 해석할 수는 없고, 그와 같은 제한 규정을 두고 있지도 아니하다.

마) 이 사건 토지는 이 사건 상가건물의 점포 분양 당시, 점포 부지에 해당하는 대지지분까지 함께 분양하였던 것이며, 다만 이 사건 상가건물의 점포 부지에 해당하는 대지지분은 추후 상가건물을 4층까지 증축하여 그 증축 부분을 포함한 상가건물의 총면적에서 각 점포가 차지하는 면적의 비율에 따라서 소유권이전등기를 경료하기로 하였던 것이다.

바) 설령, 집합건물법이 적용되지 아니한다 하더라도, 원고가 피고들을 상대로 공유물분할청구를 하는 것은 다수 지분을 가진 자의 권리남용으로서 반사회질서 법률행위에 해당하므로 허용되어서는 아니 된다.

4. 판단

(1) 이 사건 상가건물의 각 점포가 구분소유권의 객체가 되는지 여부

가) ① 1동의 건물 중 구분된 각 부분이 구조상, 이용상 독립성을 가지고 있는 경우에 그 각 부분을 1개의 구분건물로 하는 것도 가능하고, 그 1동 전체를 1개의 건물로 하는 것도 가능하기 때문에, 이를 구분건물로 할 것인지 여부는 특별한 사정이 없는 한 소유자의 의사에 의하여 결정된다고 할 것이므로, 구분건물이 되기 위하여는 객관적, 물리적인 측면에서 구분건물이 구조상, 이용상의 독립성을 갖추어야 하고, 그 건물을 구분소유권의 객체로 하려는 의사표시 즉 구분행위가 있어야 하는 것이다. (대판 98다35020)

② 그리고 이 사건 상가와 같은 경우 각 점포가 구분소유의 목적물로서 갖추어야 할 구조적 독립성은 그 용도의 특성상 매 점포마다 인근 점포와 완전히 벽체로 구분되어야 한다거나 인근 점포와 구별되는 화장실이나 탕비실 등의 시설까지 갖추어야 하는 것은 아니다.

해설 ①에 대하여 : 구분된 건물을 각기 구분소유권으로 할 것인지, 1동 전체를 1개의 소유권으로 할 것인지는 순전히 그 건물 소유자의 의사에 따릅니다. 실제로도 명백히 구분된 건물인데도 하나의 소유권으로 된 건물도 많습니다.

②에 대하여 : 오래되고 낡은 시장상가 같은 건물 중에는 점포마다 상호가 있을 뿐 벽체는 물론이고 점포의 구분도 모호한 경우가 있습니다. 그런데 상업용 건물은 일반 건물에 비해 그 특성상 구분의 정도가 많이 완화됩니다. 즉, 구분건물에는 당연히 존재해야 하는 벽체가 반드시 필요하지는 않다고 할 정도로, 상가는 일반의 구분건물보다는 구분건물로서의 요건 완화될 수 있는 것으로 해석합니다. 판시도 그런 취지를 말하고 있고, 무엇보다 상가점포의 경우 명문의 규정으로도 완화하고 있을 정도인데, 상가건물의 구분소유에 관한 내용을 정한 집합건물법 제1조의2 및 관계법령의 내용은 말미 기재와 같습니다.

나) 살피건대, 이 사건 상가건물의 각 점포는 위치와 면적이 특정되어 있고, 다른 점포를 통하여야만 상가건물 외부로 출입할 수 있는 구조가 아니라, 공동으로 사용하는 통로를 통하여 상가건물 외부로 연결되는 사실, 피고들은 자신들이 소유하고 있는 이 사건 상가건물의 각 점포를 식당, 그릇가게, 떡집, 창고 등 서로 다른 목적으로 사용하고 있는 사실, 이 사건 상가건물의 각 점포는 각 일반건축물대장에 별도로 등록되어 있을 뿐만 아니라, 각 별도로 등기되어 있는 사실 등을 각 인정할 수 있다.

다) 위 각 인정사실에 의하면, 이 사건 상가건물의 각 점포는 물리적인 측면에서 구조상 독립성을 갖추고 있을 뿐만 아니라, 이용상 독립성을 갖추고 있으며, 각 별도의 건물로 건축물대장에 등록하고, 등기하였다는 점에 비추어 볼 때 구분행위 또한 있었다고 봄이 상당하다. 따라서 이 사건 상가건물의 각 점포는 구분소유권의 객체가 되는 구분건물에 해당하고, 집합건물법의 적용을 받게 된다.

해설 집합건물의 대지이더라도 대지권등기가 아닌 그냥 공유지분으로 되어 있는 것은 흔히 있는 일이지만, 건물의 각 호수가 집합건물등기부의 구분소유의 형식이 아닌 별도로 보존등기가 되어 있다는 현상은 특이하면서도 '그것이 가능한가!'라는 생각이 듭니다. 1동의 건물 내의 일부들이 각기 보존등기가 되었다는 사실은 집합건물의 등기방식도 아니고, '1물1권주의'에 따르는 우리의 등기법상에도 부합하지 않아 뭔가 부적법한 것 같아, '저런 등기가 과연 유효한가?'라는 의문이 없지는 않습니다.
어쨌든 건축물대장(집합건축물대장이 아닌 일반건축물대장)과 등기가 어떻게 되어 있느냐가 쟁점은 아니므로, 각 점포가 위치와 면적이 특정되어 있고 공동의 통로를 통하여 출입을 할 정도로 구분이 되어는 있는지 등의 실제 현황이 집합건물법의 적용을 받을 구분소유물인가를 판단할 근거가 된다는 점을 염두에 둬야 합니다.

(2) 이 사건 토지에 대한 경매에 의한 분할청구가 허용되는지 여부

가) 집합건물법 제8조의 입법 취지 및 판단 기준

집합건물법 제8조는 "대지 위에 구분소유권의 목적인 건물이 속하는 1동의 건물이 있을 때에는 그 대지의 공유자는 그 건물 사용에 필요한 범위의 대지에 대하여는 분할을 청구하지 못한다."라고 규정하고 있다. 위 조항의 입법 취지는 1동의 건물로써 개개의 구성부분이 독립한 구분소유권의 대상이 되는 집합건물의 존립 기초를 확보하려는 데 있는바, 집합건물의 대지는 그 지상의 구분소유권과 일체성 내지 불가분성을 가지는데 일반의 공유와 같이 공유지분권에 기한 공유물 분할을 인정한다면 그 집합건물의 대지 사용관계는 파탄에 이르게 되므로 집합건물의 공동생활관계의 보호를 위하여 분할청구가 금지된다.(44쪽, 270쪽)

집합건물 대지의 공유자가 분할을 청구하는 부분이 위 조항 소정의 '건물의 사용에 필요한 범위 내의 대지'에 해당하는지 여부를 판단함에 있어서는 위 조항의 입법 취지가 우선 고려되어야 하고, 나아가 집합건물법상 '건물의 대지'에 관한 정의(같은 법 제2조 제5호, 제3조 제3항, 제4조 참조), 분할청구 부분 및 집합건물, 전체 대지와의 상호 이용관계 등이 유기적으로 함께 고려될 수 있다. 한편, '건물의 사용'이라는 개념과 관련하여, 집합건물과 분할청구 토지 부분 및 전체 대지 등의 분할청구 당시 현황은 물론 이들의 과거 이용관계와 장래 예상되는 상호관계, 또한 대지의 분할이 이루어질 경우 집합건물의 사용자들이나 그 분할된 토지 부분 및 나머지 토지 부분 등에 미치는 영향, 그 분할이 향후 전체 대지의 이용가치 내지 경제적 가치에 미치는 효과 등도 그 판단 기준이 될 수 있다. 이러한 점에 기초하여 볼 때 집합건물의 사용에 필요한 범위 내의 대지에 해당하는지 여부에 관하여는, 대지 전체 및 분할청구 부분의 각 위치, 형상, 면적 및 물리적·공간적 현황, 집합건물의 용도 및 이용 형태, 분할청구 부분 및 그 지상에 설치된 시설물의 이용관계, 분할청구 부분과 전체 대지의 법률적·사실적 상호관계, 분할이 향후 전체 대지의 이용관계 및 대지 공유자들의 재산권에 미치는 영향 등을 종합하여 판단하여야 한다. (대판 2005다66374, 66381)

해설 판례는 집합건물법 제8조에 규정된 집합건물 대지의 분할청구가 금지되는 '건물 사용에 필요한 범위의 대지'에 대하여 무척이나 복잡한 설명으로 규율하고 있습니다. 가장 난감하고 어려운 기준인 소위 '종합하여 판단하여야 한다.'라고 하고 있습니다. 정말 돈 되는 물건은 어떤 한둘의 기준이 아니라 대체로가 많은 요소를 종합한 결과로의 판단일 수밖에 없지만, 저 긴 것을 암기할 할 것까지는 없고 그 사회경제적인 의미를 이해해야 합니다. 공부를 공식화해서 외우거나 단편적으로 하면 안 됩니다. 어쨌든, 판례가 규정하는 취지는 상당히 넓은 범위에서 분할을 인정하지 않겠다는 의지가 실린 것으로 봐야 할 터입니다.

▶ 여기서 '집합건물의 사용에 필요한 범위 내의 대지'에 관한 위 판지가 동시에 '대지사용권이 미치는(성립하는) 토지의 범위'에 직접 해당하지는 간단히 단정할 수는 없지만, 위 판지가 가진 의미를 '대지사용권이 미치는 토지의 범위'에 관한 판단에 대하여도 밀접하게 참고를 하는 것이 경매투자의 안전에 도움이 될 것으로 봅니다.

나) 이 사건 토지가 집합건물법 제8조의 적용 대상인지 여부

앞서 본 각 인정사실에 의하여 엿보이는 다음과 같은 사정들, 즉 ① 이 사건 상가건물의 최초 분양 당시, 각 점포별로 구분하여 점포사용계약을 체결하면서 향후 각 점포 및 대지지분에 대한 소유권이전까지 해 줄 것을 예정하고 있었던 점, ② 그 이행의 일환으로 이 사건 상가건물 건축 당시 합계 1/2 지분을 소유하고 있던 신○○(분양주체인 주식회사 ○○의 감사), 신○○(위 회사의 이사)이 1993.2.6. 갑, 을, 병, 정, 무에게 각 1972년~1973년 사이에 있었던 매매를 원인으로 하여 각 이 사건 토지의 일부 지분에 대한 소유권이전등기를 마쳐 준 점, ③ 이 사건 토지의 피고들 공유지분과 상가건물의 전체 면적 중 피고들이 소유하고 있는 점포가 차지하는 면적의 비율이 다소 일치하지 아니한다 하더라도, 상가건물의 건축 이후, 대체로 점포와 토지의 지분이 함께 양도되어 온 점, ④ 이 사건 토지는 상가건물의 존재를 위한 목적 외에 다른 목적으로 사용되고 있지 않은

점 등에 비추어 볼 때, 이 사건 토지는 이 사건 상가건물의 사용에 필요한 범위 내의 대지에 해당된다고 봄이 상당하다. 따라서 이 사건 토지는 집합건물법 제8조에 의하여 그 분할청구가 금지된다.

해설 집합건물법이 시행되기 전이었지만 2동의 상가를 지어 각 호수별로 개별 소유권으로 분양했다는 자체로써 집합건물법이 적용될 모양새입니다. 그리고 피고들의 토지 공유지분과 상가건물의 전체 면적 중 피고들이 소유하고 있는 점포가 차지하는 면적의 비율이 일치하지 않는다는 사실은 집합건물법이 적용을 배제할 사유에는 이르지 못합니다.

다) 집합건물법 제20조의 적용 여부

집합건물법 제20조 제1항은 "구분소유자의 대지사용권은 그가 가지는 전유부분의 처분에 따른다."라고 규정하고 있고, 같은 조 제2항은 "구분소유자는 그가 가지는 전유부분과 분리하여 대지사용권을 처분할 수 없다. 다만, 규약으로써 달리 정한 경우에는 그러하지 아니하다."라고 규정하고 있다. 위 조항의 입법 취지는 대지로부터 건물이 분리되는 사태, 즉 구분소유자들이 대지사용권을 상실함으로써 토지소유자 등의 건물철거청구에 복종할 수밖에 없는 사태를 예방하여 국민 주거생활의 안정을 도모하는 한편, 토지와 건물을 독립한 부동산으로 취급하여 양자의 분리처분을 허용하고 그에 따른 권리관계의 공시를 각각 별개의 등기부에 하는 데서 초래되는 등기기술상의 불편과 양자의 권리관계 파악의 곤란을 저해하는 폐단을 제거하고자 함에 있다.

라) 살피건대, 이 사건 상가건물의 각 점포는 구분소유권의 객체가 되는 구분건물에 해당하고, 이 사건 토지는 이 사건 상가건물의 사용에 필요한 범위 내의 대지에 해당한다는 점은 앞서 본 바와 같고, 달리 이 사건 상가건물의 각 점포 소유자들이 규약으로써 이 사건 토지에 대한 대지사용권을 전유부분과 분리하여 처분할 수 있다고 규정하였음을 인정할 증거가 없을 뿐만 아니라, 집합건물법 제20조의 규정 내용과 입법 취지 등을 종

합하여 볼 때, 경매절차에서 전유부분을 낙찰받은 사람은 대지사용권까지 취득하는 것이고, 규약이나 공정증서로 다르게 정하였다는 특별한 사정이 없는 한 대지사용권을 전유부분과 분리하여 처분할 수는 없으며, 이를 위반한 대지사용권의 처분은 법원의 강제경매절차에 의한 것이라 하더라도 무효라는 법리(대판 2009다26145)를 보태어 살펴보면, 이 사건 토지에 대하여 경매에 의한 분할을 청구하는 것은 허용될 수 없다.

해설 원고가 경매에 의한 대금분할을 청구한 것에 대한 대답인데, 경매에 부치는 것 그 자체가 건물로부터 분리될 토지의 처분을 예정하는 것이어서 경매에 의한 대금분할이 허용될 수 없다는 취지입니다.

5. 소결론

(1) 결국, 이 사건 토지에 대하여 경매에 의한 분할을 청구하는 것은 집합건물법 제8조 및 제20조 어느 면에서 보나 허용될 수 없다 할 것이므로, 피고의 나머지 주장에 나아가 살펴볼 필요 없이 원고의 주장은 이유 없다.

(2) 원고는 이 사건 상가건물이 집합건물법이 시행되기 이전에 건축되었으므로, 위 법의 적용을 받지 않는다고 주장하나, 위 법 부칙 등을 살펴볼 때, 위 법 시행 당시 현존하는 구분건물에도 위 법이 적용되는 것을 전제로 하고 있음이 분명하므로, 원고의 이 부분 주장은 이유 없다.

(3) 또, 원고는 위 법이 시행 이전에 건축된 건물에도 적용되는 것이라면 이는 소급입법으로서 집합건물법 시행 이전 공유자의 공유물분할청구권을 침해하는 것이므로 위헌이라고 주장하나, 이는 집합건물법 제8조의 경우 과거 분할청구가 허용된 부분까지 새로이 규율하려는 것이 아니라, 향후 그러한 분할청구를 허용하지 않는 것에 불과하며, 집합건물법 제20조의 경우 과거 전유부분과 분리하여 처분된 대지사용권까지 무효로 하

려는 것이 아니라, 향후 그러한 분리처분을 허용하지 않는 것에 지나지 않아, 이를 소급 입법이라고 할 수 없으므로, 원고의 이 부분 주장 역시 이유 없다.

(4) 그렇다면, 원고의 피고들에 대한 청구는 모두 이유 없어 기각하기로 하여 주문과 같이 판결한다.

해설 (2)에 대하여 : 집합건물법도 그렇게 규정되어 있지만, 원고의 주장처럼 만약 집합건물법이 시행되기 이전에 건축된 경우에는 법의 적용을 받지 않는다고 한다면, 그전부터 존재하는 그 많은 집합건물은 달리 취급해야 하는 결과가 되어 도저히 현실적이지 않습니다.

(3)에 대하여 : 집합건물법 제8조의 분할청구 금지는 집합건물법이 시행되기 이전에 이미 분할이 된 것은 문제가 되지 않습니다. 그리고 집합건물법 제20조의 분리처분금지로부터 벗어나는 경우는, 법이 시행되기 이전에 이미 분리 처분된 토지뿐만이 아니라, 특히 법이 시행되기 이전에 토지에 설정된 담보권 등이 법이 시행된 후에 경매로 실행되는 경우에도 마찬가지입니다. 후자는 담보권 설정 그 자체를 '처분'으로 이해를 하거나, 적어도 '처분을 예정한 것으로 법이 인정한 행위'로 이해를 해야 하는 탓입니다.

집합건물법

제1조(건물의 구분소유) 1동의 건물 중 구조상 구분된 여러 개의 부분이 독립한 건물로써 사용될 수 있을 때에는 그 각 부분은 이 법에서 정하는 바에 따라 각각 소유권의 목적으로 할 수 있다.

제1조의2(상가건물의 구분소유) ① 1동의 건물 중 다음 각호에 해당하는 방식으로 여러 개의 건물부분이 이용상 구분된 경우에 그 건물부분(구분점포)은 이 법이 정하는 바에 따라 각각 소유권의 목적으로 할 수 있다.

1. 구분점포의 용도가 건축법 제2조 제2항 제7호의 판매시설 및 제8호의 운수시설일 것
2. 1동의 건물 중 구분점포를 포함한 제1호의 판매시설 및 운수시설 용도에 해당하는 바닥면적의 합계가 1천 평방미터 이상일 것
3. 경계를 명확하게 식별할 수 있는 표지를 바닥에 견고하게 설치할 것
4. 구분점포별로 부여된 건물번호 표지를 견고하게 부착할 것

② 제1항의 규정에 의한 경계표지 및 건물번호표지에 관하여 필요한 사항은 대통령령으로 정한다.

제2조(정의) 제5호 : "건물의 대지"란 전유부분이 속하는 1동의 건물이 있는 토지 및 제4조에 따라 건물의 대지로 된 토지를 말한다.

제3조(공용부분) 제3항 : 제1조 또는 제1조의2에 규정된 건물부분의 전부 또는 부속건물을 소유하는 자는 공정증서로써 제2항의 규약에 상응하는 것을 정할 수 있다.

제4조(규약에 따른 건물의 대지) ① 통로, 주차장, 정원, 부속건물의 대지, 그 밖에 전유부분이 속하는 1동의 건물 및 그 건물이 있는 토지와 하나로 관리되거나 사용되는 토지는 규약으로써 건물의 대지로 할 수 있다. ② 제1항의 경우에는 제3조 제3항을 준용한다. ③ 건물이 있는 토지가 건물이 일부 멸실함에 따라 건물이 있는 토지가 아닌 토지로 된 경우에는 그 토지는 제1항에 따라 규약으로써 건물의 대지로 정한 것으로 본다. 건물이 있는 토지의 일부가 분할로 인하여 건물이 있는 토지가 아닌 토지로 된 경우에도 같다.

집합건물의 소유 및 관리에 관한 법률 제1조의2 제1항의 경계표지 및 건물번호표지에 관한 규정(대통령령)

제1조(경계표지) ① 집합건물법 제1조의2 제1항 제3호의 규정에 의한 경계표지는 바닥에 너비 3센티미터 이상의 동판, 스테인리스 강판, 석재 그 밖에 쉽게 부식·손상 또는 마모되지 아니하는 재료로서 구분점포의 바닥재료와는 다른 재료로 설치하여야 한다. ② 경계표지 재료의 색은 건물바닥의 색과 명확히 구분되어야 한다.

제2조(건물번호표지) ① 법 제1조의2 제1항 제4호의 규정에 의한 건물번호표지는 구분점포 내 바닥의 잘 보이는 곳에 설치하여야 한다. ② 건물번호표지 글자의 가로규격은 5센티미터 이상, 세로규격은 10센티미터 이상이 되어야 한다. ③ 구분점포의 위치가 표시된 현황도를 건물 각층 입구의 잘 보이는 곳에 견고하게 설치하여야 한다. ④ 건물번호표지의 재료와 색에 관하여는 제1조 제1항 및 제2항의 규정을 각각 준용한다.

[2004나10208,10215〈2심〉, 2005다66374,66381〈3심〉] 집합건물 내의 토지에 대한 공유물분할을 인정하지 않은 사례 2 : 분할청구금지로서의 '건물의 사용에 필요한 범위 내의 대지', 공유자들과 협의 없는 독점적 사용에 대한 청구, 공동 사용·수익의 청구, 사용·수익의 금지, 부작위의무의 이행청구, 공동 사용수익권 침해를 이유로 한 손해배상청구, 지분비율을 초과하는 사용·수익에 관한 부당이득반환청구

[쟁점의 법리]

이 사건은 건설회사가 아파트를 신축하면서 아파트 울타리 내 지하상가가 차지하는 토지부분(이 부분 지상에는 아파트 등의 공작물이 없음)은 대지권등기를 하지 않고, 그 상가건물과 함께 위 토지를 원고에게 별도로 넘김으로써 문제가 된 것입니다. 원고는 문제의 위 토지부분을 원고의 소유로 하는 내용으로 공유물분할청구의 소를 제기하였고, 이에 대하여 구분소유자들인 피고들은 문제의 토지부분이 집합건물법상 분할금지에 해당함을 항변함과 동시에 문제의 토지부분에 대한 원고의 독점적 사용을 풀라는 등의 반소를 제기한 것입니다.

만약 이 사건 형태의 상가건물과 문제의 토지부분이 하나로 경매로 나왔을 때, 즉, 저런 유형의 경매물건을 염두에 두고서 공부하기로 합니다. 3심에서 파기된 문제의 토지부분에 대한 토지인도청구를 비롯한 반소청구는 경매와의 직접 관련성은 떨어지므로, 편의상 2심의 판결로 공부하되 필요에 따른 3심을 부가합니다.

[사안의 개요]

시점, 소송	• 사실관계, 판단의 기준점, 법적효과
사실의 출발	• 라이프주택개발이 1984년경 이 사건 토지(11,188.1㎡)에 '진주상가(지층)'와 진주아파트(1층~10층 및 지하층 1,2,3동)을 신축함.
1985년 이후	• 1985년경부터 아파트분양이 시작되어, 피고들이 아파트 각 구분건물을 분양받거나 수분양자 등으로부터 매수해서 등기함.
1986.7.24.	• 토지 전체 11,188.1㎡ 중, 948.89㎡는 상가부분의 몫으로 남기고(이 사건 분할청구부분), 10,239.21㎡에 대해서 아파트의 대지권으로 등기를 마침. • 신축 당시 위 남긴 부분에는 복지 · 부대시설(지하에 진주상가, 진주상가 지상부분에 주차장, 진주상가 우측에 어린이 놀이터)이 설치됨.
1991.1.28.	• 원고는 진주상가 및 남긴 부분의 토지지분을 위 회사로부터 매수하여 이전등기를 마침. • 이 사건 분할청구부분인 진주상가 지상 부분의 화단에는 개나리 등이 식재되어 있었고, 진주아파트에서 진주상가로 걸어 내려가는 2개의 계단과 스테인리스 난간, 썽큰가든 부분에는 인공폭포 및 정원이 각 설치되어 있었으며, 진주아파트 및 외부 도로와 연결하기 위한 계단 및 경사로가 설치되어 아파트 주민들의 통행로로 사용되었음.
1997.4. 이후	• 이 사건 분할청구부분에 대하여 원고가 1997.4.28.부터 화단을 제거하고 계단 및 담장 등을 손상한 후 독점적으로 점유 · 사용하고(진주아파트 주민들의 사용은 사실상 어렵게 됨), 폐기물 등을 방치하고 철골구조물 및 철판 등을 설치하여 현재까지 그 일부를 철거 및 원상복구를 하지 않고 있음.
원고의 소제기	• 이 사건 분할청구 토지부분을 원고의 소유하는 내용으로 공유물분할청구의 소를 제기함.
피고들의 반소	• 이 사건 분할청구 토지부분 위에 원고가 설치한 철문, 담장, 철골구조물, 천막, 조명기구 등을 철거하고, 이 사건 분할청구 토지부분이 포함된 897.6㎡를 인도하고, 부당이득을 반환하라는 반소를 제기함.

재판의 결과	(1심) 본소 : 승, 반소 : 일부 승 (2심) 본소 : 패, 반소 : 일부 승(확장) (3심) 본소 : 패, 반소 : 일부 승(축소 - 토지인도청구 부분 패) **해설** 본소청구에 대해서는, 분할청구 토지부분이 진주아파트의 사용에 필요한 범위 내의 대지(집합건물법 제8조 '건물의 사용에 필요한 범위 내의 대지')에 해당한다는 이유로 그 분할청구가 허용될 수 없다고 판단하였습니다. 한편 반소청구에 대해서는, 원고가 다른 공유자들인 피고들과 협의 없이 이 사건 점유 부분을 독점적으로 사용하고 시설물들을 설치하는 등 현상을 변경하였음을 이유로 시설물들의 철거 및 피고들의 각 공유지분에 상응한 원상회복비용 및 부당이득반환을 인정하고, 피고들이 원고의 점유부분을 제외한 나머지 토지 부분을 독점적으로 점유·사용한 것이 아니라는 이유로 원고의 상계항변을 배척하였습니다. 그러나 이 사건 점유 부분은 공유자들인 원고와 피고들이 공동 사용할 수밖에 없다는 이유로 인도청구는 인정하지 않았습니다.

〈2심〉 서울고등법원 2005.10.5. 선고 2004나10208(본소), 10215(반소) 판결 〔공유물분할 · 불법시설물철거등〕

[원고(반소피고), 피항소인 겸 항소인] 원고

[피고(반소원고), 항소인 겸 피항소인] 피고 1외 161인

(반소청구 부분인 '불법시설물 철거 등'은 생략)

1. 집합건물법 제8조의 규정취지와 쟁점

집합건물법 제8조는 '대지 위에 구분소유권의 목적인 건물이 속하는 1동의 건물이 있을 때에는 그 대지의 공유자는 그 건물의 사용에 필요한 범위 내의 대지에 대하여는 분할을 청구하지 못한다.'고 규정하고 있고, 반면 민법 제268조 제1항은 공유물 분할의 자유를 인정하고 있는바, 민법상의 공유관계는 일시적·잠정적 관계로 이해되나 구분소유관계는 민법상의 공유관계와 달리 그 건물이 존속하는 한 계속되는 항시적인 관계이므로 건물의 존립 등을 위해서는 그 대지 공유관계의 유지가 필요하다 할 것이어서 집합건물법 제8조는 건물 존립의 기초 등을 확보하기 위하여 구분소유건물이 있는 대지의 공유자에 대하여는 민법상의 공유관계에서 인정되고 있는 공유물분할청구를 금지하고 있는 것이라 할 것인데, ② 이와 같은 공유물분할청구가 금지되는 대지의 범위는 물리적 및 공간적인 기준, 그 지상에 설치된 시설물의 용도, 전체 대지의 이용형태와 구분건물의 소유자 내지 이용권자가 그 건물을 본래의 용도에 맞게 사용하기 위한 필요한 범위 등을 종합하여 판단되어야 할 것이다.

해설 집합건물법 제8조의 '대지공유자의 분할청구 금지'를 규정한 이유에 대하여 2심은 '구분소유관계는 민법상의 공유관계와 달리 그 건물이 존속하는 한 계속되는 항시적인 관계이므로 건물의 존립 등을 위해서는 그 대지 공유관계의 유지가 필요가 있기 때문'이라고 하고, 3심은 그 입법취지에 대하여 '1동의 건물로써 개개의 구성부분이 독립한 구분소유권의 대상이 되는 집합건물의 존립 기초를 확보하려는 데 있고, 집합건물의 대지는 그 지상의 구분소유권과 일체성 내지 불가분성을 가지므로 공유물 분할을 인정한다면 그 집합건물의 대지사용관계는 파탄에 이르게 되기 때문'입니다.
이런 이유든 입법취지든 그 실질은 집합건물의 존속이라는 현실을 바탕으로 하는 같은 정신에서의 발로이므로, 위 두 개를 비교해서 모은 후 하나의 통합된 법리를 정리하기 바랍니다.

▶ '집합건물의 사용에 필요한 범위 내의 대지'인지의 여부는 그 기준을 '대지

전체 및 분할청구 부분의 각 위치, 형상, 면적 및 물리적·공간적 현황, 집합건물의 용도 및 이용 형태, 분할청구 부분 및 그 지상에 설치된 시설물의 이용관계, 분할청구 부분과 전체 대지의 법률적·사실적 상호관계, 분할이 향후 전체 대지의 이용관계 및 대지 공유자들의 재산권에 미치는 영향 등을 종합'하여 판단한다고 배웠는데, 공유물분할청구의 금지에 관한 이 2심의 ②의 표현도 그 성격은 '집합건물의 사용에 필요한 범위'에 관한 판단이기도 하므로 관련하여 눈여겨보기 바랍니다.

> 원고는 진주상가의 부지를 포함한 이 사건 분할청구 토지부분을 원고의 소유로 하는 분할 이외의 그 밖의 현물분할과 가액분할은 원하지 않고 있고(피고들은 이 사건 토지의 현물분할 및 가액분할을 모두 원하지 아니하고 있다.), 또한 진주상가의 부지를 포함하지 않는 다른 부분의 토지는 진주아파트 사용에 필요한 범위 내의 대지로 보이는 이 사건에 있어서, 결국 진주상가의 부지를 포함한 이 사건 분할청구 토지부분이 집합건물법 제8조 '진주아파트의 사용에 필요한 범위 내의 대지'인지의 여부가 쟁점이라 할 것이다.

해설▶ 원고는 오로지 어떤 특정의 영역만을 현물분할로 받는 것 외의 다른 현물분할이나 가액분할은 원하지 않고 있네요. 분할은 모든 공유자가 각자 원래 가진 지분의 경제적 가치가 유지될 것을 전제로 하여 구체적 타당성을 찾는 과정이기 때문에, 원고처럼 자신에게 유리한 현물만을 원하는 청구는 좀체 받아들여지기 어렵습니다.

더구나 피고들은 현물분할이든 가액분할이든 분할 그 자체를 거부하고 있는 상황입니다. 원고는 진주상가의 부지를 포함하여 사실상 자신이 배타적으로 점유하고 있는 토지부분을 분할지로 받기로 원하지만, 재판의 상황은 원고의 희망을 훌쩍 넘도록 배반하여 그 모든 부지가 '분할이 금지되는 집합건물인 진주아파트의 사용에 필요한 범위 내의 대지인지'에 대한 쟁점으로 넘어가 버렸습니다.

2. 이 사건 토지의 분할가능 여부

진주상가의 부지가 포함된 이 사건 분할청구 토지부분은 이 사건 토지에서 차지하고 있는 위치 및 원고의 이익만을 고려한다면 분할이 가능하다고 볼 여지는 있다 할 것이다.

그러나 다음과 같은 사정, ① 라이프주택개발은 이 사건 분할청구 토지부분에 진주아파트의 부대 및 복리시설로서 진주상가, 어린이 놀이터, 주차장(진주상가 지상부분)과 그 진주상가 지상부분 등에 통행로, 계단, 화단을 설치하는 내용의 사업승인을 받아 이를 각 설치하였고, 원고가 철판 담장과 철문 등을 설치하기 전까지는 진주아파트 주민들이 위와 같은 시설물을 이용하여 왔으며, 특히 계단 및 경사로 출입구는 사거리 교차로로 출입하는 통행로로 사용되는 등 위 시설물은 진주아파트의 입주민들인 피고들에게 사용상 필요한 시설인 점, ② 이 사건 분할청구 토지부분 중 별지 제1-2 도면 중 1, 2의 각 점을 연결한 선과 진주아파트 제1동과의 이격거리가 약 3미터에 불과하고, 이 사건 분할청구 토지부분은 사거리 교차로에 맞닿은 부분으로 이를 원고의 소유로 그 밖의 토지 부분을 피고들의 소유로 분할한다면 원고와 피고들 사이에 경제적 가치의 과부족이 생길 여지가 있고, 특히 진주아파트 주민들의 사거리 교차로의 통행에 상당한 불편이 예상되며, 또한 그 밖의 토지 부분은 재건축 시 이용가치가 현저히 감소될 여지가 충분히 엿보이는 점 등을 종합하여 보면, 이 사건 분할청구 토지부분은 '진주아파트의 사용에 필요한 범위 내의 대지'로 봄이 상당하여 그 분할이 허용될 수 없다 할 것이다.

해설 '진주상가의 부지가 포함된 이 사건 분할청구 토지부분은 이 사건 토지에서 차지하고 있는 위치 및 원고의 이익만을 고려한다면 분할이 가능하다고 볼 여지는 있다.'라는 취지의 부분에 대해서 보면, 만약 이 사건 토지가 집합건물과 관련이 없는 일반의 공유지라면 그렇게 하는 것이 가능합니다.
토지이용도의 현실적인 관련성을 중시하여 현황을 그대로 원고 소유의 상가의 이용도를 살리는 분할을 하고, 나머지 문제는 경제적 가치를 조정하는 방법을 통해 구체적 타당성을 찾을 수 있다고 보기 때문입니다.

▶ '집합건물의 사용에 필요한 범위 내의 대지인지'의 기준인 '대지 전체 및 분할청구 부분의 각 위치, 형상, 면적 및 물리적·공간적 현황, 집합건물의 용도 및 이용 형태, 분할청구 부분 및 그 지상에 설치된 시설물의 이용관계, 분할청구 부분과 전체 대지의 법률적·사실적 상호관계, 분할이 향후 전체 대지의 이용관계 및 대지 공유자들의 재산권에 미치는 영향 등을 종합한 판단의 결과'와 관련하여 설시의 타당성을 생각해 보기 바랍니다.

▶ 원고는 지하에 진주상가를 소유하고 있으면서 그 진주상가의 지상토지를 중심으로 일정 범위까지 분할을 구하는 것으로 보이는데, 그 토지부분의 실상이 아파트가 아파트로서의 기능을 할 수 있는 점과 밀접한 관련이 있음을 설시의 사실을 통해 알 수 있습니다.
원고가 철판 담장과 철문 등을 설치하기까지 하면서 "여긴 내 땅이야!" 하면서 (그럼으로써 주민들의 어린이 놀이터, 주차장, 통행로, 계단 등의 사용에 시비하거나 방해를 했다든지) 아파트 주민들과의 갈등이 심각했던 것 같은데, '집합건물의 사용에 필요한 범위 내의 대지'라는 따위의 법리를 몰랐을 원고로서는 한계가 있었겠지만, 어쨌든 원고는 재판이 아니라 적당한 협상에 의한 길을 찾기에 고민했어야 했던 것이 아닌가 싶습니다.

〈3심〉 대법원 2007.12.27. 선고 2005다66374,66381 판결
[공유물분할 · 불법시설물철거등]

[판결요지]

집합건물법 제8조(대지공유자의 분할청구 금지)의 입법 취지는 1동의 건물로써 개개의 구성부분이 독립한 구분소유권의 대상이 되는 집합건물의 존립 기초를 확보하려는 데 있는바, 집합건물의 대지는 그 지상의 구분소유권과 일체성 내지 불가분성을 가지는데 일반의 공유와 같이 공유지분권에 기한 공유물 분할을 인정한다면 그 집합건물의 대지사용관계는 파탄에 이르게 되므로 집합건물의 공동생활관계의 보호를 위하여 분할청구가 금지된다.

[이유]

원심이 원고가 피고들을 상대로 공유물 분할을 요구하는 이 사건 분할청구 토지 부분이 집합건물인 진주아파트의 사용에 필요한 범위 내의 대지에 해당한다는 이유로 그 분할청구가 허용될 수 없다고 판단한 것은 정당하다.

Tip. 재산권 귀속의 법정관계, 법률의 규정에 의한 권리

권리분석의 기본이기는 하지만, 이것의 게재는 기본을 다시 다지는 취지입니다.

사적인 재산권의 문제는 계약을 중심으로 당사자의 자유로운 의사에 의한, 즉 '사적자치의 행위'에 의합니다. 그러나 사적자치가 이루지지 않았거나 사적자치가 허용될 영역이 아닌 경우, 공공의 이익이 관련된 경우, 사회적 약자 보호의 문제와 관련된 경우, 재화의 성질에 따라야 하는 경우 등에 있어서는 재산권귀속관계를 법이 나서서 규율할 필요성이 요구됩니다. 그 필요성에 의하여 탄생한 제도가 '재산권 귀속의 법정관계'나 '법률의 규정에 의한 권리'입니다. 쉽게 말해 '법이 알아서 한다.'라는 경우라 하겠습니다. 경매와 관련되는 것으로는, '재산권 귀속의 법정관계'는 원물과 부합물, 주물과 종물, 대지권의 취득, 유치권의 성립, 법정지상권 · 관습상법정지상권 · 분묘기지권 · 특수지역권의 각 성립 등이 있습니다. 그리고 '법률의 규정에 의한 권리'는 경매로 인한 소유권의 취득, 주택 및 상가 임차권, 근로자의 임금채권 등이 있습니다.

그 규율의 방법은 이렇습니다. 원물과 부합물, 주물과 종물, 집합건물법상 대지사용권, 유치권, 법정지상권 · 관습상법정지상권 · 분묘기지권 · 특수지역권은 각 법정의 요건에 부합하는 어떤 사실상태가 발생하면 이해관계인의 의사와 관계없이 당연히 성립하도록 했습니다. 그리고 경매에 의한 부동산물권의 취득은 등기를 요하지 않도록 했고(제187조 본문), 주택 · 상가임차권 및 근로자의 채권 등도 각 요건에 부합하면 배당요구만으로 우선변제를 받을 수 있도록 했습니다. 관련해서 '경매 매각으로 인한 소멸 · 인수의 기준'을 관련 조문과 함께, 아래 표로 법령 · 판례 · 학설 · 사견 등에 의해 정리합니다.

- **민사집행법 제91조(인수주의와 잉여주의의 선택 등)** ②매각부동산 위의 모든 저당권은 매각으로 소멸된다. ③지상권 · 지역권 · 전세권 및 등기된 임차권은 저당권 · 압류채권 · 가압류채권에 대항할 수 없는 경우에는 매각으로 소멸된다. ④제3항의 경우 외의 지상권 · 지역권 · 전세권 및 등기된 임차권은 매수인이 인수한다. 다만, 그중 전세권의 경우에는 전세권자가 제88조에 따라 배당요구를 하면 매각으로 소멸된다. ⑤매수인은 유치권자에게 그 유치권으로 담보하는 채권을 변제할 책임이 있다.

[소멸 · 인수의 기준]

등기 여부		종류	말소기준등기와 관련하여		관련 사항 (다만, 필자의 사견도 포함됨)
			전	후	
등기부 표시	갑구	경매기입등기	소멸	소멸	'경매기입등기'는 낙찰자에 대한 대항력의 기준이 됨.
		가압류, 압류	소멸	소멸	① 단, 현 소유자의 채권자에 의한 경매에서 전소유자에 대한 가압류는 인수조건이면 인수.
		가처분	인수	소멸	② 단, 토지인도청구권을 근거로 한 건물철거청구권을 피보전권리로 하는 거물가처분은 후순위이더라도 말소되지 않음.
		담보가등기	소멸	소멸	말소기준보다 빠른 경우에는 경매절차에서 신고 자체가 없으면 권리보전가등기로 취급되어 매각의 결과 잔존하게 되나, 재판을 통해 말소가 가능하다고 이해가 됨.
		소유권 보전가등기	인수	소멸	(인수의 경우이더라도) 배당요구하지 않은 최선순위임차권이 존재하는 경우에는, 경매법원에 의한 가등기의 말소는 어려울 것으로 보나 재판에 의한 말소는 인정되어야 할 것으로 이해가 됨.
		예고등기	인수	인수	없어진 제도이나, 기존의 예고등기는 부담으로 남는 것임.
		환매등기	인수	인수	단, 환매제한 기간이 지난 것은 소멸되어야 할 것임.
	을구	(근)저당권	소멸	소멸	단, 토지별도등기는 인수조건이면 인수.
		전세권	인수, 소멸	소멸	전세권이 건물의 전부냐 일부냐에 따를 수 있고, 최선순위전세권도 배당요구를 하면 소멸함.
		지역권	인수	소멸	용익권이므로 말소기준등기를 기준으로 결정되어야 할 것임.
		지상권	인수	소멸	용익권이므로 말소기준등기를 기준으로 결정되어야 할 것임.
		민법상 등기임차권	인수	소멸	단, 말소기준보다 빠른 경우에는 배당금액이 부족한 경우에도 잔액에 대해 인수하는데 이 경우 등기는 그 잔액만큼으로 변경되어야 할 것으로 이해됨.
		임차권등기 명령에 의한 임차권	인수	소멸	이 등기 자체에 배당요구의 의사가 포함된 것으로 보므로, 최선순위도 배당요구 없이도 배당을 받고 소멸됨. 다만, 배당금액이 부족한 경우에는 잔액에 대해 인수하는데 이 경우 등기는 그 잔액만큼으로 변경되어야 할 것으로 이해됨.
등기부 미표시		법정지상권	인수	인수	이것이 대표적으로 '경매로 인해 설정되는 것으로 보는 권리'에 해당함.
		유치권	인수	인수	단, 경매개시결정등기 후 성립한 유치권은 경락인에게 대항하지 못함.
		주택상가 임차권	인수, 소멸	소멸	최선순위이더라도 배당요구로 배당받은 한도에서는 소멸.

19
Lesson

[95나10589] 집합건물 내의 토지에 대한 공유물분할을 인정한 사례 : 분할청구금지로서의 '건물의 사용에 필요한 범위 내의 대지', 고유필수적공동소송, 가액보상에 의한 공유물현물분할

[서론]

이 사례에서 문제가 된 땅의 정확한 형세를 모르는 상태이지만, 예를 들어 아파트 단지 내 외진 곳에 이렇다 할 용도로 쓰이지는 않고 버려진 듯이 보이는 일단의 땅이 경매로 나온 경우라면(이 사례 자체는 경매사건이 아니지만), 그런 경우에는 일단 분할이 인정될 가능성이 있는 땅의 유형입니다. 그렇지만 만약 종합적인 검토와 판단 끝에 아주 낮은 비율의 위험성이라도 우려되면 결국 실패의 경매가 된다는 계산으로 입찰을 단념하는 경우입니다.

그러나 한편으로는, 이런 땅은 엄청나게 싸게 낙찰되는 경향을 가지기 때문에 부담이 적다는 이점과, 나아가 그 이점의 힘을 받은 협상의 묘(지식의 불균형)에 의해 수익발생의 가능성이 전혀 없는 것은 아닙니다. 물론 위험이 없는 경우이면 대박의 가능성에 승차하는 것입니다. 결론적으로는 완전히 실패한 경우가 아니면 워낙 싸게 매입하게 되는 배경으로 인해 크고 작은 수익을 내게 된다는 것입니다.

그러나 또 한편으로는 집합건물이 직접 깔고 있는 대지부분이 아닌 위치의 지분이나 필지도 결국 대지사용권이 미치거나 적어도 분할이 금지될 가능성이 높다고 보는 것이 적절하므로, 그만큼 면밀한 검토와 함께 보수적인 판단을 해야 합니다. 어떻게 보든, 어느 경우이든, 누가 뭐라고 하던 결국에는 모든 관련 요소를 종합해서 판단하고 조율을 해낼 실력이 관건일 수밖에 없습니다.

[사안의 개요]

진행, 소송	사실관계, 판단의 기준점, 법적효과
진행 1	9명의 건축주들이 일부의 토지지분은 아파트 대지에 빼서 자신들의 소유로 남긴 후 상가를 포함한 아파트를 신축 · 분양을 하고 등기를 넘김.
진행 2	아파트 대지에 대한 환지절차 진행 중에는 원고들인 건축주들이 남긴 토지지분에 대하여 공유물분할소송을 제기하자, 피고들인 구분건물소유자들은 부족하게 지분등기를 받았다며 추가지분이전등기를 요구하는 반소를 제기함. 그 결과는, 본소인 공유물분할의 청구는 환지확정 전이라는 이유로 인정되지 않았고, 반소는 피고들의 주장을 인정할 증거가 없다는 이유로 인정되지 않았음.
진행 3	환지가 확정된 후 다시 원고들이 같은 내용의 공유물분할소송을 제기하였으나, 2심에서 공유물분할소송의 당사자적격을 갖는 전원이 당사자에 포함되어야 하는 요건(고유필수적공동소송)의 불비로 인해 소가 각하되었음.
원고들의 소제기	남긴 대지지분에 대해서 다시 이 사건 공유물분할소송을 제기함.
재판의 결과	1심은 원고승소, 2심(95나10589)은 원고 일부승소, 3심은 쌍방 상고기각. • 결론적으로는 집합건물 내의 토지에 대한 공유물분할을 인정한 사례인데, 그 내용은 아파트가 준공된 이래 나대지로 방치 내지 일시 타에 임대되었다가는 주차장과 어리이놀이터 등으로 이용되고 있는 곳(별지 2목록 5항, 6항 기재 토지)은 원고들의 소유로 하는, 나머지 전부(별지 2목록 1. 내지 4.항 기재 토지)는 구분건물소유자들의 소유로 하는 각 분할판결임. 다만, 원고들이 본래 가져야 할 경제적 가치보다 큰 현물로 취득하게 되는 결과, 원고들이 초과로 받는 부분의 대가를 피고들에게 지급하도록 했음(일부 가액보상).

서울고등법원 1996.9.10. 선고 95나10589 판결 〔공유물분할〕

[원고, 피항소인] 서○모 외 7인

[피고, 항소인] 김○연 외 57인

[주문]

1. 제1심판결을 다음과 같이 변경한다.

2. 별지 제2 부동산목록 기재 각 토지에 관하여, 그 중 제5, 6항 기재 토지는 별지 제4 분할 후 공유지분 내역표 제1항 기재 각 지분비율에 의하여 원고들의 공유로, 같은 부동산목록 제1, 2, 3, 4항 기재 토지는 별지 제4 분할 후 공유지분 내역표 제2항 기재 각 지분비율에 의하여 피고들의 공유로 각 분할한다.

3. 원고들은 각자 피고들에게 금 186,943,664원 및 이에 대하여 이 사건 판결확정일 다음날부터 완제일까지 연 5푼의 비율에 의한 금원을 지급하라.

[청구취지] 별지 제2 부동산목록 기재 각 토지를, 그 중 같은 목록 제5, 6항 기재 토지는 원고들의 공유로, 같은 목록 제1 내지 4항 기재 토지는 피고들의 공유로 각 분할한다.

[이유]

1. 기초사실 (편의상 간단히 정리함)

① 이 사건 '환지 전 구토지 6,645㎡'는 9인(원고 김○기를 제외한 나머지 원고들과 소외 서○용, 김○수 등)의 건축주들이 지상에 아파트를 건축하기 위하여 구입하여 1978.8.25. 위 9인 공동명의로 등기를 마친 공유토지였다.

② 위 9인의 건축주들은 1978.9.13. 안양시로부터 환지 전 구토지 중 3,420.88㎡를 대지면적으로 하여 건축허가를 받아 4동의 아파트와 상가건물(이 사건 아파트)을 건축한

뒤 1979.11.28. 준공검사를 마쳤다.

③ 위 건축주들은 1979.4.29.부터 1981.3.17. 사이 이 사건 아파트 및 상가를 모두 분양하고, 1982.4.21.까지 사이에 환지 전 구토지에 관하여 최초 수분양자들에게 각 공유지분 이전등기를 하여 주었고(그 합계는 6,645분의 3974.164 지분인데, 피고들은 중 일부만이 최초 수분양자이고 나머지는 모두 최초 수분양자들로부터 전전매수하고 지분소유권 이전등기를 경료한 자들이다.), 위 건축주들 명의로 6,645분의 2670.836 공유지분이 남게 되었다.

④ 당초 도시계획의 일환으로 이 사건 아파트의 남북으로 폭 8m의 도로시설이 예정되어 있어 환지 전 구토지 중 위 도시계획도로 사이에 이 사건 아파트가 위치하도록 설계를 하여 건축허가를 받았다.

⑤ 원고 김○기를 제외한 나머지 원고들과 소외 서○용은 환지예정지에 대하여 1983.8.경 그 당시의 이 사건 아파트 소유자들을 상대로 하여 공유물분할 청구 소송을 제기하였고, 위 소송의 피고들은 위 건축주들은 환지예정지 권리면적이 건축허가 상의 대지면적인 3420.88㎡이 될 수 있는 분량의 환지 전 구토지의 해당 지분(환지예정지 면적인 3898.1㎡를 기준으로 역산하면 환지 전 구토지의 6,645분의 5831.494 지분이 된다.)을 수분양자들에게 매도하였음에도 6,645분의 3974.164 지분만을 이전등기하였으므로 그 부족 지분에 대하여 수분양자들에게 각 매매를 원인으로 한 소유권이전등기를 경료할 의무가 있다며 환지 전 구토지에 대한 지분소유권 이전등기 청구 반소를 제기하였으나, 1984.6.26. 위 본소에 대하여는 환지확정 전의 환지예정지 상태에서는 환지예정지에 대한 공유물분할은 물론 종전 토지에 대한 공유물분할도 청구할 수 없다는 이유로, 위 반소에 대하여는 위 소송의 피고들의 주장을 인정할 증거가 없다는 이유로 본소, 반소 모두를 기각하는 판결이 선고되었고, 위 판결은 항소제기 기간의 경과로 그대로 확정되었다.

⑥ 그 후 환지처분이 확정되자 원고들은 1990.10.경 다시 그 당시의 지분소유권자들을 상대로 이 사건 각 토지에 대한 공유물분할 청구 소송을 제기하여 1992.1.30. 별지 2 부동산목록 제5, 6항 기재 토지를 원고들만의 공유로, 별지 2 부동산목록 제1 내지 4항 기재 토지에 대하여는 수분양자들만의 공유로 하는 현물분할을 명하는 원고들 승소판결이 선고되었으나, 위 사건의 항소심 계속 중인 1993.12.9. 원고들이 착오로 위 사건의 1심 피고들 중 이○영, 김○전, 박○기, 양○승, 남○우에 대하여 그 당시의 소유권자로 등재되어 있지 않다며 소를 취하하자 1994.2.18. 위 취하된 피고들도 공유자로서 인정되고 그 외에도 소송당사자로 하지 아니한 다른 공유자들이 있음에도 이들을 당사자로 하지 아니하고 공유물분할 청구 소송을 제기한 것이어서 부적법하다는 이유로 위 사건의 제1심판결을 취소하고 원고들의 소를 각하한다는 판결이 선고되었고, 위 판결도 그대로 확정되었다.

해설 ③ 역시나 수분양자들에게 지분이전을 해주고 남긴 건축주들 명의의 지분(6,645분의 2670.836)이 문제가 됩니다.

④ 아파트의 동과 동 사이를 도로가 지나갈 형상이라는 점은 아파트로부터 분할이 인정될 수도 있는 땅이 나올 조건의 하나일 가능성이 상대적으로 높을 수 있습니다. 즉, 경매로 나온 부분이 집합건물이 배치된 곳과 관련하여 얼마나 유리된 상태인지, 그 집합건물의 용도에 따른 보유의 필연성이 얼마나 떨어지는지 등에 대하여 판단하는 예리한 감각이 필요합니다.

⑤ 환지절차가 진행 중인 땅은 그 절차가 확정되기까지는 원칙적으로 모든 등기가 정지되는데, 원고들 대리인이 그것을 모르고 공유물분할 소송을 제기한 것인지 하는 의문이 듭니다. 거래를 한 지분보다 부족하다는 피고들의 주장은 나중에서야 주장하는 억지인지 사실이 그러했는지 대해서는 그 진실은 알 수 없으나, 주장에는 입증이 뒷받침되어야 합니다. 경매관련 사건에 조력을 해보

면, 이쪽도 저쪽도 입증은 없으면서도 온갖 판례요지를 들이밀며 주장만 요란한, 그래서 답답한 경우가 더러 있습니다. 재판은 주장이나 항변과 함께, 증거의 확보, 증거의 해석, 해석된 증거의 선택, 선택된 증거의 제출시점의 결정, 내가 탄핵할 상대방이 가진 증거를 재판에 현출되도록 만드는 기술 등의 총화입니다.

⑥ 공유물분할소송은 당사자적격의 흠결로 인해 각하는 되었지만, 그 이전에 이 사건 토지 그 자체로는 현물분할이 인정되는 형상이었음은 알 수 있습니다.

> (전략) 피고들은, 원고들이 이 사건 각 토지의 적법한 공유지분권자라 하더라도 이 사건 각 토지는 집합건물인 이 사건 아파트의 대지이므로 집합건물법 제8조에 의하여 공유물분할 청구가 불가능하다고 주장한다.
>
> 살피건대, 위 법 제8조에 의하면 "대지 위에 구분소유권의 목적인 건물이 속하는 1동의 건물이 있을 때에는 그 대지의 공유자는 그 건물의 사용에 필요한 범위 내의 대지에 대하여는 분할을 청구하지 못한다."라고 규정되어 있는바, 위 규정 자체에 의하더라도 구분건물의 소유자와 그 밖의 자의 공유인 토지에 대하여는 집합건물의 사용에 필요한 범위 내의 대지 부분에 한하여 분할을 할 수 없을 뿐 그 외의 토지에 대하여는 분할을 할 수 있다고 할 것이다.

해설 위 판시에 대해서는 대체 무슨 소리인가를 한참 생각을 했고, 그 결과 수긍이 되었습니다. '법 제8조 규정 '자체에 의하더라도' 구분건물의 소유자와 그 밖의 자의 공유인 토지에 대하여는 집합건물의 사용에 필요한 범위 내의 대지 부분에 한하여 분할을 할 수 없다.'라는 판시는 논리적으로 맞지만, 공유물분할은 모든 공유자가 그 대상이 되어야 한다는 법리에 대한 설시가 있었으면 하는, 판결문에서 법리의 기초나 구조에 대한 설명을 기대하는 것 자체가 부질없는 희망이지만 어쨌든 아쉬움은 남습니다.

그러므로 이 사건 각 토지가 집합건물인 이 사건 아파트의 사용에 필요한 범위 내의 토지에 속하는가에 대하여 살피건대, 갑 제5호증, 갑 제8호증의 3, 5, 을 제14호증의 13 내지 17의 각 기재와 변론의 전취지에 의하면, 이 사건 각 토지 중 별지 2목록 1. 내지 4.항 기재 토지는 이 사건 아파트의 부지로 사용되고 있으나, 별지 2목록 5항, 6항 기재 토지는 이 사건 아파트가 준공된 이래 나대지 상태로 방치되어 온 사실, 원고들과 이 사건 아파트 수분양자들 사이에 공유지분권에 대한 분쟁이 생기면서 1983.5.경에는 건축주들과 이 사건 아파트 소유자들 사이에 별지 2목록 5항, 6항 기재의 토지에 해당하는 환지예정지 상의 권리면적에 대하여 건축주들이 금 27,000,000원을 아파트 소유자 집단에게 지급하면 아파트 소유자들이 그에 대한 소유권을 주장하지 아니하기로 1차 합의가 되어 환지예정지 분할신청을 하여 별지 2목록 5항, 6항 기재 토지에 해당하는 환지예정지가 분할되기까지 하였으나, 그 후 일부 아파트 소유자들의 반대로 위 1차 합의가 무효화 된 사실, 이후 이 사건 아파트 소유자들은 별지 2목록 5항, 6항 기재 토지를 소외 성명불상자에게 임대하였다가 이 사건 소송 도중인 일자불상경 이를 반환받아 그 지상에 주차장과 어린이놀이터 등을 설치하고 있는 사실을 인정할 수 있고 반증이 없는바, 위 인정 사실에 비추어 보면 이 사건 각 토지 중 별지 2목록 1. 내지 4.항 기재 토지는 이 사건 아파트의 사용에 필요한 대지이므로 그 부분에 대하여는 공유물분할을 할 수 없다 할 것이나, 별지 2목록 5항, 6항 기재 토지는 이 사건 아파트의 사용에 필요한 대지라고는 할 수 없다고 봄이 상당하고, 원래 분할의 대상이 되는 공유물이 다수의 부동산인 경우라도 위 부동산들을 일괄하여 분할의 대상으로 하고, 분할 후의 각각의 부분을 각 공유자의 단독소유로 하는 것도 현물분할의 한 방법으로 허용된다고 봄이 상당하며, 집합건물의 대지인 토지 부분과 그 밖의 토지가 인접하여 있고 그 토지 전부가 구분건물의 소유자와 그 밖의 자의 공유로 있는 경우에는 집합건물의 대지인 토지 부분과 그 밖의 토지부분으로 분할할 수 있다고 할 것이므로 피고들의 주장은 이유 없다.

(중략) 그렇다면, 이 사건 각 토지에 관하여, 그 중 별지 제2 목록 제5, 6항 기재 토지는 별지 제4 분할 후 공유지분 내역표 제1항 기재 각 지분비율에 의하여 원고들의 공유로, 같은 목록 제1, 2, 3, 4항 기재 토지는 별지 제4 분할 후 공유지분 내역표 제2항 기재 각 지분비율에 의하여 피고들의 공유로 각 분할하고, 위 분할에 따른 과부족 정산금으로써 원고들은 각자 피고들에게 금 186,943,664원 및 이에 대하여 이 사건 판결확정일 다음 날부터 완제일까지 민법 소정의 연 5푼의 비율에 의한 금원을 지급할 의무가 있다 할 것인데, 제1심판결은 이와 결론을 달리하여 부당하므로 피고들의 항소를 일부 받아들여 제1심판결을 주문과 같이 변경하기로 한다.

해설 이 사례는 이 사건 전에도 관계인들이 사이에 수차 재판이 있었고 엄청나게 복잡한 사정이 있었습니다. 게다가 (판결이 적시하는 바의 전체적으로는 분할이 인정될 수도 있을 가능성의 느낌은 있으나) 이 판결에는 〈집합건물의 사용에 필요한 범위 내의 대지인지〉라는 판단기준으로서 특히 분할지(별지 2목록 5항, 6항 기재 토지)가 아파트와 밀접의 정도를 말하는 '분할청구 부분과 전체 대지의 법률적 · 사실적 상호관계, 분할이 향후 전체 대지의 이용관계 및 대지 공유자들의 재산권에 미치는 영향'에 대한 설시가 없어 딱 부러지는 인식이 어려운 것도 사실입니다.

그러나 이런 판결을 통해 단정적인 결론은 유보하더라도 제시된 구체적 사실들로부터 사유의 확장을 가질 필요가 있습니다. 원고들과 피고들의 공유로 각 분할하고, 위 분할에 따른 과부족 정산금으로써 원고들이 피고들에게 돈을 지급하는 것으로의 판결인데, 이는 '일부 대금보상을 포함한 공유지들의 군집별 현물분할'에 해당합니다.

[2005나10426〈2심〉, 2006다84171〈3심〉]
공유물분할, 구분소유적 공유관계(상호명의신탁), 지분으로 등기된 구분건물의 공유물분할, 대지사용권이 부착된 대지지분에 대한 경매에 의한 대금분할의 불능, 법정지상권

[쟁점의 법리]

상업용 건물을 구성하는 수십 개나 수백 개의 호수는 통상 개별적으로 구분소유의 형태인 것이 보통이고 동시에 우리는 그렇게 이해합니다. 그런가 하면 그 수십 개나 수백 개의 호수가 실제와는 맞지는 다만 지분으로만 등기되어 있는 예도 적지 않습니다.

그런데 후자의 경우는 더 나아가서는 층별로만 구분된 현황, 또는 층별로 구분된 다음 다시 일부 층만은 그 내부적으로 개별호수로 된 예도 없지를 않습니다. 개별 구분소유의 형태가 아닌 지분으로만 된 후자들의 경우는 소위 '상호명의신탁에 의한 구분소유적 공유관계'의 기본을 가진 것으로 일단 봐야 하고, 법적 규율은 그 현황의 실질에 따라 집합건물법의 적용을 받아 토지와 건물의 분리처분금지에 걸릴 수가 있습니다. 이 사건 사례가 층별로 구분된 다음 다시 일부 층만은 그 내부적으로 개별호수로 된 경우로서, 이 사건 공유물분할의 소송에서 부각된 '구분소유적 공유관계', '분리처분금지', '법정지상권' 등에 대한 논점을 만나게 됩니다. 이 사례는 복잡한 사실관계에다 난해한 법리를 보유하고 있으므로, 완전한 이해는 반복 학습에 따르는 것이 좋을 듯합니다.

[사안의 개요]

<table>
<tr><th>시점, 소송</th><th>사실관계, 판단의 기준점, 법적효과</th></tr>
<tr><td>사실 관계</td><td>• 이 사건 대지상에 소외 1이 1987.3.30.경 이 사건 건물(쇼핑타운)을 신축한 다음, 1층은 64개의 점포로 구분하여 분양하고 지하층 · 2 · 3층은 각 따로 매도했는데, 전체 건물면적 대비 분양 · 매도 면적의 비율로 건물 및 토지의 지분으로 각 등기를 이전해줌.
- 판매시설인 1층은 1층의 면적 중 분양면적에 해당하는 비율의 공유지분도 괄호 속에 병기하고, 지하층 · 2 · 3층은 '지하 로울러 스케이트장 전부', '2층 볼링장 및 제과점, 유흥음식점 1091.06㎡', '3층 당구장 및 관리인 숙소 243.55㎡ 전부'를 각 병기함.
• 1층 점포들은 외관상 점유부분이 분명하게 드러나지 않은 상태로 각자 분양받은 부분을 사용하여 왔고, 지하층 · 2 · 3층을 매수한 사람들은 각 해당 층만 사용하여 왔으며, 위 특정부분들이 전전 양도되고 그에 따라 공유지분등기도 전전 이전되어 왔음.
• 현재 지하층은 피고 2 · 3이, 2 · 3층은 피고 1 · 2가 각 특정하여 사용하고 있으며, 1층은 원고와 나머지 피고들이 사용하고 있음.</td></tr>
<tr><td>원고의 소제기</td><td>• 피고들에게 (피고 1에게는 등기부 이기과정상 기재오류를 이유로 대지 및 건물 중 일부 지분에 관한 소유권이전등기의 말소등기절차의 이행을 구함과 아울러) 대지 및 건물에 관한 '경매에 의한 대금분할을 원하는 공유물분할의 소'를 제기함.</td></tr>
<tr><td>재판의 결과</td><td>• 1심 : 모두 승소함. 이에 대해 피고 1, 2, 3이 항소함.
• 2심(2005나10426) : 대지에 대한 항소는 기각하고, 건물은 상호명의신탁 관계에 있음을 이유로 1심 판결이 취소함. 이에 대해 원고가 상고함.
• 3심(2006다84171) : 2심 판결과 같이 건물이 상호명의신탁 관계에 있음이 옳다며 원고의 상고를 기각함.

해설 판결대로라면 원고는, 대지는 대금분할을 위한 경매에 부칠 수 있고, 건물은 상호명의신탁해지를 이유로 지분이전등기의 소를 다시 제기할 수 있습니다. 그런데 〈상고이유가 아닌 대법원의 '대지사용권이 성립하는 구분소유관계'라는 취지의 훈수〉로 인해 대지에 대해 사실상 경매에 부치는 것조차 불가능하게 되었습니다. 흥미롭고도 많은 생각을 하게 하는 그 훈수에 대해서는 3심의 판결문에서 봅니다.</td></tr>
</table>

〈2심〉 대구고등법원 2006.11.10. 선고 2005나10426 판결 〔공유물분할 등〕

[원고, 피항소인] 원고

[피고, 항소인] 피고 1외 2인

[피고] 피고 4외 24

[주문] 1. 제1심 판결 중 별지 부동산 목록 제2항 기재 건물에 관하여 공유물분할을 명한 부분을 취소하고, 그 부분에 해당하는 원고의 청구를 기각한다.

2. 피고 1, 2, 3의 나머지 항소를 기각한다.

[청구취지] ('지분이전등기의 말소' 부분은 생략) 이 사건 대지와 별지 부동산 목록 제2항 기재 건물(이 사건 건물)을 각 경매에 부쳐 그 대금에서 경매비용을 공제한 나머지 금액을 원고 및 피고들에게 별지 대지 및 건물 지분일람표 기재 각 지분비율로 분배한다.

[항소취지] 제1심 판결 중 이 사건 대지 및 건물에 대한 공유물의 분할을 명한 부분을 취소하고, 그 부분에 해당하는 원고의 청구를 기각한다.

[이유]

1. 당심의 심판범위

원고가 피고들에 대하여 이 사건 대지 및 건물 중 일부 지분에 관한 소유권이전등기의 말소등기절차의 이행을 구함과 아울러 대지 및 건물에 관한 공유물분할을 구하여 제1심에서 원고의 청구가 모두 인용되었는데, 피고 1, 2, 3이 제1심 판결 중 이 사건 대지 및 건물에 관하여 공유물의 분할을 명한 부분에 대하여서만 항소를 제기한 만큼 공유물분할 청구 부분만 당심의 심판대상이 된다고 할 것이므로, 이에 관하여서만 판단한다.

2. 인정사실

가. 이 사건 대지 및 건물에 관하여 원고, 소외 3, 4 및 피고들(피고 8, 9, 10, 17, 18, 19, 20, 21, 22 제외) 명의로 별지 대지 및 건물 지분일람표 기재와 같이 각 공유지분이전등기가 경료되어 있다.

나. 소외 3은 2000.12.25. 사망하여 그의 처인 피고 8, 자녀들인 피고 9, 10이 소외 3의 재산을 공동상속하였고, 소외 4는 2002.6.14. 사망하여 그의 처인 피고 17과 자녀들인 피고 18, 19, 20, 21, 22가 소외 4의 재산을 공동상속함으로써, 원고와 피고들의 이 사건 대지와 건물에 관한 각 공유지분은 별지 대지 및 건물 지분일람표 각 기재와 같이 되었다.

('등기부에 기재오류로 인한 지분이전등기의 말소' 부분은 생략)

다. 원고와 피고들 사이에 이 사건 대지의 분할 방법에 관하여 협의가 성립되지 않고 있다.

해설 일부가 항소를 한 사실로 보아, 이 사례는 피고들 중 피고 1, 2, 3이 이해관계가 컸던 것으로 보입니다. 그런데 판결문에 항소도 하지 않은 피고들(피고 4에서 24)까지 피고로 표시되었네요. 그 이유는 공유물분할소송은 모든 공유자 전원이 소송당사자가 되어 다 함께 확정되어야 하기 때문인데, 결국 상소를 하지 않은 당사자들도 상소심에서도 공유물분할소송의 소송당사자가 될 수밖에 없습니다.

▶ '원고와 피고들 사이에 이 사건 대지의 분할 방법에 관하여 협의가 성립되지 않고 있다.'라고 판결에 기재한 것은 공유물의 분할은 당사자의 협의에 따르고 협의가 성립하지 않으면 법원에 그 분할을 청구할 수 있다(민법 제269조)고 규정된 것과 관련이 있습니다. 통상은 공유물분할의 소장에도 협의가 성립되지 않은 사실을 기재하고 있습니다. 여기서 '공유지분의 경매'와 '공유물분할소송'

에 관해 일정부분 공부하고 넘어갑니다.

▶ 먼저 '공유지분의 경매'는 공유자우선매수권으로 인해 내 것이 된다는 가능성이 그만큼 낮습니다. 이럴 때는 공유자들이 더 떨어지기를 기다리기는 사이에 사버리거나(어느 공유자가 경매법정에서 내가 입찰한 가격으로 사겠다고 하면 빼앗기므로 이것이 보장되는 것은 아니지만), 공유자들이 경매에 나온 공유지분에 관심이 없는 물건은 아닌지도 검토하는 것도 하나의 방법으로 들 수도 있습니다(공유자들이 관심이 없는 물건도 엄연히 있어요.).

▶ 공유물분할소송은 공유자 전부가 소송의 당사자가 되어야만 하는 소송(이런 소송을 '고유필요적공동소송'이라고 합니다.)이기 때문에, 공유자가 너무 많으면 소장의 송달에서부터 시달리기 쉽고, 상대방 공유자들 사이에도 입장의 차이나 반목상태 등의 사정일 수 있어 재판 중 조정도 그만큼 어렵고, 소송이 장기화될 위험이 있다는 점을 미리 알고 있어야 합니다. 또 공유물분할판결에 의한 현물분할이면 만약 다른 공유자의 지분 위에 있는 타 권리(담보물권이든 가압류이든 모든 것)가 있으면, 공유지분의 성격상('공유지분'은 특정 영역에 집중되는 것이 아니라 공유물 전체에 걸리는 지분적 권리임) 그것은 분할된 각 필지에 그대로 이기(移記)되는 법리 때문에, 그것의 해결문제가 재판의 상황을 복잡하게 할 수도 있음을 고려해야 합니다.

3. 이 사건 대지에 대한 공유물분할 청구에 관한 판단

이 사건 대지 위에 이 사건 건물이 축조되어 있으므로 건물의 소유관계도 함께 고려하여 대지의 분할 방법을 정하여야 할 것인데, 이 사건 건물 중 지하층은 피고 2, 3이, 2, 3층은 피고 1, 2가 각 특정하여 공유하고, 1층은 원고와 나머지 피고들이 특정하여 공유하는 구분소유적 공유관계에 있는데다가, 1층의 경우 공유자들의 수도 많고 각 공유자의 지분비율도 미세하여 이 사건 건물에 관한 소유관계가 매우 복잡하다. 그리고 이 사건 대지 역시 공유자들의 수도 많고 각 공유자의 지분비율도 미세하여 이해관계가 매우 복잡한데다가, 이 사건 대지 및 건물의 위치, 면적, 구조, 용도, 주변도로의 상황, 실제의 이용 상황 등에 비추어 볼 때 이 사건 대지를 현물분할 하는 것은 사실상 불가능하다고 판단된다.

한편 대지를 건물의 공유자 중 일부의 소유로 하고, 나머지 공유자들에게 현금 청산하는 방법도 생각하여 볼 수 있으나, 원고와 피고들이 다수일 뿐만 아니라 그들의 이해관계가 매우 복잡하여 대지를 소유할 공유자를 정하고, 이에 따라 정산할 금원을 산정하는 것이 쉽지 아니할 것으로 보이므로, 이 방법으로 공유물을 분할하는 것도 사실상 불가능한 만큼 이 사건 대지의 분할은 경매에 의한 대금분할의 방법에 의하는 것이 타당하다.

해설 이 사례의 건물은 지하층과 지상 3층까지 있는데, 지하층과 2·3층은 각 단 두 사람 몇 개의 호로 큼직한 형태로 소유하며 사용하고 있고(지하층은 피고 2와 3이, 2·3층은 피고 1과 2가 각 특정하여 사용), 1층은 작은 형태의 64개의 점포로 구분하여 분양되어 원고와 나머지 피고들이 사용하고 있는 것으로 보입니다. 필자가 보기에도 설시와 같이 대지도 마찬가지로 많은 공유에다가 그 지분비율도 미세하여 이해관계가 매우 복잡한 사정 등 (건물과는 달리, 토지를 너무나 작은 면적으로 분할하는 것은 지적관련 타 법률에 의해 극히 어렵거나 금지되는 경우도 있음) 도저히 현물분할 하는 것은 불가능에 가깝다고 판단됩니다. 너무 복잡하다 보니 '일부 금액보상의 현물분할방법'조차도 난해할 것으로 보입니다. 얽힌 사정이 이 정도라면 결국 '경매에 의한 대금분할'의 외길밖에 없습니다.

4. 이 사건 건물에 대한 공유물분할 청구에 관한 판단

가. 당사자의 주장

원고가 이 사건 건물이 원고 및 피고들의 공유라고 주장하면서 분할을 구함에 대하여, 피고 1, 2, 3은 이 사건 건물 중 지하층은 피고 2, 3이, 2, 3층은 피고 1, 2가 각 특정하여 공유하고, 1층은 원고와 나머지 피고들이 특정하여 공유하는 구분소유적 공유관계에 있으므로, 이 사건 건물은 공유물이 아니라는 취지의 주장을 한다.

나. 판단

(1) 구분소유적 공유관계의 법리

1동의 건물 중 위치 및 면적이 특정되고 구조·이용상 독립성이 있는 일부분씩을 2인 이상이 구분소유하기로 하는 약정을 하고 등기만은 편의상 각 구분소유의 면적에 해당하는 비율로 공유지분등기를 하여 놓은 경우 공유자들 사이에 상호명의신탁관계에 있는 이른바 구분소유적 공유관계에 해당하고(대결 2000마2633), 그 특정 부분이 전전 양도되고 그에 따라 공유지분등기도 전전 경료되면 상호명의신탁한 지위도 전전 승계되어 최초의 양도인과 그 특정 부분의 최후의 양수인과의 사이에 상호명의신탁 관계가 성립하며(대판 95다40939), 이와 같이 상호명의신탁관계에 있는 경우 목적물의 특정 부분을 소유하는 자는 그 부분에 대하여 신탁적으로 지분등기를 가지고 있는 자를 상대로 하여 그 특정 부분에 대한 명의신탁 해지를 원인으로 한 지분이전등기절차의 이행을 구하면 되고, 이에 갈음하여 공유물분할청구를 할 수는 없다(대판 95다8430).

해설 '구분소유적 공유관계'는 그 실질은 단독적 소유의 형태임에도 등기는 공유의 형태로 존재하는 경우를 말하는 것입니다. 용어가 별다르고 우리가 간과하는 경향이 있는 형태일 뿐이지 의외로 우리 주위에 흔히 존재하는 소유의 형태입니다. 구분소유적 공유관계에 있는 물건이라는 것은 등기부만으로 판단하는 것은 아니라, 그 실질(비율이 아닌, 구체적 그림을 그릴 수 있는 방위와 경계를 가진 특정된 범위)이 무엇인지를 봐야 합니다. 구분소유적 공유의 관계로 계속 존속하게 되는 주된 이유는, 등기상 공유관계를 해소하는 것이 까다롭거나 귀찮다든지, 그 해소에 관한 관념이나 지식이 없다든지, 그냥 공유의 등기로 두어도 별문제가 없다든지 하는 것으로 보아야 할 터입니다. 그런데 실제로는 반드시 별문제가 없는 것이 아니라, 그것을 정리하지 않고 방치함으로써 가끔 소유자 본인들도 인식 못하는 사이에 사고도 일어나기도 합니다.

▶ '구분소유적 공유관계'는 그 실질은 각 특정의 부분에 대한 단독적 소유인 관계이므로, 등기상의 그 공유관계의 해소는 (일반의 공유와 같이 공유물분할의 방법이 아닌) '상호명의신탁해지의 방법'으로 해야 합니다. 여기에서 '상호명의신탁'이란 모든 공유자들은 각자가 명의신탁자이자 명의수탁자의 지위를 동시에 가짐을 의미합니다.

▶ 구분소유적 공유관계가 경매에 의하여 제3자에게 승계되기 위한 요건 : 이후 이어질 사례에서 보는 '대법원 2008.2.15. 2006다68810,68827 판결'은 '구분소유적 공유관계가 경매에 의하여 제3자에게 승계되기 위한 요건'에 대하여 "1필지의 토지의 위치와 면적을 특정하여 2인 이상이 구분소유하기로 하는 약정을 하고 그 구분소유자의 공유로 등기하는 이른바 구분소유적 공유관계에 있어서, 각 구분소유적 공유자가 자신의 권리를 타인에게 처분하는 중에는, 구분소유의 목적인 특정부분을 처분하면서 등기부상의 공유지분을 그 특정부분에 대한 표상으로서 이전하는 경우와 등기부의 기재대로 1필지 전체에 대한 진정한 공유지분으로서 처분하는 경우가 있을 수 있다. 그중 전자의 경우에는 제3자에 대하여 구분소유적 공유관계가 승계될 것이나, 후자의 경우에는 제3자가 그 부동산 전체에 대한 공유지분을 취득하고 구분소유적 공유관계는 소멸된다고 할 것이다. 이는 경매에 있어서도 마찬가지라고 할 것인바, 전자에 해당하기 위해서는 집행법원이 공유지분이 아닌 특정 구분소유목적물에 대한 평가를 하게 하고 이에 따라 최저경매가격을 정한 후 경매를 실시하여야 할 것이다. 이러한 사정이 없는 경우에는 1필지에 관한 공유자의 지분에 대한 경매목적물은 원칙으로 1필지 전체에 대한 공유지분이라고 보는 것이 상당하다."라고 규명하고 있습니다.

▶ '일반의 공유'와 '구분소유적 공유'는 현실적으로는 그 분별이 간단한 것만은 아니며, 물건의 양상이나 해석에 따라서는 어느 쪽인지에 대하여 분쟁의 불씨도 안고 있습니다. 그래서 판례는 그 구별을 명백히 하기 위한 기준을(즉, 구분소유적 공유관계가 유지되기 위한 요건을) 시중에서 일반의 처분의 경우에는 '구분소유의 목적인 특정부분을 처분하면서 등기부상의 공유지분을 그 특정부분에 대한 표상으로서 이전한 경우이냐의 여부'로 하고, 경매의 경우에는 '집행법원이 공유지분이 아닌 특정 구분소유목적물에 대한 평가를 하게 하고 이에 따라 최저경매가격을 정한 후 경매를 실시하였느냐의 여부'로 정리하고 하고 있습니다. 그런데 경매의 경우에는 법원의 경매라는 공적절차로서 확인이 되므로 거의 문제가 없을 것이나, 일반의 처분의 경우는 그 기준인 '구분소유의 목적인 특정부분을 처분하면서 등기부상의 공유지분을 그 특정부분에 대한 표상으로서 이전한 경우'라는 것은, '구분소유의 목적인 특정부분을 처분하면서'라는 확정하기가 모호한 사실관계가 있을 수 있어 여전히 상당한 분쟁의 여지가 있다고 보아야 할 터입니다.

(2) 인정사실

(가) 이 사건 대지는 소외 5의 소유였는데 소외 1이 1987.3.30.경 그 지상에 쇼핑타운인 이 사건 건물을 신축한 다음 그 중 1층은 64개의 점포로 구분하여 이를 분양하고, 지하층과 2, 3층은 따로 매도하였다.

(나) 소외 1은 위와 같이 구분하여 분양이나 매도하면서도 이를 구분건물로 등기하지는 않고, 수분양자 또는 매수인들에게 건물 전체 면적 중 분양 또는 매도 면적에 해당하는 비율의 공유지분에 관하여 소유권이전등기를 경료해주었는데, 1층 수분양자들의 경우 등기부등본 상 건물 전체 면적 중 수분양면적에 해당하는 비율의 공유지분뿐만 아니라 1층 판매시설의 면적 중 수분양면적에 해당하는 비율의 공유지분도 괄호 속에 함께 기재되어 있으며, 지하층 및 2, 3층의 경우 건물 전체 면적 중 지하층 또는 2, 3층의 면적

에 해당하는 비율의 공유지분 외에 '지하 로울러 스케이트장 전부' 또는, '2층 볼링장 및 제과점, 유흥음식점 1091.06㎡, 3층 당구장 및 관리인 숙소 243.55㎡ 전부'라는 표시가 함께 기재되어 있다.

(다) 이 사건 건물의 1층 점포를 분양받은 사람들은 외관상 점유부분이 분명하게 드러나지 않은 상태로 각자 분양받은 부분을 사용하여 왔고, 지하층 및 2, 3층을 매수한 사람들은 1층 점포 부분은 사용하지 않고 각 지하층 및 2, 3층만 사용하여 왔으며, 위 특정부분이 전전 양도되고 그에 따라 공유지분등기도 전전 경료되어 이 사건 건물에 관하여 별지 건물 지분일람표 기재와 같이 공유지분등기가 경료되어 있으며, 현재 이 사건 건물 중 지하층은 피고 2, 3이, 2, 3층은 피고 1, 2가 각 특정하여 사용하고 있으며, 1층은 원고와 나머지 피고들이 사용하고 있다.

(3) 판단

위 인정사실에 의하면, 소외 1이 이 사건 건물을 신축한 다음 분양 또는 매도할 때 소외 1, 수분양자들 및 매수인들 사이에 건물 중 1층은 1층 점포의 수분양자들이 특정하여 공유하고, 지하층은 지하층의 매수인이, 2, 3층은 2, 3층의 매수인이 각 특정하여 구분소유하되, 등기만은 편의상 각 구분소유의 면적에 해당하는 비율로 공유지분등기를 하기로 하는 상호명의신탁관계가 성립되었고, 그 특정 부분이 전전 양도되고 그에 따라 공유지분등기도 전전 경료되었으므로, 상호명의신탁한 지위도 전전 승계되어 특정 부분의 최후의 양수인들인 원고와 피고들 사이에 상호명의신탁 관계가 성립되어 있다고 할 것인 만큼, 이 사건 건물이 공유물임을 전제로 하는 원고의 분할 청구는 이유 없다.

해설 1층의 작은 64개의 점포가 외관상 점유부분이 분명하지 않고 지하층과 2층과 3층은 단 몇 개의 큰 호수로 되어 있는 이런 유형의 건물은 (그 소유형태가 일반의 공유지분이든 구분소유적 공유지분이든, 공유를 해소하는 방법만 다를 뿐이지) 공유관계를 해소해서 등기상으로도 구분소유로 전환하는 것은 가능합니다.

구분에 따른 대지권등기도 가능하고요. 층별로 구분하는 방법도 가능하고, 분명히 구분시키는 설비공사를 추가한 다음에는 모든 층의 각호를 모두 구분하는 것도 가능합니다. 이 사례에서는 판시가 층별로 특정된 방식으로 층별 구분소유적 공유관계로 되어 있다고 봄으로써 결국 공유물임을 전제로 하는 분할청구는 부정하였지만요.

5. 결론

그러므로 원고의 이 사건 공유물분할 청구 중 이 사건 대지에 관한 부분은 이유 있어 경매에 의한 대금분할의 방법으로 공유물의 분할을 명하고, 이 사건 건물에 대한 공유물분할 청구는 이유 없어 이를 기각하여야 할 것인데, 제1심 판결은 이와 결론을 일부 달리하여 부당하므로, 피고 1, 2, 3의 일부 항소를 받아들여 제1심판결 중 이 사건 건물에 대하여 공유물의 분할을 명한 부분은 이를 취소하고, 그 부분에 해당하는 원고의 청구를 기각하며, 피고 1, 2, 3의 나머지 항소는 이유 없어 이를 기각한다.

해설 다음의 3심에서 보듯이 이 2심은 스스로 '건물의 모든 호수가 특정 부분으로 이뤄진 현황임(집합건물법상 구분소유의 형태임)'을 지료를 하였음에도 불구하고, 대지사용권을 전유부분과 분리하여 처분을 금지하는 강제규정의 법리에 관한 인식을 놓쳐 '대지에 대해서는 경매에 의한 대금분할을 인정'한, 즉 '분리처분금지가 적용되어야 한다.'라는 직권에 의한 법리판단을 놓친 것입니다. 다만, 이 대지 부분에 대한 대금분할에 의한 공유물의 분할을 인정하는 판단에 대하여 피고들의 불복하는 상고는 없었음으로 해서, 결국 이 사건 3심 소송절차 내에서의 공식적인 파기는 되지 않았고, 다만 3심이 2심 판단의 결과적 문제점을 지적하는 것으로 종료되었던 것입니다.

〈3심〉 대법원 2010.5.27. 선고 2006다84171 판결 〔공유물분할등〕

[원고, 상고인] 원고

[피고, 피상고인] 피고 1외 27인

[원심판결] 대구고법 2006.11.10. 선고 2005나10426 판결

[주문] 상고를 기각한다.

1. 1동의 건물 중 위치 및 면적이 특정되고 구조상·이용상 독립성이 있는 일부분씩을 2인 이상이 구분소유하기로 하는 약정을 하고 등기만은 편의상 각 구분소유의 면적에 해당하는 비율로 공유지분등기를 하여 놓은 경우 구분소유자들 사이에 공유지분등기의 상호명의신탁관계 내지 그 건물에 대한 구분소유적 공유관계가 성립하고(대결 2000마2633), 그 특정 부분이 전전 양도되고 그에 따라 공유지분등기도 전전 경료되면 상호명의신탁관계도 전전 승계되는 것이며, 이와 같이 상호명의신탁관계 내지 구분소유적 공유관계에서 건물의 특정 부분을 구분소유하는 자는 그 부분에 대하여 신탁적으로 지분등기를 가지고 있는 자를 상대로 하여 그 특정 부분에 대한 명의신탁 해지를 원인으로 한 지분이전등기절차의 이행을 구할 수 있을 뿐 그 건물 전체에 대한 공유물분할을 구할 수는 없다.

원심판결 이유에 의하면, 소외 1은 이 사건 대지 위에 각 층이 물리적으로 구분된 이 사건 건물을 신축한 다음 그 중 1층은 64개의 점포로 구분하여 이를 분양하고 지하층과 2·3층은 각 따로 매도한 사실, 소외 1은 이 사건 건물을 분양하거나 매도하면서 이를 구분건물로 구분등기하지 않고 수분양자 또는 매수인들에게 건물 전체 면적 중 분양 면적 또는 매도 면적에 해당하는 비율로 공유지분등기를 경료해 준 사실, 건물의 1층 점포를 분양받은 사람들은 1층 내부만 사용하고 지하층 및 2·3층을 매수한 사람들도 각 지하층 및 2·3층만 사용하여 온 사실, 위 특정 부분이 전전 양도되고 그에 따라 공유지분등기도 전전 경료되어 이 사건 건물에 관하여 원심판결 별지 건물 지분일람표 기재와 같이 원고와 피고들 명의로 공유지분등기가 경료되어 있는 사실, 원심의 변론종결일 현재 건물 중 지하층은 피고 2, 3이, 2·3층은 피고 1, 2가 각 특정하여 사용하고 있으며 1층은 원고와 나머지 피고들이 사용하고 있는 사실을 알 수 있다.

위 사실을 앞서 본 법리에 비추어 보면, 소외 1로부터 이 사건 건물 각 층의 일부를 분양받거나 매수한 자들은 그 각 층을 구분소유하되 등기만은 편의상 건물전체에 대한 각 층의 구분소유 면적에 해당하는 비율로 공유지분등기를 경료받음으로써 그 각 층별로 구분소유자들 사이에서는 상호명의신탁관계 내지 구분소유적 공유관계가 성립하였고, 각자가 소유하는 특정 부분이 전전 양도되고 그에 따라 공유지분등기도 전전 경료되어 건물 각 층 소유자 사이의 상호명의신탁관계도 전전 승계됨으로써 건물의 최종 공유지분등기명의를 보유하고 있는 각 층 구분소유자인 원고와 피고들은 건물 각 층을 구분소유적으로 공유하는 관계에 있다고 할 것인바, 일반 공유물임을 전제로 한 원고의 이 사건 건물 전체에 대한 공유물분할청구는 허용될 수 없다.

원심이 같은 취지에서 원고의 이 사건 건물에 대한 공유물분할청구를 기각한 것은 옳다. 원심이 이 사건 건물의 각 층 내부에서도 구분소유적 공유관계가 성립되었다고 판단한 것으로 전제하고 원심의 이러한 판단은 잘못이라는 취지의 상고이유의 주장 부분은, 원심의 판시내용을 오해한 데서 비롯된 것으로서 받아들일 수 없다.

2. 덧붙이건대, 이 사건 건물 각 층의 구분소유자들은 다른 층 소유자들과 사이에 상호명의신탁을 해지하는 한편으로, 이 사건 건물에 대하여 구분건물로 건축물대장의 전환등록절차 및 등기부의 구분등기절차를 마치고 각 층별로 상호 간에 자기가 신탁받은 공유지분 전부를 이전하는 방식으로 이 사건 건물에 대한 구분소유적 공유관계를 해소할 수 있다.

해설 '원심이 이 사건 건물의 각 층 내부에서도 구분소유적 공유관계가 성립되었다고 판단한 것은 아니다.'라는 취지의 판시가 있지만, 사안의 모양새로 보아 '각 층 내부에서의 구분소유적 공유관계'의 여부에 관해서도 분쟁의 여지는 남아 있을 것으로 보입니다. 만약 그것이 인정된다면, 이젠 '각 호수별 구분소유 내에서 다시 구분소유적 공유관계'라는 아주 복잡한 법률관계가 될 것으로 보입니다. '덧붙이건대' 이하는 대법원이 서비스로 한 설시(상호명의신탁을 해지한 후에 최소한 층별 구분건물로 전환하는 것은 가능한 건물이라는)입니다.

한편, 이 사건 건물에 대한 구분소유적 공유관계의 해소 여부를 불문하고, 원고를 포함한 건물 1층의 구분소유자들은 그 공유하는 1층에 대한 공유물분할을 할 수 있는데, 우선 건물 각 층간의 구분소유적 공유관계가 해소되지 아니한 상태에서 예컨대 경매분할 방식에 의하여 공유물분할이 이루어질 경우에는 그에 따라 1층을 경락받은 자는 건물의 구분소유적 공유관계를 승계하게 될 것이고, 또한 건물 각 층간의 구분소유적 공유관계가 구분등기로 해소된 상태에서 경매분할이 이루어질 경우에는 그에 따라 1층을 경락받는 자는 1층에 대하여 구분등기에 의한 명실상부한 구분소유권을 취득하는 것이며, 그 어느 경우에나 구분소유의 목적인 이 사건 건물 1층의 공유물분할에 따라 대지사용권인 이 사건 대지의 공유지분은 집합건물법 제20조 제1항에 의하여 원칙적으로 전유부분인 1층의 처분에 따르게 될 것이다.

그리고 집합건물법 제20조 제2항에 의하면 구분소유자는 특별한 사정이 없는 한 대지사용권을 전유부분과 분리하여 처분할 수 없고, 이를 위반한 대지사용권의 처분은 법원의 공유물분할경매절차에 의한 것이라 하더라도 무효라고 할 것이므로 (대판 2009다26145), "구분소유의 목적물인 이 사건 건물 각 층과 분리하여 이 사건 대지만에 대하여 경매분할을 명한 확정판결에 기하여 진행되는 공유물분할경매절차에서 이 사건 대지만을 낙찰받더라도 경락인은 원칙적으로 그 소유권을 취득할 수 없다."라는 점도 함께 지적하여 둔다.

해설 3심은, 2심의 판단(층별 구분소유적 공유관계 성립)을 인정하면서도 그렇다면 동시에 그것은 바로 집합건물법상 구분소유물에 해당한다고 하며, 이 경우 대지만에 대한 공유물분할경매는 결과적으로 집합건물법상 분리처분(대지사용권을 전유부분과의 분리처분)의 금지를 위반하게 되어, 누가 그 대지만을 낙찰받더라도 그 경락인의 소유권 취득은 무효가 될 것임을 경고하고 있습니다. 즉, 대지 부분에 대해서는 상고가 없어 어떻게는 할 수 없지만, 대신 상고이유와는 관계없이 집합건물법상의 강행규정이 적용될 물건임을 대법원이 알리는 조치로 보아야 할 것입니다.

▶ 해서 결국, 소송당사자들은 이 판결에 의해 이젠 분리처분금지에 걸린다는 사실을 알게 될 것이고, 따라서 이 판시는 '원고는 이 사건 확정판결을 가지고 대지에 대한 공유물분할의 경매신청 따위는 하지 말고 달리 해결책을 찾아라!' 라는 조언 겸 경고라고 볼 터입니다. 이럴 줄 알았다면 차라리 상고하지 말고 2심 판결로 피고들과 협상에 나서는 것이 유리했을 것으로 보는 터이지만, 인간의 행위양식에는 (욕망은 멈추지 않다든지, 밑져야 본전이라든지, 일단은 요행을 바라든지 등의 행위를 나아간 후에) 결과를 보고 나서야 비로소 후회하는 경향도 있습니다.

[2011다42430] '구분소유적 공유관계'의 성립이 부인된 상가 사례, '구분소유적 공유관계'가 성립하기 위한 2가지 요소(① 물리적 요소 ② 의사합치의 요소), 자기의 지분비율에 상당하는 면적의 범위 내 공유건물의 특정된 한 부분을 배타적으로 사용·수익하는 경우 부당이득의 여부

[참고] '사안의 개요'는 읽을 가치가 그리 크지 않음에 비해 너무 복잡하므로 생략하며, '쟁점의 법리'는 판결요지의 해설에서 한께 봅니다.

대법원 2014.2.27. 선고 2011다42430 판결 〔부당이득금〕

1. 1동의 건물 중 위치 및 면적이 특정되고 구조상·이용상 독립성이 있는 일부분씩을 2인 이상이 구분소유하기로 하는 약정을 하고 등기만은 편의상 각 구분소유의 면적에 해당하는 비율로 공유지분등기를 하여 놓은 경우, 구분소유자들 사이에 공유지분등기의 상호명의신탁관계 내지 건물에 대한 구분소유적 공유관계가 성립하지만, 1동 건물 중 각 일부분의 위치 및 면적이 특정되지 않거나 구조상·이용상 독립성이 인정되지 아니한 경우에는 공유자들 사이에 이를 구분소유하기로 하는 취지의 약정이 있다 하더라도 일반적인 공유관계가 성립할 뿐, 공유지분등기의 상호명의신탁관계 내지 건물에 대한 구분소유적 공유관계가 성립한다고 할 수 없다.

해설 1동의 건물의 등기상 공유의 관계가 법리상 '건물에 대한 구분소유적 공유관계(또는 공유지분등기의 상호명의신탁관계)'가 성립하느냐의 문제는 아주 낡은 상가건물에서 많이 봅니다. 우선, '건물에 관한 구분소유적 공유관계'가 성립하기 위해서 2가지의 법률적인 요소가 필요함을 먼저 기억해야 합니다. 그 하나가 1동 건물 중 각 일부분의 위치 및 면적이 특정되고 구조상·이용상 독립성이 인정되어야 하는 점이고(① 물리적 요소), 그다음으로 공유자들 사이에 현황대로 그렇게 구분소유하기로 하는 취지의 약정이 인정되어야 하는 점입니다(② 의사합치의 요소).

▶ 그런데 ①의 '물리적 요소'인 1동 건물 중 각 일부분의 위치 및 면적이 특정되고 구조상·이용상 독립성의 여부는 현실의 건물에서는 웬만히 보아서는 간명하게는 판단이 되지 않는 경우도 있는 것이 실제의 문제입니다. 한편으로 ②의 '의사합치의 요소'는 공유자들 사이에 이를 구분소유하기로 하는 취지의 약정이 명시적으로 존재하는 경우는 오히려 드물고, 법 같은 것은 모른 채 사실상 당연히 각자가 자신이 점유하는 곳을 (점포이든, 주거시설이든, 사무공간이든) 자신의 공간으로 또 다른 공유자들도 타 공유자의 점유에 대해 당연한 권리로 각 이해하고 있는 상태로 보고 있는 실정입니다. 저런 엄연한 현실의 실정에 대하여 판례는 각 공간의 권리자들이 가진 저런 각 이해의 상태를 두고 묵시적 약정과 같다는 식으로 법적 평가를 하는 것입니다. 널리 굳어진 상태의 현실적인 존재나 거래관행에 대하여는 (그런 것들이 선량한 풍속이나 물권법정주의 등의 강행법규의 취지에 반하지 않는 한) 가능한 유효한 것으로 인정하는 것이 살아 있는 법의 해석이고, 판례 역시 가능한 그런 현실을 구제하려는 의지로써 법을 해석합니다.

2. 공유건물에 관하여 과반수지분권을 가진 자가 공유건물의 특정된 한 부분을 배타적으로 사용·수익할 것을 정하는 것은 공유물의 관리방법으로서 적법하지만, 이 경우 비록 그 특정 부분이 자기의 지분비율에 상당하는 면적의 범위 내라 할지라도 다른 공유자

> 들 중 지분은 있으나 사용 · 수익은 전혀 하고 있지 아니함으로써 손해를 입고 있는 자에 대하여는 과반수지분권자를 포함한 모든 사용 · 수익을 하고 있는 공유자가 그자의 지분에 상응하는 부당이득을 하고 있다고 보아야 한다. 왜냐하면, 모든 공유자는 공유물 전부를 지분의 비율로 사용 · 수익할 수 있기 때문이다.

해설 이 부분은 '공유의 법리'에 대해 훤히 꿰고 있지 않으면 대체 "뭔 소리야?"라는 생각을 하기 쉽습니다. 어떤 공유건물에 관하여 과반수지분권을 가진 자가 그 공유건물의 특정된 한 부분을 배타적으로 사용 · 수익할 것을 정하는 것은 공유물의 관리방법으로서 적법한 것은 맞습니다. 그러나 '공유물의 관리방법으로서 적법(전자)'과 '모든 공유자의 사용 · 수익과 관련한 정당한 이익의 귀속이라는 당위(후자)'는 별개의 문제입니다. '전자'는 관리권에 관한 입법자의 결단의 문제이고, '후자'는 소유권이 보유하는 본질적인 권리로부터 유출하는 법적인 이익에 관한 문제입니다. 즉, '전자'의 정당성에도 불구하고, '후자'의 당위는 다른 차원에서 보호되어야 하는 것입니다.

▶ 판시는 과반수지분권자를 포함한 모든 사용 · 수익을 하고 있는 공유자가 '지분은 있으나 사용 · 수익은 전혀 하고 있지 아니하는 자'의 지분에 상응하는 부당이득이 발생하는 이유의 구조를 논하고 있는데, 그것을 두고 '모든 공유자는 공유물 전부를 지분의 비율로 사용 · 수익할 수 있기 때문'이라고 합니다. 이 말은 '공유의 법리'를 제대로 알면 쉽게 이해가 되고, 그렇지 않으면 도통 무슨 소리인지 알 수가 없습니다. 그 이유는 법리상 '공유'는, 어느 특정된 한 부분을 배타적으로 지배하는 상태가 아니라, 공유물 전체(구석구석)에 걸쳐 비율적으로 가지는 권리의 상태이기 때문입니다. 어쨌든 공유자들 사이에 일치된 합의가 없이 공유자(과반수지분자이든, 극히 적은 공유지분권자든 관계없이)가 어느 특정된 한 부분을 배타적으로 지배하는 상태로 사용 · 수익을 하는 경우에는, 그 공유자는 다른 공유에 대하여 부당이득이 성립하는 이유도 같은 법리에 따른 것입니다.

[2006다68810,68827] 구분소유적 공유관계가 경매에 의하여 제3자에게 승계되기 위한 요건, 구분소유자들이 건물의 대지 전부를 용도에 따라 사용할 수 있는 '건물의 대지'에 포함되는 범위, 상고이유가 아닌 상고심의 지적

[사안의 개요, 쟁점의 법리]

1 ▸▸ 표로써는 도저히 '사안의 개요'를 표현할 수 없을 정도로 사례관계가 무척 복잡합니다. '갑'이 수년의 간격으로 2동의 시장건물을 지어 분양하면서, 처음부터 시장부지 중 특정의 부분(공터부분)에 대해서는 시장구분건물의 대지에서 제외하여 남겨두었습니다. 시장구분건물들의 대지 공유지분들과 함께 이 '공터부분'도 같은 필지의 공유지분의 등기로 두면서 '갑'이 배타적으로 관리를 해왔는데, 이 공터부분인 공유지분이 경매로 나와 원고가 경락을 받았습니다.

2 ▸▸ 원고는 시장구분건물의 소유자들을 상대로 경락받은 '공터부분'에 대한 사용으로 인한 부당이득을 반환하라는 소송을 제기했는데, 1심과 2심은 '공터부분'의 현황이 피고들의 공유지분과는 별개로 분리된 상태(구분소유적 공유관계의 상태)에 있다는 이유로 원고의 청구를 부인했습니다. 현장의 실제의 형상이 그러했고, 시장구분건물의 소유자들도 그 '공터부분'은 (등기는 공유로 되어 있지만) 자신들과는 관계없이 완전히 '갑'의 단독소유로, '갑'도 공터부분 외에 시장건물이 서 있는 땅은 자신과는 관계없이 완전히 시장구분건물의 소유자들

의 소유로 각 이해하고 있었던 것으로 보입니다. 즉, '구분소유적 공유관계'라는 법리 따위는 모르나, 그들이 이해한 바를 법적으로 평가하면 '구분소유적 공유관계'의 상태임을 아무런 유보 없이 모두 인정하는 상황이었던 것입니다.

3 ▸▸ 원고의 상고에 대해, 대법원은 경매목적물('공터부분'인 공유지분)이 '구분소유적 공유관계'에 있는 물건임이 공시하지 아니한 채 경매가 진행되어 경락되었으므로, (판결에는 없는 말이지만, 현황이 '시장건물이 서 있는 부분'과 '공터부분'이 구분소유적 공유관계의 상태에 있다고 하더라도), 일단은 원고는 단순한 공유지분을 취득한 것이라는 취지로 원고의 주장을 인정합니다. 그러고는 원피고들이 전혀 예기치 않은 법리를 대법원의 직권으로 지적하며, 그 부분도 심리할 것을 주문하면서 파기환송을 하였습니다. '전혀 예기치 않은 직권의 법리'라는 것은 그 '공터부분'도 시장구분건물의 대지사용권이 미치는 부분으로 볼 수도 있다는 지적이었습니다. 이로써 원고는 난경에 처하거나 망한 경매가 될 수는 있는 상황을 만난 것입니다.

대법원 2008.2.15. 선고 2006다68810,68827 판결 〔임대차보증금 · 손해배상〕

[원고, 상고인] 원고

[피고, 피상고인] 피고 1외 30인

[주문] 원심판결을 파기하고, 사건을 서울고등법원에 환송한다.

1. 1필지의 토지의 위치와 면적을 특정하여 2인 이상이 구분소유하기로 하는 약정을 하고 그 구분소유자의 공유로 등기하는 이른바 구분소유적 공유관계에 있어서, 각 구분소유적 공유자가 자신의 권리를 타인에게 처분하는 경우 중에는 구분소유의 목적인 특정

부분을 처분하면서 등기부상의 공유지분을 그 특정 부분에 대한 표상으로서 이전하는 경우와 등기부의 기재대로 1필지 전체에 대한 진정한 공유지분으로서 처분하는 경우가 있을 수 있고, 이 중 전자의 경우에는 그 제3자에 대하여 구분소유적 공유관계가 승계될 것이나, 후자의 경우에는 제3자가 그 부동산 전체에 대한 공유지분을 취득하고 구분소유적 공유관계는 소멸된다고 할 것이며(대판 92다18634), 이는 경매에 있어서도 마찬가지라고 할 것인바, 전자에 해당하기 위하여는 집행법원이 공유지분이 아닌 특정 구분소유 목적물에 대한 평가를 하게 하고 그에 따라 최저경매가격을 정한 후 경매를 실시하여야 한다고 할 것이고(대판 2001재다701), 그러한 사정이 없는 경우에는 1필지에 관한 공유자의 지분에 대한 경매목적물은 원칙적으로 1필지 전체에 대한 공유지분이라고 봄이 상당하다(대판 2001다21038).

2. 원심은 그 채택 증거를 종합하여, 영림기업 주식회사가 이 사건 전체 대지상에 상가건물 2동을 지어 분양함에 있어 위 각 건물의 부지와 그 사용에 필요한 대지 부분에 관하여는 위 각 건물의 구분소유자 등의 명의로 이전등기를 경료하고, 나머지 대지 부분(공터 부분)에 관하여는 영림기업의 실질적 사주인 소외 1의 아들 소외 2 명의로 423.9분의 120.255지분(이 사건 지분)에 관한 등기를 남겨두기로 한 사실 등을 인정한 다음, 여기에 그 판시와 같은 제반 사정을 종합하여 영림기업과 소외 2 등은 위 각 건물을 분양할 무렵에 위 각 건물의 구분소유자들과 사이에서 소외 2가 실질적으로 이 사건 지분이 표상하는 공터 부분을 구분하여 소유하되 편의상 그 등기를 이 사건 전체 대지의 공유지분으로 등재하여 둔 이른바 '구분소유적 공유관계'가 성립되었다고 판단하였다.

나아가 원심은, 그 채택 증거에 의하여 원고가 2000.9.25. 강제경매절차에서 이 사건 지분을 경락받아 그 무렵 경락대금을 납부하고 2000.10.6. 원고 명의로 지분이전등기를 경료한 사실을 인정한 다음, 비록 위 강제경매절차에서 작성된 집행관의 현황조사보고서에 이 사건 전체 대지에 관한 구분소유적 공유관계가 표시되었는지 여부, 집행법원이 감정인에게 이 사건 지분에 관하여 진정한 공유지분에 대한 평가가 아닌 특정 구분소유부분에 대한 평가를 하도록 하였는지 여부 등은 정확히 알 수 없으나, 집행관 작성의 현황조사보고서에는 일반적으로 위 각 건물의 위치 및 형상과 각 점포의 소유 및 사용관계 등이 기재되어 있었을 것이고, 법무사직에 오랫동안 종사한 원고가 그 경매절차에 참가하면서 경매기록의 열람, 현장 답사 등을 통하여 이 사건 전체 대지에 관한 구분소유적 공유관계를 어느 정도 인식하였을 것으로 보이므로, 원고는 이 사건 지분을 경락받음으로써 기존의 구분소유적 공유관계를 그대로 승계한 것으로 볼 수 있고, 따라서 원고가 이 사건 전체 대지에 대하여 진정한 공유지분을 취득하였음을 전제로 한 이 사건 청구는 나아가 살펴볼 필요 없이 이유 없다고 판단하였다.

3. 그러나 이러한 원심의 판단은 그대로 수긍하기 어렵다.
앞에서 본 법리에 비추어 보면, 원심이 인정한 바와 같은 경위로 이 사건 지분에 관하여 경료된 소외 2 명의의 등기를 위 각 건물의 구분소유자들에 대한 내부관계에서는 공터 부분을 표상하는 것으로 볼 수 있다고 할지라도, 원심이 확정한 바와 같이 원고가 강제경매절차에서 이 사건 지분을 경락받았다면, 그 경매절차에서 이 사건 지분이 위 공터 부분에 대한 구분소유적 공유관계를 표상하는 것으로 취급되어 그에 따른 감정평가와 최저경매가격이 결정되고 경매가 실시되었다는 점이 입증되지 아니하는 이상, 원고는 이 사건 전체 대지에 대하여 이 사건 지분에 상응하는 공유지분소유권을 적법하게 취득하고 이 부분에 관한 상호명의신탁관계는 소멸되는 것으로 보아야 할 것이고, 원고가 이 사건 지분을 경락받음에 있어 그것이 구분소유적 공유관계를 표상하는 것으로 인식하고 있었는지 여부에 따라서 달리 볼 것은 아니다.

그런데 기록을 살펴보아도 위 경매절차에서 이 사건 지분이 구분소유적 공유관계를 표상하는 것으로 취급되었다고 볼 아무런 증거가 없고, 오히려 원심이 배척하지 아니한 갑 제4호증(감정평가서)에 의하면 이 사건 지분이 위 경매절차에서 진정한 공유지분으로 감정평가된 것으로 엿볼 수 있을 뿐이다. 그럼에도 불구하고, 원심은 이와 다른 견해에서 이 사건 지분을 경락받은 원고와 위 각 건물의 구분소유자인 피고들 사이에서 그 판시와

[같은 상호명의신탁관계가 그대로 유지되는 것으로 판단하고 말았으니, 원심판결에는 증거 없이 사실을 인정하였거나 구분소유적 공유관계의 승계에 관한 법리를 오해하여 판결 결과에 영향을 미친 위법이 있다고 할 것이다. 이 점에 관한 상고이유의 주장은 이유 있다.]

해설 '구분소유적 공유관계가 경매에 의하여 제3자에게 승계되기 위한 요건'에 대해서는 이미 공부했습니다만, 여기서는 '구분소유적 공유관계'에 대한 2심과 3심의 생각의 차이를 보겠습니다. 2심은 문제가 된 공터 부분인 이 사건 공유지분이 현황에 이르기까지의 유래나 관계인들의 의사 내지 주관성에 생각의 비중을 두었습니다. (물론 대법원판례를 뜻을 오해한 이유도 있습니다.) 즉, 공터 부분을 분양하지 않고 남겨두기로 한 사정과 사실에 대해 모든 내부관계인들이 잘 알고 인정하고 있었다는 사실, 경매 당시 물건명세서 등으로부터 각 건물의 위치 · 형상 · 소유 · 사용관계 등을 누구나 알 수 있었다는 사실, 경매에 입찰한 원고가 구분소유적 공유관계의 개념을 이해하고 있었을 법무사라는 사실 등입니다.

▶ 반면 3심은 '특정 구분소유 목적물에 대한 평가로서의 최저경매가격을 정해진 경우'에만 구분소유적 공유물로서 경락이 된다는, 즉, 경매절차에서 객관적 사실의 증명을 전제로만 인정해야 한다고 하고 있습니다. 그러면 대법원이 저런 '명백성'과 '객관성'을 요구는 이유는 무엇인가요? 필자가 여기서 굳이 그 이유를 묻는 것은, 단지 결과인 판례의 기술적 구성내용만 알 것이 아니라, 그 결과에 짓는 정신적 배경으로서의 이유를 아는 것이 더 중요하다는 말입니다. 그럼으로써 이 쟁점에 대한 활성과 적응력이 형성되는 것입니다.

▶ '구분소유적 공유지분'에 대해서는 명문의 규정은 없지만, 현실에서는 다반사로 엄연히 존재하며 그대로 거래가 되고 있습니다. 그렇기에 법은 어떻게든

'구분소유적 공유지분'의 유효함을 인정하지 않을 수 없습니다. 그런데 문제는 (통상의 공유지분은 그냥 등기부의 지분표시만 보면 그만이지만) '구분소유적 공유지분'이라는 것은 간단히 판단이 안 되고 보는 사람에 따라 또는 입장에 따라 주장이 다를 수 있기 때문에, 분쟁발생의 가능성이 항상 열려 있고 특히 (구분소유적 공유지분의 내부자가 아닌) 제3자의 입장에서는 얼마든지 착오를 할 수 있고 불의타도 될 수 있습니다. 분쟁으로 인한 피해와 사회적 비용이 너무 크게 되는 것입니다.

▶ 2심과 같은 생각이라면 모든 사례에 대하여 개별적인 해석을 해야 하는 결과, 해석자에 따라 코걸이 귀걸이가 될 수도 있습니다. 사정이 저러하니 결국 대법원은 '명백성'과 '객관성'을 요구하는 결단을 하게 된 것으로 이해를 하면 됩니다. 물론 판례를 몰라 손해를 뒤집어쓰는 자가 생길 수는 있지만(우리야 경매를 공부하는 입장이지만, 통상은 판례 따위를 알 리가 없지요.), 그건 법 모르는 자는 구제받지 못하는 현실로 남는 것이고요.

> 다만, 기록에 의하면 피고들은 제1심 제5차 변론기일에서 진술된 2004.4.13.자 준비서면을 통하여, 피고들이 각자 건물 소유면적에 따른 분양 및 집합건물 토지해당비율면적을 소유하는 자들로서 원고의 공유지분을 사용해야 하는 자들이 아니라고 주장하였음을 알 수 있는바, 1동의 건물의 구분소유자들이 그 건물의 대지를 공유하고 있는 경우, 각 구분소유자는 별도의 규약이 존재하는 등의 특별한 사정이 없는 한 그 대지에 대하여 가지는 공유지분의 비율에 관계없이 그 건물의 대지 전부를 용도에 따라 사용할 수 있는 적법한 권원을 가진다 할 것이고, 이러한 법리는 1필지의 토지 위에 축조된 수동의 건물의 구분소유자들이 그 토지를 공유하고 있는 경우에도 마찬가지로 적용된다고 보아야 할 것이고(대판 93다60144), 이 경우 '건물의 대지'라 함은 달리 특별한 사정이 없는 한 집합건물이 소재하고 있는 1필지의 토지 전부를 포함하는 것으로 보아야 할 것이며(대판 2002다16965), 집합건물의 구분소유자의 대지사용권은 전유부분의 처분에 따르

고 규약으로써 달리 정하지 않는 한 전유부분과 분리하여 대지사용권을 처분할 수 없으므로, 원심으로서는 이러한 법리에 따라서 피고들이 이 사건 대지 전부를 사용할 수 있는 적법한 권한을 가지는지 여부에 대하여 나아가 심리 · 판단할 필요가 있다는 점을 지적하여 둔다.

해설 원고는 '공터부분 토지'를 경매 받은 후 그것을 통상의 공유지분이라며, 시장점포인 구분건물의 소유자들 31명이 그 공터부분 토지도 법률상 원인 없이 배타적으로 점유하고 있다며 차임 상당의 부당이득의 반환을 청구하는 소송을 제기했습니다. 원고의 청구에 대해 1심과 2심은 '통상의 공유지분'이 아닌 '구분소유적 공유지분'이라며 원고의 청구를 기각했고, 3심은 그 반대라며 2심을 파기했습니다. 공터부분이 분명히 구별되어 관리되어 온 현황 자체만을 두고 본다면 하급심의 판단이 실제에 부합하지만, 대법원은 현황 자체의 진실과는 별도로 일종의 정책적인 법리를 개발해서 법적 안정성을 구축한 것입니다.

▶ 원고가 '구분소유적 공유지분'이 아니라는 주장을 하는 것으로 봐서, 원고가 경매로 받은 이 사례의 '공터부분 토지'는 그것 자체만으로는 특별히(독자적) 사용 · 수익의 가치는 없다고 판단한 것으로 보입니다. 즉, 공유물분할이나 상호명의신탁해지를 통해 그 공터부분을 원고의 단독소유로 만들려는 의도가 아닌, 웃돈을 붙인 값에 구분건물의 소유자들에게 되팔려는 기획이었겠지요. 이 사건 부당이득의 반환청구는 그 기획의 실현을 위한 수단의 하나였을 것이고요.

▶ 그런데 원고가 원한 바가 아닌 '구분소유적 공유지분'으로 결론이 났더라도, (어쨌든 일정 부분의 경제적 가치는 가질 것이니까) 그것으로써 원고가 완전히 망한 경매를 받은 것은 아닙니다. 그러나 대법원의 냉정한 지적에 의해 '일정 부분의 경제적 가치'조차도 보장되지 않을 수 있는 돌발사태가 발생해버렸습니다. 무슨 말이냐 하면, 대법원이 (상고이유 그 자체에 대해서는 '통상의 공유지분'을

경매 받은 것으로 보아야 한다며 원고의 손을 들어 주기는 했지만) 원고에게 불리한 다른 근본적인 문제를 직권으로 지적해 버렸고, 이로써 원고는 망한 경매를 한 것이 되어버렸습니다.

▶ 그 근본적인 문제가 대체 뭔지에 대하여 봅니다. "피고들이 준비서면에서 피고들이 각자 건물 소유면적에 따른 분양 및 집합건물 토지해당비율 면적을 소유하는 자들로서 원고의 공유지분을 사용해야 하는 자들이 아니라고 주장하였다."라는 취지의 판시가 있습니다. 저것은 법을 모르는 피고들이 자신들에게 유리하다는 생각에서 한 주장이었겠지만, 그 주장이 다른 법리를 인식하게 하는 하나의 계기로 작용됨으로써 오히려 피고들에게 유리해지고 원고에게 불리해지게 된 결과를 초래한 것입니다. 뭐냐면 피고들의 주장은 자신들이 의욕을 한 바도 없는 효과, 즉 "이 사건 건물은 일반건물이 아니라 집합건물법상 구분건물이고, 공터부분도 피고들의 구분소유권을 위한 대지사용권에 포함된다!"라는 법적인 효과를 생산해버린 것입니다. 대법원이 볼 때는, 집합건물법상 구분건물이라면 바늘에 실 가듯, 자연히 원고가 경매로 받은 '공터부분 토지'도 이 사건 구분건물들이 가지는 대지사용권이 미치는 장소에 위치한 것은 아닌가 하는 문제가 대두된 것입니다. 위와 같은 법리에 대해서는 원고도 피고들도 모조리 지금껏 거의 몰랐던 것으로 보이고요.

▶ 그래서 이 3심은 "각 구분소유자는 그 대지에 대하여 가지는 공유지분의 비율에 관계없이 그 건물의 대지 전부를 용도에 따라 사용할 수 있는 적법한 권원을 가진다. 이러한 법리는 1필지의 토지 위에 축조된 수동의 건물의 구분소유자들이 그 토지를 공유하고 있는 경우에도 마찬가지로 적용된다. 이 경우 '건물의 대지'라 함은 집합건물이 소재하고 있는 1필지의 토지 전부를 포함한다. 집합건물의 구분소유자의 대지사용권은 전유부분의 처분에 따르고 전유부분과 분리하여 대지사용권을 처분할 수 없다. 따라서 원심으로서는 이러한 법

리에 따라서 피고들이 이 사건 대지 전부를 사용할 수 있는 적법한 권한을 가지는지 여부에 대하여 나아가 심리·판단할 필요가 있다."라는 취지를 지적하게 된 것입니다. 그리고 물론 직권으로 지적한 부분에 대해서도 다시 심리할 것을 주문한 것이고요. '집합건물법상 분리처분금지'와 관련되는 법리는 소송당사자의 주장 여부와 관계없이 법원이 직권으로 판단할 수 있는 사항이며, 나아가서는 법원이 스스로 판단해야 하는 직무상 사항으로 이해가 되고요.

▶ 일단은, 3심의 지적은 집합건물법상 분리처분금지의 범위 내에 들어간 것으로 보이는 이 사례의 공터부분에 대한 원고의 낙찰은 무효로 귀결된다는 의미인 것으로 이해가 됩니다. 그런데 가정적으로 만약 그것이 유효한 낙찰이라는 결론이라면, 그때는 원고가 '구분소유자들의 공터부분의 무상사용에 대한 의무의 승계'가 쟁점이 될 것입니다. 어쨌든 원고는 수십 명과의 갈등과 재판까지 미리 감안하고 입찰을 했을 정도로 대단한 경매투자에 뛰어들었지만, 물건의 난해함에 이를 정도로 실력을 보유하고 있었던 것은 아니었던 것으로 봐야 할 터입니다. 물론 통상적인 지식으로는 누구든지 충분히 발생이 가능한 패착의 유형입니다.

4. 그러므로 나머지 상고이유의 주장에 대하여 판단할 것 없이 원심판결을 파기하고, 사건을 다시 심리·판단하게 하기 위하여 원심법원에 환송하기로 하여 관여 법관의 일치된 의견으로 주문과 같이 판결한다.

[2009가합1497] 상가건물의 구분건물로써의 '구조상 독립성'을 인정한 사례, 특정의 구분된 호들로 된 현황이 등기만 공유지분 (구분소유적 공유관계)으로 되어 있는 경우 공유관계의 해소의 방법, '공유불분할'과 '상호명의신탁해지 인한 소유권이전청구권'의 차이

판결의 내용이 그리 복잡하지 않으므로, 사안과 쟁점에 대해 별도로 기술하지 않고 판결의 본문에서 함께 봅니다. 다만 이 사례를 게재한 이유에는 이 판결에 표시된 이 건물의 등기방식이 우리의 등기법리상으로는 납득되지 않는 기재의 점을 보고, 또 이 건물이 구분소유적 공유관계의 상태로 보임에도 불구하고 '상호명의신탁해지를 원인으로 하는 공유지분이전의 청구'가 아닌 '공유불분할의 청구'를 인용한 것으로부터 뭔가의 오판의 가능성에 대해서 생각해 보자는 취지가 포함되어 있습니다.

수원지방법원 여주지원 2010.2.18. 선고 2009가합1497 판결 〔공유물분할〕

[원고] 포트○○ 주식회사

[피고] 1. 도○○ 2. 장○○ 3. 임○○

[주문] 별지 제1목록 기재 부동산을 별지 제2목록 기재 '부동산표시' 및 별지 제3목록 기재 '분할 후 부동산의 소유자 현황표'와 같이 원고 및 피고들의 각 소유로 분할한다.

[이유]

1. 기초사실

(주)갑은 이 사건 부동산을 1999.9. 자신의 보전등기에 이어 상가수분양자들에게 상가면적에 해당하는 부분에 따라 각 층별로 공유지분 등기를 해 주었으며, 그 후 현재는 원고와 피고들은 이 사건 부동산을 아래 표 기재와 같은 지분으로 공유하고 있다. 원고와 피고들 사이에 이 사건 부동산의 분할 방법에 관한 협의가 이루어지지 않았다.

구분	공유자	지분	소계
지하 1층	포트○○(주)	1525.744/2322.244	
	도○○	455.385/2322.244	
	장○○	341.115/2322.244	2322.244/2322.244
1층	포트○○(주)	1351.733/1519.594	
	도○○	101.835/1519.594	
	장○○	55.647/1519.594	1509.215/1519.594
2층	포트○○(주)	1120.377/1662.542	
	도○○	425.178/1662.542	
	장○○	116.987/1662.542	1662.542/1662.542
3층	도○○	1732.802/1732.802	1732.802/1732.802
4층	도○○	1732.802/1732.802	1732.802/1732.802

5층	도○○	640.744/1651.815	
	장○○	1011.071/1651.815	1651.815/1651.815
6층	임○○	1762.606/1762.606	1762.606/1762.606
7층	임○○	1762.606/1762.606	1762.606/1762.606

2. 당사자의 주장

(1) 원고는 공유지분권에 기하여 피고들을 상대로 주문 기재와 같이 이 사건 부동산에 관한 공유물분할을 구하고 있다.

(2) 이에 대하여 피고들은, ① 원고가 이 사건 부동산이 집합건물법에 의해 구분소유권의 목적이 될 수 있는 건물이라는 전제하에서 이 사건 청구를 하고 있으나, 이 사건 부동산은 위 법에 의한 구분소유권의 목적이 될 수 있는 요건을 갖추지 못하고 있고, 가사 위 요건을 갖추고 있다 하더라고 이는 피고 도○○가 원고를 상대로 신청한 현황변경금지가처분신청사건, 이에 대한 이의사건, 그 항고심 사건의 결정을 위반하여 원고가 임의로 한 것으로 무효이므로, 원고의 청구와 같은 내용의 분할이 불가능하고, ② 원고는 이 사건 부동산 지하 1층, 지상 1, 2층의 지분권자에 불과하고, 피고들이 이 사건 부동산에 관한 70%의 지분을 가지고 있는바, 소수 지분권자에 불과한 원고의 청구에 응할 수 없다고 주장한다.

3. 판단

(1) 우선, 이 사건 부동산이 적법한 방법에 의해 집합건물법 등에서 정한 구분소유권의 목적이 될 수 있는 요건을 갖추었는지에 관하여 보건대, 상가건물의 구분소유에 관한 내용을 정한 집합건물법 및 관계법령의 내용은 다음과 같다.

해설 위 규정은 앞서 본 사례의 판결(토지분할을 인정하지 않았던, 대구지방법원 2010가합10386)에 기재되어 있습니다.

앞서 채택한 증거 및 갑 제5호증의 1 내지 7의 영상을 종합해 보면, 이 사건 부동산은 판매 및 영업시설로, 바닥면적의 합계가 1,000㎡ 이상이고, 경계를 명확하게 식별할 수 있는 표지가 바닥에 견고하게 설치되어 있으며, 구분점포별로 부여된 건물번호표지를 견고하게 부착되어 있는 등 위 법령에서 정한 기준을 모두 갖추고 있는 사실이 인정되어, 이 사건 부동산은 집합건물에서 정한 구분소유권의 목적이 될 수 있는 상가건물의 요건을 모두 충족하였다고 판단된다.

또한, 위 현황변경금지가처분신청 사건에서 2008.4.15. '채무자(원고)는 이 사건 부동산의 지하 1층, 1층, 2층의 현황을 변경하여서는 아니 되고, 이로 인해 채권자(피고 도○○)의 영업권 및 소유권을 방해하여서는 아니 된다.'는 결정이 있었고, 위 결정에 대한 이의사건에서 이의를 기각하고, 위 결정을 인가한다는 결정이 있었으나, 항고심인 서울고등법원 사건에서는 2009.11.4. '원고가 피고 도○○의 동의 없이 이 사건 부동산의 지하 1층, 1층, 2층에 관하여 새로운 칸막이를 설치하거나, 현재 설치되어 있는 벽체나 칸막이를 철거·훼손하는 행위, 현재 시공되어 있는 천장, 벽면, 바닥의 마감재를 교체하는 행위(다만, 일상적 사용에 따른 마모·훼손·보수 등으로 인한 수리·교체는 제외한다.)를 하여서는 아니 되고, 피고 도○○의 나머지 신청은 기각한다.'는 내용의 결정이 있었고, 그 무렵 위 결정이 확정된 사실이 인정되는바,

이처럼 위 서울고등법원 결정은 이 사건 부동산 중 지하 1층, 1, 2층에 관하여 일체의 현상변경을 금지한 것이 아니라 새로운 칸막이 설치, 벽면이나 칸막이의 철거, 훼손을 금지하고 있을 뿐이므로, 원고가 집합건물법이 정한 구분소유권의 목적물이 될 수 있게 하기 위해 이 사건 부동산에 위 법이 정한 경계표지, 건물표지 등을 설치한 것이 위 결정을 위반하여 무효라고 볼 수도 없다. 결국, 원고는 적법한 방법으로 이 사건 부동산으로 하여금 집합건물법이 정한 구분소유권의 목적물이 될 수 있는 요건을 갖추게 하였으므로, 원고는 이 사건 부동산의 공유자로서 주문 제1항 기재와 같은 내용의 분할을 구할 수 있다.

해설 유치권 분쟁사건에 좀 더 보이지만, 경매관련 판결을 보면 가끔 '보전처분(가압류, 가처분)'에서 인정되었거나 부인된 사정을 앞세워 본안재판에서 주장하는 경우가 있습니다. 그러나 보전처분은 그것에 필요한 정도(피보전권리 및 보전의 필요성)만 파악하고 판단하는 즉 사안이 가진 사실 일부만이 반영되는 점, 제도의 특성상 많은 경우가 한쪽의 주장만이 반영되는 측면이 있는 점, 보전처분의 단계에서 파악되거나 판단되는 사실은 미세하거나 복잡한 문제들과 관련하여 본안에서의 쟁점과를 다를 수 있는 점, 보전처분 후 본안단계에 이르러서는 사실과 쟁점이 추가되거나 달라질 수도 있는 점 등을 고려해야 합니다.

> (2) 다음으로, 이 사건 건물에 대해 소수 지분을 가진 원고의 청구에 다수 지분권자인 피고들이 응할 이유가 없다는 주장에 관하여 살피건대, 민법에서 공유물의 분할을 청구할 수 있는 공유자의 지분에 대해 특별한 제한을 두지 않은 이상 비록 소수의 지분을 가진 공유자라 하더라도 자신의 공유지분권에 기해 공유물의 분할을 구할 수 있으므로, 피고들의 이 부분 주장 역시 이유 없다.

해설 '공유물분할청구권'은, 과반수지분이라는 기준으로 힘이 갈리는 '공유물관리'와는 달리, 공유자지분의 량에 관계없이 공유자라는 지위 그 자체에 의해 가지는 권리입니다.

> (3) 분할의 방법 : 앞서 채택한 증거들 및 이 사건 부동산의 위치, 면적, 이용현황, 원고와 피고들의 의사 등을 고려하면, 이 사건 부동산을 주문 제1항과 같이 분할하는 것이 상당하다.
>
> **4. 결론**
>
> 그렇다면, 원고의 이 사건 청구는 이유 있으므로 이를 인용하기로 하여 주문과 같이 판결한다.

해설 이 건물은 저층은 판매 및 영업시설로서 내부경계가 명확하게 구별된 작은 점포들로, 위층은 사무실들로 되어 있는 것 같습니다. 등기관계는 (판시가 너무 간단해서 정확한 것은 알 수 없으나) 층별로 공유지분의 등기가 된 것으로 보입니다. 상가건물의 구분소유의 요건은 법에 의해 완화되어 있다고 공부했는데, 그 점이 이 사례에서도 반영되었네요.

▶ 그런데 층별 구분등기가 아니고 1동의 건물 전체가 하나의 등기로 되어 있다는 취지로 보임에도 불구하고, 전체 건물면적에 대한 각 지분의 등기가 아닌 층별로 분리되어(층별로 각 분모를 가지고 있음) 공유지분이 등기된 것은 우리의 등기법리상 불가능한 기재여서 (등기 기재의 착오인지, 아니면 편의상 기술적 기재인지) 도무지 납득이 되지를 않습니다.

▶ 가만히 보면 (건물의 내부구조 그 자체의 현황으로는 구분건물로 분할을 인정함에는 문제없었을 것이지만) 이 1심의 공유물분할의 인정은 뭔가 석연치 않습니다. 뭐냐면, (이미 공부한 사례 〈대구고판 2005나10426, 대판 2006다84171〉에 비춰봐서도 그렇지만) 층별로든 건물전체로든 특정의 구분된 호들로 된 현황이 등기만 공유지분으로 되어 있다면(즉, 구분소유적 공유지분의 상태), 그 공유관계의 해소는 '공유불분할'이 아니라 '상호명의신탁해지'로 가야 하기 때문입니다. 이 사안이 '구분소유적 공유지분'을 모양새를 가졌음을 판사가 파지하고 그 부합하는 정확한 판단이 되었다면, 원고가 청구를 변경하지 않는 한(소송 중 '공유불분할청구'를 '명의신탁해지로 인한 소유권이전청구'로 변경) 원고의 청구가 기각되었을지도 모르겠네요.

▶ 그런데 피고들이 항소를 하였지만, 2심의 재판이 진행되던 중 '항소취하간주'로 종결된 것으로 보아, 항소심 재판 중에 원고와 피고들 사이에 합의가 성사되었을 가능성을 보게 됩니다.

24
Lesson

[2008마696] 상가건물의 구분건물로써의 '구조상 독립성'을 부인한 사례 : 구분소유권의 요건을 갖지 않는 경매목적물에 대하여 내린 경매개시결정에 대한 이의 및 그 취소

[쟁점의 법리]

1 ▸▸ 이 사건은 경매를 받아 부당이득반환이나 건물철거를 구한 재판이 아니라, 340개의 점포가 있는 상가건물 중에 어느 한 호수에 대한 임의경매절차의 취소에 관한 것입니다. 사안의 모양새로 보아 아마도, 이 사건 호수 외에도 많은 호수들도 다른 경매절차가 걸렸을 것으로 보입니다. 그래서 다른 호수의 선례가 이 사건에도 불똥이 튄 것으로 보이는데, 원초적으로는 금융기관으로 보이는 채권자의 담보취득 과정에 있었던 엉성함에서 그 불씨가 심어진 것으로 봐야 할 터입니다.

2 ▸▸ 3심의 판결에서는 1동의 건물의 일부분이 구분소유권의 개체가 될 수 있는 요건 외에도, 임의경매절차에서는 담보권의 부존재에 관련한 이의의 점, 등기의 존재 자체가 무효인 경우의 부정적 효과들(담보권등기, 경매절차, 경락 등에 관한), 물적인 요건이 불비인 구분건물에 관하여 (기왕의 구분소유등기대로) 구분소유의 형태로 사용·수익하기로 하는 구분소유자들의 특약의 효력, 채무불이행에 의한 채무자의 귀책사유가 채무자의 담보권 무효주장을 신의칙에 저촉되

게 하는지 등에 관한 법리가 쟁점으로 설시됩니다.

[사안의 개요]

진행	진행의 내용, 결과
채권자의 경매신청	채권자(항고인)가 채무자 소유의 점포에 대하여 임의경매신청을 하여 경매개시결정을 받음.
소유자의 이의신청	소유자(채무자, 재항고인)가 경매목적물이 '오픈상가'로서 구분소유권의 요건을 갖지 않아 경매목적물이 될 수 없다며 경매개시결정에 대한 이의신청을 함. **해설** 채무자가, 채무의 존재나 금액에 관한 것이 아닌, 건물 자체의 문제를 가지고 물고 늘어진 것으로 특이한 사건입니다.
1심의 결정	1심(경매법원)의 사법보좌관이 위 이의신청을 인정해서 경매개시결정을 취소하고 경매신청을 기각함. **해설** 한편으로 이런 경우는 이해관계인의 이의가 없더라도 법원이 직권으로 판단해서 경매절차를 취소할 수도 있습니다. '물권으로서의 요건'에 관한 것이어서, 그 요건이 불비이면 취소를 해야 합니다.
채권자의 항고	사법보좌관이 위 경매취소에 대해 채권자가 항고를 하였고, 경매법원이 사법보좌관의 처분을 인가함. **해설** 사법보좌관의 처분(문서상은 '결정'으로 표시되나)에 대해서는 '이의'를 하는 것이지만, '항고장'을 제출하더라도 실무상 통상 그것을 '이의'를 한 것으로 처리를 합니다. 그 처분에 대해 판사(경매법원)는 사법보좌관의 처분을 취소하거나 인가합니다. 이 사례와 같이 인가를 하는 경우에는 '이의'를 항고로 보고 2심으로 사건을 보냅니다.
2심의 판단	2심(항고심)은 경매목적물이 구조상으로나 이용상으로나 독립성이 있어 구분소유권의 객체로 인정된다는 등의 이유로 제1심의 경매취소를 다시 취소함(경매의 진행이 가능한 결과).
소유자 재항고	경매진행이 가능하도록 한 2심의 결정에 대하여 소유자가 재항고를 함.
3심의 판단	3심(재항고심)은 경매목적물이 구분소유권의 객체가 될 수 있는 구조상 및 이용상의 독립성을 갖추지 못하였다는 등의 이유로 제2심의 결정을 파기함.

대법원 2008.9.11. 자 2008마696 결정 〔경매개시결정에대한이의〕

[채권자, 상대방] 채권자 주식회사

[채무자, 재항고인] 채무자 주식회사

[주문] 원심결정을 파기하고, 사건을 인천지방법원 본원 합의부에 환송한다.

[이유]

1. 1동의 건물의 일부분이 구분소유권의 객체가 될 수 있으려면 그 부분이 구조상으로나 이용상으로 다른 부분과 구분되는 독립성이 있어야 하고, 그 이용 상황 내지 이용 형태에 따라 구조상의 독립성 판단의 엄격성에 차이가 있을 수 있으나, 구조상의 독립성은 주로 소유권의 목적이 되는 객체에 대한 물적 지배의 범위를 명확히 할 필요성 때문에 요구된다고 할 것이므로 구조상의 구분에 의하여 구분소유권의 객체 범위를 확정할 수 없는 경우에는 구조상의 독립성이 있다고 할 수 없다. 그리고 구분소유권의 객체로서 적합한 물리적 요건을 갖추지 못한 건물의 일부는 그에 관한 구분소유권이 성립될 수 없는 것이어서, 건축물관리대장상 독립한 별개의 구분건물로 등재되고 등기부상에도 구분소유권의 목적으로 등기되어 있어 이러한 등기에 기초하여 경매절차가 진행되어 이를 낙찰받았다고 하더라도, 그 등기는 그 자체로 무효이므로 낙찰자는 그 소유권을 취득할 수 없다. (대판 99다46096)

해설 '이용 상황 내지 이용 형태에 따라 구조상의 독립성 판단의 엄격성에 차이가 있을 수 있다.'라는 부분에 관련해 용도의 측면에서는 주거용, 점포, 차고 등에 따라 탄력성이 있는 판단이 따를 것이나, 주거용은 아무래도 엄격한 반면 상가 등은 완화된 판단이 가능합니다. 하지만 한편으로는, 상가의 점포는 옆 점포와의 정말 구분이 모호하거나 공용부분과의 구분조차도 알 수 없을 정도인 상가건물도 있으므로 주의를 요합니다.

▶ '실체가 구분이 되어 있지 않으면 건축물관리대장상 독립한 별개의 구분건물로 등재되고 등기부상에도 구분소유권의 목적으로 등기되어 있어도 낙찰이 무효'인 이유는 대장이나 등기는 그것에 해당하는 토지나 건물이 '실제로 존재함'을 전제로 하고 또 '실제와의 동일성이 인정'되어야지 유효하기 때문입니다. 다만, '동일성'의 여부는 비교적 넓게 인정되는 편이기는 합니다. 달리 보면 물적인 측면에서는 대장은 지적행정의 목적이고 등기는 공시기능일 뿐이지, 실체가 없거나 전혀 동일성이 없는데도 불구하고 대장이나 등기가 존재한다고 해서 새로운 부동산으로 창설되거나 인정되는 것은 아닌 것입니다. 물론 구분건물은 구분소유권의 객체로서의 실체가 존재해야 하고요.

▶ '이용상의 독립성'은 통상의 집합건물은 문제가 되는 경우는 아주 드물지만, 단독건물인 경우 증축 등으로 인한 아주 특별한 사정이 있을 때 이용상의 독립에 필요한 기본적 구조와 시설의 존재를 두고 따지는 경우가 있습니다. 예를 들어 주거용이라면 출입문, 수도, 난방, 부엌, 욕실 등의 독자적 사용이 가능한 구조인가를 따집니다.

> 한편, 민사집행법 제265조는 담보권의 실행을 위한 경매절차에서 경매절차의 개시결정에 대한 이의신청사유로 담보권이 없다는 것 또는 소멸되었다는 것을 주장할 수 있다고 규정하고 있다. 따라서 부동산의 임의경매에 있어서는 강제경매의 경우와는 달리 경매의 기본이 되는 저당권이 존재하는지 여부는 경매개시결정에 대한 이의사유가 되고, 그 부동산의 소유자가 경매개시결정에 대하여 저당권의 부존재를 주장하여 즉시항고를 한 경우에는 항고법원은 그 권리의 부존재 여부를 심리하여 항고이유의 유무를 판단하여야 한다. (대결 90마946)

해설 판결에 의한 강제경매는 판결의 기판력이 작용하므로 그 판결의 효력을 소멸시키기 위해 복잡한 과정(청구이의의 소, 강제집행정지, 판결확정, 강제경매취소신청 등)을 거쳐야 하는데, 돈 받았으면 경매절차에서 확인해서 처리하면 되는 것이지 뭘 그리 복잡하게 그 힘든 재판을 또 하게 하는지 싶을 것입니다. 필자도 마찬가지입니다. 반면 임의경매(담보권의 실행을 위한 경매)는 경매개시결정에 대한 이의라는 비교적 간단한 과정으로 경매절차를 취소시킬 수 있습니다. 그러나 변제 등에 관한 다툼이 복잡한 사안이라면 경매절차에서의 확인은 어려움이 있어 결국 본안재판인 저당권말소의 소송으로 갈 것인데, 이 경우에는 강제경매와 유사한 과정을 거치게 됩니다. 한편으로, 저당권자와 합의가 되는 경우에는 경매취하에 의하므로 물론 더욱 간단합니다. 그런데 만약 물건이 팔린 후 경락잔금이 납부되기 전에는 (이때의 경매취하는 경락자의 동의가 필요하므로) 통상 저당권등기를 말소하여 경매취소를 받아내는 방법으로 갑니다.

▶ 그런데 이 사례에서는 무슨 돈을 갚았다거나 원래 채무가 없었다는 것이 아니라, 구분소유권의 객체로서의 독립성이 없는 건물(무효인 등기)에 설정된 담보권이기 때문에 법적으로는 그 저당권은 존재하지 않는다는 취지에서 경매개시결정에 대한 이의가 거론된 것입니다.

> **2.** 원심은, 기록에 의하여 그 판시와 같은 사실들을 인정한 다음, 이 사건 경매의 목적물인 이 사건 건물 내 340개 점포(이 사건 점포들)는 각기 독립하여 거래의 목적물이 되고 각 점포의 소유권의 공간적 범위인 위치와 면적이 특정되어 그 부분이 구조상으로나 이용상으로 다른 부분과 구분되는 독립성이 있으므로 구분소유권의 객체가 된다고 할 것이고, 설사 이 사건 점포들이 구분소유권의 대상이 될 수 있는 요건을 갖추지 못하였다고 하더라도, 이 사건 점포들의 소유자들은 단순한 공유관계가 아닌 적어도 구분소유적 공유관계에 있으므로 이를 고려할 때 이 사건 경매개시결정을 취소하고 경매신청을 기각하는 것은 지나치게 형평에 어긋나는 결과가 되며, 또한 채무자가 이 사건 경매절차의 진행을 저지하기 위하여 이 사건 점포들이 구조상으로나 이용상으로 독립성이 없어서 구분소유권의 객체가 될 수 없다고 주장하는 것은 신의칙상 용인될 수 없으므로, 어

느 모로 보나 이 사건 경매개시결정을 취소하고 이 사건 경매신청을 기각한 제1심결정은 부당하다고 판단하였다.

그러나 원심의 이러한 판단은 다음과 같은 이유에서 수긍하기 어렵다.

3. 기록에 의하면, 이 사건 점포들에 관한 각 소유권보존등기 당시에 이 사건 점포들을 포함한 이 사건 건물 내의 모든 점포들 사이에는 각 점포를 구분할 수 있는 벽체 등이 설치되지 아니한 채 다만 도면상으로만 각 점포가 구분될 수 있을 뿐이었고, 다만 이 사건 건물의 지하 1층 내의 점포들 사이에는 각 점포 호수를 구별할 수 있도록 바닥의 타일색깔을 달리하는 방법으로 구획선만 그어져 있었던 사실, 그 후 이 사건 건물의 지하 1층 내의 점포들은 바닥으로부터 1m 30~40cm 정도 높이로 설치된 칸막이 또는 '파티션'이라 불리는 분리와 이동이 용이한 경량칸막이 등으로 구분되어 있었고 일부 점포는 주방기구나 식탁 등으로 이웃 점포와 경계를 삼기도 하였으나, 상가가 활성화되지 않자 상가활성화를 위하여 위 파티션 등을 철거하고 지하 1층 중 일부를 대형마트 용도로 제3자에게 임대하기도 한 사실, 그 후 이 사건 점포들이 포함되어 있는 이 사건 건물의 각 층을 층별로 일체로서(다만 1층의 경우 일부씩 구획하여) 하나의 용도로 사용하려는 시도에 의 하여 각 층을 사우나(지하 1층), 식당 및 사무실(1층), 웨딩홀(2층), 뷔페식당(3층), 성인콜라텍(4층), 찜질방(6층) 등으로 임대, 사용하기도 한 사실, 이 사건 경매 신청 무렵에는 이 사건 건물의 지하 1층은 사우나(휴업), 1층은 슈퍼, 식당, 부동산사무소 등, 2층은 웨딩홀(공사 중), 3층은 뷔페식당(공사 중), 4층은 성인콜라텍, 6층은 공실로 사용되거나 비어 있는 상태였고, 각 층 모두 인접 호수와 벽체구분 없이 도면상의 각 점포의 구분과는 상관없이 일체로 또는 구획하여 사용 중인 사실 등을 알 수 있다.

앞서 본 바와 같은 법리 및 위와 같은 사실들에 비추어 살펴볼 때, 이 사건 점포들은 구분소유권의 객체가 될 수 있는 구조상 및 이용상의 독립성을 갖추지 못하여 이 사건 건물의 일부에 불과할 뿐 구분소유권의 객체가 될 수 없다고 봄이 상당하고, 따라서 비록 이 사건 점포들에 관하여 건축물관리대장상 독립한 별개의 구분건물로 등재되고 등기부상에도 구분소유권의 목적으로 등기되어 있다고 하더라도 그러한 등기는 그 자체로 무효이고 그러한 등기에 기한 이 사건 근저당권설정등기 역시 무효라고 할 것이므로, 이러한 무효인 근저당권에 기한 경매개시결정은 위법하다.

그리고 설사 이 사건 점포들에 대하여 구분소유등기를 마친 등기명의자들 사이에서 이 사건 건물을 그 구분소유등기에 맞추어 구분소유의 형태로 사용·수익하기로 하는 특약의 존재가 인정된다고 하더라도, 그러한 사정만으로 이 사건 점포들에 대한 구분소유등기나 그에 기한 이 사건 근저당권이 유효하게 된다고 볼 수는 없으므로, 위와 같은 경우에도 여전히 이 사건 근저당권은 무효이고 이러한 무효인 근저당권에 기한 경매개시결정은 위법하며, 그러한 결과가 지나치게 형평에 어긋난다고 볼 수 없다.

또한, 채무자가 그 소유의 이 사건 점포들에 관하여 근지당권을 설정하여 이를 담보로 제공하였는데 그 근저당권설정등기가 무효로 되어 결과적으로 담보권 실행에 장애를 가져오게 된 경우, 그에 관하여 채무자가 귀책사유의 존부에 따라 손해배상책임을 부담하는지 여부는 별론으로 하고, 채무자가 그 근저당권이 무효임을 이유로 이러한 무효인 근저당권에 기한 경매개시결정이 위법하다고 주장하는 것이 신의칙상 용인될 수 없다고 볼 수는 없다.

그럼에도 불구하고, 이와 달리 판단한 원심결정에는 심리미진 또는 구분소유권의 객체나 임의경매의 개시요건에 관한 법리오해로 인하여 결과에 영향을 미친 위법이 있다고 할 것이다. 이를 지적하는 재항고이유의 주장은 이유 있다.

해설 구조상의 독립성은 소유권의 목적이 되는 객체에 대한 '물적 지배의 범위를 명확히 할 필요성' 때문에 요구됩니다. 그렇다면, 각 점포를 구분할 수 있는 벽체 등이 설치되지 아니한 채 다만 도면상으로만 각 점포가 구분될 수 있을 뿐이고 또한 340개의 점포를 층별로 하나의 점포로 임의적으로 변경까지 한 현황인데도 불구하고, 구조상으로나 이용상으로 다른 부분과 구분되는 독립성이 있다는 2심의 판단은 이상합니다. 무엇보다도 '물적 지배'는 형평성이나 신의칙 따위의 차원에서 판단할 성격의 것이 아님이 명백한 점에서, 2심은 물권에 대한 의식이 철저하지 못한 탓에 오판을 한 것으로 보입니다. 즉, '건물 그 자체에 관한 물권으로서의 구분소유권의 요건'을 가려야 할 문제를 2심은 어긋나게도(길을 잘못 들어서서는) 경매에 이르게 된 사정(事情), 채권에 대한 책임의 귀속, 당사자들 사이의 형평의 문제 등을 끌어들여 판단하고 있습니다. 본문에서 인용한 다음 판례(대판 99다46096)를 통해 관련 법리를 다시 확인하기 바랍니다.

관련 판례

인용 판례
(대법원 1999.11.09. 선고 99다46096 판결 〔건물명도등〕)

[원고, 상고인] 김○○

[피고, 피상고인] ○○공구판매 주식회사

[주문] 상고를 기각한다.

원심이 인용한 제1심판결 이유에 의하면, 원심은 거시 증거에 의하여, 소외 주식회사 동진주택(소외 회사)은 1992년경 서울 성북구 종암동 10의 178 소재 지하 1층, 지상 6층의 아파트 및 근린생활시설 1동(이 사건 건물)을 신축할 당시 상가로 이용될 1층은 분양받은 사람들이 원하는 면적으로 자유롭게 분할하여 구획을 지을 목적으로 아무런 칸막이를 하지 아니하고 1층 전체를 하나의 공간으로 하여 준공을 마친 사실, 소외 회사는 1992.12.30.경 준공검사를 받을 무렵 이 사건 건물의 1층을 도면상으로만 비슷한 넓이의 8칸으로 나누고 101호부터 108호까지 번호를 붙인 다음 독립된 구분건물로 건축물관리대장에 등재하고, 1993.2.27. 구분된 각 부분에 관하여 소외 회사 명의로 소유권보존등기를 마친 사실, 피고의 대표이사인 소외 명제태는 1993.5.17.경 소외 회사로부터 위 107호 부분과 108호 부분을 합친 130.42㎡를 대금 310,000,000원에 분양받기로 하는 매매계약을 체결한 사실, 그 후 소외 회사는 피고의 요구에 따라 1993.10. 중순경 위 107호 부분과 108호 부분을 한 칸으로 하여 그와 인접한 위 106호 사이에만 칸막이 벽을 설치하여 주었는데, 피고는 그 당시부터 현재까지 위 107호와 108호를 하나의 점포로 이용하면서 그 사이에 아무런 칸막이나 경계 등을 설치하지 아니한 사실, 그런데 소외 회사는 위 명제태가 약정된 잔금 중 일부를 미납하자 먼저 구분 등기된 위 108호에 대해서만 1993.11.22. 위 명제태 앞으로 소유권이전등기를 마쳐 주고, 위 107호에 대하여는 임의로 같은 달 29. 서울은행 앞으로 근저당권설정등기를 마쳐 준 사실, 원고는 1997.4.30. 법원의 경매절차에서 위 107호 66.64㎡를 낙찰받아 1997.9.18. 위 낙찰을 원인으로 한 소유권이전등기를 마쳤는데, 원고가 위 107호를 낙찰받을 당시 작성된 현황조사보고서와 감정평가서에도 피고가 위 107호를 1993.5. 소외 회사로부터 분양받은 이래 현재까지 위 108호와 함께 공구판매상으로 점유·사용하고 있다는 사실이 기재되어 있었고, 이 사건 건물 신축 당시부터 현재까지 등기부상으로 구분되어 있는 위 107호와 108호를 사실상 구분할 수 있는 고정된 경계 표지나 구분시설이 설치된 적이 없었던 사실을 인정한 다음, 이 사건 건물 중 피고가 위 108호와 함께 공구판매점으로 사용하는 위 107호는 구조상으로나 실제 이용상으로 구분되지 아니하는 하나의 건물로써 비록 건축물관리대장상 그 일부인 위 107호 부분이 별개의 구분건물로 등재되고 이에 기하여 소유권보존등기가 마쳐졌다고 하더라도 이는 구분소유의 목적이 될 수 있는 구조상 및 이용상의 독립성을 갖추지 못한 건물의 일부에 대한 것으로서 이에 관한 소유권보존등기도 무효라고 판단하여 원고의 이 사건 청구를 배척하였는바, 원심의 이러한 판단은 앞에서 본 법리에 따른 것으로서 정당하고, 구분소유권의 객체에 관한 법리오해의 위법이 없다. 논지는 이유 없다.

해설 건축주의 임의적 분양, 수분양자의 무지, 공적절차(준공검사, 건축물관리대장의 등재, 등기)의 부실, 설정은행의 무지나 태만, 법원경매절차의 하자 등 모두 문제가 많았습니다. 최후적으로 경매단계에서라도 경매절차를 취소했어야 했습니다. 사고가 날려면 방지될 많은 기회가 그냥 지나가 버리는 것 같습니다. 마치 불행이 원고에게 가버린 운명인 듯이 말입니다. 이 사례는 분명 인재(人災)로 보아도 그리 틀리지 않을 듯합니다.

▶ 낙찰받을 당시 현황조사보고서, 감정평가서, 임장 등을 통해 '피고가 107호를 1993.5. 소외 회사로부터 분양받은 이래 현재까지 위 108호와 함께 공구판매상으로 점유·사용하고 있다는 사실과, 107호와 108호가 사실상 구분이 없다는 사실'을 충분히 알 수 있었음에 불구하고 입찰을 하고는 경락잔금까지 납부를 해버린 것으로 봐서, 원고는 경매를 제대로 배우지 못했음을 능히 알 수 있습니다. 피 같은 돈으로 경매를 받아 인도재판을 걸었다가는 꿈에도 생각지

못했던 경매의 무효를 당했으니(경락으로 인한 소유권의 상실), 무효의 경매절차를 통해 배당을 받아간 채권자들이라고 주장하면서 그 채권자들에게 부당이득을 반환하라며 재판을 걸어야 할 상황으로 몰렸네요. 나아가, 대출을 받아 경락잔금을 납부했다면 그 대출은행에 대한 채무자로서의 원고의 책임도 남는데, 그 문제는 어찌할 것인지!

[2012가단5006687,5053041] 상가건물의 구분건물로서의 '구조상 독립성'을 인정한 사례 : 인도청구의 대상, 구분점포의 구분소유권의 객체성, 명시적·묵시적 또는 추인에 의한 법률관계의 성립, 권리남용의 주장

이 사례는 다수의 법률적 쟁점을 보유하고 있으나, 우리는 주된 관심은 '상가건물의 구분소유권의 객체성'에 대한 법리입니다. 그 주된 관심에 대해서 이미 공부한 바를 복습하는 차원에서 게재한 바이고 또 다른 나머지 법리들도 그리 어렵지 않으므로 따로 해설을 붙이지는 않고, 다만 밑줄을 친 부분들이 해당 법리의 맥을 형성하고 있는 것으로 보아야 할 터이므로 그 부분을 중심으로 읽기 바랍니다. 판결내용의 전반을 조망할 때, 지식의 살을 두텁게 해줄 것으로 보입니다. 한마디로, 적절하고도 섬세하게 잘 구성된 판결입니다.

서울중앙지방법원 2013.1.30. 선고 2012가단5006687,5053041(병합) 건물명도

[원고] 고○ ○ 외 13

[피고] 1. '갑' 주식회사 2. '을' 주식회사

[주문]

1. 피고 '갑' 주식회사는 원고들에게 별지 1 기재 해당 부동산을 인도하라.
2. 원고들의 피고 '을' 주식회사에 대한 청구를 기각한다.
3. 제1항은 가집행할 수 있다.

[이유]

1. 기초사실

원고들은 서울 중구 ○○ 지상에 건립된 집합건물인 하○ ○빌딩(이 사건 건물)의 제1 내지 4층 중 별지 1 기재 해당 부분('이 사건 각 구분점포')을 분양받아 소유권을 취득한 자들이고, 피고 '을'은 이 사건 '건물관리단'으로부터 위 건물 전체를 임차한 회사이고, 피고 '갑'은 피고 '을'로부터 위 건물 중 제1 내지 4층을 전차한 회사이다.

이 사건 건물의 지하 1층, 1, 2, 3층의 구분소유자들은 2006년경 해당 구분점포를 분양받았으나 상가 임대가 활성화되지 아니하자, 관리단을 통하여 각 층마다 이를 하나의 목적물로 임대하는 이른바 통임대를 추진하기로 하였고, 이에 관리단은 2008.2.경부터 구분소유자들의 동의 및 위임을 받아, 위 각 층의 각 점포 경계표지를 제거하여 부동산임대업체인 주식회사 지○ ○ 등에게 각 층마다 일괄 임대하였으며, 이에 따라 수령한 차임은 해당 구분소유자들에게 점포 면적에 비례하여 균등하게 분배하여 왔다.
관리단은 위 통임대에도 불구하고 건물 전체의 상권 활성화라는 가시적인 효과가 나타나지 아니하자 2011.2.경 건물 전체에 대한 통합임대차를 추진하여 건물 전체를 피고

'을'에게 임대하였고, 피고 '갑'은 2011.3.15. 위 건물 중 제1 내지 4층 전체를 피고 '을'로부터 전차한 후 '○○명동중앙점'이라는 상호로 의류판매업을 하고 있다.

2. 판단

피고 '갑'의 인도의무

위 인정사실에 의하면, 피고 '갑'은 원고들 소유인 이 사건 각 구분점포를 점유하고 있으므로, 위 피고는 특별한 사정이 없는 한 원고들에게 위 각 점포를 인도할 의무가 있다.

원고들의 피고 '을'에 대한 청구에 관한 판단

원고들은 나아가, 피고 '을' 역시 원고들에게 이 사건 각 구분점포를 인도할 의무가 있다는 취지로 주장하나, 불법점유를 이유로 하여 그 명도 또는 인도를 청구하려면 현실적으로 그 목적물을 점유하고 있는 자를 상대로 하여야 하고 불법점유자라 하여도 그 물건을 다른 사람에게 인도하여 현실적으로 점유를 하고 있지 않은 이상 그자를 상대로 한 인도 또는 명도청구는 부당한데(대판 98다9045), 앞서 인정한 바와 같이 피고 '을'은 이 사건 각 점포를 포함한 이 사건 건물 제1 내지 4층을 피고 '갑'에 전대하여 이를 현실적으로 점유하고 있지 아니한 이상, 원고들의 위 주장은 이유 없다.

피고 '갑'의 주장에 관한 판단

① 이 사건 각 구분점포가 구분소유권의 객체성을 상실하였다는 취지의 주장에 관하여 :
이에 대하여 피고 '갑'은 먼저, 이 사건 건물 중 제1 내지 4층은 경계표지 등이 모두 제거된 후 하나의 건물로 임대되면서 각 구분점포의 구조상·이용상의 독립성이 상실되어 공유로 전환되었으므로, 원고들은 위 피고를 상대로 구분소유권의 객체성을 상실한 이 사건 각 점포의 반환을 구할 수 없다는 취지로 주장한다.
살피건대, 집합건물법상 건물의 일부분이 구분소유권의 객체로 될 수 있으려면, 그 부분이 구조상으로나 이용상으로 다른 부분과 구분되는 독립성이 있어야 함은 물론이다. 그러나 인접한 구분건물 사이에 설치된 경계표지가 일단 제거되었다고 하여 무조건 구분소유권의 객체성을 상실하게 되는 것은 아니고, 경계표지의 제거가 사회통념상 구분점포로서의 복원을 전제로 한 일시적인 것일 뿐만 아니라, 각 구분점포의 위치와 면적 등을 특정할 수 있는 방법이 여전히 존재하고 그 복원이 용이한 것이라면, 경계표지가 일정한 사유로 제거됨으로써 각 구분점포가 구분점포로서의 구조상 및 이용상의 독립성을 상실하게 되었다고 하더라도, 각 구분점포가 구분점포로서의 실체를 상실하여 구분소유권의 객체가 되지 아니한다고 쉽게 단정할 수 없다(대결 98마1438).

그런데 (중략) 다음과 같은 사정, 즉 이 사건 건물 중 제1 내지 4층은 그 분양 시에는 각 구분점포 간의 경계표지가 분명하고, 칸막이와 차단시설 등이 설치되어 있어 구분소유권의 객체로서의 요건을 충분히 갖추고 있었던 점, '건축물대장의 기재 및 관리 등에 관한 규칙'에 따라 건축물대장에 건축물현황도가 포함되어 있고, 집합건물법 제1조의2, '집합건물의 소유 및 관리에 관한 법률 제1조의2 제1항의 경계표지 및 건물번호표지에 관한 규정'이 상가건물의 구분소유의 경우에는 경계표지 등에 관하여 다소 완화된 특례를 두고 있어 현재 각 구분점포의 위치와 면적을 특정하여 경계표지를 복원하는데 물리적으로 어려움이 없는 점, 위 각 구분점포 사이의 경계표지를 철거한 것은 영구적인 것이 아니라 원활한 점포 임대를 위하여 임차인의 점포 이용의 편의를 기하기 위한 일시적인 조치에 불과한 것으로 보이는 점, 구분소유자들이 2007년 작성하여 이 사건 관리단에게 교부한 동의서상에도 "하○○빌딩의 '구분소유자로서' 하○○상가의 활성화를 위하여 '등기부상의 소유권 및 점포 지번(호수 및 위치)'에는 아무런 변동이 없을 것"이 조건으로 기재되어 있고, 2007.4.30. 당시 관리단장 신○○도 동일한 내용의 확인서를 작성해 주었던 점 등에 비추어 보면, 비록 각 구분점포 간의 경계표지가 제거되어 일시적으로 구분점포로서의 구조상 및 이용상의 독립성을 상실하였다고 하더라도 이로써 구분점포로서의 실체를 상실하여 구분소유권의 객체가 되지 아니한다고 할 수 없으므로, 위 주장은 이유 없다.

② 원고들이 이 사건 관리단에게 임대차계약 체결권한을 포괄적으로 위임하였거나 해당 임대차계약을 묵시적으로 위임 또는 추인하였다는 취지의 주장에 관하여 : 피고 '갑'은 또한, 원고들은 2008년경 이 사건 관리단에게 위 관리단이 향후 체결할 모든 임대차

계약에 대하여 그 체결권한을 포괄적으로 위임하였으므로 위 관리단은 피고 '을'에게 이 사건 각 구분점포를 임대할 권한이 있다거나, 설령 원고들이 위와 같이 포괄적으로 위임한 사실은 없다 하더라도 원고들이 피고 '을'로부터 매월 월차임을 지급받아 온 이상 위 관리단에게 피고 '을'과 임대차계약을 체결할 권한을 묵시적으로 위임하였거나 또는 대리권 없이 체결된 위 계약을 추인하였다고 봄이 상당하다는 취지로 주장한다.

살피건대, 을 제4호증의 1 내지 10의 각 기재에 따르면 원고 장○○, 최○○을 제외한 나머지 원고들은 2008년경 위 관리단이 이 사건 각 구분점포를 다른 구분소유자들의 구분점포와 일괄하여 주식회사 지○○ 등에 임대하는 것에 동의한 후 점포 면적에 비례한 차임을 배분받은 사실을 인정할 수 있고, 피고 '을'이 원고 조○○을 제외한 나머지 원고들에게 월임료 명목으로 위 피고가 산정한 금액의 전부 또는 일부를 지급한 사실은 당사자 사이에 다툼이 없다(원고 권○○, 이○○, 최○○에게는 일부를 지급하였다.).

그러나 원고들 중 일부가 이 사건 각 구분점포의 일괄 임대에 한 차례 동의한 바가 있다고 하더라도 그 동의에 기초하여 체결된 임대차계약의 계약기간이 만료된 이후 또는 최초 임차인이 아닌 다른 임차인과의 사이에 새로운 일괄 임대차계약을 체결할 권한까지 수여한 것이라고는 보기 어렵고, 또한 원고 조00을 제외한 나머지 원고들이 피고 '을'로부터 월차임 상당액의 전부 또는 일부를 지급받아왔다고 하더라도 위 원고들이 부당이득금 또는 손해배상금 명목으로 수령하였을 가능성을 배제할 수 없는 점 등에 비추어 그와 같은 사정만으로 해당 임대차계약 체결권한을 묵시적으로 위임하였거나 무권대리인에 의하여 체결된 위 임대차계약을 추인하였다고 볼 수도 없으므로, 위 주장도 이유 없다.

③ 권리남용 취지의 주장에 관하여 : 피고 '갑'은 마지막으로, 원고들은 이 사건 각 점포를 인도받아 독자적으로 영업을 할 의사 없이 현재 성업 중인 피고 '갑'의 매장 영업에 영향을 미치는 등으로 압박하여 추가적인 월 임대료나 합의금을 수령하기 위하여 이 사건 청구에 이른 것이고, 원고들의 위 청구를 받아들일 경우 위 매장이 철수하여 이 사건 건물 전체가 유령상가가 되고 그에 따라 원고들을 포함한 구분소유자 전체가 피고 '갑' 등에게 거액의 손해배상금 채무를 부담하는 결과가 초래되므로, 위 청구는 권리남용에

> 해당하여 허용되어서는 아니 된다는 취지로 항변한다.
>
> 살피건대, 권리의 행사가 권리남용으로서 허용되지 아니한다고 하려면, 그 권리행사가 주관적으로 오직 상대방에게 고통을 주고 손해를 입히려는 데 있을 뿐 이를 행사하는 사람에게는 아무런 이익이 없고, 객관적으로 사회질서에 위반된다고 볼 수 있어야 할 것인데, 오히려 앞서 본 바와 같이 이 사건 관리단이 원고들의 허락을 받지 아니한 채 이 사건 각 구분점포를 무단 임대한 이상 이를 원상회복하려는 원고들의 이 사건 청구가 위 피고에게 오직 고통을 주고 손해를 입히는데 그 목적이 있을 뿐 원고들에게 아무런 이익이 되지 아니하는 행위로서 객관적으로 사회질서에 반한다고 볼 수는 없고, 설령 위 피고 주장과 같이 위 청구로 인하여 원고들을 포함한 구분소유자들이 거액의 손해배상채무를 부담한다고 하더라도 이 또한 위 무단 임대의 결과일 뿐 원고들에게 그 책임을 돌릴 것은 아니므로, 위 주장 역시 이유 없다.
>
> **3. 결론**
>
> 그렇다면, 원고들의 피고 '갑'에 대한 청구는 이유 있으므로 이를 인용하고, 피고 '을'에 대한 청구는 이유 없으므로 이를 기각하기로 하여 주문과 같이 판결한다.

해설 다만 본문에서 인용된 판례(대판 98다9045)는 '불법점유를 이유로 하여 부동산의 인도를 청구하는 경우 현실적인 점유자를 상대로 하여야 하는 것과 달리, 약정에 의하여 부동산의 인도를 청구하는 경우에는 그 상대방이 직접점유자로 제한되지 아니하고 간접점유자를 상대로 하는 청구도 허용된다. 다만 다른 사람의 직접점유로 인하여 상대방의 인도의무의 이행이 불가능한 경우에는 그 상대방에 대한 부동산의 인도청구는 허용되지 아니하고, 여기에서 인도의무의 이행불능은 단순히 절대적 · 물리적으로 불능인 경우가 아니라 사회생활에서의 경험법칙 또는 거래상의 관념에 비추어 볼 때 상대방의 인도의무의 이행의 실현을 기대할 수 없는 경우를 말한다.'(대판 2014다50203)라는 법리와 함께 보면 관련 이해에 탄력성을 얻을 것입니다.

이 책의 내용은 민사소송의 지식과도 밀접히 결부되기 때문에, 집필 초기에 별개의 장으로 민사소송법도 넣을 계획이었습니다. 그러나 그 자체가 난해한데다가 대형의 법체계인 민사소송법을 넣기가 어려웠습니다. 해서 고민 끝에, 판례해설의 과정에 그 법리를 최대한 반영하는 것으로 했습니다. 그런데 집필 후 원고교정의 단계에서 남은 아쉬움에 다시 불붙어 이 특별부록 '민사소송법 특강'을 집필해 추가하기에 이르렀습니다. 다만, 단순한 절차의 영역은 생략하고 실제 재판에서 사용되는 중요한 분야를 모아 집중했습니다.
민사소송이라고 하면 흔히 '서식'을 생각하는데, 특수물건의 소송 정도라면 서식 그 자체는 의미가 없습니다. 관행이 되는 '서식'을 찾아 맞추는 일이 아니라, 법의 취지 내지 정신(법규와 법리)이 제대로 침윤한 문서를 써낼 능력이 관건입니다. 이 특별부록의 각 부분(소장, 답변서, 준비서면, 서증, 검증, 감정, 증인 등)에는 해당 능력의 향상에 필요한 정신이 녹아 있습니다. 형식적인 절차보다는 법리의 실체를 구현할 수준의 실무이해에 치중한 것이므로, 일단은 내용이 어렵다고 봅니다. 그러나 특수물건의 경매를 생각한다면, 수준이 있는 공부를 피해서는 곤란합니다. 한 번 읽어 모두 알려고 할 필요가 없으며, 난해성으로 인해 그렇게 되지도 않습니다. 시간을 개방해서 반복해 읽고 깊이 음미하면서, 필요할 때마다 찾아 읽으면서 익혀나가도록 합니다.

특별부록

민사
소송법
특강

소장, 답변서, 준비서면, 서증,

검증, 감정, 증인에 관한 실무이해

• 일러두기 •

조문표시의 방법

예를 들어, '민사소송법 제100조 제2항'이 괄호 안에서 사용된 경우 단순히 '법100-2'로 표시하고,
'호'인 경우에는 '법100-2호'로 표시합니다.
민사소송규칙도 '규칙100-2'의 방식으로 표시합니다.

소 제기 전 필요한 절차

청구할 소송물을 뒷받침할, 확보가 가능한 입증자료를 준비해 놓아야 합니다. 변제제공, 최고, 해제, 취소통지 등 실체법상 의사표시 · 관념의 통지가 필요가 경우 놓치지 말아야 합니다. 특히 사안에 따라서는 그 요건이나 내용이 까다로울 수 있는 점에 주의해야 합니다. 보전처분, 집행정지처분 등의 처분을 할 필요성도 검토해야 합니다.

소장의 작성

사건의 사실관계, 법률관계, 예상되는 공격 · 방어까지 검토한 다음 간명하고 정확한 소장을 작성해야 합니다. 당사자, 청구취지, 청구원인, 사건의 표시, 공격 · 방어의 방법, 상대방의 청구와 공격 · 방어의 방법에 대한 진술, 덧붙인 서류의 표시, 작성한 날짜, 법원의 표시 등이 소장의 기재사항입니다(법249).

그러나 '공격 · 방어의 방법'과 '상대방의 청구와 공격 · 방어의 방법에 대한 진술'은 실제로는 나중에 작성하는 준비서면에서 기재되는 것이 보통입니다.

소 장

원고 홍길동(○○○○○○-1234567)
서울 ○○구 ○○로35길 25, 201호(○○동, ○○○아파트)
전화 : 010-1234-5678
(송달주소) 서울 ○○구 ○○로23길, 501호(○○동, ○○빌딩)

피고 김막동(○○○○○○-1456723)
서울 ○○구 ○○○로 250, 401호(○○동, ○○빌라)

부당이득반환청구의 소

청 구 취 지

1. 피고는 원고에게 10,500,000원 및 2013.12.1.부터 원고가 서울특별시 ○○구 ○○동 327-81 대 145㎡ 중 145분의 45.02 토지의 지분소유권을 상실하거나 피고가 위 지상 건물 4층 철근콘크리트구조 다세대주택 중 제3층 제301호 50.23㎡의 소유권을 상실할 때까지 월 500,000원의 비율로 계산한 돈을 지급하라.
2. 소송비용은 피고의 부담으로 한다.
3. 위 제1항은 가집행 할 수 있다.

라는 판결을 구합니다.

청 구 원 인

1. 기초사실

원고는 이 사건 대지지분인 서울특별시 ○○구 ○○동 327-81 대 145㎡ 중 145분의 45.02 지분을 2012.2.11. 서울중앙법원 2011타경31256 부동산임의경매를 통해 취득하였습니다. 한편으로 이 사건 건물인 제3층 301호는 위 경매진행의 근거였던 대지에 대한 근저당권이 설정된 후에 신축되어 대지사용권이 성립하였으나, 그 후 위 근저당권이 실행됨으로써 그 대지사용권은 결국 소멸하였습니다. 그에 따라 2012.2.19.이 사건 건물에 대한 대지권등기도 말소되었습니다.

2. 원고의 권리와 피고의 의무

그렇다면 이 사건 건물은 아무런 권원 없이 이 사건 대지지분을 점유를 하는 것이 됩니다. 그에 따라 대지지분의 소유자인 원고는 건물의 소유자인 피고에게 이 사건 건물의 철거를 구할 수 있을 것입니다. 그런데 위와 같은 경우 집합건물의 소유 및 관리에 관한 법률 제7조에 따라 원고는 피고에 대하여 이 사건 건물에 관하여 매도청구권을 행사할 수 있습니다. 또한 피고는 이 사건 건물을 소유를 통해 아무런 법률상의 원인 없이 이 사건 대지지분을 점유함으로써 이 사건 대지지분의 임료 상당의 이득을 얻고, 동액 상당의 재산상의 손해를 원고에게 입혔다고 할 것입니다.

그러므로 피고는 원고에게 이 사건 대지지분의 임료 상당의 부당이득을 반환할 의무가 있을 것입니다. 이에 원고는, 이 사건 건물에 관한 매도청구권의 행사는 추후의 사정에 따라 따르기로 하고, 이 사건 대지지분의 임료 상당 부당이득의 반환을 이 사건 소로서 구합니다.

3. 부당이득의 금액

원고가 구할 피고의 부당이득반환 범위는 원고가 이 사건 대지지분을 취득함으로써 피고가 이 사건 대지지분을 불법점유하기 시작한 것이 되는 시점인 2010.2.11.부터 원고가 이 사건 토지의 지분소유권을 상실하거나 피고가 이 사건 건물의 소유권을 상실할 때까지가 될 것입니다. 그 금액은 일응은 이 사건 대지지분에 대한 경매 당시 감정평가액 100,000,000원 기준으로 해서, 위 금액에 대한 연 6% 상당의 금액을 월로 환산한 금액인 500,000원으로 구합니다.

① 매월 청구액 500,000원 = (100,000,000원 × 6%) ÷ 12

② 이미 발생한 채권 10,500,000원 = 500,000원 × 21(2012.3.부터 2013.11.까지 총 21개월)

위와 같은 계산에 의하여 피고는 원고에게 청구취지와 같은 돈을 지급할 의무가 있다고 할 것입니다.

4. 결론

이에 원고는 피고들로부터 청구취지와 같은 판결을 구하기 위하여 이 사건 소의 제기에 이른 것입니다.

입 증 방 법

1. 갑 제1호증의 1 내지 5	각 부동산등기부등본(토지, 건물)
1. 갑 제2호증	감정평가서 사본

첨 부 서 류

1. 위 입증방법	각 1통
1. 경매정보지(참고자료) 사본	1통
1. 소장부본	1통
1. 인지 및 송달료납부서	각 1통

2013.12.○○.

위 원고 홍 길 동

서울중앙지방법원 민사8단독 귀중

원고와 피고(소송당사자)

1 ▸▸ 다수당사자

당사자가 다수인 경우에는 '1. 2. 3.…'으로 일련번호를 붙입니다.

2 ▸▸ 송달주소'와 '등기부상 주소'

원고의 송달주소와 부동산 소송에서 피고의 등기부상의 주소가 다를 때에는, 그 '송달주소'나 '등기부상 주소'도 병기합니다.

3 ▸▸ 당사자의 변경

소송 중에 당사자의 변경이나 추가는 원칙적으로 허용되지 않습니다. 표시를 잘못한 것이 명백한 때나, 소장을 제출한 후에야 피고가 이미 사망하였음이 밝혀진 경우에는 당사자표시정정을 할 수 있습니다(대판 69다1230). 그 외에 피고를 잘못 지정한 것이 분명한 경우에는 제1심 변론 종결 시까지 법원의 허가를 받아 피고를 경정(更正)할 수 있으며(법260) 필수적 공동소송인의 일부가 누락된 때에는 위와 같이 허가를 받아 원고나 피고를 추가할 수 있습니다(법6). 그런데 위와 같이 예외적인 경우인 구제도 그 절차가 복잡하고 시간이 지연되게 하므로, 처음부터 누가 적법한 당사자인지에 대해 정확을 기해야 합니다.

사건명

대체로 처음 소장에 기재된 사건명이 끝까지 굳어지는 실무관행이므로 사건명은 정확히 표시해야 합니다. 수 개의 청구인 경우에는 흔히 주된 청구 아래 '등'으로 표시합니다(대여금 등, 소유권이전등기 등).

청구취지

1 ▸▸ 청구취지의 표시

청구취지는 소송의 목적인 권리 · 법률관계에 관해 어떤 내용과 범위의 판결을 구하는 것인가를 표시하는 부분이며, 소송의 결론인 판결의 주문에 대응하는 기재사항입니다. 단순 명료하게 기재해야 합니다. 내용이 복잡하거나 다수의 목적물을 표시해야 할 사건에서는 별지로 작성해 첨부하고 그것을 청구취지에서 인용하는 방법을 사용합니다. 청구취지는 그대로 인용되었을 때 목적물에 대해 강제집행이 가능하도록 구성합니다. 강제집행의 단계에서 집행 목적물의 동일성과 범위를 인식하는데 어려움이 없도록 특정에 유의해야 합니다.
소 제기 단계에서 이를 특정하기 어려운 때에는 대강의 약도를 사용하였다가, 소송 중 검증 · 감정의 결과에 맞춰 청구취지를 변경하는 방법이 실무의 통례입니다. 수 개의 청구를 단순 · 선택적 · 예비적으로 각 병합해 제기할 수 있고, 공동소송의 요건을 가졌다면 다수인을 피고로 할 수도 있습니다.

2 ▸▸ 이행의 소

명확하고 간결하게, 무색투명하게 이행을 구하는 내용을 추상적으로 표현합니다. 돈의 지급을 구하는 경우 이행지체로 인한 지연손해금은 연 5%입니다. 다만, 상법이 적용되는 경우에는 연 6%를 청구할 수 있습니다. 그리고 소장 송달의 시점을 기준으로 특별법에 의해 연 15%의 지연손해금을 청구할 수 있습니다. 이 지연손해금의 법률적 성격은 손해배상금입니다.

(예) 피고는 원고에게 50,000,000원 및 이 돈에 대한 2015.3.16.부터 소장 송달일까지는 연 5%의, 그다음 날부터 다 갚을 때까지는 연 15%의 각 비율에 의한 돈을 지급하라.

(가) 특정물의 인도청구

• 목적물의 특정

토지는 지적공부에 따라 소재지 · 지번 · 지목 · 지적으로 특정하고, 건물은 현황(실제의 상황)에 따라 소재지 · 지번 · 건물구조 · 층수 · 용도 · 건축면적으로 특정합니다. 토지나 건물의 일부인 경우에는 도면을 첨부해 축척 · 방위 · 거리 · 구조 등을 표시해서 특정합니다. 부동산의 인도 · 철거 등의 소송에서 현황과 다른 등기부의 표시는 그것을 괄호로 병기합니다.

(예 1) 피고는 원고에게 서울 ○○구 ○○동 300 지상 벽돌조 기와지붕 지하층 지상 2층 주택 지하 1층 90㎡, 지상 1층 120㎡, 2층 100㎡(등기부상 표시 : 같은 지상 시멘트 벽돌조 기와지붕 단층 주택 1동 98㎡)를 인도하라.

(예 2) 피고는 원고에게 서울 ○○구 ○○동 300-1 대 200㎡ 중 별지도면 표시 1. 2. 3. 4. 5. 1. 의 각 점을 차례로 잇는 선내 (가) 부분 100㎡를 인도하라.

(예 3) 원고에게, 피고 을은 별지 제1목록 기재 건물 중 별지도면 표시 1, 2, 3, 4, 5, 1의 각 점을 순차 연결한 선내 (가) 부분 48㎡에서 퇴거하고, 피고 갑은 위 건물을 철거하고 별지 제2목록 기재 토지를 인도하라.

• 인도청구 상대방의 특정

인도청구는 이를 직접 또는 간접으로 점유하는 자를 상대로 할 것이고, 점유보조자(가족이나 피용인 등)를 상대로 하여서는 아니 됩니다.

(판례 1) 임대차 약정 등 건물을 명도할 의무가 있는 자는 간접 점유자도 피고 적격이 있으나(대판 81다187), 불법점유를 이유로 한 건물명도 청구 소송에 있어서는 현실적으로 그 건물을 불법점유하고 있는 사람을 상대로 하여야 하고 그 건물을 타에 임대하여 현실적으로 점유하고 있지 않은 사람을 상대로 청구할 수 없다(대판 98다9045).

(판례 2) [점유보조자의 경우] 주택의 경우 주민등록상 세대주로 되어 있거나, 영업장소에서 영업허가명의자, 사업자등록명의자 등은 실제 점유자와 독립하거나 공동으로 목적물을 점유할 가능성이 높고, 그렇지 아니하더라도 본 점유자의 의사에 반하여 또는 그와 독립하여 물건을 점유 사용하는 경우에는 점유보조자가 아니라 공동점유자로 되므로 그들도 피고로 하여 명도 청구를 할 필요가 있다(대법원 1998.6.26. 선고 98다16456, 16463 판결, 1980. 7. 8. 선고 79다1928 판결).

(판례 3) 부동산의 인도명령의 상대방이 채무자인 경우에 그 인도명령의 집행력은 당해 채무자는 물론 채무자와 한 세대를 구성하며 독립된 생계를 영위하지 아니하는 가족과 같이 그 채무자와 동일시되는 자에게도 미친다(대판 96다30786).

• 당사자의 항정(恒定)

인도청구의 경우 상대방의 고의의 점유변경으로 인한 곤란에 대비해서 점유이전금지가처분 등으로 점유를 항정해 두어야 합니다. 만약 실제로 제3자에게 점유를 이전한 경우에는 가처분채권자는 본안판결의 승계집행문을 부여받아 그 제3자의 점유를 배제할 수 있습니다(대판 98다59118).

(판례) 점유이전금지가처분은 그 목적물의 점유이전을 금지하는 것으로서, 그럼에도 불구하고 점유가 이전되었을 때에는 가처분채무자는 가처분 채권자에 대한 관계에 있어서 여전히 그 점유자의 지위에 있는 것을 뿐 목적물의 처분을 금지 제한하는 효력이 없다(대판 87다카257 · 258).

• 등기의 청구(의사의 진술을 구하는 소)

판결에 기한 등기는 승소한 등기권리자나 등기의무자가 단독으로 신청할 수 있습니다(부동산등기법23-4). 이 경우 판결은 피고의 등기신청 의사의 진술에 갈음하는 동시에 등기원인을 증명하는 서면의 기능을 합니다. 등기신청과 등기실행에는 등기원인과 그 연월일을 기재하도록 되어 있으므로(법43, 48) 등기에 관한 소송의 청구취지에는 등기의 종류와 내용 이외에 등기원인과 그 연월일까지 표시합니다.

(예 1) 피고들은 원고에게 서울 ○○구 ○○동 153-1 대 390㎡ 중 각 3분의 1 지분에 관하여 각 2012.3.15. 매매를 원인으로 한 소유권이전등기절차를 각 이행하라.

(예 2) 원고에게 피고 갑은 별지 목록 기재 부동산에 관하여 ○○지방법원 ○○등기소 2012.9.5. 접수 제29853호로 마친 소유권이전등기의 말소등기절차를 이행하고, 피고 을은 위 소유권이전등기의 말소등기에 대하여 승낙의 의사표시를 하라.

(판례 1) 판결 정본이 제소자가 허위로 표시한 상대방의 허위주소로 보내져서 상대방 아닌 다른 사람이 수령한 것은 부적법한 송달로 효력이 없어 그 판결에 대한 항소기간이 진행되지 않아 그 판결은 미확정 판결로 기판력이 없다. 민사소송법 제422조 제1항 제11호는 공시송달의 방법으로 송달한 경우를 규정한 것으로서 이 경우와 구별되어야 한다(대판 75다634). 사위판결로 소유권이전등기가 된 경우 상대방은 사위판결에 대하여 상소를 할 수도 있고 별소로써 소유권이전등기의 말소를 구할 수도 있다(대판 80다2220).

(판례 2) [부동산등기법상 권리변경등기, 회복등기, 말소등기를 신청하는 경우 및 신청에 의한 경정등기를 하는 경우에, 등기상 이해관계 있는 제3자가 있는 때에는 그의 승낙서 또는 그에게 대항할 수 있는 재판의 등본을 제출하여야 하는바 그 승낙을 구하는 경우] 원인무효인 소유권이전등기 명의인을 채무자로 한 가압류등기와 그에 터 잡은 경매신청 기입등기 명의자에 대하여는 원인무효의 소유권이전등기 말소에 대한 승낙을 구하여야 할 것이고 직접 말소 청구를 할 수 없다(대판 97다41103).

• 장래 이행의 청구

장래에 이행할 것을 청구하는 소는 미리 청구할 필요가 있어야 합니다(법251). 채무의 이행기가 장래에 도래해야 할 뿐만 아니라 의무불이행사유가 그때까지 존속한다는 것을 변론종결 당시에 확정적으로 예정할 수 있는 것이어야 하며, 이러한 책임기간이 불확실하여 변론종결 당시에 확정적으로 예정할 수 없는 경우에는 장래의 이행을 명하는 판결을 할 수 없습니다(대판 86다카2151). 가압류, 가처분은 '집행이 곤란해질 염려' 정도를 따지는 것이므로 그 요건이 완화된다고 봅니다.

(예1) 피고는 원고에게 별지 목록 기재 건물 중 별지 도면 표시 1, 2, 3, 4, 1의 각 점을 차례로 잇는 선내 (가) 부분 35㎡, 5, 6, 7, 8, 5의 각 점을 차례로 잇는 선내 (나) 부분 48㎡를 각 명도하고, 2002.10.1.부터 명도 완료 시까지 월 금 750,000원의 비율에 의한 금원을 지급하라.

(예2) 피고는 원고로부터 금 40,000,000원에서 2002.4.1.부터 별지 목록 기재 건물의 명도 완료 시까지 월 금 1,000,000원의 비율에 의한 금액을 공제한 나머지 금원을 지급받음과 동시에 원고에게 위 건물을 명도하라.

(판례) 물건의 점유로 인한 차임 상당의 손해배상뿐 아니라 부당이득에 대하여도 미리 청구할 필요가 인정된다(대판 74다1184전합).

(나) 확인의 소

확인의 소는 원고의 권리나 법률상의 지위에 현존하는 불안 · 위험이 있고, 확인판결을 받는 것이 그 분쟁을 근본적으로 해결하는 가장 유효 · 적절한 수단일 때에 허용되는 것입니다(대판 2001다25078). 그러므로 이행을 구하는 소가 가능함에도 불구하고 확인의 소를 제기하는 것은 분쟁의 종국적인 해결 방법이 아니어서 그 확인의 이익이 없습니다(확인의 소의 보충성). 동일 급부청구권에 대하여 급부청구를 바로 제기할 수 있다면, 그 급부청구권 자체의 존재확인 청구는 허용되지 않습니다(대판 80다16,17). 확인청구는 원 · 피고 사이 다툼이 있는 권리 · 법률관계에 관해 그 존재 · 부존재의 선언을 구하는 것입니다. 따라서 명령적인 '확인하라.'가 아니라 '확인한다.'로 선언의 청구취지가 됩니다. 확인의 대상이 된 권리 · 법률관계가 특정되도록 그 종류 · 범위 · 발생원인 등을 명확히 해야 하고, 목적물을 특정하여 표시해야 합니다. 다만, 확인을 구하는 권리가 물권인 경우에는 채권과는 달리 그 발생원인은 기재하지 않습니다.

(예 1) 서울 서초구 서초동 100 대 90㎡가 원고의 소유임을 확인한다.

(예 2) 별지 목록 기재 건물에 관하여 원고에게, 원고와 피고 사이의 2002.2.1. 임대차계약에 의한 기간 2년, 임차보증금 금 50,000,000원, 차임 매월 금 500,000원으로 된 임차권이 존재함을 확인한다.

(예 3) 원고의 피고에 대한 2002.9.1. 금전소비대차 계약에 기한 원금 70,000,000원 및 이에 대한 이자 채무는 존재하지 아니함을 확인한다.

(예 4) 원고를 매도인, 피고를 매수인으로 하여 2002.7.15. 작성된 별지 내용의 매매계약서는 진정하게 성립된 것이 아님을 확인한다.

(다) 형성의 소

형성의 소는 형성권의 존재를 확정하여 그 내용에 따른 일정한 권리 · 법률관계를 직접 발생 · 변경 · 소멸시켜 줄 것을 구하는 소입니다. 이는 법률에 허용하는 규정이 있는 때에만 가능합니다. 예를 들어 부동산을 분배하기로 화해를 하였다 하더라도 법원에 경매를 하여 대금을 분할할 것을 청구할 수 없습니다(대판 92다35462). 공유물분할청구의 소, 경계확정의 소 등이 있습니다. 청구취지는 확인의 소와 같이 선언적 형태를 취합니다.

(예 1) 서울 ○○구 ○○동 321-7 대 2,900㎡ 중 별지 도면 표시 1, 2, 5, 6, 1의 각 점을 순차 연결한 선내 (가) 부분 1,500㎡를 원고의 소유로, 같은 도면표시 2, 3, 4, 5, 2의 각 점을 순차 연결한 선내 (나) 부분 1,200㎡를 피고의 소유로 분할한다.

(예 2) 별지 목록 기재 부동산을 경매에 부쳐 그 대금에서 경매 비용을 공제한 나머지 금액을 원고에게 10분의 6, 피고에게 10분의 4의 각 비율로 분배한다.

(예 3) 원고의 소유의 서울 ○○구 ○○동 115-3 대 329㎡와 피고 소유의 같은 동 115-4 대 253㎡의 경계는 별지 도면 표시 1, 2, 3, 4, 5의 각 점을 연결한 선으로 확정한다.

(예 4) 피고의 원고에 대한 서울지방법원 2002가단3879 약속어음금 청구사건의 판결에 기한 강제집행은 이를 불허한다.

(예 5) ○○지방법원 2012타경1235호 부동산강제경매 사건에 관하여 위 법원이 2012.10.25. 작성한 배당표 중 피고에 대한 배당액 금20,000,000원을 금1,200,000원으로, 원고에 대한 배당액 금10,000,000원을 금1,800,000원으로 변경한다.

3 ▸▸ 소송비용

소송비용의 부담은 원래 법원이 직권으로 판결하는 것이나(법104), 실무관행으로 청구취지의 일부로서 기재하고 있습니다.

4 ▸▸ 가집행선고

재산권의 청구에 관한 판결은 법원은 상당한 이유가 없는 한 직권으로 가집행선고를 하여야 하는데(법213), 가집행선고도 소송비용과 마찬가지로 실무관행으로 기재하고 있습니다. '상당한 이유'는 현실적으로는 생각하기 어려울 정도로 거의 인정되지 않는 형편입니다. 재산권의 청구라도 등기절차이행청구 등

'의사의 진술을 명하는 청구'는 그 판결이 확정되어야지 집행력이 발생하므로 (법263) 가집행선고가 허용되지 않습니다. 성질상 가집행선고가 허용되지 않는 실체법상의 권리변동을 일으키는 형성판결(공유물분할 등)을 구하는 사건에서도 가집행선고를 신청할 수 없습니다.

(예 1) 제1항은 가집행할 수 있다.

(예 2) 제1항은 건물인도 부분은 가집행할 수 있다.

청구원인

1 ▸▸ 소송물의 특징

청구원인은 사건의 실질을 구성하므로 소장은 청구원인의 작성이 가장 중요합니다. 청구원인은 청구취지 기재와 같은 판결을 할 수 있도록 하는 법률관계를 뒷받침하는 사실관계로 구성됩니다. 청구원인은 소송물인 권리 · 법률관계를 특정하며, 그것만으로 청구인용에 필요하고도 충분한 사실관계를 가져야 합니다. 청구취지에 나타난 소송의 목적인 경제적 · 사회적 이익보다, 개개의 실체법상의 권리 주장을 소송물로 보는 것이 아직까지의 판례의 입장입니다. 따라서 이행의 소나 형성의 소에서는 청구취지만으로 소송물이 특정되지 아니하므로, 청구원인에 어떠한 권리 · 법률관계에 의해 청구에 이르렀는지를 명백히 해야 합니다.

즉 예를 들어, 동일물건에 대한 인도청구도 소유권 · 점유권 · 매매 · 기타계약 중 어느 것을 원인으로 하는가에 따라 각각 별개의 소송이 되므로, 그 청구권의 발생원인도 구체적으로 표시해야 합니다. 실체법상의 권리나 법률관계를 주장함에는 하나의 소에서도 선택적 · 택일적 · 예비적 주장이 가능합니다. 이는 청구를 식별하는 표준으로서 처분권주의(법203), 청구의 병합 · 변경의 유무

(법253,262), 사건의 동일성(법262,259), 기판력의 객관적 범위(법216) 등의 판단에 중요한 의미를 갖습니다.

2 ▸▸ 공격 · 방어 방법의 기재

청구원인은 소송물을 특정하여 원고의 청구를 이유 있게 하는 범위에서 기재를 하면 족하지만, 나아가 소장에다가 공격 · 방어 방법까지 기재해야 하는가의 문제가 있습니다. 상대방이 어떻게 나올지 알 수 없는 시점에, 먼저 스스로 나의 무기를 개시하는 것이 되므로 굳이 그럴 필요가 없습니다. 실무적으로도 그렇습니다. 그리고 까닥하다가는 선행자백의 불이익을 입을 수도 있습니다. 다만, 상대방의 항변이 명백히 예측되어 나중까지 기다릴 필요가 없이 재항변까지 하는 경우나, 능히 다툼이 예상되는 증거의 증명력에 대한 기재로써 쟁점을 부각시켜 소송촉진을 도모하기 위한 경우 등에는 공격 · 방어 방법의 기재도 고려할 수가 있습니다.

3 ▸▸ 청구원인의 기재방식

청구원인의 기재방식에 어떤 정형이 있는 것은 아닙니다. 일반적으로는 누가 언제 누구와 사이에 어떠한 행위를 하였다는 순서로 기재합니다. 다만, 기재할 사실이 많은 경우 가능한 한 주어를 변경하지 아니하고 시간적 순서에 따릅니다.

당사자 · 목적물이 다수인 경우 문단부호 · 소제목 · 번지 · 일자 등을 사용함으로써 상호 연관관계를 유지할 필요가 있습니다. 간접사실에서 추정되는 의견이나 법률적 견해는 사실과 분리하고, 법률적 견해는 결론에서 소송물을 특정함에 필요한 정도 하면 됩니다. 그러나 기재의 형식이 어떠냐의 이전에 본질적으로는 역시, 우선은 내가 가진 법률지식이 얼마이냐의 문제이고 그다음에는 문장구성의 능력이라고 봅니다.

입증방법

공격 · 방어 방법은 원칙적으로 소송의 상황에 따라 적절한 시기에 제출할 수 있습니다(법146). 따라서 소장의 단계에서는 청구를 이유 있게 하는 사항에 관한 입증방법으로서 증거를 첨부하면 됩니다. 소장에 서증의 목록을 표시하는 방법으로 하는데, 서증이 많거나 특별히 입증취지를 밝힐 필요가 있을 때에는 따로 증거설명서를 제출할 수 있습니다. 같은 종류의 증거서류가 많을 경우에는 날짜나 번지 등의 일정한 순서에 따라 번호를 붙이는 것이 좋습니다.

(예) 1. 갑제1호증 부동산등기사항전부증명서 1통
1. 갑제2호증 내용증명 최고서 1통

첨부서류

제출하는 서류명과 그 통수를 기재합니다. 소장 부본은 피고의 수에 상응하는 만큼 제출합니다. 부동산 관련 소송에서는 부동산등기사항증명서, 공시지가확인원, 토지대장등본, 건축물관리대장 등 소송물 가액의 산출을 위한 자료도 첨부합니다. 같은 서류이더라도 소송물이 무엇이냐에 따라 입증방법이 될 수도 있고, 단지 첨부서류에 지나지 않을 수도 있습니다. 소장에는 통상 사본을 붙입니다.

(예) 1. 위 입증방법 각1통
1. 토지대장등본 1통
1. 송달료 납부서 및 인지대납부서 각1통
1. 소장부본 1통

송달료 및 인지대 납부

송달료와 인지대는 법원의 구내은행에서 납부할 수 있으나, 인터넷으로 납부할 수도 있습니다. 송달료 금액은 대법원 홈페이지에서도 쉽게 알 수 있지만, 부동산 소송의 경우 인지는 그 계산방법이 복잡한 경우가 많으므로 따로 알아보거나 법무사 등에게 의뢰를 할 수 있습니다.

관할 법원

관할은 원칙적으로 피고의 주소지가 해당하지만(보통재판적), 원고의 주소지 등 많은 특별재판적이 인정됩니다. 따라서 특별재판적 중 편리한 법원을 선택하여 제소할 수 있습니다.

특별재판적은 의무이행지(돈의 지급을 구하는 소송은 대부분 이것이 인정됩니다.), 어음의 지급지, 재산소재지, 불법행위지, 관련재판적(법8-25)이 있습니다. 그러나 부동산 관련 소송은 원고의 주소지가 관할이 되는 경우는 드문 점이 있습니다. 다만 제소 후 상대방이 관할에 대해 다투지 않음으로써 결국 응소관할이 인정되는 경우는 있습니다.

03
Lesson

청구의 변경

• **법 제262조(청구의 변경)** ① 원고는 청구의 기초가 바뀌지 아니하는 한도 안에서 변론을 종결할 때(변론 없이 한 판결의 경우에는 판결을 선고할 때)까지 청구의 취지 또는 원인을 바꿀 수 있다. 다만, 소송절차를 현저히 지연시키는 경우에는 그러하지 아니하다. ② 청구취지의 변경은 서면으로 신청하여야 한다. ③ 제2항의 서면은 상대방에게 송달하여야 한다.

청구변경의 양태

청구의 변경이라 함은 소의 변경이 하나로써 소송 중에 원고가 동일 피고에 대한 청구(소송물)를 변경하는 것을 말합니다. 실무상 '소송절차를 현저히 지연시키는 경우'는 그리 없으므로, 거의 자유로이 청구의 취지 · 원인을 바꿀 수 있습니다. 기존청구 대신 새 청구로 바꾸는 교환적 변경과 기존청구를 그대로 두고 별개의 청구를 추가하는 추가적 변경이 있습니다.
실무상은 대부분 후자인데, 추가변경으로 인해 기존청구와 단순 · 선택적 · 예비적 병합이 발생합니다. 기존청구와 사이에서 어떠한 형태의 병합을 할 것인지를 충분히 검토하고 분명히 해야 합니다. 교환적 변경은 기존청구에 대한 취하의 효과가 발생하는 점에 주의해야 합니다.

청구를 변경해야 하는 상황

소송의 진행에 따라 청구취지의 확정이나 현출된 사실 · 증거자료에 따라 청구의 변경의 필요성을 검토해야 합니다. 단지 공격방법만을 변경하는 것은 청구의 변경이 아닙니다. 법에서 말하는 변경에 해당되지 않는 경우라고 할 청구취지의 보충 · 정정, 심판의 형식의 변경, 청구의 목적물이 변경, 청구의 범위를 감축 등에 대해서도 실무상은 청구변경서면을 제출하는 관행이 있습니다. 부당이득 · 지료 · 인도 등 부동산 관련 청구소송에서는 감정절차를 거친 후 청구취지를 확정하는 경우가 많습니다.
이 경우에는 청구를 특정할 수 있을 정도만 소송물을 표시하였다가, 감정 후 그 결과에 따라 청구를 변경함으로써 소송물을 특정합니다. 아래에서 임료감정 후 청구취지를 변경하는 예시를 봅니다.

요건

1 ▸▸ 청구의 기초에 변경이 없을 것

동일한 생활 사실 또는 경제적 이익에 관한 분쟁에서 그 해결 방법만을 달리하는 경우에는 청구의 기초 변경이 없다고 봅니다(대판 96다32133). 또 이 요건은 방어의 입장에 있는 피고의 이익을 보호하기 위한 책문권의 대상으로 봅니다(사익적인 요건, 대판 92다33831). 피고의 방어방법의 기초사실에 입각하여 청구를 변경하는 경우에는 기존청구의 기초와 동일성이 요구되지도 않는다고 봅니다. 소송물이론과 관련하여 판례는 구실체법설(구소송물론)의 입장에 있으므로, 청구를 이유 있게 하는 실체법상의 권리를 변경하는 것은 청구의 변경에 해당합니다.
결국, 하나의 사실관계로부터 동일한 목적을 가진 수 개의 실체법상 청구권 · 형성권이 생기는 경우 주장하지 아니한 권리에 관하여는 판단되지 아니하고,

청구취지 및 원인 변경신청서

사건 2013가단39073 건물명도 등

원고 홍길동

피고 김막동

위 사건에 관하여 원고는 다음과 같이 청구취지 및 원인을 변경합니다.

변경한 청구취지

1. 피고는 원고에게,

   가. 별지목록 기재 부동산을 인도하고,

   나. 24,400,000원 및 2015.2.8.부터 위 부동산 인도 완료일까지 월 1,200,000원의 비율에 의한 돈을 지급하라.

2. 소송비용은 피고의 부담으로 한다.
3. 제1항은 가집행 할 수 있다.

라는 판결을 구합니다.

변경한 청구원인

1. 원고가 소유권에 의한 방해배제로써 구하는 인도청구의 점은 소장의 주장을 그대로 유지합니다.
2. 부당이득 청구의 변경

감정평가에 의하면 이 사건 부동산에 대한 임료는 원고가 이 사건 부동산의 소유권을 취득한 날인 2013.5.28.부터 2014.5.27.까지의 합계액은 14,400,000원(월 1,200,000원에 대한 12개월 동안의 합계액)이며, 그다음 날인 2014.5.28.부터 2015.2.7.까지의 합계액은 10,000,000원(월 1,200,000원에 대한 8개월 10일 동안의 합계액)입니다. 위 14,400,000원과 10,000,000원을 합하면 24,400,000원이 되므로, 피고는 원고에게 변경된 청구취지와 같이 24,400,000원 및 2015.2.8.부터 이 사건 부동산 인도 완료일까지 감정평가에 의해 추인되는 월 1,200,000원의 비율에 의한 돈을 부당이득으로 반환하여야 할 의무가 있을 것입니다.

2015.3.28.

원고 홍 길 동

서울동부지방법원 민사2단독 귀중

기판력도 미치지 않습니다. 주장한 권리만큼 기판력이 미치는 것입니다.

2 ▸▸ 소송절차를 현저하게 지연시키지 아니할 것

청구의 기초에 변경이 없거나, 청구의 변경에 대한 피고의 동의가 있더라도 기존자료가 아닌 새로운 사실자료 · 증거자료를 조사하여야 하는 때에는 소송절차의 지연으로 인정될 수 있습니다. 이 경우에는 별소를 제기할 수밖에 없습니다.

3 ▸▸ 사실심이 계속 중이고 변론종결 전일 것

사실심인 항소심에서도 상대방의 동의 없이 청구를 변경할 수 있습니다. 항소심에서의 교환적 변경은 기존청구를 종국판결 후 취하한 것이 되어 재소금지의 적용을 받는 점에 유의해야 합니다.

4 ▸▸ 기타

청구취지와 청구원인 중 어느 하나 또는 모두를 변경할 수 있습니다. 청구취지의 변경으로 인해 소송물 가액이 증가한 경우에는 그 차액에 해당하는 인지대를 납부해야 합니다. 청구변경은 새로운 소송상 청구이므로, 그 서면을 상대방이 송달받아야지 그때부터 새로운 청구에 대하여 소송계속이 이루어집니다.

피고의 답변

답변서

답변서는 준비서면에 관한 규정을 준용합니다(법256-4). 답변서는 법률적 성격은 공격방어방법을 미리 예고하는 제도인 일종의 준비서면입니다. 즉, 피고가 제출하는 최초의 준비서면입니다. 따라서 답변서에 대해서는 준비서면 공부의 일부로 이해하는 정도로 족합니다. 원고의 청구를 다투는 경우에는 소장의 부본을 송달받은 날부터 30일이 내에 답변서를 제출해야 합니다(법256-1).

답변서의 제출 여부에 따른 효과

법원은 피고가 답변서를 제출하지 아니한 때에는 청구의 원인이 된 사실을 자백한 것으로 보고 '변론 없이 판결'할 수 있습니다(무변론 판결). 다만, 직권으로 조사할 사항이 있거나 판결이 선고되기까지 피고가 원고의 청구를 다투는 취지의 답변서를 제출한 경우에는 그러하지 아니합니다(법257-1).

피고가 청구의 원인이 된 사실을 모두 자백하는 취지의 답변서를 제출하고 따로 항변을 하지 아니한 때에는 제1항의 규정을 준용합니다(법257-2).

피고가 답변서 기타의 준비서면을 제출하지 아니하고 기일에 출석하지 아니하면 의제자백으로 처리되어 피고 패소판결을 받을 수가 있습니다(법150). 답변서를 미리 제출하여 두면 변론기일에 피고가 출석하지 아니하더라도 이를 진술 간주하고 원고에게 변론을 명할 수 있고(법148), 본안에 관한 답변서나 준비

답 변 서

사건 2015가단12345 건물 등 철거

원고 홍길동

피고 김갑동

위 사건에 관하여 피고는 아래와 같이 답변합니다.

청구취지에 대한 답변

1. 원고의 청구를 기각한다.
2. 소송비용은 원고가 부담한다.

라는 재판을 구합니다.

청구원인에 대한 답변

1. 사실관계의 정리

원고는 피고가 이 사건 건물의 소유자라고 주장하나 이는 사실과 다릅니다. ① 피고는 1984.8.24.경 소외 갑으로부터 이 사건 건물과 그 대지를 매수하기로 계약하였습니다. (을 제1호증 매매계약서 참조) ② 당시 이 사건 건물은 위 갑이 신축하여 소유하고 있던 미등기 건물이었습니다.

③ 피고는 위 갑과의 위 매매계약에 기하여 이 사건 건물을 인도받아 현재까지 살고 있습니다. ④ 한편, 위 갑은 1995년경 사망하였는바, 이 사건 대지

는 위 갑의 직계비속인 소외 을이 상속하였고, 그 무렵 이 사건 건물 역시 위 을에게 상속되었다 할 것입니다. ⑤ 2004년경 피고는 당시까지 토지와 건물에 대한 등기이전을 하지 못한 관계로 이 사건 건물을 보수하기 위하여 토지의 소유자로 등기되어있던 위 을의 승낙이 필요하였고, 위 을의 승낙을 받아 이 사건 건물을 개보수하였습니다. (을 제2호증 확인서 참조) ⑥ 그 이후 2013.1.14.경 이 사건 토지는 강제경매에 의해 원고가 매수하였습니다.

2. 원고 주장의 부당성

가. 관습법상 법정지상권의 존재

(1) 관습법상 법정지상권은 ① 토지와 건물이 동일인의 소유에 속하였다가, ② 그 토지소유자와 건물소유자가 다르게 되었을 경우, ③ 위 건물에 대한 철거 특약이 없을 것을 조건으로 성립하게 됩니다.

(2) 이 사건 건물의 경우 최초 이 사건 건물을 신축한 위 망 갑이 원시취득한 이래로 미등기상태로 계속 존재하고 있어 현재까지도 위 갑의 상속인인 위 을의 소유라 할 것이고, 이 사건 토지의 경우에도 위 을이 위 갑으로부터 상속하여 소유하고 있다가 2013년 경 강제경매에 의해 원고에게로 소유권이 이전된 것이므로, 관습법상 법정지상권의 첫 번째 성립요건인 ① 토지와 건물이 동일인의 소유에 속하였다는 것과 ② 그 토지소유자와 건물소유자가 다르게 되었을 것이라는 요건을 충족한다 할 것입니다. 또한, 강제경매로 인하여 이 사건 토지의 소유권이 이전된 이상 건물소유자와 토지소유자 사이에 이 사건 건물에 대한 철거 합의가 있는 것을 불가능하므로, 이를 이유로 ③ 위 건물에 대한 철거 특약이 없을 것이라는 요건도 충족합니다.

(3) 따라서 이 사건 건물에 대하여 현재 법정지상권이 성립되어있다 할 것입니다.

나. 피고의 점유 권원

(1) 피고는 과거 이 사건 건물과 토지를 위 망 갑으로부터 매수하기로 계약하였고, 현재까지 점유 · 사용하고 있으므로 소유권이전등기청구권의 소멸시효는 중단된 상태라 할 것입니다.

(2) 또한 소외 을은 위 망 갑의 상속인으로 피고와 위 망 갑 사이의 매매계약에 따른 채무를 승계하고 있다 할 것이고, 비록 이 사건 토지에 대한 소유권이전등기청구는 이행불능에 빠졌지만, 이 사건 건물에 대하여는 여전히 피고가 위 매매계약에 따른 채권에 기하여 이 사건 건물을 점유 · 사용하고 있는 것인바, 민법 제213조 단서에 기하여 이 사건 건물 및 토지를 점유할 권리가 있다 할 것입니다.

다. 피고의 관습법상 법정지상권 등기 및 이전 계획

(1) 현재 이 사건 건물의 대외적 소유권자는 위 을이라 할 것이고, 위 을은 이 사건 건물에 대한 관습법상 법정지상권을 취득한 상태입니다.

(2) 한편, 피고는 위 을로부터 이 사건 건물에 대한 소유권이전을 청구할 수 있는 채권을 보유하고 있고, 이 사건 건물의 유지를 위한 법정지상권도 함께 이전을 청구할 권리를 가지고 있습니다.

(3) 위와 같은 이유로 현재 피고는 이 사건 건물에 대한 소유권보존등기를 경료하여 위 을로부터 소유권이전을 받고, 아울러 관습법상 법정지상권까지 함께 등기하여 이전받을 계획에 있으나, 이 사건 건물이 장기간 미등기로 존재하고 있던 건물이어서 건축 허가 등의 업무처리에 어려움이 있어 지연되고 있는 상황입니다.

3. 맺음말

요컨대, 이 사건 건물과 토지는 위 을의 소유였다가 강제경매로 인하여 소유권자가 달라진 상황으로, 이 사건 건물에 대한 관습법상 법정지상권이 성립되어 있어, 원고의 이 사건 청구는 이유 없다 할 것입니다.

입 증 방 법

1. 을 제1호증 매매차계약서 사본

1. 을 제2호증 확인서(을 작성)

첨 부 서 류

1. 위 입증방법 각 1통
2. 위임장 1통
3. 납부서 1통
4. 소장부본 1통

2015.9.12.

위 피고 김 갑 동 (인)

(전화 : 010-1234-5678)

서울서부지방법원 제5민사단독 귀중

서면이 제출된 후 원고가 소를 취하하려는 경우에는 피고의 동의를 얻어야 합니다(법266-2).

인부(認否)

1 ▸▸ 인부기재의 방법

인부는 원고의 청구원인 주장에 따라 ㉠ 제1항은 인정하고 제2항은 부인, ㉡ 제1항 중 어떤 사실은 인정하고 그 나머지 사실은 모두 부인, ㉢ 어떤 사실은 부인하고 그 나머지 사실은 인정, ㉣ 인정하는 부분만을 모아 적시하고 기타의 사실은 부인, ㉤ 부인할 부분만을 모아 적시하고 기타의 사실은 인정, ㉥ 원고 주장에 대한 부인을 해놓은 다음 따로 피고 주장의 기술 등 다양한 방식이 있을 수 있습니다. 그 기준은 쟁점의 정리에 효율적인 방식이 어느 것이냐는 것이며, 간결하고 체계적으로 하는 것입니다. 원고주장사실을 전면적으로 부인하는 것인지, 일부는 인정하고 나머지는 부인하는 것인지, 전부 인정하고 항변을 주장하는 것인지를 명백히 하는 것이 좋습니다.

2 ▸▸ 인부에 있어 주의할 점

- 자백의 신중

인부는 사실의 정리를 제대로 한 결과에 따라 신중해야 합니다. 특히 자백에 대해서는 이를 부인으로 바꾸는 것은 자백의 취소가 되어, 그 취소가 인정되려면 상대방의 동의가 없는 한 자백이 진실에 반하고 착오에 기인한 것임을 증명해야 합니다(법288). 한편으로 일단은 무조건 부인부터 해놓고는 후에 상황에 따라 자백하는 관행도 있지만, 법관의 심증형성에 나쁜 영향을 미칠 수도 있습니다. 따라서 처음부터 자백과 부인을 분명히 하는 것이 좋습니다.

• 석명(釋明)의 이용

소장에서 원고의 주장이 분명치 않음에도 불구하고 대충 짐작으로 답변을 해버리면, 나중에 엉뚱한 답변이 되어버리거나 혼란에 빠지게 될 수 있습니다. 따라서 원고의 청구원인이 불명료한 경우에는 청구의 취지에 대한 답변만 해두고, 청구원인에 대한 답변은 원고의 석명을 구한 후에 하는 것이 바람직합니다.

청구취지에 대한 답변

1 ▸▸ 본안 전의 신청과 본안의 신청

청구취지에 대한 답변으로는 '본안 전의 신청'과 '본안의 신청'으로 나눌 수 있습니다(법30, 법266-2). '본안 전의 신청'은 '소각하의 신청'으로서 법원에 관한 것(관할위반 등), 당사자에 관한 것(당사자 적격 등), 소송물에 관한 것(부제소 특약, 권리보호의 이익이나 소의 이익, 중복제소, 기판력, 소송 중의 소의 요건) 등이 관한 문제의 제기가 있을 수 있으나, 경매 관련 소송에서 이것이 문제가 되는 일은 거의 없을 것입니다. 따라서 '본안의 신청'에 관해 그 상세를 봅니다.

2 ▸▸ 청구기각의 신청

원고의 청구가 이유 없을 경우에는 '원고의 청구를 기각한다.'라는 판결을 구합니다. 원고가 수 개의 청구를 병합청구하고 있고 일부씩 이유가 있고 없는 경우에는 그것을 나눠야 할 것이지만, 실무의 관행은 '원고의 청구 모두 기각한다.'의 답변을 하는 경우가 많습니다.

3 ▸▸ 청구의 인낙

원고의 소장에서의 권리주장을 전부 인정할 경우에 청구의 인낙으로 나아갈 수 있습니다. 그런데 청구의 인낙은 그 취지를 답변서에 기재하는 것만으로 되는 것이 아닙니다. 반드시 피고가 기일에 출석하여 인낙의 취지를 진술해서 그 취지가 조서에 기재되어야 비로소 성립하고 소송이 종료됩니다. 실무상으로는, 피고가 응답을 하지 않거나 법원이 조정으로 가든지 하지, 청구인낙의 방식으로 소송이 끝나는 경우는 드뭅니다.

4 ▸▸ 부수적 신청

부수적 신청 중에는 가집행을 붙이지 말아 달라는 신청이 있습니다. 법213-2에 규정된 가집행면제의 선고는 채권전액에 대한 담보제공의 부담이 있어 그 실익이 떨어지고, 법213-1에 규정에 의하는 경우는 사실상 읍소에 지나지 않고 거의 받아들이지도 않는 실정입니다. 어쨌든 그래도 필요한 경우에는, 피고는 가집행 선고를 피해야 하는 특별한 근거를 제시하고 설득력이 있는 기술을 해야 합니다.

청구원인에 대한 답변

원고의 청구원인사실에 대한 피고의 답변은 통상 자백, 부인, 부지, 침묵, 항변의 방식으로 구분됩니다.

1 ▸▸ 자백(自白)

상대방의 주장사실을 다투지 않고 시인하는 진술입니다. 자백한 사실에 대하여는 증거가 필요 없고(법288), 법원으로서도 이에 반하는 사실인정을 할 수 없습니다.

2 ▸▸ 부인(否認)

상대방의 주장사실을 부정하는 진술로서, 부인한 사실에 대하여는 상대방이 입증책임을 집니다. 부인의 진술로는 ① 상대방이 주장하는 사실이 진실이 아니라는데 그치는 경우(직접부인, 소극부인, 단순부인)와 ② 상대방이 주장하는 사실과 양립할 수 없는 몇 개의 사실을 주장함으로써 간접적으로 상대방의 주장을 부인하는 경우(간접부인, 적극부인, 이유부부인)가 있습니다. 이유부부인은 부가된 반대사실이 인정되면 자연히 상대방이 주장한 사실은 부존재나 허위로 귀결되는 구조입니다.

3 ▸▸ 부지(不知)

상대방의 주장사실이 진실인지 아닌지 모르겠다고 하는 진술입니다. 부지의 진술은 부인으로 추정됩니다(법150-2). 부지는 자기가 관여하지 아니한 제3자의 행위에 대한 진술이므로, 자기의 행위나 자기 명의의 문서 등에 대하여는 이를 인정하거나 부인해야 합니다.

4 ▸▸ 침묵(沈默)

아무런 진술을 하지 않거나, 상대방의 주장사실을 명백히 다투지 아니하는 경우를 말합니다. 후자를 의제자백이라고 하는데, "당사자가 변론에서 상대방이 주장하는 사실을 명백히 다투지 아니한 때에는 그 사실을 자백한 것으로 본다. 다만, 변론 전체의 취지로 보아 그 사실에 대하여 다툰 것으로 인정되는 경우에는 그러하지 아니하다."(법150-1)라고 규정하고 있습니다. 피고가 변론기일에 출석하지 아니하고 답변서나 준비서면도 제출하지 않으면 의제자백으로 처리됩니다.

5 ▸▸ 항변(抗辯)

• 항변의 의미

상대방의 주장사실에 대하여 그 사실을 인정하면서도, 그 사실로부터 생기는 법률효과를 배척하는 별개의 사실을 주장하는 것입니다. 항변은 크게 ① 반대규정의 성질에 의해 권리의 발생 그 자체를 방해하는 요건사실을 주장하는 '권리장애적 항변', ② 일단 발생한 권리를 소멸시키는 요건사실을 주장하는 '권리

멸각적 항변', ③ 이미 발생한 권리의 행사를 저지시키는 요건사실을 주장하는 '권리저지적 항변'으로 분류됩니다. 다시 보면, 권리의 발생을 장애하는 항변(통정허위표시의 항변 등), 발생한 법률효과를 소멸시키는 항변(변제 · 소멸시효원용의 항변, 상계의 항변 등), 발생한 법률효과를 배제하는 항변(법률행위의 취소, 계약의 해제의 항변 등)입니다.

• 항변의 입증책임과 기재

항변사실에 대하여는 항변하는 자가 입증책임을 부담합니다. 그 진술이 부인에 해당되는가? 항변에 해당되는가? 하는 것은 그 사실에 관한 주장 · 입증책임이 자기에게 있는가? 상대방에게 있는가? 에 의하여 결정됩니다. 항변이 여러 개일 때에는 논리적으로 앞서는 것을 먼저, 논리적인 선후가 없는 것은 시간적 선후에 따라 각 정리함이 적절할 것입니다. 소송 전부를 해결할 항변과 일부분을 해결할 항변이 있을 때에는, 전부를 해결할 항변을 앞에다 씁니다.

• 사실항변과 권리항변

변제 · 면제 등의 '사실항변'은 사실관계만 진술하면 됩니다. 그러나 상대방이 주장하는 법률효과나 권리관계의 소멸 · 변경이 취소권 · 해제권 · 상계권 등의 형성권 행사에 의하여 생기는, 즉 '권리항변'의 경우에는 그 형성권의 발생원인이 되는 사실관계의 진술만 외에 권리행사의 의사표시가 있었다는 사실까지도 진술해야 합니다.

• 가정적 항변

상대방의 주장사실에 대해 부인하는 주위적 주장이 인정되지 않을 경우에 대비해, 상대방의 주장사실이 진실인 것으로 가정한 전제에서 그에 대비한 항변을 미리 제출하는 것입니다. 원고가 주장하는 채무의 존재를 부인하면서, 피고가 그런 채무가 있었더라도 시효완성으로 소멸했다고 주장하는 것이 그 예입니다.

준비서면

준비서면의 비중

준비서면은 당사자가 변론에서 진술하고자 하는 사항을 미리 기재하여 법원에 제출하는 서면입니다. 변론이 종결될 때까지 당사자의 주장이 실려 수시로 제출되는 서면으로서, 민사재판에서 가장 중요한 서면입니다. 재판의 실질 내용인 공격방어방법의 기재가 주된 역할입니다.

원고는 소장에서 청구를 특정할 정도의 사실을 기재하고, 청구를 뒷받침할 사실이나 사정에 관하여는 준비서면에 기재하는 것이 보통입니다. 피고는 답변서에서 소장 기재사실에 대하여 인부를 행하고 또 피고의 주장과 항변을 제출하게 되지만, 이것은 일응 주장이나 항변을 하는 것일 뿐입니다.

피고의 실질적인 주장이나 항변은 피고의 답변서에 대한 원고의 응답으로서의 준비서면이 제출된 후에 나오게 되는 현실이 뚜렷합니다. 그런 재판의 사정 내지 구조입니다. 피고가 최초에 제출하는 준비서면을 답변서라고 하고, 소장에 준비서면에 관한 규정이 준용되는 결과(법249-2, 법274) 소장에 준비서면에 기재할 사항을 기재할 수도 있습니다.

그러나 청구의 변경에 관한 서면(법262-2), 중간확인의 소에 관한 서면(법264-2), 반소장(법제269) 등은 설령 준비서면이라는 표제를 붙이더라도 소장에 준하는 서면이지 준비서면은 아닙니다. 그리고 상소장, 부대상소장, 상고이유서(법427조)도 준비서면이 아닙니다. 이들 서면에 대해서는 준비서면에 대비하여 확정서면이라고 구분하기도 합니다.

• 준비서면 기재 예 : 책 '84쪽의 준비서면' 예시로 대신합니다.

준비서면의 기재사항

(이것에 대해서는 법 제274조가 규정하고 있습니다.)

• **제274조(준비서면의 기재사항)** ① 준비서면에는 다음 각호의 사항을 적고, 당사자 또는 대리인이 기명날인 또는 서명한다. 1. 당사자의 성명 · 명칭 또는 상호와 주소 2. 대리인의 성명과 주소 3. 사건의 표시 4. 공격 또는 방어의 방법 5. 상대방의 청구와 공격 또는 방어의 방법에 대한 진술 6. 덧붙인 서류의 표시 7. 작성한 날짜 8. 법원의 표시 ② 제1항 제4호 및 제5호의 사항에 대하여는 사실상 주장을 증명하기 위한 증거방법과 상대방의 증거방법에 대한 의견을 함께 적어야 한다.

그러나 이 규정은 훈시적 규정으로 해석되기도 하지만, 그때그때 재판이 상황과 사정에 따라 적절한 준비서면을 작성하면 됩니다. 준비서면에는 인지를 첩부하지 않으나, 다만 그 준비서면의 기재에 신청사항이 포함되어 있으면 그때에는 민사소송등인지법에 따른 인지를 첨부해야 합니다.

공격 또는 방어방법의 기재

공격방법은 원고가 주장 · 제출하는 일체의 소송자료이고, 방어방법은 피고가 주장 · 제출하는 일체의 소송자료입니다. 주요사실의 주장, 증거의 신청, 법률상의 주장, 증거방법, 기타 소송절차의 방식, 소송행위의 효력 등 소송상의 사항에 관한 진술을 포함합니다.

공격 · 방어 방법은 준비서면의 실질적 내용이므로 이것에 대한 기재가 없다면, 설령 표제가 준비서면이더라도 그것은 준비서면이라고 할 수 없습니다. 다음에서 준비서면의 실질을 나누어 봅니다.

사실상의 주장

1 ▸▸ 요건사실과 사정

사실상의 주장은 구체적인 사실의 존부에 관한 주장, 즉 사실의 인식에 관한 진술을 말합니다. 청구를 이유 있게 하는 사실과 항변사실에 관한 것인데, 주요사실이나 요건사실에 관한 주장이 그 대부분이 됩니다. 준비서면에는 요건사실 외에 그러한 사실들을 추인할 간접사실('사정'이라고도 불립니다.)에 관한 주장도 포함하는 것이 보통인데, 간접사실은 판결서의 사실적시에는 기재하지 않는 경우가 많습니다.

변론주의가 지배하는 민사재판에서는 요건사실은 당사자가 변론에서 주장한 것이 아니면 판결의 기초로 삼을 수 없지만, 간접사실은 당사자의 진술이 없더라도 판결의 기초로 할 수 있는 반면에 당사자가 주장한 것이라도 판단하지 않아도 무방하기 때문입니다. 그렇지만 소송의 실제는 주요사실과 간접사실 또는 요건사실과 사정을 명확히 구별해 정연하게 기재하는 준비서면은 생각하기 어렵습니다. 오히려 요건사실과 사정을 서로 관련시켜 함께 기재하는 것이 보통입니다.

재판에 붙는 사안이라는 것은 많은 사실이 서로 인과의 연쇄로 엉키게 마련이므로, 어떤 사실을 제대로 드러내려면 자연히 사정에 관한 진술이 필요하게 됩니다. 그런데 법원의 입장에서는 소송의 목적이 된 권리 · 법률관계의 존부에 직접 관계가 있는 사실인 요건사실만이 필요한 것이고 심판의 대상도 그러하므로, 사실주장에 있어서도 요건사실과 사정의 진술은 가능한 구별할 필요가 있습니다.

요건사실을 전개하기 위해서는 사정에 관한 진술이 불가피한 경우가 많고, 사정을 자세히 설명하는 것이 요건사실을 명확히 하는데 불가결한 과정이기도 합니다. 증인 증언의 경우 사소한 주변사정까지 증언되어야지 그 신빙성이 높아지는 것과 같습니다.

2 ▸▸ 사실주장의 방법

요건사실을 구체적으로 어느 정도 주장해야 하는가 하는 것은 일률적일 수는 없으나, 당해 실체법규가 정하는 법률요건을 분석에 의해 그것에 해당하는 사실은 빠짐없이 주장할 것입니다. 그러나 구체적인 사실관계로부터 요건사실에 해당하는 사실만을 추려내어 주장하는 작업은 결코 쉬운 것만은 아닙니다.

평소 각 실체법규마다 규정하는 법률요건에 대해 공부해 둘 필요가 있고, 판례를 검토해 구체적 사건에 응용할 수 있어야 합니다. 사실상의 주장은 적법한 증거에 의한 뒷받침을 받아야 진정한 사실로 인정받게 되는 것이므로, 준비서면에 사실상의 주장을 기재한 때에는 가능한 한 그에 대한 증거방법을 부가함이 필요합니다.

3 ▸▸ 예비적 주장

예비적 주장은 어떤 사실 주장이 받아들여지지 않을 경우를 가정하고, 그 주장과 아울러 그와 다른 사실 주장을 예비적으로 하는 것을 말합니다. 예컨대 가옥명도청구사건에서 임차인이 무단으로 전대한 사실이 있음을 이유로 계약의 해지를 주장하고 예비적으로 임료의 2회 이상 연체를 이유로 계약해지를 주장하거나, 대금의 차용을 부인하는 동시에 가령 빌렸다고 하더라도 이미 변제하였다고 항변하거나, 소유권이전등기청구사건에서 소유권 취득의 원인으로 증여를 주장하고 다시 예비적으로 취득시효기간의 만료를 주장하는 경우와 같은 것으로 실무상 흔히 있는 예입니다.

이 경우 법원은 그 상호 간의 논리적 관계나 당사자의 주장 순서에 불구하고 어느 한 주장을 채택하여 승소판결을 내려도 무방합니다. 다만, 상계의 항변을 예비적으로 주장하는 경우에는 예외적으로 그것은 맨 나중에 판단해야 합니다.

법률상의 주장

당사자가 그 주장사실에 기하여 법률상 일정한 효과가 발생하였다고 주장할 경우, 그 효과에 관한 법률상의 견해는 당사자의 권리 인식의 진술이므로 법원을 구속하지 않습니다. 당사자가 주장한 사실관계에서 어떠한 법률효과가 발생하는가 하는 것은 법률적용의 문제로서 법원의 직권사항에 속하는 것입니다. 그러나 판사가 모든 사건에서 항상 정확히 챙긴다는 보장은 없으므로, 적절한 법률상의 주장은 필요합니다.

특히 상고 · 재항고 등 법률심에서는 불복의 이유로서 법률상의 주장은 의무사항입니다. 한편으로 법률상의 의견진술이 동시에 사실상의 진술을 포함한다고 봐야 할 경우가 있는데, 이러한 경우 상대방이 그것을 인정하면 재판상 자백이 성립합니다. 예컨대 '매매'나 '임대차'라는 낱말은 법률상 의견의 진술임과 동시에 매매 등의 사실관계를 총괄적으로 표현하는 사실주장도 포함된다고 해석할 수 있는 것입니다.

증거에 관한 주장

당사자는 준비서면으로 증거의 신청, 제출된 증거자료에 대한 설명, 상대방 증거의 증명력을 다투는 취지의 진술을 할 수 있습니다. 증거설명서와 증거항변서로서의 준비서면에 대해 살펴봅니다.

1 ▸▸ 증거설명서

증거설명서는 준비서면의 일종이므로 준비서면의 형식이어도 무방합니다. 서증을 제출하거나 증인을 신청할 때에 법정에서 이미 구술로 입증취지를 밝힌 바 있어도, 구술로는 충분한 설명이 되지 못하고 또 그것은 조서에 기록되지 않는 것이 보통이며 증언은 그것이 있었던 후에야 더욱 확실한 입증취지의 설명이 가능해지는 관계로 증거설명서를 활용할 필요가 있습니다.
서증의 경우에는 문서의 성립에서부터 그 내용에 이르기까지 상세한 설명을 하는 것이 좋고, 증인의 증언도 소송의 결과에 끼치는 영향이 크므로 증언한 내용을 충분히 검토해 증거설명을 할 필요가 있는 경우도 있습니다.

2 ▸▸ 증거항변서

상대방이 제출한 증거에 관하여 그 증거능력을 다투거나 증명력을 감쇄하기 위하여 제출하는 서면입니다. 예컨대 상대방 제출의 문서가 위조문서라든가 기재된 일자와 다른 날 작성되었다든가 주장하는 따위가 그렇습니다. 증언에 관해서도 그것이 사실과 다르다는 것을 다른 증거자료와 대조해 가면서 밝히거나, 증언의 내용 자체가 경험칙에 반하고 논리에 맞지 않음을 지적해 믿을 수 없다고 주장하는 따위입니다.
증거항변 중 중요한 것은 판결이유에서 판단됩니다. 예컨대 어떤 서증이 위조문서라고 주장이 나왔다면, 법원은 그 서증을 근거로 사실인정을 하려면 위조가 아니라고 인정한 상당한 이유를 판결에 설시해야 할 것입니다.

공격 또는 방어 방법에 대한 진술

이것은 상대방이 주장하는 개개의 공격 · 방어의 방법 즉, 청구를 뒷받침하는 요건사실 · 항변 · 재항변 등으로 주장된 사실에 대한 인부의 진술입니다. 인부의 방법에 관하여는 답변서에서 설명한 바와 같습니다. 아무런 진술도 하지 않는 경우에는 다투지 아니한 것으로 간주되어 자백으로 취급될 수 있습니다. 흔히 하는 방식인 '종래의 주장에 반하는 사실은 모두 부인한다.'라는 진술보다는, 쟁점이 부각되도록 개개의 사실마다 명확한 인부를 하는 것이 좋습니다.

인용문서의 첨부

당사자가 소지하는 문서로서 준비서면에서 사실상의 주장에 인용한 경우에는 그 등본이나 사본을 첨부해야 합니다(법275-1). 문서의 일부를 인용한 경우에는 그 부분만으로 족합니다. 문서의 량이 너무 많은 경우에는 문서를 지시하는 방법으로도 가능합니다(법275-2). 계산관계를 밝히기 위해 계산표를 첨부한다든지, 장소관계를 알기 쉽게 하기 위하여 도면을 첨부할 수도 있습니다.

준비서면의 분류

준비서면을 그 기재한 내용에 따라 분류를 해보면 다음과 같습니다.

1 ▸▸ 석명에 관한 준비서면

• **제136조(석명권釋明權 · 구문권求問權 등)** ① 재판장은 소송관계를 분명하게 하기 위하여 당사자에게 사실상 또는 법률상 사항에 대하여 질문할 수 있고, 증명을 하도록 촉구할 수 있다. ③ 당사자는 필요한 경우 재판장에게 상대방에 대하여 설명을 요구하여 줄 것을 요청할 수 있다. ④ 법원은 당사자가 간과하였음이 분명하다고 인정되는 법률상 사항에 관하여 당사자에게 의견을 진술할 기회를 주어야 한다.

• **제140조(법원의 석명처분)** ① 법원은 소송관계를 분명하게 하기 위하여 다음 각호의 처분을 할 수 있다. 1. 당사자 본인 또는 그 법정대리인에게 출석하도록 명하는 일 2. 소송서류 또는 소송에 인용한 문서, 그 밖의 물건으로서 당사자가 가지고 있는 것을 제출하게 하는 일 3. 당사자 또는 제3자가 제출한 문서, 그 밖의 물건을 법원에 유치하는 일 4. 검증을 하고 감정을 명하는 일 5. 필요한 조사를 촉탁하는 일

상대방에 대한 석명의 요구나 법원 · 상대방의 석명에 대한 답변을 기재한 준비서면입니다. 당사자의 소장, 답변서, 준비서면 등에서 사실상 · 법률상 주장의 취지가 불분명하거나 모순되거나 이상하면, 그런 점을 지적하고 진정한 진술의 취지를 밝히는 것은 법원의 의무이자 직능에 속합니다(법140).
대법원도 석명권 불행사를 이유로 판결을 파기하는 예가 적지 않습니다. 당사자는 상대방 주장의 취지가 분명하지 않은 것에 대하여는 구문권을 행사해 석명을 구하는 것이 마땅합니다(법136-3). 필요한 석명을 하지 않거나 석명을 할 기일에 출석하지 아니하면 그 주장이 각하될 수 있습니다.
석명에 의해 주장이 분명하게 밝혀진 경우에는 답변의 대상도 한정되므로 반박도 용이해집니다. 반대로 상대방이 석명을 구하여 오는 경우에는, 그 석명사항이 그 소송에서 어떠한 의미를 가질 것인지를 숙고해야 하며, 즉흥적인 대답을 해서는 안 됩니다.

2 ▸▸ 상대방의 주장에 대한 인부와 공격 · 방어방법에 관한 준비서면

준비서면의 실질적 기재사항(법274-4,5호)을 내용으로 하는 것입니다. 소장 기재의 청구원인에 대한 인부는 답변서가 맡는 것이지만, 기타의 주장에 대한 인부는 준비서면의 몫입니다. 요건사실 주장에 대해 그 인부를 명확히 하여 두지 않으면 의제자백의 적용을 받을 수 있습니다.

3 ▸▸ 사정진술에 관한 준비서면

청구의 이유를 뒷받침할 사실이나 항변사실, 즉 요건사실의 존부를 객관적으로 주장하는 것만으로는 부족하고, 자기의 주장이 정당하다고 하는 것을 설득하기 위하여 자연히 요건사실을 추인할 간접사실이나 증거의 증명력에 관한 보조사실의 주장까지도 필요합니다.
예컨대 사기에 기한 손해배상청구사건에 있어서 피고의 고의를 입증한다는 것은 대부분의 경우에 심히 어렵고, 그러한 경우에는 통상 피고의 성격이라든가 재산상태 등 간접사실을 주장함으로써 간접적으로 피고의 고의를 입증하게 됩니다. 그 밖에도 당사자의 악의를 입증하려고 하는 경우와 같이 사람의 내심의 의도나 심리상태 등을 직접 입증한다는 것은 매우 곤란하므로 이것을 추인할 간접사실의 주장과 입증이 필요하게 됩니다.

사람의 내심적 사실뿐만 아니라 사람과 사람과의 객관적 관계에 대하여도 사정의 주장이 필요한 경우가 적지 않습니다. 예컨대 증여의 유무가 다투어지는 경우에는 증여자와 수증자 양자의 친근관계를 주장 · 입증할 필요가 있는 것입니다. 그러한 사건에서는 그러한 사정을 어떻게 설명하고 이것을 어떻게 증명하는가가 소송을 좌우한다고도 할 수 있습니다.

따라서 그러한 사건에서는 오로지 사정의 진술을 목적으로 하는 준비서면을 작성 · 제출할 필요가 있게 됩니다. 이러한 준비서면이 제출된 경우에 있어서 사정에 대한 상대방의 인부가 반드시 필요한 것은 아니겠지만, 요건사실에 영향이 있다고 인정되는 경우에는 법원이 상대방에 대하여 인부의 진술을 할 것을 요구하는 경우도 있을 것입니다.

또한 법원으로부터 그러한 요청이 없더라도 상대방이 개진한 그러한 사실에 대하여도 인부를 하여 두는 것이 실제로는 필요한 경우가 많고, 사정이라고 해서 경시했다가는 생각지 않은 타격을 받을 수가 있습니다. 사정에 관한 주장에 관한 탁월함이 진짜 소송능력이라고 해도 그리 틀린 말은 아닙니다.

법률상의 주장은 법원을 구속하지는 못하지만 요건사실의 인정에 영향을 미치는 것이므로 빼놓을 수 없으며, 특히 법률의 적용 · 해석이 문제로 부각된 사안에서는 판례 · 학설을 인용해 주장이 정당한 논거를 밝혀두는 것이 좋습니다.

4 ▸▸ 최종준비서면

최종준비서면(또는 종합준비서면)은 변론을 종결할 때 즈음하여 제출하는 서면입니다. 소장, 답변서, 준비서면, 법정에서의 구술진술 등으로 표출된 쌍방의 사실상 · 법률상의 주장에 대한 인부 등 종래의 주장을 정리해서 종합하는 것입니다. 준비서면을 수차례에 걸쳐 중복으로 제출함으로써 공격방어방법의 요지를 파악하기 어렵다고 인정할 때에는 당사자 스스로도 제출할 필요가 있고, 재판장도 변론의 종결에 앞서 종전의 준비서면에 갈음하는 요약된 준비서면의 제출을 명할 수 있습니다.

5 ▸▸ 항소이유에 관한 준비서면

항소이유의 진술을 목적으로 하는 준비서면입니다. '항소이유서'라는 표제로 제출하는 예도 있지만, 굳이 그럴 것 없이 항소이유를 기재한 준비서면을 제출하면 됩니다.

항소심은 당사자의 불복신청 한도에서 제1심 판결의 당부를 판단하는 것이므로(법407-1, 법415), 항소이유에는 불복신청의 범위와 이유를 명기할 것입니다. 항소이유는 항소장에 기재할 수도 있으나, 대체로는 별도로 제출하는 준비서면에서 개진하게 됩니다.

이 준비서면의 작성을 위해서는 우선 제1심 판결의 사실인정과 법률적용에 오류 여부를 검토해야 합니다. 사실인정이 부당함을 주장할 경우에는 제1심에서 한 사실상의 주장이 빠짐없이 언급되어 있는가를 확인하고, 증거와의 관련해서 원심 거시의 증거에 의하여 증명될 사실과 그 범위, 증거 상호 간의 모순의 유무, 제1심이 배척한 증거에 관한 증명력의 강약 등을 세심히 검토해야 합니다. 법률의 해석적용이 부당함을 주장할 경우에는 그와 반대되는 판례나 학설을 인용해 원심의 견해가 판례나 통설에 반한다는 점을 지적할 것입니다.

항소심의 심판은 제1심의 자료를 기초로 하고 여기에다 항소심에서 새로 제출된 자료까지를 보태어 참작해 전체로서 사건을 판단합니다. 따라서 제1심 판단의 부당을 공격할 뿐만 아니라 새로운 공격방어방법의 제출에도 신경을 써야 합니다. 다만, 항소심에서 새로운 공격방어방법의 제출이 고의나 중대한 과실로 평가될 수도 있는 경우에는, 법 제149조의 '실기한 공격 · 방어방법'으로 인정될 수도 있는 점은 감안해야 합니다.

준비서면의 제출 여부에 따른 효과 등

'답변서'에서 본 바와 중복되는 점이 있고 조문의 확인이 정확하므로, 아래 관련 관련조문을 보도록 합니다.

- **제137조(석명준비명령)** 재판장은 제136조(석명권 · 구문권)의 규정에 따라 당사자에게 설명 또는 증명하거나 의견을 진술할 사항을 지적하고 변론기일 이전에 이를 준비하도록 명할 수 있다.
- **제146조(적시제출주의)** 공격 또는 방어의 방법은 소송의 정도에 따라 적절한 시기에 제출하여야 한다.
- **제147조(제출기간의 제한)** ① 재판장은 당사자의 의견을 들어 한쪽 또는 양쪽 당사자에 대하여 특정한 사항에 관하여 주장을 제출하거나 증거를 신청할 기간을 정할 수 있다. ② 당사자가 제1항의 기간을 넘긴 때에는 주장을 제출하거나 증거를 신청할 수 없다. 다만, 당사사가 정당한 사유로 그 기간 이내에 제출 또는 신청하지 못하였다는 것을 소명한 경우에는 그러하지 아니하다.
- **제148조(한쪽 당사자가 출석하지 아니한 경우)** ① 원고 또는 피고가 변론기일에 출석하지 아니하거나, 출석하고서도 본안에 관하여 변론하지 아니한 때에는 그가 제출한 소장 · 답변서, 그 밖의 준비서면에 적혀 있는 사항을 진술한 것으로 보고 출석한 상대방에게 변론을 명할 수 있다.
- **제149조(실기한 공격 · 방어방법의 각하)** ① 당사자가 제146조의 규정을 어기어 고의 또는 중대한 과실로 공격 또는 방어방법을 뒤늦게 제출함으로써 소송의 완결을 지연시키게 하는 것으로 인정할 때에는 법원은 직권으로 또는 상대방의 신청에 따라 결정으로 이를 각하할 수 있다. ② 당사자가 제출한 공격 또는 방어방법의 취지가 분명하지 아니한 경우에, 당사자가 필요한 설명을 하지 아니하거나 설명할 기일에 출석하지 아니한 때에는 법원은 직권으로 또는 상대방의 신청에 따라 결정으로 이를 각하할 수 있다.
- **제272조(변론의 집중과 준비)** ① 변론은 집중되어야 하며, 당사자는 변론을 서면으로 준비하여야 한다. ② 단독사건의 변론은 서면으로 준비하지 아니할

수 있다. 다만, 상대방이 준비하지 아니하면 진술할 수 없는 사항은 그러하지 아니하다.

- **제276조(준비서면에 적지 아니한 효과)** 준비서면에 적지 아니한 사실은 상대방이 출석하지 아니한 때에는 변론에서 주장하지 못한다. 다만, 제272조 제2항 본문의 규정에 따라 준비서면을 필요로 하지 아니하는 경우에는 그러하지 아니하다.

증거

증거의 개념

분쟁을 해결하는 수단으로서 민사재판은 사실과 법규의 해석에 관한 분쟁으로 나눈다. 그런데 법규는 법원이 알아서 하는 영역이므로, 재판의 대개는 다툼이 되는 사실관계가 어떻게 되느냐에 따라 승패가 결정됩니다. 위와 같이 소송에 있어서 가장 중요한 사실을 확정하기 위해 필요한 자료를 증거라고 합니다. 어디까지나 인간인 법관이 사실을 확정해야 하는 까닭에 그 객관성을 담보할 뭔가가 필요합니다. 그 요청이 사실의 인정은 증거에 의하도록 한 것이고, 그래서 현대의 재판을 증거재판이라고 합니다.

변론주의가 지배하는 현행 민사소송법하에서는 다툼이 있는 사실에 대해서는 당사자가 법원에 증거자료를 제출해야 하는 것이지, 법원이 능동적으로 나서서 사실관계를 탐지하는 것이 아닙니다. 당사자가 제출한 증거자료에 의해 법원이 다툼이 되고 있는 사실관계의 존부에 대해 심증을 얻었을 경우에는 사실을 확정 지을 수 있고 이에 따라 판결을 할 수 있습니다.

그러나 한편으로는, 사실이 불분명한 경우에도 법원은 재판을 할 수밖에 없으므로, 이러한 경우 입증책임 분배의 원칙에 의하여 사실을 확정하게 됩니다. 그런데 사실의 확정은 증거에 의한다고 하더라도 현행 민사소송법은 증거방법을 한정하거나 증거의 가치판단에 대한 기준을 법으로 규제한 바 없으므로, 결국 사실심 법관의 자유로운 심증에 맡기고 있습니다(자유심증주의, 법202).

- **제202조(자유심증주의)** 법원은 변론 전체의 취지와 증거조사의 결과를 참작하여 자유로운 심증으로 사회정의와 형평의 이념에 입각하여 논리와 경험의

법칙에 따라 사실주장이 진실한지 아닌지를 판단한다.

• **제203조(처분권주의)** 법원은 당사자가 신청하지 아니한 사항에 대하여는 판결하지 못한다.

관점에 따른 증거의 의미들

1 ▸▸ 본증과 반증

본증은 입증책임이 있는 자가 그 사실을 입증하기 위해 제출하는 증거이고, 반증은 입증책임이 있는 상대방의 입증을 저지하기 위해 제출하는 증거입니다. 따라서 본증은 법원이 요증사실의 존재가 확실하다고 확신을 갖게 되지 않으면 그 목적을 달성할 수 없는 반면, 반증은 요증사실의 존재가 확실치 못하다는 심증을 형성케 하는 정도로 족합니다.

2 ▸▸ 직접증거와 간접증거

직접증거는 주요사실의 존부를 직접 증명하는 증거로서, 예컨대 대여금청구소송에 있어서 차용증서가 이에 해당합니다. 간접증거는 간접사실이나 보조사실을 증명하기 위한 증거로서, 예컨대 대여금청구소송에 있어서 원고가 피고에게 빌려 준 돈을 장만한 경위를 알거나 피고가 그 무렵 돈을 빌릴 필요가 있었다는 증인 등이 이에 해당합니다.

3 ▸▸ 증명과 소명

법관의 심증정도를 기준으로 하여 증명과 소명으로 나눌 수 있습니다. 증명은 어느 사실의 존부에 대하여 법관으로 하여금 확신을 얻게 하는 입증행위 또는 그로 인하여 법관이 얻은 확신상태를 말합니다. 증명의 정도는 이성과 예지를 가지고 사실의 진상을 명찰할 수 있는 자가 합리적인 의심을 품지 아니할 정도로 고도의 개연성을 가진 상태입니다. 소명은 증명의 경우에 비하여 낮은 개연성, 즉 일응 그럴 것이라는 추측을 할 수 있는 정도의 심증을 줄 수 있는 것으로 족합니다. 본안의 재판에서는 소명은 특별한 규정이 있는 경우에 한해 인정될 뿐이고, 대부분 증명이 필요합니다.

4 ▸▸ 엄격한 증명과 자유로운 증명

엄격한 증명은 법률에서 정한 증거방법과 법률이 인정하는 절차에 의해 행한 증명을 말합니다. 이에 반해 자유로운 증명은 위와 같이 법률이 규정한 제약을 받지 아니하고 한 증명을 말합니다. 이 구별은 형사소송의 증거법칙에서 유래한 것이나, 근래에는 민사소송 분야에서도 이러한 구별이 인정되고 있습니다. 청구를 뒷받침하는 사실이나 청구를 배척하는 바탕이 되는 사실의 확정은 엄격한 증명을 요하고, 그 밖의 법규 존재나 해석에 관한 사항 등 직권탐지사항에 대하여는 자유로운 증명으로 족하다고 해석합니다.

증거의 신청과 채부

1 ▸▸ 증거방법 선정 시 고려사항

변론주의하에서의 증거조사는 당사자의 신청에 의함이 원칙입니다. 증거신청은 당사자가 인정한 입증사항에 대하여 일정한 증거방법을 지정하고 그 조사를 법원에 대해 요구하는 소송행위입니다. 만일 당사자로부터 증거신청이 없는 때에는 해당 쟁점에 대하여 증거가 없는 것으로 될 위험이 있게 됩니다. 민사재판에서 활용되고 있는 증거방법으로는 서증, 검증, 감정, 조사의 촉탁(사실조회), 증인신문, 당사자본인신문 등이 있습니다.

주장사실을 입증하기 위해서나 재판부의 유리한 심증을 획득하기 위하여 어떤 단계에서 어느 증거방법을 사용할 것인지에 관해 미리 대략의 계획을 세워 소송을 수행할 필요가 있습니다. 이 경우 위 각 증거방법의 특성과 그 증명력 등이 주요 고려사항이 될 것이지만, 그 밖에도 다음과 같은 사항이 고려되어야 할 것입니다.

• 직접성

입증수단으로서의 증거방법 중 요증사실을 직접 증명할 수 있는 것이 효과적인 증거방법이 될 것임은 두말할 필요가 없습니다. 따라서 입수했거나 입수할 수 있는 증거자료들을 면밀히 검토하여 요증사실을 직접 증명할 수 있는 직접증거를 가려내야 할 것입니다.

• 신속 · 경제성

증거조사절차는 시간이 소요되므로 증거방법을 신청함에 있어 그 조사에 소요되는 기간을 고려해야 합니다. 또 승소 시에 얻을 수 있는 경제적 이익이나 승소가능성의 정도에 비추어 증거조사에 과다한 비용이 소요될 경우에는, 그 증거방법의 신청여부를 냉정히 검토해야 합니다. 어느 한 가지 증거가 갖는 증명력이 특히 부족한 경우가 아닌 한, 동일한 입증취지의 증거들을 중복하여 신청하는 것도 소송경제에 반합니다.

• 조사의 현실성

채택된 증거방법은 현실적으로 조사가 이루어질 수 있어야 합니다. 따라서 선정한 증거방법이 시간적 · 공간적 제약으로 조사에 장애가 없는지 여부를 신중히 검토해야 합니다.

• 조사결과의 유익성

증거조사는 주장사실을 인정받기 위하여 또는 상대방의 주장사실을 탄핵하기 위하여 수행하는 소송행위입니다. 따라서 구체적인 증거신청에 앞서 증거조사 과정에서나 증거조사결과에 따라 형성될 것으로 예견되는 법원의 심증의 방향을 고려해 당해 증거방법의 신청여부를 결정해야 합니다.

2 ▸▸ 증거신청의 방식

증거신청은 구술 또는 서면에 의해 할 수 있으나(법161), 구술신청이 채택된 후에는 그에 해당하는 별도의 구체적 서면신청이 따르는 것이 보통입니다. 그 신청에 관해 법 제289조는 입증사항을 표시할 것을 규정하고 있고, 규칙 제74조는 증거신청을 함에는 증명할 사실과 증거와의 관계를 구체적으로 명시할 것을 규정하고 있습니다. 증거의 신청과 증거의 제출은 동시에 할 필요는 없으나, 자기가 소지하고 있는 문서(법343), 검증물(법366)의 조사는 신청과 제출을 동시에 하도록 규정되어 있습니다.

그리고 재정 증인이나 재정 당사자 본인의 신문을 구하는 경우에도 증거의 신청과 제출이 동시에 있게 됩니다. 증거조사에 비용이 소요될 때에는 신청인이 그 비용을 예납해야 합니다(법116-1, 규칙19). 증거조사비용 예납의 명을 따르지 않으면 법원은 증거조사를 하지 아니할 수 있습니다(법116-2). 그리고 증거신청과 동시에 증인이나 당사자 본인신문의 경우에는 심문사항을, 감정의 경우에는 감정사항을 제출해야 합니다.

3 ▸▸ 증거신청의 시기

증거신청은 실기하지 아니하는 한 변론종결 시까지 할 수 있습니다. 변론기일에는 물론 변론기일 전에도 가능합니다(법289-2). 기일 전의 신청을 실무상 '소정외의 신청'이라고 하는데, 이 신청에 의해 법원이 미리 증거결정을 하여 증인 · 감정인 · 당사자본인을 기일에 소환하거나 조사촉탁 · 문서송부촉탁 등을 하게 되면, 변론기일에 즉시 증거의 제출이나 증거조사를 할 수 있기 때문에 소송절차의 신속에 도움이 됩니다.

4 ▸▸ 상대방의 의견진술

증거신청에 대하여 상대방이 증거방법의 적법 여부나 신빙성에 대하여 의견을 진술할 기회를 가져야 하는 것은, 현행 민사소송법상 명문규정은 없더라도 쌍방심문의 변론주의 구조상 당연합니다. 법원에서 증거조사의 채부결정을 하고 또는 적절한 증거조사를 실시하기 위해서도 필요합니다. 시기에 늦은 신청이라든가, 증거방법에 증거가치가 없다든가, 쟁점의 판단에 불필요한 증거라든가, 서증이 인장도용에 의한 위조라든가 따위의 주장을 주로 할 것인데, 이것을 '증거항변'이라고 합니다.

5 ▸▸ 증거신청의 철회

증거신청은 증거조사의 개시가 있기 전까지는 언제든지 철회할 수 있습니다. 그러나 증거조사가 개시되었으면 증거조사결과가 상대방에게 유리하게 참작될 수도 있으므로 상대방의 동의가 있는 때에 한하여 철회할 수 있습니다. 증거조사가 종료된 뒤에는 증거신청의 목적이 달성되었기 때문에 철회는 허용되지 않습니다.

6 ▸▸ 증거의 채부결정

법원은 증거신청이 방식을 어기거나 시기에 늦은 경우에는 조사하지 않을 수 있고, 증인의 행방불명, 목적물의 분실 등 부정기간의 장애가 있는 때에는 조사를 거부할 수 있습니다(법291). 증거방법이 쟁점판단에 무가치하거나 부적당한 경우 불필요하다고 인정한 때에는 조사하지 않을 수 있습니다(법290). 실무상으로는 법정에서 증거신청이 있는 때는 즉석에서 채부를 고지하고, 이를 변론조서의 일부인 증인 등 목록에 기재하는 것이 관례입니다.

이 경우 채부는 채택, 각하, 보류 등 세 가지로 됩니다. 채부의 결정을 하지 아니한 채 변론을 종결한 경우에는 법원의 묵시의 신청 각하가 있었던 것으로 보고 있습니다. 증거의 채부결정은 소송지휘의 재판이므로 이에 대하여 독립한 불복신청이 허용되지 아니합니다.

7 ▸▸ 유일한 증거

신청한 증거 중 어느 것을 조사하고 어느 것을 채택하지 않느냐는 소송촉진과 소송경제와의 관계에서 매우 중요한 문제입니다. 이것의 판단은 원칙적으로 법원의 직권에 속하는 사항이나, 예외적으로 주요사항에 대한 유일한 증거는 반드시 조사하도록 규정되어 있습니다(법290 단서).

유일한 증거는 당사자로부터 신청된 주요사실에 대한 증거방법이 유일한 것으로서, 그 증거를 조사하지 않으면 입증의 길이 없어 아무런 입증이 없는 것으로 되는 경우의 증거를 말합니다. 사건전체로 보아 수 개의 증거가 있어도 어느 특정 쟁점에 관하여는 하나도 조사하지 않으면 유일의 증거를 각하한 것이 됩니다. 유일한가의 여부는 모든 심급을 아울러 판단해야 합니다.

주요사실에 대한 증거이어야 하므로 간접사실 · 보조사실에 대한 증거, 즉 간접증거는 포함되지 않습니다. 유일한 증거이면 증거조사를 거부할 수 없다는 것뿐이지, 그 내용을 채택해야 하는 것은 아닙니다. 유일한 증거이더라도 ① 증거신청이 부적법하거나, 시기에 늦은 경우 ② 증거신청서의 미제출, 비용의 미예납 등 거증자의 고의나 태만의 경우 ③ 증인의 와병, 송달불능 등 부정기간의 장애가 있을 때 ④ 감정신청 ⑤ 쟁점판단에 대하여 적절하지 아니하거나 불필요한 증거신청 ⑥ 최종변론기일에 있어서 당사자가 증거방법이 없다고 진술한 경우 등은 예외로 볼 것입니다.

서증

1 ▸▸ 개념

서증은 문서를 열람하여 그에 기재된 의미내용이 증거자료가 되는 것입니다.

녹음테이프는 그것만으로는 사상을 해독할 수 없고, 재생할 음성의 현상을 수록한 것이므로 그 자체는 검증의 대상입니다(대판80다2314). 다만 당사자가 테이프에 녹음된 내용을 변론에 제출하는 때에는, 먼저 그 내용을 문서에 녹취하여 이를 서증으로 제출하고 이어 서증의 증명력의 보강을 위하여 녹음테이프를 검증합니다.

2 ▸▸ 문서의 종류

• 공문서 · 사문서

공문서는 공무원이 그 직무권한 내의 사항에 대하여 작성한 문서이고, 사문서는 공문서 이외의 문서입니다. 사문서에 공무원이 직무상 일정한 사항을 기입해주는 공사병존문서는 공문서부분의 성립으로 사문서부분의 진정성립을 추정할 수 없습니다. 예컨대 확정일자 있는 사문서는 확정일자의 공성부분을 인정한다 하여도 당해 서면이 확정일자 당시에 존재한 사실이 증명될 뿐, 그 내용이 진정하게 성립된 사실을 증명하는 효력은 없습니다.

• 처분문서 · 보고문서

처분문서는 증명할 법률행위를 포함하고 그것을 구현하고 있는 문서입니다. 계약서, 어음, 수표, 판결문 등이 이에 해당합니다. 보고문서는 외부적 사실 또는 사람의 내심의 상태에 대한 보고, 의견, 감정 등을 기재한 문서입니다. 상업장부, 전단서, 일기장, 등기부, 가족관계증명서 등이 이에 해당합니다. 이 구별은 문서의 증거가치를 따지는 데 중요한 역할을 합니다.

• 원본 · 정본 · 등본 · 초본

원본은 문서 그 자체입니다. 정본은 특히 정본이라고 표시한 문서의 등본으로서 원본과 동일한 효력이 인정됩니다. 등본은 원본 전부의 사본이고, 초본은 그 일부의 사본입니다. 그리고 인증기관이 공증한 등본을 인증등본이라고 합니다.

3 ▸▸ 문서의 증거능력과 증거력

• 문서의 증거능력

증거능력은 추상적으로 증거조사의 대상이 될 수 있는 자격을 말합니다. 민사소송에 있어서는 형사소송과 달리 원칙적으로 증거능력에 제한이 없습니다. 소제기 후 계쟁사실에 관하여 작성한 문서라도 증거능력이 인정됩니다. 서증의 사본에 불과하여도 증거능력이 당연히 부인되지는 않습니다. 단지 위법으로 수집된 증거의 증거능력에 대하여는, 증거수집의 불법은 별도로 대처할 것이고 그것 때문에 증거능력을 부정하는 것은 지나치다는 것이 일반적인 견해입니다.

그러나 통신비밀보호법 제4조는 불법검열에 의하여 취득한 우편물이나 전기통신의 감청 또는 공개되지 아니한 타인 간의 대화를 녹음 또는 청취하여 지득 또는 채록된 전기통신의 내용은 재판 또는 징계절차에서 증거로 사용할 수 없다고 규정하여 그 증거능력을 부정하고 있습니다. 문서의 증거능력이 인정되는 경우 증거력을 판단함에는 먼저 문서가 작성명의인의 의사에 의하여 작성된 것인가(형식적 증거력)를 확실히 하고, 다음 그 문서의 기재내용이 진실한 것으로서 요증사항을 인정할 자료인가(실질적 증거력)를 나누어 심사됩니다.

• 문서의 형식적 증거력

① 문서가 작성명의인의 의사에 기하여 작성된 것을 문서의 진정성립이라고 하고, 진정하게 성립된 문서를 형식적 증거력이 있다고 합니다. 작성명의인의 의사에 기한 것이면 되기 때문에, 작성명의인 자신의 자필일 필요가 없으며 그의 승낙 하에 타인에 의하여 작성되어도 상관없습니다.

② 실무상 서증이 제출된 경우에 법원이 상대방으로 하여금 성립의 인부를 답변케 합니다. 성립의 인부에는 기본적으로 성립인정(이에 유리한 경우에는 이익으로 원용한다거나 불리한 경우에는 입증취지를 부인한다고 첨가합니다.), 부인, 부지

의 세 가지로 답변합니다. 문서의 인부는 신중하게 해야 하며 사정에 따라서는 차회에 인부하겠다고 하고 내용을 검토하여 차회기일에 인부하는 것이 좋습니다. 문서 성립의 진정에 대해 성립인정을 한 경우에는 주요사실에 대한 재판상의 자백이나 의제자백의 법리가 적용되어 자백한 상대방은 이를 자유롭게 철회할 수 없습니다(대판 67다255). 문서의 진정성립에 관해 상대방이 부인 또는 부지로 답변하며 다투는 경우에는 거증자가 이를 입증해야 합니다.

③ 다만 성립의 진정의 인정에 대하여 공문서와 사문서에 각기 추정하는 규정이 있습니다. 문서의 방식과 취지에 의하여 공무원이 직무상 작성한 것으로 인정되는 때에는 공정한 공문서로 추정되므로(법356), 이를 다투는 상대방이 반증을 세워야 합니다. 사문서는 본인 또는 대리인의 서명이나 날인 또는 무인이 있는 때에는 진정한 것으로 추정됩니다(법358). 서증이 인장도용에 의하여 위조된 것이라는 항변은 그 인영만은 시인한 것이 됩니다. 따라서 이를 도용해 위조된 사실을 입증하지 못한 이상 법 제358조에 의하여 진정성립이 추정됩니다. 그러므로 사문서의 진정성립이 쉽게 증명되지 않으면 인영의 동일성으로 입증해야 하는 것이 됩니다.

(판례) 문서에 날인된 작성명의인의 인영이 작성 명의인의 인장에 의하여 현출된 인영임이 인정되는 경우에는 특단의 사정이 없는 한 그 인영의 성립 즉 날인행위가 작성명의인의 의사에 기하여 진정하게 이루어진 것으로 추정되고 일단 인영의 진정성립이 추정되면 민사소송법 제329조의 규정에 의하여 그 문서전체의 진정성립까지 추정된다(대판 85다카1009). (이른바 '2단계의 추정'입니다.)

• 문서의 실질적 증거력

진정문서가 요증사실을 증명하는 가치를 문서의 실질적 증거력이라고 합니다. 문서의 실질적 증거력의 유무는 법관의 자유심증에 일임되어 있습니다.

처분문서는 상대방의 반증에 의해 부정할 만한 분명하고도 수긍할 수 있는 특별한 사유가 없는 이상, 그 기재내용에 의해 의사표시의 존재와 내용을 인정하여야 하고 처분문서를 믿지 아니하고 이를 배척함에는 합리적인 이유 설시가 필요합니다. 보고문서는 작성자의 신분, 직업, 작성시기, 기재방법 등 여러 가지 사정을 고려해 법관이 자유심증으로 판정합니다. 다만 공문서인 보고문서의 경우 등기부에 기재된 권리관계가 진실하고 등기원인과 그 절차가 정당하다고 추정하거나, 호적부의 기재사실이 진실이라고 추정한다는 판례가 적지 않습니다.

(판례 1) 처분문서의 진정성립이 인정되는 이상 법원은 그 문서의 기재 내용에 따른 의사표시의 존재 및 내용을 인정하여야 하나, 그 기재 내용을 부인할 만한 분명하고도 수긍할 수 있는 반증이 인정될 경우에는 그 기재 내용과 다른 사실을 인정할 수 있다(대판 2010다56616).

(판례 2) 특히 처분문서는 진정성립이 인정되면 그 기재 내용을 부정할 만한 분명하고도 수긍할 수 있는 반증이 없는 이상 문서의 기재 내용에 따른 의사표시의 존재 및 내용을 인정하여야 한다는 점을 감안하면 처분문서의 진정성립을 인정함에 있어서는 신중하여야 할 것이다(대판 2011다9655).

4 ▸▸ 서증의 부호

상대방에게 교부될 사본도 함께 제출해야 합니다(규칙105-2). 원고의 서증에는 '갑', 피고의 서증에는 '을', 당사자 참가인의 서증에는 '병'이라는 부호를 붙인 다음 제출순서에 따른 번호를 붙입니다. 필요한 때에는 가지번호를 붙이는데, 예컨대 같은 종류에 속하는 서증(영수증 5장이 일시에 제출되는 경우 '갑제2호증의 1 내지 5'로 부여할 수 있습니다.)이나 관련되는 서증(편지의 봉투와 내용물, 책자의 표지와 내용의 경우에는 '갑제3호증의 1, 2'로 부여할 수 있습니다.)에는 가지번호를 사용하는 것이 좋습니다.

원고 · 피고가 수인이고 그들이 각자 따로 서증을 제출하는 경우에는 (공동당사자의 이해가 대립된다든지 기타 제출자를 구별할 필요가 있는 경우에는 더욱 그렇지만) 제출자별로 부호를 달리하고 번호도 따로 붙이는 것이 좋습니다. 예컨대 피고가 2인인 경우 피고1이 제출하는 서증은 「을가제2호증」으로, 피고2가 제출하는 서증은 「을나제2호증」으로 각 표시할 수 있습니다. 보조참가인이 있는 경우 그가 제출한 서증을 피참가인(당사자본인)이 제출한 서증으로부터 구별할 필요가 있는 경우에도 같은 방법으로 이용할 수 있습니다.

문서의 제출은 원본 · 정본 · 인증등본으로 하도록 되어 있으나(법355-1), 실무적으로는 상대방이 원본을 보겠다고 하는 일이 별로 없기 때문에 통상 사본을 제출하는 것으로 처리되고 있습니다. 경우에 따라서는 법원이 원본과 대조한 뒤 사본을 받는 일도 있기는 합니다.

5 ▸▸ 서증의 신청방법

민사소송법은 서증의 신청방법으로 4가지의 유형을 규정하고 있습니다. ① 자기가 소지하는 문서를 직접 제출하는 방법(법343 전단), ② 거증자(擧證者 : 증거로 드는 사람, 자신의 주장을 뒷받침하기 위한 증거로 제출하는 사람 : 입증과 거증은 원칙적으로 같은 의미)가 법원에 대하여 제출의무가 있는 문서소지인에게 문서를 제출하라는 명령(문서제출명령)을 발하여 달라고 신청을 하는 방법(법343조 후단), ③ 거증자가 법원에 대하여 문서소지인에게 문서를 법원에 송부하도록 촉탁(문서송부촉탁)을 하여 달라고 신청을 하는 방법(법352), ④ 거증자가 법원에 대하여 문서의 소재 장소에서 서증조사를 하여 달라고 신청을 하는 방법(법364)이 있습니다.

• 소지문서의 제출

거증자가 문서를 소지한 경우에는 법원에 직접 제출해야 합니다(법343). 첨부된 문서는 준비서면이 진술 간주되어도 제출 간주되지 아니합니다.

• 문서제출명령

거증자는 상대방 또는 제3자에게 제출의무가 있고 그가 소지하고 있는 문서를 서증으로 신청함에 있어서 그 제출명령신청을 할 수 있습니다(법343 후단). 당사자가 소송에서 인용한 문서를 소지한 때, 신청자가 문서소지인에게 인도나 열람을 구할 수 있을 때, 문서가 신청자의 이익을 위하여 작성되었거나 신청자와 문서소지자 간의 법률관계에 관하여 작성된 것일 때에는 문서소지자는 제출을 거부하지 못합니다(법344).

당사자가 문서제출명령에 의하지 아니하는 때에는 법원은 그 문서에 관한 상대방의 주장을 진실한 것으로 인정할 수 있습니다(법349). 제3자가 정당한 사유 없이 문서제출명령에 응하지 아니한 때에는 법원은 결정으로 500만 원 이하의 과대료에 치합니다(법351).

• 문서송부촉탁

거증자는 문서제출의무의 유무에 불구하고 문서소지자에게 그 문서의 송부를 촉탁할 것을 신청할 수 있습니다(법352). 실무상 관공서나 법인이 보관하는 문서를 이용하려고 할 때에 많이 이용됩니다. 송부촉탁을 받은 소지자가 불응하더라도 그에 대한 제재규정은 없습니다.

송부촉탁된 문서라고 하여 모두 증거력이 있는 것이 아니며, 사문서의 경우에는 그 진정성립이 인정되어야만 증거로 할 수 있습니다. 송부된 문서는 당연히 그 사건의 증거자료로 되는 것이 아니고, 신청인이 그중에서 필요한 것을 서증으로 제출할 수 있습니다.

문서제출명령신청서

사건 2016가단1235 부당이득금

원고 홍길동

피고 김갑동

위 사건에 관하여 원고는 주장사실을 입증하기 위하여 문서제출명령을 신청합니다.

1. 문서의 표시 : 지료지급약정서
2. 문서의 취지(내용) : 이 사건 부동산 사용에 따른 원고와 피고 사이 2015.3.7. 작성 지료지급의 계약문서
3. 문서를 가진 사람 : 피고
4. 증명할 사실 : 이 사건 원고가 구하는 부당이득반환 청구금액 중 2015.3.7.부터 1년 동안의 금액은 약정된 금액임을 입증하고자 함.
5. 문서제출의무의 원인(해당란에 '∨' 표시)

□ 상대방이 소송에서 인용한 문서를 가지고 있음(인용문서)

□ 신청자가 문서를 가지고 있는 사람에게 그것을 넘겨달라고 하거나 보겠다고 요구할 수 있는 사법상의 권리를 가지고 있음(인도 · 열람문서)

□ 문서가 신청자의 이익을 위하여 작성되었음(이익문서)

☑ 문서가 신청자와 문서를 가지고 있는 사람 사이의 법률관계에 관하여 작성된 것임(법률관계문서)

□ 그 밖에 제출이 필요한 문서 사유 :

2016.3.2.

신청인 원고 홍 길 동

서울중앙지방법원 민사5단독 귀중

문서송부촉탁신청서

사건 2016가단1245 부당이득금

원고 홍길동

피고 김막동

위 사건에 관하여 원고는 주장사실을 입증하고자 사건기록등본 송부촉탁을 신청합니다.

1. 등본송부촉탁할 문서 : 2015타경12345호 부동산임의경매 사건기록 일체
2. 위 문서의 보관장소 : 서울중앙지방법원 경매6계

2016.3.9.

신청인 원고 홍 길 동

서울중앙지방법원 민사5단독 귀중

6 ▸▸ 조사의 촉탁(사실조회)

• **제294조(조사의 촉탁)** 법원은 공공기관 · 학교, 그 밖의 단체 · 개인 또는 외국의 공공기관에게 그 업무에 속하는 사항에 관하여 필요한 조사 또는 보관 중인 문서의 등본 · 사본의 송부를 촉탁할 수 있다.

조사의 촉탁은 충분한 인적 · 물적인 설비나 자료를 가지고 있는 공무소나 회사 등 공사의 단체에 대하여 소송상 다툼이 된 사실의 진부를 판단하는 데 필요한 자료를 조사보고케 함으로써 증거를 수집하는 증거조사방법입니다(법 294). 예컨대 특정 지방의 특정 일시에 강우량을 기상대에 알아보거나, 과거의 상품시세를 상공회의소에 알아보는 것으로 실무상 '사실조회'라고 합니다.

촉탁을 보낼 곳은 공무소, 회사 등 공사의 단체입니다. 권리능력 없는 사단이나 재단도 가능합니다. 자연인인 개인은 증인이나 감정인으로 신문할 수 있을 것이지 촉탁할 수 없습니다. 절차는 (법원의 직권에 의하여 하는 것으로 규정되어 있지만) 실무상으로는 대개 당사자의 신청에 의해 법원이 조사촉탁을 하고 있습니다.

조사촉탁의 결과를 증거로 함에는 법원이 변론에 제시해 당사자에게 의견진술의 기회를 줘야 하며, 유리한 당사자는 이를 원용하면 족하고 서증으로 제출할 필요는 없습니다.

조사회보서의 내용이 불분명한 경우에는 다시 조사촉탁을 할 수도 있고, 보고를 한 단체가 지정한 자로 하여금 직접 법원에 나와서 설명하게 할 수도 있습니다.

조사촉탁신청

사건 2016가단1653 손해배상

원고 홍길동

피고 김갑동

위 사건에 관하여 원고는 그 주장사실을 입증하기 위하여 조사촉탁을 신청합니다..

1. 촉탁목적 : 본 건 지역의 벼농사가 피고 회사 제조공장 설치 후 그 공장에서 흘러나오는 폐유에 의하여 소장 청구원인 제3항 기재와 같이 수확이 감소된 사실을 명백히 함에 있다.
2. 촉탁처 : 농림수산부 농산물검사소
3. 촉탁사항

가. ○○도 ○○군 ○○면 ○○지구에 있어서 2013년 이전의 평년작 마지기당 수확량

나. 위 지역에 있어서 2014년도 및 2015년도의 각 마지기당 수확량

2016.3.7.

신청인 원고 홍 길 동

서울중앙지방법원 민사5단독 귀중

검증

검증은 법관이 시각 · 청각 등 오관의 작용에 의하여 직접적으로 사물의 성상 · 현상을 검사하여 그 결과를 증거자료로 하는 증거조사방법을 말합니다. 예컨대 토지의 경계확정사건이나 건물명도청구사건 및 토지인도청구사건에서 계쟁토지부분이나 경계선의 상황을 본다든지, 교통사고로 인한 손해배상청구사건에서 사고가 발생하였던 현장의 상황을 보는 경우입니다.

검증의 대상으로 되는 것을 검증물이라고 합니다. 사람의 경우 그 진술내용인 사람의 사상을 증거로 하는 경우는 인증으로 되지만, 체격, 용모 등 신체의 특징을 검증하는 경우는 검증물이 됩니다. 문서의 경우 그 기재내용을 증거로 하는 경우는 서증이 되지만, 그 지질, 필적, 인영 따위를 증거로 할 때에는 검증물이 됩니다. 검증의 절차도 원칙적으로 당사자의 신청에 의합니다.

검증물과 관련해 증인신문 · 당사자신문도 함께할 수 있습니다. 어차피 감정도 필요한 물건인 경우에는 통상 감정신청과 동시에 합니다. 검증 시에 진술할 필요가 있는 경우, 검증현장에서의 주장 요지서와 검증 목적물에 대한 설명서 등을 미리 준비하여 검증 시 제출할 필요가 있습니다.

감정

감정은 법관의 지식 · 경험을 보충하기 위해 특별한 지식경험을 가진 제3자로부터 법규, 관습, 경험법칙의 존부 및 그것들을 적용해 얻은 판단의 결과를 보고하게 하는 증거방법입니다. 감정의 대상은 우선 법규, 경험칙과 같이 재판의 대전제가 되는 것입니다. 또 재판의 소전제로 되는 사실판단에 대한 감정을 필요로 할 때가 있습니다.

예컨대 교통사고에 의한 상해로 인한 노동력의 상실 정도, 필적 또는 인영의

검 증 신 청

사건 2016가단1125 가건물철거 등

원고 홍길동

피고 김막동

위 사건에 관하여 원고는 주장사실을 입증하기 위하여 검증을 신청합니다..

1. 검증할 사실 : 피고가 가건물을 점유하고 있는 사실
2. 검증의 목적물 : 서울 ○○구 ○○동 150 소재 본 건 계쟁토지 및 그 부근의 상황과 가건물의 실태
3. 검증에 의하여 명확하게 하려는 사항 : 피고가 점유 사용하고 있는 가건물의 위치 및 설치 상황

2016.3.2.

신청인 원고 홍 길 동

서울중앙지방법원 민사5단독 귀중

감 정 신 청

사건 2016가단1813 건물철거 등

원고 홍길동

피고 김막동

위 사건에 대하여 원고는 측량감정 및 임료감정을 신청합니다.

1. 감정할 장소 : ○○시 ○○면 ○○리 256 및 위 같은 곳 257
2. 감정의 목적
   가. 측량감정 : 위 장소에 소재하는 피고 소유의 건물이 점유하는 토지부분을 특정하여 철거대상을 명확히 하기 위함입니다.
   나. 임료감정 : 위 장소에 소재하는 피고 소유 건물의 권원 없는 토지점유로 인한 원고의 부당이득반환청구액을 명확히 하기 위함입니다.
3. 감정할 사항
   가. 측량감정 : 위 장소에 소재하는 피고 소유의 건물의 위치, 면적, 구조 등을 측량하여 감정도면상에 특정하여 표시하여 주시기 바랍니다.
   나. 임료감정 : 위 장소에 소재하는 원고 소유의 두 필지 토지에 대하여 2015.5.13.부터 월별 토지임대료 산정하여 주시기 바랍니다.

2016.3.4.

신청인 원고 홍 길 동

인천지방법원 민사5단독 귀중

검증 및 감정신청

사건 2016가단1023 공유물분할

원고 홍길동

피고 김막동

위 사건에 대하여 원고는 검증 및 감정을 신청합니다.

1. 검증 및 감정할 장소 : 서울 ○○구 ○○○동 ○○○
2. 검증할 목적 : 위 장소 소재 대지 825㎡를 공유하고 있는 원고와 피고가 공유물분할에 따라 각자가 분할 받을 면적을 산출하고 그 위치를 특정하기 위함
3. 감정할 목적 : 위 토지에 대하여 원고가 분할 받을 부분을 귀원이 지정하는 측량사로 하여금 측량감정하게 하기 위함. (원고로서는 현재 점유부분인 별지 도면상의 고, 노, 도, 로, 고의 각점을 순차 연결한 선내 ① 부분을 포함한 부근 토지를 분할받기를 원하며, 그것이 어렵다면 위 ① 부분은 그대로 유지하고, 원고의 지분에서 위 ① 부분의 면적을 공제한 나머지는 위 도면상의 가, 나, 다, 라, 가의 각 점을 순차 연결할 선내 ② 부분으로 분할 받기를 원함)

※ 첨부서류 : 토지 도면 1부

2016.3.11.

신청인 원고 홍 길 동

서울중앙지방법원 민사5단독 귀중

동일성, 토지 또는 가옥의 임료, 정신장애의 유무 및 정도 등입니다. 다만 감정은 법관의 지식을 보충하는 것이기 때문에, 통상의 지식에 의하여 판단할 수 있는 것은 법관 스스로 판단하면 되고 감정에 의할 필요는 없습니다. 신청인이 특정인을 감정인으로 추천하더라도 법원은 그것에 구속되지 않습니다(민소법 제335조). 실무상 통상 신청을 하면 법원이 시스템에 의해 알아서 감정인을 선임합니다. 감정의견의 보고는 기일에서의 보고보다는 통상 감정서의 제출로 합니다. 감정을 신청함에는 그 비용을 부담할 실익이 있는지도 고려할 것입니다. 감정은 인증의 일종이므로 감정서가 서증이 되는 것은 아닙니다.
그러나 소송 외에서 당사자의 의뢰에 의하여 작성된 감정서가 법원에 제출되었을 때에는 서증으로 됩니다. 감정의 결과를 현실적으로 증거로 채용하느냐는 다른 증거와 마찬가지로 법관의 자유심증에 의합니다. 동일사항에 대한 수개의 상반된 감정결과 중 그 어느 하나에 의하여 사실인정을 하여도 채증법칙에 위배되지 않는 한 적법합니다.

증인

1 ▸▸ 증인이란

증인은 오관의 작용에 의해 자기가 직접 보고 듣고 경험한 바 있는 과거의 어떤 사실이나 상태에 관하여 보고적 진술을 할 사람으로서, 소송당사자나 법정대리인이 아닌 제3자입니다.
소송무능력자, 당사자의 친족, 소송대리인, 보조참가인, 소송고지에 있어서 피고지자, 법인이 당사자인 경우 대표자 아닌 구성원, 자기가 소송관계와 무관한 사항에 대한 공동소송인도 증인이 될 수 있습니다. 증인은 신청인 측 증인, 상대방 측 증인, 중립적 증인 등으로 분류될 수 있습니다.
그러나 실무상으로는 특별한 사정이 없는 한 대부분이 유리한 증언을 할 신청인 측 증인입니다. 법 제310조는 서면에 의한 증언에 대해서도 규정하고 있습니다.

- **제310조(증언에 갈음하는 서면의 제출)** ① 법원은 증인과 증명할 사항의 내용 등을 고려하여 상당하다고 인정하는 때에는 출석 · 증언에 갈음하여 증언할 사항을 적은 서면을 제출하게 할 수 있다. ② 법원은 상대방의 이의가 있거나 필요하다고 인정하는 때에는 제1항의 증인으로 하여금 출석 · 증언하게 할 수 있다.

2 ▸▸ 증인신문의 증명력

증거에 대한 증명력의 평가는 법관의 자유심증에 의합니다. 따라서 증인의 증언만으로도 권리의 발생 · 멸각 · 행사저지 사실 등에 관한 요건사실을 입증할 수 있고, 법관도 자유로이 당사자가 주장하는 요건사실을 인정할 수 있습니다. 증언의 신빙성이 문제될 수 있을 뿐입니다.

이와 같이 증인의 증언에 의한 증명에 있어 제한을 두지 않았기에, 실무상 그 내용이 명확한 문서가 있어도 문서의 진정성립 및 그 내용을 복멸이나 번복을 위해 증인을 세우는 일도 많습니다.

3 ▸▸ 증인신문사항의 작성

- 증인신문사항의 제출

증인신문신청이 채택된 때에는 증인신정서와 함께 법원이 정한 기한까지(통상 증인신문기일 10일 전까지) 상대방의 수에 3(다만, 합의부에서는 상대방의 수에 4)을 더한 통수의 증인신문사항을 적은 서면을 제출하여야 합니다(규칙80-1). 상대방의 반대신문사항은 미리 송달받은 신청인의 신문사항을 검토한 다음 작성하여 증인신문기일에 법정에서 제출되고 있습니다. 법정에서의 증인신문의 순서와 방식은 법 제327조에서 규정하고 있습니다.

증 인 신 청 서

1. 사건 2016가단1127 대여금

2. 증인의 표시

성 명	○○○		직 업		농 업	
주민등록번호	○○○○○○-○○○○○○					
주 소	○○시 ○○구 ○○로 ○○-○					
전 화 번 호	자택		사무실		휴대폰	
원 · 피 고 와 의 관 계	원고 및 피고와 이웃에 거주					

3. 증인이 이 사건에 관여하거나 그 내용을 알게 된 경위

증인은 원고 및 피고와 이웃에 거주하고 있으며, 평소에 원고 및 피고의 집에 자주 드나들면서 가까이 지나는 사이였음. 그러던 중 20○○. ○.경 원고의 집에서 피고가 금 ○○○원을 차용할 때 함께 있었으며, 또한 20○○. ○○.경 피고의 집에서 피고가 원고에게 위 차용금을 갚을 때도 함께 있었음.

4. 신문할 사항의 개요

① 증인은 원고와 피고를 아는지

② 증인은 20○○. ○.경 피고가 원고의 집에서 원고로부터 금 ○○○원을 차용한 사실을 아는지

③ 증인은 20○○. ○○.경 피고가 피고의 집에서 원고에게 위 차용금을 갚은 사실을 아는지

5. 기타 참고사항

2016.3.2.

신정인 원고 홍 길 동

서울중앙지방법원 민사5단독 귀중

증 인 신 청 서

사건 2016가단1013 공유물분할 손해배상(기)

원고 홍 길 동

피고 김 막 동

위 사건에 관하여 원고는 증인신청을 합니다.

1. 증인의 표시

성 명 : ○○○

주 소 : ○○시 ○○구 ○○로 ○○

전화 · 휴대폰번호 :

직 업 : 상업

2. 증인이 이 사건에 관여하거나 그 내용을 알게 된 경위

증인은 원고의 아버지 소외 갑과 잘 아는 사이로 소외 을이 만성질환으로 기도원에서 장기간 요양 중에 있었으므로 원고를 자주 찾아가 어려운 일이 있을 때 조언을 해주는 등 가까이 지내던 사이였으며, 원고가 피고의 부동산 중개사무실에서 주택을 임차하는 계약을 체결할 때 동행하여 부동산중개업자인 피고의 중개로 주택을 임차하는 과정에 입회하였고, 그 뒤로도 원고를 자주 방문하여 임차주택에 문제가 생겨 분쟁이 있는 것을 알고 여러 번 원고와 피고가 다투는 것을 목격하는 등 이 사건에 관하여 여러 사실을 알게 되었음.

3. 증인신문사항(별첨)

※ 첨 부서류　　　1. 증인신문사항　　4통

　　　　　　　　　1. 증인여비포기서　1통

2016.4.2.

신청인 원고 홍 길 동

서울중앙지방법원 민사5단독 귀중

- **제327조(증인신문의 방식)** ① 증인신문은 증인을 신청한 당사자가 먼저 하고, 다음에 다른 당사자가 한다. ② 재판장은 제1항의 신문이 끝난 뒤에 신문할 수 있다. ③ 재판장은 제1항과 제2항의 규정에 불구하고 언제든지 신문할 수 있다. ④ 재판장이 알맞다고 인정하는 때에는 당사자의 의견을 들어 제1항과 제2항의 규정에 따른 신문의 순서를 바꿀 수 있다. ⑤ 당사자의 신문이 중복되거나 쟁점과 관계가 없는 때, 그 밖에 필요한 사정이 있는 때에 재판장은 당사자의 신문을 제한할 수 있다. ⑥ 합의부원은 재판장에게 알리고 신문할 수 있다.

- 주신문의 경우

소장이나 답변서, 준비서면의 주장내용을 문항별로 나누어 증언으로 입증하고자 하는 사실에 대하여 신문하는 질문형식으로 기재합니다. 가능한 한 '예, 아니오.'의 답변이 가능하도록 서술형으로 신문사항을 작성하고, 증인이 이유나 구체적인 사실을 말해야 하는 방식은 피하는 것이 좋습니다. 증언에 모순이나 혼란을 피할 수 있는 점, 증언은 간단 · 명료한 것일수록 선명성과 신빙성이 높은 점, 시간의 절약에 도움이 되는 점을 고려하는 것입니다.

- 반대신문의 경우

신청인 측 증인은 신청인의 신문 내용대로 인정하는 취지의 증언을 하는 것이 대부분입니다. 그러나 반대신문은 상대방 측 증인에 대한 신문이라는 점에서부터 주신문의 경우보다 통상 더 까다롭습니다. 증언에 의해 사실의 왜곡을 방지해야 하고, 재판의 결과에 중요한 관건일 수 있는 점에서 더욱 주도면밀할 필요가 있습니다. 반대신문은 증인 증언의 신빙성을 탄핵하기 위한 것으로, 주신문 하나하나에 대하여 반박성 신문을 하는 방식으로 작성되어야 합니다. 예를 들어 모르는 증인으로 나와 당사자를 보았다는 취지의 증언을 할 경우, 주신문의 방식과 달리 "만난 곳이 어디였나요. 만났다는 곳의 호실 위치가 어떠

했나요. 당시 당사자는 무슨 옷을 입고 있었나요."라는 식으로, 상황이나 정황에 대한 구체적인 답변을 요구하는 '언제, 어디서, 왜, 누구와 함께' 등의 신문 방식이어야 합니다. 결국, 반대신문의 주된 취지는 증인의 증언을 탄핵하여 법관이 자유심증의 자료로 사용하지 못하도록 하는 것이기 때문에, 경우에 따라서는 주신문의 경우보다 그 신문내용이 더 장황하고 길어질 수 있습니다.

당사자신문

당사자신문은 당사자본인을 증거방법으로 하여 그가 경험한 사실에 대하여 진술케 하여 증거자료를 얻는 증거조사방법을 말합니다. 구법 당시는 당사자신문의 보충성으로 인해 다른 증거를 조사한 뒤로 미루게 됨에 따라 사건 내용을 잘 아는 당사자본인을 통해 사건의 개요를 신속하게 파악하기가 어려워지고 재판의 신속 · 적정을 해치는 문제점이 지적되었고, 이에 신법은 보충성을 폐지했습니다.

당사자신문에서는 상대방의 주장사실과 일치되는 부분이 나오더라도 이것을 자백이라고 할 수 없습니다. 소송자료를 제출하는 것이 아니기 때문에 소송무능력자도 당사자신문을 할 수 있습니다. 당사자의 법정대리인이나 당사자가 법인 기타 단체인 경우 대표자나 관리인도 이 절차의 신문대상이 됩니다(법372). 절차는 증인신문절차의 규정이 대부분 준용됩니다(법373). 출석 · 선서 · 진술의 의무를 지며, 정당한 사유 없이 그 의무를 이행하지 아니하면 법원은 재량으로 신문사항에 관한 상대방의 주장을 진실한 것으로 인정할 수 있습니다(법369). 선서하고 허위진술을 하여도 위증죄는 되지 않고 과태료의 제재는 받을 수 있습니다(법370).

| 맺음말 |

집필을 마치고 돌아보니, 역시 높고 거친 산을 오른 듯합니다. 미개척 분야이고, 예민한 쟁점들이 많고, 선정된 판례들이 만만치 않게 복잡하고 난해합니다. 그러나 가장 높은 곳에 오른 새가 가장 멀리 봅니다. 난해한 것을 알고 나면 그 이하는 저절로 해결됩니다. 높고 거친 산에 오르기까지 나 자신을 어떻게 조율하고 인내할 것이냐는 것이 관건입니다. 무엇보다 힘든 공부를 해야만 하는 이유가 내 안에서 분명해야 하는 점이 중요합니다. 그런데 나를 맹렬하게 움직이게 해야 할 그 이유가 처음부터 명징해질 수는 없습니다. 왜냐하면, 지식과 관련된, 더구나 난해한 그것인 경우에는 일정 부분 그 지식이 형성된 후에야 개시되기 때문입니다. 즉, 욕구의 실제는 어느 정도는 뭘 알아야지 구축되는 탓입니다. 그러면 이 난해한 책을 어떻게 해야 하는지가 드러납니다. 일단 한두 번은 읽은 후에, 그때 자신의 상태를 느껴야 한다는 것이 됩니다. 결국, 경매의 특수물건에 관심이 있는 독자는 이것저것 괘념치 말고, 상당기간 우직하게 밀고 나아가야 할 것입니다. 대지사용권과 관련된 지식이나 물건에 대한 욕구가 큰 독자일수록 물론 더욱이 그렇습니다. 부디 독자 여러분의 지식세계에 새로운 발견과 함께, 나아가 그 새로움이 넉넉함으로 무르익기를 기원합니다.